改革开放后的中国概念与表述文本计量研究

郭社森　主编

天津出版传媒集团
天津科学技术出版社

图书在版编目（CIP）数据

改革开放后的中国概念与表述文本计量研究 / 郭社森主编. -- 天津：天津科学技术出版社，2023.6
　　ISBN 978-7-5742-1276-3

Ⅰ．①改… Ⅱ．①郭… Ⅲ．①改革开放—经济计量分析—研究—中国 Ⅳ．①D61
　　中国国家版本馆CIP数据核字(2023)第099759号

改革开放后的中国概念与表述文本计量研究
GAIGEKAIFANGHOUDEZHONGGUOGAINIANYUBIAOSHUWENBENJILIANGYANJIU

责任编辑：吴文博

责任印制：兰　毅

出　　版：	天津出版传媒集团
	天津科学技术出版社

地　　址：天津市西康路35号

邮　　编：300051

电　　话：(022) 23332377

网　　址：www.tjkjcbs.com.cn

发　　行：新华书店经销

印　　刷：天津印艺通制版印刷股份有限公司

开本 787×1092　1/16　印张 22.875　字数 450 000

2023年6月第1版第1次印刷

定价：78.00元

前言

"三年一上计,万国趋河洛",是唐朝诗人张九龄描写国家繁荣富强的盛景。历史学家克雷德?洛卡德认为,在历史上任何一个时代,都存在一个或两个强盛国家,这是由于他们当时在世界军事、经济、政治和文化中的强大的国际影响力。比如波斯帝国、罗马帝国、孔雀帝国、汉朝等都曾在欧亚大陆的西部、南部、东部占主导地位。阿拉伯人、蒙古人、葡萄牙人、西班牙人和荷兰人也先后在日益扩大的世界上占据主导地位。在18和19世纪,英国占主导地位,等等。他强调,在公元1500年以前,有大约1000多年的时间是中国盛世。

但清朝政府的闭关锁国政策和国外列强的坚船利炮使中国沦为了半封建、半殖民地的社会,中国的国际地位骤降,在国际舞台上成为被列强瓜分的对象。

中国从历史上长期的最文明、先进、繁荣、强大、拥有至高国际地位和影响力的国家,沦为清朝时期任由世界列强瓜分的、失去民族尊严和国际地位的国家,又经过民族解放斗争、成立新中国、建设新中国、改革和开放,经济实力和国际地位快速上升,这是一个巨大的、强烈的U型反转的过程。尤其是改革开放以后,中国经济大幅增长,成为世界主要经济体,人民的生活水平快速提高。

对改革开放以来中国的国际形象和地位变迁的研究通常是基于两个类别的分析:第一类是客观上的硬实力或经济实力的指标测量。例如在国际上GDP总量、进出口贸易额、外汇储备、自然资源、科技生产力等方面的数量和排名变化情况;第二类是对中国软实力方面的论述。例如中国文化在国际上的认可程度、中华民族美德的吸引力、中华民族精神对世界和海外华人的吸引力等。针对中国国际形象和地位变迁的这两类研究主要发表在现代国际关系、国际政治、国际关系研究、国际经济评论、中国社会科学报、外交学院学报等少数报纸和杂志。第一类研究中的经济等方面的数据容易获取,便于统计和分析;第二类研究中的统计和量化较难进行,研究成果较少。国内这两类研究的局限性是以中国作者的视角观察和论述中国发生的变迁,没有从外部、外国人或西方的视角观察和分析中国发生的巨变。

通过语料库语言学或文本挖掘的方法,对英国《经济学家》杂志和国际经济学权威刊物1978年以来的文本进行内容分析和对比,是对当前研究中国国际地位和国际形象的重要补充。这种分析和对比具有以下几方面的学术价值:第一,以西方学者或知识分子的视角系统化地纵观中国自1978年改革开放以来的经济改革成就和历史变迁,即纵向地观察和对比中国1978年以来不同历史阶段、不同的国民经济和社会发展五年规划建设时期取得的成就和发生的变化;第二,以西方重要政治经济周刊和国际权威经济学刊物为参照物,对比其他主要工业国,观察中国1978年以来如何从国际经济舞台边缘走向舞台中央的凸显位置,某些主要工业国如何从国际舞台的凸显位置走到舞台边缘,即横向地观察和对比中国与主要工业国如意大利、法国、英国、德国、日本等国自1978年以来在不同时期的位置以及位置更迭的方向和速度;第三,以英语语料库和计算语言学的方法,以国际政经周刊和国际权威经济学刊物的内容为语料,系统化构建中国主题词索引、中国改革开放以来的特征词或主题、国际经济学权威刊物有关中国的文章的国际影响力等,建立辅助测量中国综合国力或软实力的指标,作为研究中国国际地位的参考。

不同于经济研究中所关注的经济测量、指标或数字,语料库语言学或文本分析所研究的内容是语言,即通过文本研究西方经济学家对中国的认知。通过语料库语言学、计算语言学、统计学、信息科学等学科的理论、技术和方法,对语料、关键词、特征词等进行量化、分析、对比后得出结论。通过西方视角和国内外纵向、横向对比,观察西方刊物中关于中国的认知,了解中国与其他国家在经济、政治、文化等多方面的差异、地位或影响力的变迁。

本课题的研究方法和结论可作为当代中国国际地位和影响力研究、国际问题研究、英语语料库对比研究、中外文化对比研究、国外媒体研究、经济学国际合作研究、经济学史研究、科学计量学研究的重要参考和补充。

在本课题的信息采集、研究和撰写过程中,得到了杭州师范大学和钱江学院图书馆和信息中心的大力支持和帮助,在此表示感谢。

本著作还存着需要进一步研究探讨的问题或缺点错误,欢迎各位专家、学者和读者提出建议,并给予指正。

作者

杭州师范大学钱江学院

2023 年 9 月 21 日

目 录

第一章 概 述 ··· 1
  1.1 强盛的古代中国 ··· 1
第二章 数据采集和研究方法简述 ··· 12
  2.1 《经济学家》杂志的文本数据 ··· 12
  2.2 十种经济学国际权威期刊的数据 ······································ 19
  2.3 科学计量学研究中使用的国际经济学权威刊物的数据 ········· 20
  2.4 布朗语料库和莎士比亚全集数据 ······································ 21
  2.5 研究方法简述 ·· 24
第三章 词汇频率与词向量分析 ·· 27
  3.1 词频、词向量、定律和模型 ·· 27
  3.2 词频统计和词向量工具 ·· 30
  3.3 《经济学家》的频率和词向量分析 ··································· 34
    3.3.1 中国主题文章的频率和词向量分析 ··························· 35
    3.3.2 美国主题文章的频率和词向量分析 ··························· 62
    3.3.3 日本主题文章的频率和词向量分析 ··························· 79
    3.3.4 德国主题文章的频率和词向量分析 ··························· 86
  3.4 国际经济学核心刊物的同义词和主题词频率 ····················· 100
    3.4.1 有关中国主题文章的同义词和主题词频率 ················ 100
    3.4.2 有关美国主题文章的关键词和概念网络 ··················· 114
    3.4.3 有关日本主题文章的关键词和概念网络 ··················· 118
    3.4.4 有关德国主题文章的关键词和概念网络 ··················· 122
    3.4.5 有关英国主题文章的关键词和概念网络 ··················· 123
第四章 情感分析 ·· 126
  4.1 情感分析的概念 ··· 126
  4.2 情感分析的任务 ··· 129
  4.3 情感分析的方法 ··· 132
  4.4 情感分析工具的测试 ··· 147
  4.5 有关中国和其他国家主题文章的情感分析 ······················· 151
    4.5.1 《经济学家》杂志情感分析 ···································· 151
    4.5.2 十种经济学国际权威期刊有关国家文献情感 ············ 192

第五章 主题分析

- 5.1 主题模型的概念 ········· 200
- 5.2 主题模型的应用 ········· 201
- 5.3 主题模型的生成过程 ········· 205
- 5.4 《经济学家》杂志的主题 ········· 215
  - 5.4.1 中国的主题 ········· 216
  - 5.4.2 英国的主题 ········· 229
  - 5.4.3 美国的主题 ········· 235
  - 5.4.4 日本的主题 ········· 241
  - 5.4.5 德国的主题 ········· 246
  - 5.4.6 法国的主题 ········· 249
  - 5.4.7 加拿大的主题 ········· 253
  - 5.4.8 意大利的主题 ········· 256
- 5.5 十种经济学国际权威期刊的主题 ········· 260
  - 5.5.1 中国的主题 ········· 261
  - 5.5.2 美国的主题 ········· 254

第六章 科学计量学分析

- 6.1 科学计量学的概念 ········· 267
- 6.2 研究内容 ········· 269
- 6.3 研究方法 ········· 269
- 6.4 数据库 ········· 271
- 6.5 中国主题文章的科学计量学研究 ········· 272
  - 6.5.1 十种经济学国际权威期刊的中国主题文献 ········· 273
  - 6.5.2 十种经济学国际权威期刊的中国主题文献的施引文献 ········· 296
  - 6.5.3 SSCI数据库中的全部中国经济主题文献 ········· 323

参考文献 ········· 338

第一章 概 述

1.1 西方经济学家对改革开放以后中国的认知与表述文本计量研究

中国从历史上长期的最文明、先进、繁荣、发达、富庶、强大、拥有至高国际地位和影响力的国家,沦为清朝时期任由世界列强瓜分的、半殖民地半封建、失去民族尊严和国际地位的国家,又经过民族解放斗争、成立新中国、建设新中国、改革和开放,经济实力和国际地位快速上升,这个过程是巨大的、强烈的 U 型反转。尤其是改革开放以后,中国在不断接近世界最大经济体的地位,在经济、政治、科技等方面,中国正在从世界舞台的边缘走向舞台中央,中国人民的生活水平在不断提高。

改革开放以来中国发生的巨变,是由于中国没有采取激进的、彻底抛弃原有经济体制的模式,而是采取了从计划经济到市场经济的渐进式的、双轨并存的改革路线 (林毅夫,蔡昉 & 李周,2014)。进行激进式转型的东欧和苏联国家普遍出现了经济崩溃、停滞或危机。

渐进式的中国道路和中国模式的成功极大地提高了中国的国际地位。在政治和外交上,作为国际上负责任的大国和联合国常任理事国,中国的国际话语权、全球合作的推动和引领能力、国际重要议程的设置能力等显著增强和提高。在关系到整个人类生存和安全的问题上,例如全球气候变暖、防治流行病、防范全球生态灾难、全球减贫、防范金融危机、国际减灾、打击跨国毒品走私和国际恐怖主义、防止核扩散、维和地区和平、参与联合国维和行动等方面,中国具有越来越大的发言权和更强的组织、协调和运筹能力。经济上,建立亚洲开发银行、积极倡导国际经济组织如世界银行和国际货币基金组织的改革、扩大第三世界发展中国家在国际经济组织的代表资格并增强它们的发言权;中国一带一路的经济战略的提出,将惠及全球 60 多个国家和地区。在科技和文化上,中国的探月工程、高铁技术、超级计算机性能、载人深潜技术等的突破,已处于世界领先地位,极大提高了中国的国际影响力。我国与近 100 个国家签订了近千个文化促进和交流协议,与世界许多国家共同举办的各类大型中国文化活动,如电影节、文化年、旅游年等,彰显了中国文化的国际影响力。

1.1.1 研究设想

目前,国内对改革开放以来中国的国际形象和地位变迁的研究主要是基于两个方面的分析:第一类是客观上的硬实力或经济实力的指标测量,例如在国际上 GDP 总量、进出口贸易额、外汇储备、自然资源、科技生产力等方面的数量和排名变化情况;第二类是对中国软实力方面的论述,例如中国文化在国际上的认可程度、中华民族美德的吸引力、中华民族精神对世界和海外华人的吸引力等。这两类研究主要集中发表在现代国际关系、国际政治、国际关系研究、国际经济评论、中国社会科学报、外交学院学报等少数报纸和杂志。第一类研究中的经济等方面的数据容易获取,便于分析;第二类研究中的统计和量化较难进行,研究成果较少。这两类研究的一个共同的局限性是以中国作者的视角观察和论述中国发生的变迁,没有从外部、外国人或西方的视角观察和分析中国发生的巨变。

中国改革开放以来取得的巨大成就,引起西方学者的极大兴趣和高度关注。《人民日报》引用国际著名政治、经济刊物英国《经济学家》杂志指出,"英国用了58年、美国用了47年、日本用了34年的时间使人均实际收入增加一倍,而中国仅用10年就实现了"(任仲平,2012),这是外国人眼中的中国奇迹。

美国的世界历史教科书曾对中国历史上的先进文明和对世界的贡献进行过总结和高度评价,当代西方经济学家是如何关注和分析中国的经济巨变和人民生活水平的不断提高的呢?中国国际地位和影响力提高的历史事实是不是影响或改变西方经济学家对中国的认识呢?

如果以英国《经济学家》和其他国际上权威的经济学刊物的视角、通过西方学者视野中的中国历史变迁以及西方学者视野中的中国与其他主要工业国的对比,能够以一种独特的方式,观察到中国走到国际政治和经济舞台中央的历史过程,能够观察到在西方学者眼中中国的经济、科技等如何从差距很大,到跟跑者、到并跑者,甚至到领跑者的角色转变,也能观察到外国人眼中中国社会的进步历程、中国文化的魅力、中国人民的精神风貌和民族凝聚力。以西方经济学家对中国的认识为基础,还能够预测基于西方观点的中国重回世界之巅的时间。

另一方面,中国改革开放前,底子薄弱、工业基础落后,1978年GDP总额3645亿,对世界经济贡献率仅为1.8%。但是从1979年到2012年,我国国内生产总值年均增长9.8%,同期世界经济年均增速只有2.8%,中国的经济总量居世界位次稳步提升,依次超越了意大利、法国、英国、德国、日本等主要工业国,成为世界第二大经济体(朱剑红,2013)。2016年,中国GDP首次迈上"70万亿"台阶,达到744127亿元,世界银行预测,2016年全球经济增速为2.4%左右,按2010年美元不变价计算,2016年中国经济增长对世界经济增长的贡献率高达33.2%,对世界经济增长的贡献率居首位(陆娅楠,2017)。因此,伴随着中国40年来经济总量在世界排名的位置变化,以全球视野分析国际政治、经济大事为目标的英国《经济学家》杂志对中国的经济和社会的关注度必然发生变化,有关中国的主题文章在数量上必然增加,国际权威经济学学术刊物也会关注中国发生的经济奇迹,全球重要政治、经济首脑会议涉及中国的分析必然增多,涉及主要工业国的文章中提到中国的频率也必然增加;同样,某些工业国经济地位的下降,刊物中提及这些工业国的频率和涉及它们的主题文章的数量必然减少,有关中国的主题在数量上的上升与有关某些工业国家的主题在数量上的下降,为多角度、跨时段、国家间的对比提供了基础。

通过语料库语言学或文本挖掘的方法,对英国《经济学家》杂志和国际经济学权威刊物1978年以来的文本进行内容分析,将是对当前研究中国国际地位和国际形象的重要补充,它具有以下几方面的学术价值:第一,以西方学者或知识分子的视角系统化地纵观中国自1978年改革开放以来的经济改革成就和历史变迁,即纵向地观察和对比中国

1978年以来不同历史阶段、不同的国民经济和社会发展五年规划建设时期取得的成就和发生的变化;第二,以西方重要政治经济周刊和国际权威经济学刊物为参照物,对比其他主要工业国,观察中国1978年以来如何从国际政治经济舞台边缘走向舞台中央的凸显位置,某些主要工业国如何从国际舞台的凸显位置走到舞台边缘,即横向地观察和对比中国与主要工业国如意大利、法国、英国、德国、日本等国自1978年以来在不同时期的位置以及位置更迭的方向和速度;第三,以英语语料库和计算语言学的方法,以国际政经周刊和国际权威经济学刊物的内容为语料,系统化构建中国主题词索引、中国改革开放以来的特征词或主题、国际经济学权威刊物有关中国的文章的国际影响力等,建立辅助测量中国综合国力或软实力的指标,作为今后研究中国国际地位的参考。

不同于经济学或计量经济学研究中所关注的经济测量、指标或数字,语料库语言学或文本分析所研究的内容是语言,即通过文本研究西方经济学家对中国的认知,是通过语料库语言学、计算语言学、统计学、信息科学等学科的理论、技术和方法,对语料、关键词、特征词等进行量化、分析、对比后得出的结论。

1.1.2 研究对象

A.英国《经济学家》(The Economist)杂志

英国《经济学家》(The Economist)杂志,1843年在伦敦创刊,内容涉及时事、经济、政治、科学、社会、教育、技术、艺术等方方面面,是国际上非常有影响力的杂志,2014年平均每周全球发行150多万份,平均每周读者人数为530多万,北美占64%、英国以外占90%,它在全球享有较高声誉,属于西方政界和经济界领袖和学者的必读刊物(Ponsford, 2014; Langfitt,2006)。其副主编Standage(2016)曾强调,自从约翰·肯尼迪之后的所有美国总统是其读者。比尔·盖茨阅读它、安格拉·默克尔收听其语音版 (Every US president since JFK has read The Economist, Bill Gates reads it. Angela Merkel listens to the audio edition)。由于中国的巨变以及在国际上重要的经济地位,从2012年开始,英国《经济学家》杂志专门为中国开辟了专栏,每期有更多的内容涉及中国。1942年,日军突袭珍珠港,美国正式参战,英国《经济学家》杂志开辟了"美国"专栏,关注这个从那时起一举一动都能影响全球的国家。这是在开辟"美国"专栏之后,70年来第一次,专门为另一个影响全球的重要大国开辟专栏(黄昉苨,2012)。

除了出版历史悠久、国际影响力大、涉及内容的主题丰富外,该刊物还有以下两个特点:

1)文章作者是匿名。根据其编者注(Editor's Note,2013),《经济学家》杂志的作者匿名有较长的历史传统,匿名的主要原因是,该刊物长期以来认为,"写出来的内容要比谁写的内容更重要",这种没有文章作者的形式,可以理解为只有一个作者,即该刊物编辑集体。所有文章代表了该刊物统一的一个"集体声音",这种刊物集体编辑作为文章作者的特点更便于分析该刊物文章所表达的统一的意识形态或情感。

2)该刊物是多年连续出版物,而且有固定的洲、国家或地区的专栏,这更便于分类采集长时间的历史数据。它也有利于数据采集和分类。

B.经济学国际权威刊物

作为英国《经济学家》(The Economist)周刊的补充,我们还观察了十种经济学研究领域的国际权威期刊,我们选取的十种经济学国际权威期刊分别如下。

- American Economic Review (AER,美国经济评论)
- Econometrica (计量经济学)
- Journal of Political Economy (JPE,政治经济学杂志)
- Quarterly Journal of Economics (QJE,经济学季刊)
- Review of Economic Studies (REStud,经济研究评论)
- Economic Journal (EJ,经济学期刊)
- Journal of Economic Geography (JEG,经济地理杂志)
- Journal of Economic Literature (JEL,经济学文献杂志)
- Journal of the European Economic Association (JEEA,欧洲经济协会杂志)
- Journal of Economic Perspectives (JEP,经济学展望杂志)

其中,前五个是通常所说的经济学期刊的五大金刚,诺贝尔经济学奖获得者 James Heckman 等人认为,大学、研究所的聘任或经济类评奖委员会筛选获奖人主要根据这五个刊物决定(Heckman & Moktan, 2020)。它们都属于最有影响力的经济学刊物。例如,在 AER 创刊百年的论文统计中,诺贝尔经济学奖得主 Kenneth J. Arrow 等根据 JSTOR 数据库的引文排序,筛选出了有影响的经济学的文章,这些根据引文排序筛选出来的文章与专家委员会讨论后选出的文章基本一致,最有影响的 20 篇文章的作者几乎全部获得过诺贝尔经济学奖(Arrow et al., 2011)。后五个是历史悠久或在经济学领域有非常大影响的刊物,或者属于 2000 年以后 Web of Science 的 Journal Citation Report(JCR)数据库中经济类被引频次居前的刊物,近年来影响力上升。例如,Economic Journal (经济学期刊)历史悠久,已经创刊 100 多年,二十世纪最有影响的经济学家约翰·梅纳德·凯恩斯(John Maynard Keynes)曾长期(1912 – 1944)担任该刊物主编。JEP 在 2019 年 JCR 统计报告中,影响因子排序位列经济类刊物前五。十种刊物的简介如下。

1)American Economic Review (AER,美国经济评论)

美国经济学会官方刊物,1911 年首刊,包括诺贝尔经济学奖获得者在内的经济学家在该刊物发表过的有重要影响的文章如下。

- "The Role of Monetary Policy"(1968), by Milton Friedman. (货币政策的作用)
- "Monopolistic Competition and Optimum Product Diversity" (1977), by Avinash Dixit and Joseph Stiglitz. (垄断竞争与最佳产品多样性)
- "An Almost Ideal Demand System" (1980), by Angus Deaton and John Muellbauer. (一个几乎理想的需求体系)
- "On the Impossibility of Informationally Efficient Markets" (1980), by Sanford J. Grossman and Joseph E. Stiglitz. (信息有效市场的不可能性)
- "Scale Economies, Product Differentiation, and the Pattern of Trade" (1980), by

Paul Krugman. (规模经济、产品差异和贸易模式)

2) Econometrica (计量经济学)

世界计量经济学会(The Econometric Society)官方刊物,1933年首刊,包括诺贝尔经济学奖获得者在内的经济学家在该刊物发表过的有重要影响的文章包括:

- White, Halbert (1980). "A Heteroskedasticity −Consistent Covariance Matrix Estimator and a Direct Test for Heteroskedasticity". (异方差一致协方差矩阵估计和异方差的直接检验)
- Engle, Robert F. (1982). "Autoregressive Conditional Heteroscedasticity with Estimates of the Variance of United Kingdom Inflation". (英国通货膨胀方差估计的自回归条件异方差)
- Kydland, Finn E.; Prescott, Edward C. (1982). "Time to Build and Aggregate Fluctuations". (建立和汇总时间波动)
- Engle, Robert F.; Granger, C. W. J. (1987). "Co−Integration and Error Correction: Representation, Estimation, and Testing". (协整和误差校正:表示、估计和检验)
- Aghion, Philippe; Howitt, Peter (1992). "A Model of Growth Through Creative Destruction". (创造性毁灭的增长模型)
- Melitz, Marc J. (2003). "The Impact of Trade on Intra−Industry Reallocations and Aggregate Industry Productivity". (贸易对产业内再分配和产业总生产率的影响)

3) Journal of Political Economy (JPE,政治经济学杂志)

1892年首刊,芝加哥大学出版社出版,包括诺贝尔经济学奖获得者在内的经济学家在该刊物发表过的有重要影响的文章如下。

- "The Pricing of Options and Corporate Liabilities" by Fischer Black and Myron Scholes (1973) (期权定价和公司负债)
- "Are Government Bonds Net Wealth?" by Robert Barro (1974) (政府债券是净财富吗?)
- "Rules Rather than Discretion: The Inconsistency of Optimal Plans" by Finn E. Kydland and Edward C. Prescott (1977) (基于规则而不是相机抉择:最优政策的不一致性)
- "Endogenous Technological Change" by Paul M. Romer (1990) (内生技术变革)
- "Increasing Returns and Economic Geography" by Paul Krugman (1991) (报酬递增与经济地理学)

4)Quarterly Journal of Economics (QJE,经济学季刊)

哈佛大学十九世纪八十年代创办,牛津大学出版社出版,包括诺贝尔经济学奖获得者在内的经济学家在该刊物发表过的有重要影响的文章如下。

- "The General Theory of Employment" (1937), by John Maynard Keynes (就业通论)
- "A Reformulation of the Economic Theory of Fertility" (1988), by Robert Barro and Gary Becker (生育经济理论重述)
- "A Theory of Fairness, Competition, and Cooperation" (1999), by Ernst Fehr and Klaus M. Schmidt (公平、竞争与合作理论)
- "Monetary Policy Rules And Macroeconomic Stability: Evidence And Some Theory" (2000), by Richard Clarida, Jordi Galí, and Mark Gertler (货币政策规则和宏观经济稳定:证据和一些理论)
- "Information Technology, Workplace Organization, and the Demand for Skilled Labor: Firm-Level Evidence" (2002) by Timothy F. Bresnahan, Erik Brynjolfsson and Lorin M. Hitt (信息技术、工作场所组织和对熟练劳动力的需求:企业层面的证据)

5)Review of Economic Studies

1933年首刊,牛津大学出版社出版,包括诺贝尔经济学奖获得者在内的经济学家在该刊物发表过的有重要影响的文章如下。

- Lipsey, R. G.; Lancaster, Kelvin (1956). "The General Theory of Second Best" (次优理论)
- Arrow, Kenneth J. (1962). "The Economic Implications of Learning by Doing" (通过实践学习的经济意义)
- Mirrlees, J. A. (1971). "An Exploration in the Theory of Optimum Income Taxation" (最优所得税理论探析)
- Stiglitz, Joseph E. (1974). "Incentives and Risk Sharing in Sharecropping" (分成制的激励和风险分担)
- Bénabou, Roland; Tirole, Jean (2003). "Intrinsic and Extrinsic Motivation" (内在动机和外在动机)

6)Economic Journal (EJ,经济学期刊)

1891年首刊,是现代经济学最早的学术刊物之一,历史上有些重要影响的经济学家曾任刊物主编,曾经刊登过许多有重要影响的文章,根据Web of Science,从2001年至今被引较高的文章如下。

- Mehlum, H; Moene, K; Torvik, R. (2006).Institutions and the resource curse (制度与资源诅咒)
- Diebold, Francis X.; Yilmaz, Kamil.(2009). Measuring financial asset return and volatility spillovers, with application to global equity markets (衡量金融资产回报和波动溢出效应,并将其应用于全球产权投资市场)
- Greenaway, David; Kneller, Richard. (2007). Firm heterogeneity, exporting and foreign direct investment (企业异质性、出口与外商直接投资)
- Clark et al. (2008). Lags and leads in life satisfaction: A test of the baseline hypothesis (生活满意度的滞后与超前:对基线假设的检验)
- Bandiera, Oriana; Rasul, Imran.(2006). Social networks and technology adoption in northern Mozambique (莫桑比克北部的社会网络和技术应用)

7) Journal of Economic Geography (JEG,经济地理杂志)

2001年首刊,牛津大学出版社出版,新兴学科经济地理学刊物,是经济、地理交叉研究的国际核心期刊,根据 Web of Science,从2001年至今被引最高的文章如下。

- Martin, Ron; Sunley, Peter. (2006). Path dependence and regional economic evolution (路径依赖与区域经济演化)
- Coe, Neil M.; Dicken, Peter; Hess, Martin. (2008).Global production networks: realizing the potential (全球生产网络:挖掘潜力)
- Boschma, Ron A.; Frenken, Koen. (2006). Why is economic geography not an evolutionary science? Towards an evolutionary economic geography (为什么经济地理学不是进化科学？走进进化经济地理学)
- Martin, Ron. (2012). Regional economic resilience, hysteresis and recessionary shocks (区域经济弹性、滞后与衰退冲击)
- Mudambi, Ram. (2008). Location, control and innovation in knowledge-intensive industries (知识密集型产业的位置、控制与创新)

8) Journal of Economic Literature (JEL,经济学文献杂志)

1969年首刊,美国经济学会官方刊物,主要发表综述类文章,曾经发表过许多有影响的文章,根据 Web of Science,从2001年至今被引最高的文章如下。

- Croson, Rachel; Gneezy, Uri. (2009). Gender differences in preferences (偏好的性别差异)
- Imbens, Guido W.; Wooldridge, Jeffrey M. (2009). Recent developments in the econometrics of program evaluation (项目评价计量经济学的新进展)
- Lee, David S.; Lemieux, Thomas. (2010). Regression discontinuity designs in

- economics (经济学中的断点回归方法)
- La Porta, Rafael; Lopez-De-Silanes, Florencio; Shleifer, Andrei. (2008). The economic consequences of legal origins (法律渊源的经济后果)
- Clark, Andrew E.; Frijters, Paul; Shields, Michael A. (2008).Relative income, happiness, and utility: An explanation for the Easterlin paradox and other puzzles (相对收入、幸福和效用:对伊斯特林悖论和其他难题的解释)

9) Journal of the European Economic Association (JEEA,欧洲经济协会杂志)

2003年首刊,欧洲经济学会官方刊物,牛津大学出版社出版,主要发表综述类文章,曾经发表过许多有影响的文章,根据Web of Science,从2001年至今被引最高的文章如下。

- Dohmen et al. (2011). Individual risk attitudes: measurement, determinants, and behavioral consequences (个体风险态度:测量、决定因素和行为后果)
- Tabellini, Guido. (2010). Culture and institutions: economic development in the regions of Europe (文化与制度:欧洲地区的经济发展)
- Gali et al. (2007). Understanding the effects of government spending on consumption (理解政府消费支出的影响)
- Acemoglu, D; Aghion, P; Zilibotti, F. (2006). Distance to frontier, selection, and economic growth (边疆距离、选择与经济增长)
- Ottaviano, Gianmarco I. P.; Peri, Giovanni. (2012). Rethinking the effect of immigration on wages (移民对工资影响的重新思考)

10) Journal of Economic Perspectives (JEP,经济学展望杂志)

1987年首刊,美国经济学会官方刊物,虽然创刊较晚,但近年来,影响力上升非常快,根据Web of Science,从2001年至今被引最高的文章如下。

- Koenker, R; Hallock, KF. (2001). Quantile regression (分位数回归)
- Kahneman, D; Krueger, AB. (2006). Developments in the measurement of subjective well-being (主观幸福感测量的研究进展)
- Brunnermeier, Markus K.. (2009). Deciphering the liquidity and credit crunch 2007-2008 (解读2007-2008年流动性和信贷紧缩)
- Levitt, Steven D.; List, John A.(2007). What do laboratory experiments measuring social preferences reveal about the real world? (通过实验室实验测量的社会偏好对理解真实世界有什么启示?)
- Guiso, Luigi; Sapienza, Paola; Zingales, Luigi. (2006). Does culture affect economic outcomes? (文化是否影响经济成果?)

C.国际索引数据库经济学核心刊物

为了建立在更广泛经济学文本数据基础上的推论,尤其是为了进行中国和国外经济学主题文献的引文分析、影响力分析和社会网络分析,作者还使用了 Web of Science 的 SSCI(Social Sciences Citation Index)数据库,抽取了其中 economics(经济)大类下的全部大约 350 种刊物的题录、引文、作者国家、时间等重要信息。

SSCI 数据库是现代科学计量学家 Eugene Garfield 于 20 世纪 70 年代开发,收录社会科学、自然科学和社会科学交叉学科期刊。

除了上述《经济学家》杂志、十种国际经济学权威刊物、SSCI 收录经济学刊物外,对于语言特征的分析,我们还对比研究了布朗语料库和莎士比亚全集,有关这些文本数据的数量和获取方法,参考第二章。

1.1.3 研究内容

1)词频分析

有关中国主题文献和外国主题文献中的关键词和关键词数量的统计和分析。按不同时期纵向计算样本语料中与中国有关的关键词的内容和频率,观察长期以来关键词内容变化和频率变化情况,对比并计算所有语料中与美、日、德国、英国等主要工业国有关的关键词内容和关键词频率变化。将有关中国的关键词内容和关键词频率、有关中国的主题文献的数量和增长率与主要工业国的对应数据横向对比。构造代表中国改革和西方主要工业国家的关键经济学术语或词汇的频率表,对它们横向对比,从而观察中国社会和经济改革的特征。将改革开放以来有关中国的关键词频率和有关中国的主题文献的总量和总增长率与同期主要工业国的对应数据横向对比。通过向量空间模型,将英国《经济学家》杂志与布朗语料库、莎士比亚全集的文体风格、可读性、文本复杂度等进行对比、分析。

2)情感分析

有关中国情感分析:纵向上,对不同时期有关中国文献的情感进行量化分析,中国改革开放近 40 年来,经济实力在国际上发生了巨变,分析、研究英国《经济学家》杂志和国际权威经济学刊物对中国主题文献的情感极性分析,按照年代顺序,观察国外刊物对中国主题文献的倾向性(褒义、贬义或中性),总体的变化趋势。尤其观察在中国经济实力不断增强直至超越英、德、日本等国成为世界第二大经济体前后,英国《经济学家》杂志对中国主题文献的情感倾向性的变化情况。同时,统计、分析中国主题文献中感情色彩中的积极、消极词汇的数量和变化情况。横向上,由于有些主要工业国的经济实力逐渐衰退或被中国超越,他们在国际上的经济地位发生了变化,研究以这些国家为主题的文献的情感倾向性是否也发生了变化,将以上有关中国文献的分析和测量结果与同期美、日、德国、英国等主要工业国有关的文献对应的分析和测量结果对比,观察该周刊对中国和这些工业国的情感倾向异同、特征和总体的变化趋势。

3)主题分析

使用普遍采用的机器学习隐含狄利克雷分布 LDA(Latent Dirichlet Allocation)模型,分析、对比文本主题。改革开放以来,中国政府制定或颁布了不同的经济政策、法规、措施,应对和解决改革不同时期出现的重大、复杂经济问题。通过观察英国《经济学家》杂志记录、解读中国不同时期的经济政策,纵向上,能够发现西方学者在不同时期所关注的中国主题是什么,发现不同时期西方所关注的中国经济和社会发展的内容和特征,通过主题强度分析,能够观察到不同时期西方眼中的中国经济和社会变化的范围和速度,进而观察西方学者眼中中国经济和社会进化的进程。横向上,通过对比英国《经济学家》杂志有关中国文献主题和其他主要工业国家文献主题,发现该刊物关注的中国与主要工业国的主题的区别和区别的大小。

4)科学计量学分析

利用社会网络分析技术,通过引文索引数据库(Web of Science),进行国际权威经济学刊物在改革开放以来有关中国主题文献的引文、影响力等科学计量学分析。研究1978年以来在SSCI数据库中全部经济学核心期刊上的有关中国主题文献以及施引文献的作者、作者分布、产出情况,他们的研究领域是什么,施引文献作者之间的引文关系是什么,谁是高影响力文章的作者,他们被引用的频次是什么。研究关于中国经济和改革主题文章和施引文献的作者署名国家和机构是什么,作为作者的机构或组织,联合国、世界银行、国外大学、学院、研究中心或经济研究所的分布情况。分析有关中国经济主题文献或这些主题文献的施引文献获得了什么国家、政府或机构的什么资金的支持,获得支持的文章的比例占多少,中国国家自然科学基金和社会科学基金对中国主题文献和施引文献的支持情况如何。研究中国主题文献的作者和国家合作的情况。学术研究的国际合作是当前科学计量学研究的热点,在科学研究中,日益频繁和紧密的交流是自上个世纪以来的大趋势,互联网的快速发展进一步促进了科学研究当中的相互合作,在有关中国经济和改革的文章和施引文献当中,作者之间的合作、机构之间的合作、国家之间的合作有什么特征、变化趋势是什么。

1.1.4 研究目标

通过中国纵向的历史对比和国别间横向的对比,经过统计、假设检验、回归分析、文本的聚类、分类、机器学习等,以外国人的视野、以语言学视角、以文本为依据、以量化的方式论述和概括中国的主题文献的特征及其变化特征,在以下几个方面实现新的认识。

1) 在有关中国的关键词或有关中国的主题文献的数量与展示中国硬实力的GDP总量等经济指标之间建立数学关系模型;有关中国主题文献的数量在总量、变化速度和趋势方面与其他主要工业国相比有什么特点;以有关世界各国的主题文献的历史变化的数量为依据,探讨世界热点国家的变化情况。

2) 对比不同时期有关中国主题文献的情感倾向;对比不同时期有关主要工业国主题的情感倾向;将中国数据与主要工业国数据对比,观察长期变化趋势。

3) 量化、聚类中国经济改革开放后几个主要的不同历史阶段的经济学概念、关键词频率、密度等,观察中国改革开放的历史进程及其特征;比较代表不同国家经济和社会发展的主题或概念术语。

4) 统计并分析国际经济学刊物中有关中国主题文献、作者、机构,研究主要文献被引用的频率和引证关系,研究国际主要工业国的主题文献在国际学术界被引用的情况,对比有关中国和主要工业国家文献的科学计量学特征。

1.1.5 研究方法

以采集的文本数据为基础,以对比为原则,使用计算语言学工具、作者自开发的国际授权发明专利技术、统计分析工具、人工智能和机器学习算法、超大规模社会网络分析工具、地理信息分析系统、语料库语言学工具、数据可视化工具、多种编程语言等,构造模型、量化并描述语料、文献、主题、情感、引证等特征,根据统计结果进行检验、推理和回归分析。由于文本数据量较大,为了突出重点并丰富阅读体验,尽可能对统计和分析的结果全部采用图表方式展现。使用的技术、工具、专利、工具测试方法和结果,详见第二章和其他章节。

第二章 数据采集和研究方法简述

2.1《经济学家》杂志的文本数据

英美国家有多个大规模经济类、新闻类、学术研究类电子数据库收录有英国《经济学家》期刊的电子文本资源，例如 Factiva、LexisNexis、《经济学家》杂志网站、EconLit、Business Periodicals Index Retrospective 等，但有的数据库的内容回溯年代较晚，有的数据库内容的时间标签缺失、不连贯。例如，作者购买了《经济学家》杂志网站最高阅读和使用权限，该网站提供语音、电子文档等几个该周刊的版本，但作者在检查和索引从该网站获得的文档数据过程中发现，1997 年之前的年份文档数据有许多缺失，1997-2005 年间也有许多月份文档缺失。作为购买权限的用户，我们曾多次与该网站技术服务人员联系，但始终没有解决缺失年份或月份文档数据更正或更新问题。另外，《经济学家》杂志网站的用户使用功能非常有限，几乎没有搜索语法或高级检索语句，对文档的分类获取效率较低。实际上，该网站仅仅是信息发布平台，属于新闻类媒体平台，与其他为学术研究而专门建设的文献数据库相比，该网站无法进行大规模文档或语料分析所必需的精确检索、排序、分类、对比、内容抽取等批量操作。

Gale 是美国著名在线数据库出版商，隶属于 Cengage Learning 集团。Gale 创建并维护着 600 多个数据库，尤其以新闻、文学、政治、历史、社会科学等专题数据库著称，其英文历史文献数据库的种类、文档回溯时间起点和时间跨度等都处于世界领先地位。其搜索平台的拳头数据库产品包括 Women's Studies Archive, U.S. Declassified Documents Online, The Making of Modern World (from 1500), State Papers Online (1509–1714), Slavery and Anti–Slavery: A Transnational Archive, Sources in U.S. History Online, Religions of America (1820–1990), Crime, Punishment, and Popular Culture (1790–1920), Early Century Collections Online (1701–1800), American Fiction (1774–1920), Refugees, Relief and Resettlement: Forced Migration and World War I, The Making of Modern Law 等等。

Gale 平台的 Historical Newspapers 搜索模块也是 Gale 的特色产品之一，到我们采集数据前，该模块已经对大约 2000 份纸版报纸进行了数字化处理，最早可追溯到 400 年前的报纸，该模块包含许多进行人文或社会科学研究的重要数字化资源，其中，研究人员广泛使用的特色数字历史典藏数据库如下。

- American Amateur Newspapers From The American Antiquarian Society (美国古文物学会的美国 19 世纪报业爱好者报纸专集)
- American Historical Periodicals From The American Antiquarian Society (美国古文

物学会的美国历史期刊)
- British Library Newspapers (大英图书馆报纸)
- Daily Mail Historical Archive (1896–2016) (《每日邮报》历史典藏(1896–2016))
- The Economist Historical archive (1843–2015) (《经济学家》期刊历史典藏(1843–2015))
- Financial Times Historical Archive (1888–2015) (《金融时报》历史典藏(1888–2015))
- Illustrated London News Historical Archive (1842–2003) (《伦敦图文新闻》历史典藏(1842–2003))
- The Independent Historical Archive (1886–2016) (《独立报》历史典藏(1886–2016))
- International Herald Tribune Historical Archive (1887–2013) (《国际先驱论坛报》历史典藏(1887–2013))
- Liberty Magazine Historical Archive (1924–1950) (《自由》杂志历史典藏(1924–1950))
- The Listener Historical Archive (1929 –1991) (《听众》历史典藏(1929–1991))
- The Mirror Historical Archive (1903–2000) (《镜报》历史典藏(1903–2000))
- Nineteenth Century UK Periodicals (19 世纪英国期刊)
- Nineteenth Century U.S. Newspapers (19 世纪美国报纸)
- Picture Post Historical Archive (1938–1957) (《图画邮报》历史典藏(1938–1957))
- Punch Historical Archive (1841–1992) (《笨拙》历史典藏(1841–1992))
- Seventeenth And Eighteenth Century Burney Newspapers Collection (17 和 18 世纪伯尼报纸合集)
- Sunday Times Historical Archive (《星期日泰晤士报》历史典藏)
- The Telegraph Historical Archive (《英国每日电讯报》历史典藏)
- The Times Digital Archive (1785–2014) (《泰晤士报》数字典藏(1785–2014))
- The Times Literary Supplement Historical Archive (1902–2010) (《泰晤士报文学增刊》.历史典藏.(1902–2010)).

Gale 公司对历史书籍、图片、手稿、纸质报纸等的数字化转化是通过扫描、拍照或缩微拍摄技术实现,完全保留了原版版面布局或者原貌,通过扫描或拍摄实现数字化呈现是按照 Web Content Accessibility Guidelines 2.0 (万维网内容可访问性指南 2.0, https://www.w3.org/TR/WCAG20)规范执行,对行动能力或认知能力有障碍的用户而言,也能够感受浏览数据库内容的体验。

对纸质历史书籍或报纸进行数字化是一项巨大工程,耗时费力,以历史典藏为例,Gale 公司对 Punch Historical Archive (1841–1992) (《笨拙》历史典藏(1841–1992))杂志的 7900 期进行了数字化处理。《泰晤士报文学增刊》历史典藏(1902–2010)数据库,Gale 公司共扫描了大约 12 万页。

对非机构用户,The Economist Historical Archive (1843–2015) (《经济学家》期刊历史典藏(1843–2015))数据库不提供试用服务,只能直接购买。我们以个人订阅方式,购买了该数据库的有限期限使用权限。该数据库对《经济学家》期刊扫描的起始文档是该刊物的第一期 (1843 年 8 月) (图 2.1),第一期的 The Economist 名称下面写的是 The Political, Commercial, Agricultural, And Free Trade Journal (政治、商业、农业与自由贸易期刊)。在 1843 年 8 月的第一期中,至少有两处出现了有关中国的经济数据,一个是与中国的贸易,一个是关税(图 2.2)。

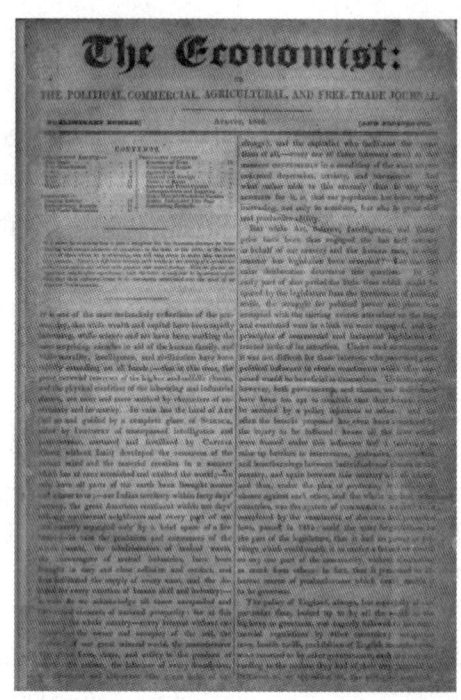

图 2.1:《经济学家》期刊 1843 年 8 月创刊,第一期第一页

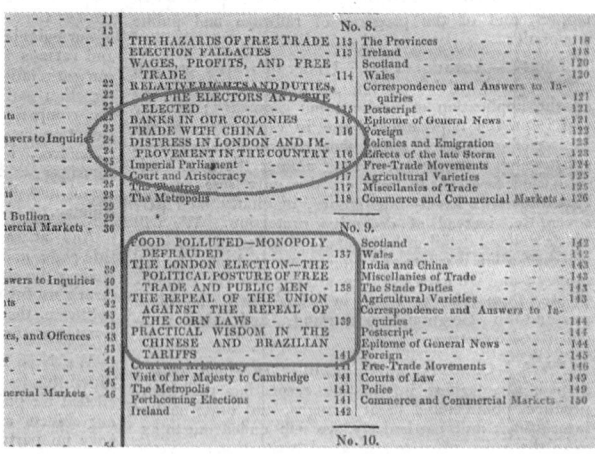

图 2.2:1843 年 8 月第一期《经济学家》期刊有关中国的数据目录

Gale 的《经济学家》期刊历史典藏数据库检索的功能比《经济学家》杂志网站的功能略强,可按照刊物出版日期检索、文章标题检索、关键词检索、栏目名称检索等等。前文提到,因为 Gale 公司对刊物原始版面的每一页都进行了扫描拍照,在浏览器中呈现的所有页面均是图片,完整、原始版面布局、图文并茂是 Gale 的《经济学家》期刊数据库的突出特色,读者能够浏览、放大、缩小版面。对中国或其他国家主题文章的检索结果是以字符列表呈现,能够索引的字符内容仅仅是 html 格式的文章标题和文章发表时间等,也就是说,检索后,用户能够获得字符类型的题录信息,而原文的正文内容还是以图片形式呈现。

由于文章正文是图片,对文章正文内容不适合进行大批量字符级别的索引,这对于大规模、快速检索和分析语料而言,极不方便,效率非常低。例如,在我们的试验中,在使用学校资料室或图书馆专用线路情况下,浏览器中装载一个文章正文完整页面的时间为 3-5 分钟,如果目标是装载 10 个正文页面,有 3-5 个页面装载失败或中断,需要重新装载。这个问题可能有以下几个方面原因:

1) 与内容格式密切相关,如果 Gale 的《经济学家》期刊数据库正文内容不是图片,而是文本型格式,装入将会更连贯、时间更快;
2) 在 Gale 平台进行关键词检索时,由于 Gale 的《经济学家》期刊数据库的资料的每一个页面都是图片,用户每次检索,都需要对每张图片和图片中的文字进行识别和匹配,与字符型文档检索和索引相比,搜索结果呈现的速度和时间不具优势。
3) Gale 服务器端对订阅用户带宽的限制。

另外,由于 Gale《经济学家》期刊数据库的文章内容全部是图片,下载获得的目标正文页面仍然需要 OCR(光学字符识别)转换),才能实现高级文本分析,例如,语料建模、频率分析、情感分析等,在对获得的图片进行字符识别和转换时,识别准确度依赖于图片中字符的清晰度和页面的布局,从图 2.1 和图 2.2 可以看到,有的正文页面字符辨识度较低,而且布局没有规律,同一个正文页面不同布局可能会排版不同主题的文章,同一页面图片中也可能存在不同文章的表格或插图,这给准确识别主题文档带来较大障碍,需要更多的时间和精力将识别出来的同一页面的不同主题内容的字符文档进行修正、分类,这也会影响效率。

因此,Gale 数据库对《经济学家》期刊早期单独历史页面的阅读和浏览、按期精确定位、查看原始图文、单独页面的放大、缩小等,具有突出优势。如果是少量页面的检索、定位和下载,Gale《经济学家》期刊数据库具有较强的实用性。但是,如果进行大批量语料抽取,实现大规模文本字符级别的检索、分类、定位、索引,使用 Gale 数据库效率不高。表 2.1 是通过 Gale 公司的《经济学家》期刊数据库获得的 1978-1990 年有关中国、美国、日本、德国、英国、法国、加拿大、意大利等八个国家主题文章的题录数量,题录信息包括主题文章的题名、作者、出处、发表时间、摘要等,不包含文章正文。

表 2.1：Gale 数据库《经济学家》》周刊 1978-1990 年不同国家主题文章的题录数量

Year	Canada	China	France	Germany	Italy	Japan	UK	US
1978	23	55	73	60	70	78	202	137
1979	30	51	97	61	41	67	247	108
1980	31	44	82	74	45	95	246	135
1981	43	49	97	61	35	89	237	141
1982	43	49	102	55	19	78	247	105
1983	25	60	80	58	36	89	178	98
1984	27	55	56	54	36	90	202	105
1985	20	60	78	57	45	75	176	84
1986	11	50	62	57	20	117	167	107
1987	22	56	61	69	32	141	212	98
1988	26	62	61	43	35	176	144	90
1989	8	53	42	58	23	147	146	111
1990	20	35	40	95	18	134	295	96
Total	329	679	931	802	455	1376	2699	1415
Aggregate	8686							

当今全球数字化时代,文献或语料数据库的建设突飞猛进,专业经济类的数据库层出不穷。在对比和实验中,我们发现 Proquest Business Premium Collection / Proquest ABI/INFORM Complete –(以下简称 PAC，https://www.proquest.com/abicomplete)更适合进行大规模语料获取、索引、分类和建模。

PAC 是美国 Proquest 公司的经管类数据库产品,索引超过 8000 种经贸类出版物,其中有 7000 多种以全文形式收录,范围涵盖商业、金融、管理、会计、广告、银行、保险、营销、公共管理、房地产和电信等,全文出版物的收录时间段是 1991 年 – 今,有些出版物只收录题目,收录时间段为 1971- 今。除了收录经济类图书和学术期刊外,PAC 还收录了有广泛影响的经济类报纸、经济研究报告等,其中一些著名的报纸或研究报告如下。

- Wall Street Journal (《华尔街日报》)
- Financial Times (《金融时报》)
- The Economist (《经济学家》杂志)
- SmartMoney (《智投》杂志)
- Economist Intelligence Unit (《经济学家智库报告》)
- Hoovers/Dunn and Bradstreet (《胡佛/邓白氏报告》,邓白氏是国际企业征信和信用管理行业巨头)

- Business Monitor International (BM)I《国际商业观察报告》,BMI是全球著名风险分析、宏观经济预测和行业研究咨询公司)
- Oxford Analytica (《牛津分析报告》,牛津分析是全球著名商业咨询公司)
- Oxford Economic Forecasting (《牛津经济预测报告》)
- ISI Emerging Markets (《ISI新兴市场报告》)

PAC数据库的The Economist(《经济学家》)周刊的全文收录日期是1991-今,对1991-今阶段的全文检索结果包括文章标题、出版日期、出版地点、期卷号码、链接地址、正文等多个数据域,搜索结果中的各个域均为字符文本格式,这为本地字符处理提供了基础。

PAC数据库有较强的在线高级检索功能,可供搜索的字段域名有210多个,例如,可按照Abstract(摘要,AB)、Address(地址,ADR)、Literary genre(文学、艺术等资源类型,LGR)、Digital Object Identifier(数字对象标识符,DOI)等进行复杂语法的布尔检索。

我们购买了PAC使用权限,进行字段域名的叠加,按照文章类型(全部)、文章经济学分类(全部分类)、文章有关人物(全部)、文章有关机构(全部)、文章标题(全部)等多项组合,根据八个文章主题有关国家(中国、美国、日本、德国、英国、法国、加拿大、意大利)和文章发表时间(1991-2016),分别下载了不同国家主题的不同年份的文档集合。PAC对用户每日、单次获取数据的记录数量有严格限制,用户的每一次请求不能超过500条记录,我们多日、分批次完成了原始数据的获取。

原始数据的每一个文档集合是许多篇文章的组合,集合中的每篇文章均包含版权信息、链接等文本分析中不需要的信息。我们编写了程序,对下载的原始文档集合进行字段抽取、分类,将文档集合中的每篇文档的正文独立抽取出来,存为独立文件,并以该篇文章的主题国家、标题和出版时间作为该独立文件的文件名,据此,构建了有关八个国家主题、从1991-2016年的数据集(表2.2)。

表2.2:PAC数据库《经济学家》周刊1991-2016年不同国家主题文章(全文)数量

Year	Canada	China	France	Germany	Italy	Japan	UK	US
1991	3	7	17	31	6	80	162	233
1992	26	68	82	111	41	195	415	371
1993	58	125	140	150	91	251	694	1146
1994	36	135	119	137	74	196	606	1159
1995	48	165	159	129	70	182	532	990
1996	39	146	125	169	83	189	562	1104
1997	41	139	153	150	80	161	505	1082
1998	41	127	101	145	65	138	443	1118
1999	41	124	121	140	64	145	462	1117

续表

Year	Canada	China	France	Germany	Italy	Japan	UK	US
2000	33	86	91	108	37	102	381	946
2001	26	90	86	96	56	90	373	838
2002	29	96	96	105	49	228	314	897
2003	41	117	93	96	52	105	435	953
2004	31	129	94	95	51	83	403	1037
2005	45	202	81	101	69	96	430	1059
2006	33	117	74	84	64	81	286	769
2007	41	163	86	76	49	81	413	1119
2008	30	130	73	49	39	57	343	657
2009	36	143	60	72	42	63	359	925
2010	17	138	51	58	31	51	316	642
2011	23	126	50	36	34	62	235	532
2012	24	172	61	48	37	69	438	696
2013	28	248	68	77	43	74	742	738
2014	29	271	69	72	43	73	780	757
2015	32	273	59	69	33	72	837	683
2016	31	261	47	65	40	65	598	694
Total	862	3798	2256	2469	1343	2989	12064	22262
Aggregate	48043							

在后面章节的分析中,对《经济学家》批量原文的分析,使用表2.2的数据,对1978—1990年期间全部题录分析,使用表2.1数据。对1978—1990《经济学家》部分正文分析和对比,使用Gale公司的数据库的样本图片进行转换、修正后的字符进行。具体而言,后面针对《经济学家》杂志的研究,频率分析部分使用PAC数据,情感分析部分使用通过Gale数据库、PAC数据库获取的数据,主题分析部分主要使用PAC数据。

从1978—2016年《经济学家》杂志总的国家主题文章数量来看(图2.1),可分为四大类,有关美国、英国、中国的文章是第一、第二、第三主题国家类,其他国家为第四主题类。2005年之前,有关日本的文章数量多于有关中国的文章数量,2005年以后,有关中国的文章数量快速增加,超过了日本主题文章数。大约在2010年以后,中国主题的文章数量进一步快速上升,始终高于有关日本或其他国家主题文章数量,而且,数量差别越来越大。从图中看到,欧洲大陆几个国家,如法国、德国、意大利的主题文献数量彼此差别不是非常大。加拿大的主题文献数量是八个国家中最少的。

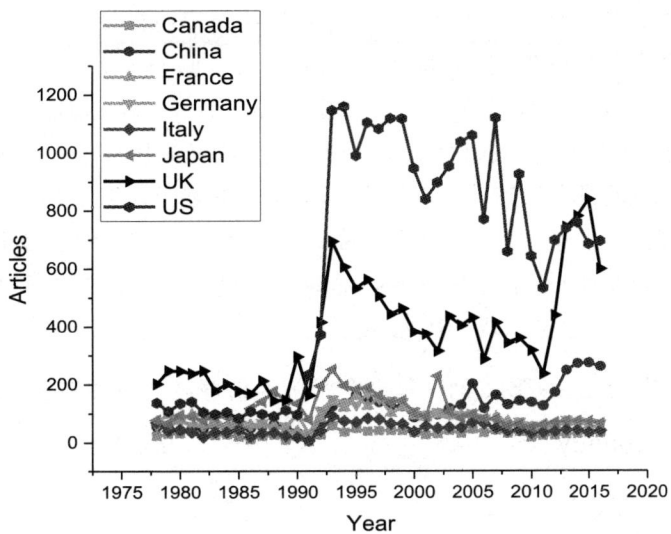

图 2.1: 1978-2016《经济学家》杂志有关八个国家主题文章的数量

对中国主题文章数量的变化进行多种回归实验后,发现其对非线性模型拟合度较好(图 2.2),校正决定系数为 0.74,模型 ANOVA 检验结果表明具有显著统计学意义(Regression: Sum of Squares =646607.84, Mean Square =215535.94; Residual: Sum of Squares=42937.15, Mean Square=1192.69; F = 180.71, p<0.001)。

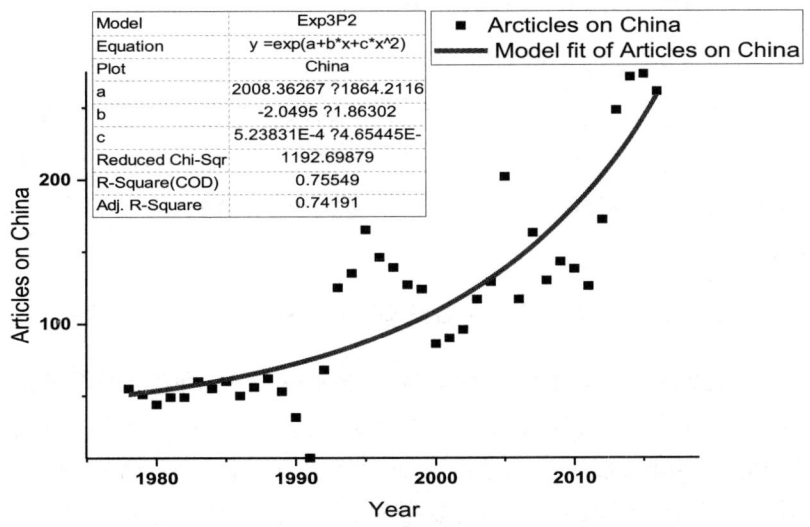

图 2.2:《经济学家》杂志有关中国主题文章的数量与时间的关系

2.2 十种经济学国际权威期刊的数据

Ebsco 公司是全球超大型文献信息数据库供应商,其 Business Source Complete(BSC,http://search.ebscohost.com/)数据库是国际权威经管类数据库,收录了 5000 多种经济类期刊的索引及摘要,其中大约 2000 种为专业的同行评审期刊,有些刊物回溯的最早日期是

1886年。它还收录近千种经济类专著,超过百万份的企业或市场报告等。BSC收录了上文提到的10种刊物的全部摘要、题录等信息,没有全部收录全文。

BSC数据库具备强大的搜索语法,可根据刊物名称、文章发表日期、文档类型、文章主题、主题国家、主题关键词、关键词之间距离、出版物所属国家、通配符等等许多域代码进行布尔检索,实现批量文档搜索。我们依据Ebsco搜索语法限定域语法,检索并获取了在1978-2016年之间、在这10个刊物上发表的有关八个国家(中国、美国、日本、德国、英国、法国、加拿大、意大利)的主题文章摘要等多个域的信息。通过我们自编程序,将下载的数据进行抽取、分类,构建了八个国家主题文档摘要的数据集(表2.3)。

表2.3:BSC数据库检索1978-2016年十个国际经济学权威刊物有关八国主题文章数量

Country	Number of Articles
Canada	132
China	221
France	98
Germany	142
Italy	58
Japan	171
UK	783
US	3707
Aggregate	5312

上述十个经济学权威刊物有季刊,也有月刊,每期发表的文章数量有限。例如,AER(美国经济评论)在2011年改为一年七期之前,每年出版五期,每期大约有10篇长文,10篇短文。QJE(经济学季刊)1980年出版四期,每期大约10篇文章,2000年出版四期,每期也是10篇文章。

2.3 科学计量学研究中使用的国际经济学权威刊物的数据

上述数据库无法研究有关中国主题的经济学文献作者、刊物、作者机构等在经济领域的影响力,也无法研究国家、政府或机构的资金支持情况和国际合作。通过引文数据库的引文、索引、排序等功能,能够讨论这些方面的问题,它们也是科学计量学研究的范畴。

目前国际上存在几个大型综合引文数据库,但是它们之间存在一些差别(具体参考后面科学计量学研究的章节)。在跟踪或研究文章、刊物、作者的引文分析方面,Clarivate公司的Web of Science (Wos,https://login.webofknowledge.com/)数据库的数据质量更高,我们通过Wos的SSCI(Social Sciences Citation Index,社会科学英文索引)数据库获取中国主题文章的引文分析数据。

Wos搜索平台具有强大的搜索语法,通过主题、刊物、研究领域等几十个搜索域名的语法组合,能够比较精确地获得刊物的科学计量学数据,对这些数据进行分类、加工、分析、对比,能够观察国际经济学核心期刊中有关中国主题文献的作者、机构、基金支持等情况。

Wos 的 SSCI 数据库是动态数据库,通过其 Category(分类)的 economics(经济)类别检索,截至 2017 年,它收录了大约 350 种与经济研究有关的刊物。从 1978-2016 年,其收录的上文十个经济学权威刊物中有关中国主题的文章数为 238 篇,与 Ebsco 收录的数量略有不同。虽然 Ebsco 数据库提供有文摘、题录等信息,但没有被引量等重要数据,这是 Ebsco 的局限性。对 238 篇文章,Wos 除了提供文章被引等重要信息外,还能够跟踪 238 篇文章的施引文献,通过在本地抽取施引文献信息,能够发现后续研究的作者、国家、机构、基金支持等重要信息。

我们还抽取了 SSCI 从 1978-2016 全部中国经济主题文献的被引数量和题录等信息,并研究了整个 1978-2016 阶段这些中国主题文献的作者、机构、国家等情况。

表 2.4 是基于 Wos 的 SSCI 数据库获取的有关中国经济主题文献的数据,中国主题文献的科学计量学研究根据这些数据展开:

表 2.4 基于 Wos 的 SSCI 数据库有关中国经济主题文献和施引文献数据

数据属性	数据 1	数据 2
时间	1978-2016	1978-2016
刊物	SSCI 十种经济学权威期刊	SSCI 全部经济类核心刊物(约 350 种)
主题文献数量(篇)	238	12212
施引文献数量(篇)	9657	

表 2.4 中的中国主题文献数量是 238,与上文 BSC 获取的中国主题文献数量略有不同,可能是收录误差。表 2.4 中的数据 2 是 SSCI 中的全部中国经济大类下的主题文献数量,为 12212 篇,因为这个数据量巨大,Wos 无法计算它们的全部施引文献。如果以数据 1 为基准推测,在 SSCI 数据库中,数据 2 的施引文献有可能达 30 万篇以上。

当前,科学研究中的机构之间、区域之间、国家之间的合作是管理学、信息学、科学计量学的研究热点,作为本项目的一部分,我们获取了 SSCI 数据库 1900-1912 约一百多年的索引、引文、题录等数据,经本地处理、计算、分类后,分析了百年经济学国家之间科学研究合作的特征和发展趋势,成果另外发表在了 SSCI 社会科学类的核心源期刊上,参考本成果附件中的论文集。

2.4 布朗语料库和莎士比亚全集数据

在对《经济学家》杂志分析时,我们还使用了一些辅助的数据,以便观察和对比词频、可读性、文档类型等方面的差异。使用主要的两个辅助数据集是布朗(Brown)语料库和莎士比亚全集。通过自然语言处理工具包的语料库平台 NLTK(http://www.nltk.org),下载了布朗语料库,NLTK 是开源系统,使用 APACHE LICENSE(授权协议,http://www.apache.org/licenses/LICENSE-2.0),可以完全免费自由使用,该系统已经附带了一些语料库,其中包括布朗语料库,都可以免费自由使用。通过全球著名的古登堡文库(Project Gutenberg, http://www.gutenberg.org/),我们获取了莎士比亚全集,古登堡文库收录的均为失去版权保护或没有版权争议的作品,读者可免费下载或阅读。

我们编写了程序,对上述两个数据集进行了分类和处理,删除了与语料或作品内容无关的出版社的说明文字,抽取了语料或作品正文中的所有单词(不含标点符号)。布朗语料库共有 15 个分类文本,莎士比亚全集共有 38 个作品(包括十四行诗或戏剧等),每个分类和每个作品的单词数量如表 2.5 所示,布朗语料库总计约 100 万词汇,38 个作品的莎士比亚全集总计约 88 万单词。

表 2.5:布朗语料库和莎士比亚全集单词数量
(布朗语料库 15 种文体,莎士比亚作品 38 部)

ID	Brown Corpus	Word count (excluding punctuations)
1	ADVENTURE	58412
2	BELLES_LETTRES	152097
3	EDITORIAL	54502
4	FICTION	58317
5	GOVERNMENT	62457
6	HOBBIES	72530
7	HUMOR	18275
8	LEARNED	162119
9	LORE	97210
10	MYSTERY	48206
11	NEWS	88592
12	RELIGION	34590
13	REVIEWS	35347
14	ROMANCE	58623
15	SCIENCE_FICTION	12042
	Total	1013319

ID	Complete Works of William Shakespeare	Word count (excluding punctuations)
1	THE SECOND PART OF KING HENRY THE SIXTH	26924
2	THE THIRD PART OF KING HENRY THE SIXTH	25952
3	THE FIRST PART OF HENRY THE SIXTH	22868
4	KING RICHARD III	31302
5	THE COMEDY OF ERRORS	16301

续表

6	THE TAMING OF THE SHREW	22301
7	THE TRAGEDY OF TITUS ANDRONICUS	21735
8	LOVE'S LABOUR'S LOST	23074
9	THE TRAGEDY OF ROMEO AND JULIET	25947
10	THE TWO GENTLEMEN OF VERONA	18401
11	A MIDSUMMER NIGHT'S DREAM	17368
12	KING RICHARD THE SECOND	23410
13	KING JOHN	21854
14	THE MERCHANT OF VENICE	22364
15	SECOND PART OF KING HENRY IV	27839
16	THE FIRST PART OF KING HENRY THE FOURTH	25876
17	MUCH ADO ABOUT NOTHING	22582
18	THE LIFE OF KING HENRY THE FIFTH	27590
19	THE TRAGEDY OF JULIUS CAESAR	20861
20	AS YOU LIKE IT	22905
21	THE MERRY WIVES OF WINDSOR	23590
22	THE HISTORY OF TROILUS AND CRESSIDA	27764
23	TWELFTH NIGHT; OR_ WHAT YOU WILL	21296
24	ALL'S WELL THAT ENDS WELL	24501
25	THE TRAGEDY OF HAMLET_ PRINCE OF DENMARK	32107
26	MEASURE FOR MEASURE	22962
27	THE TRAGEDY OF OTHELLO_ MOOR OF VENICE	27926
28	THE TRAGEDY OF KING LEAR	27640
29	THE TRAGEDY OF MACBETH	18306
30	THE TRAGEDY OF ANTONY AND CLEOPATRA	26559
31	THE LIFE OF TIMON OF ATHENS	19689
32	THE TRAGEDY OF CORIOLANUS	29341
33	A LOVER'S COMPLAINT	2595
34	CYMBELINE	28925
35	THE SONNETS	17672
36	KING HENRY THE EIGHTH	25975
37	THE WINTER'S TALE	26120
38	THE TEMPEST	17938
	Total	888360

2.5 研究方法简述

基于上述数据库或获取的数据,本项目使用量化分析的方法,应用语料库语言学、计算语言学、机器学习、人工智能等领域的概念、模型、算法或理论,通过对原始数据进行提取、分类、标准化、对比、统计、回归等过程,建立语言或概念模型,通过可视化工具,将模型或计算结果呈现出来。

在频率分析章节,参考并使用了当前国际上著名的开源语言工具包 Stanford CoreNLP、OpenNLP、Gensim、LanguageR、Udpipe 等。关于工具包的功能和对比参见第三章表3.1:与词频分析、语料库语言学和语言研究相关的开源工具包(以名称的字母顺序排列)。使用统计分析软件 SAS(STATISTICAL ANALYSIS SYSTEM)的文本挖掘(Text Miner)模块,进行了文本关键词、概念网络和主题的挖掘、分布计算和统计,使用地理信息系统 ArcGIS 和 ArcView 把文本分析中抽取的高频地名转换为地理坐标并标注在中国地图或世界地图上。

在频率分析中,还使用了项目负责人为本项目独立开发的 Debaver 1.5、WOS_Node 1.2、H_Linguistics_Tool1.2、Ecoglossary1.0、Diacritic_Remover1.2、Impressive1.2、Articulate1.2 等七个语言学统计分析应用程序,这些程序均获得了国家版权局计算机软件著作权。它们的功能多样,包括关键词抽取、数据库字段合并、音节计算、语言标准化处理等等。Debaver 1.5 主要完成频率计算部分,例如《经济学家》有关的不同国家文章的词汇频率、音节分布等。Debaver1.5 的名称组成是,De 取自理性主义哲学家 Descartes 前两个字母;ba 取自经验主义哲学家 Bacon 前两个2字母;ver 取自第一个提出通过电子计算机实现语言翻译的数学家 Weaver 的后三个字母,Weaver 认为一篇由人类语言(俄语)组成的文档可以被看作是一个编码系统,把这篇文档翻译成英语,就是解码的过程。例如图2.3是 Debaver 1.5 的运行界面。

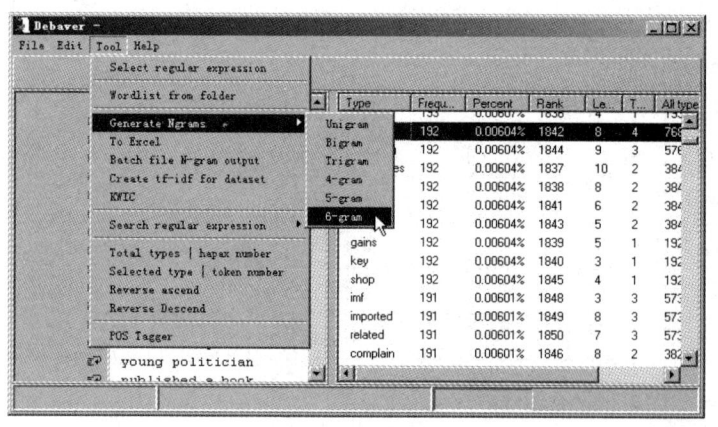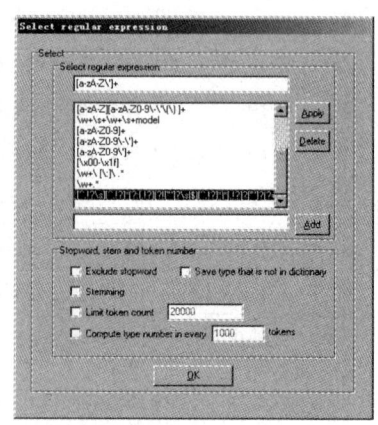

图 2.3:Debaver 1.5 界面

Debaver 1.5 中使用了本项目负责人在研究本课题期间在日本获得的授权发明专利技术 – 基于英语音节的计算方法在可读性评测中的应用方法与系统,专利信息如下:

> 发明专利号：JP 6626917
> 发明专利名称:
> (基于英语音节的计算方法在可读性评测中的应用方法与系统)
> 发明专利申请号:发明专利申请 2018–057837
> 国际专利分类(IPC)：G06F(电数字数据处理) 17/27 665
> 发明人:本课题负责人
> 授权日期:令和 1 年 12 月 6 日（公元 2019 年 12 月 6 日）
> 授权国家和机构:日本特许厅（日本国家专利局）

该专利技术具有完全独立自主知识产权,对大规模语料库的词频、音节和可读性的计算性能优越,具有速度快、不依赖词典、计算精度高、应用文本题材广泛、不需要训练数据、代码实现简单等优点,优于欧美的同类计算技术。

上文工具中的 WOS_Node1.2 主要是针对 WOS （Web of Scicence）数据库的字段抽取、合并、分类工具,是实现经济学有关国家主题文献社会化网络节点分析的基础工具。H_Linguistics_Tool 1.2 是文本预处理、加工工具。Ecoglossary 1.0 是英文经济学术语索引、搜索、解释工具。Diacritic_Remover 1.2 是标准化工具,由于本课题涉及大量文本,需要计算的有些文本中包含一些带有变音符号的字母,这些带有变音符号的字母影响检索速度和索引准确度，这个工具是转化、标准化变音符号的字母，将 fa?ade 变成 facade,将 résumé 或 cliché 变成 resume 或 cliche 等。Impressive 1.2 和 Articulate 1.2 是语言情感词检索、文本对比工具。

另外,作者还编写了十几个 Python、R、VBA 脚本,对文本数据进行归并或标准化处理。这些著作权应用程序和脚本等总计约 10 万行代码。

在情感分析章节,国内外研究和开发情感分析工具或系统的科研院所、机构或公司较多。例如,比较著名的高科技跨国公司如 Google、IBM、Microsoft 等均提供有相关的产品和服务。斯坦福大学人工智能实验室自然语言工具包中也提供了情感分析工具模块,适用于 GPL(General Public License,通用性公开许可证授权,它集成了目前较为流行的深度学习算法。由于本课题的情感分析涉及大量数据的计算,高性能和准确率是主要考虑因素,我们对国际主要大公司的工具进行了测试和筛选。在对比了斯坦福大学的情感分析工具、Google 情感分析工具、IBM 情感分析工具和 Microsoft 情感分析工具后(参见第四章表 4.7: 四种情感分析工具的对比），根据这些不同系统召回率、精准率、F1 和运算成本等,我们使用 IBM 情感分析工具完成了文本的情感分析。在情感分析过程中,还使用了 SAS、R、Python、VBScript 等语言进行了数据归并、分类、统计和对比。

在主题分析章节,我们使用的系统是 Mallet(MAchine Learning for LanguagE Toolkit)(McCallum,2002)。根据算法不同,当前有多种主题模型,例如潜在语义分析 LSA(Latent Semantic Analysis) 等，其中，应用最为广泛的是隐含狄利克雷分布模型 LDA(Latent

Dirichlet Allocation),它最早是由 David M. Blei 等科学家提出 (Blei, Ng & Jordan, 2003)。Mallet 是 2002 年发布的一个自然语言处理系统,由前国际机器学习学会主席、计算机科学家 Andrew McCallum 领导开发,基于 Java 语言,适用于通用公共许可证(Common Public License 1.0)协议,它集成了包括文档分类、聚类、主题建模和其他一系列重要的文本挖掘模块,功能非常强大。后来有其他研究人员在 Mallet 基础上,用其他语言比如 Python 翻译了 Mallet 的 LDA。

在科学计量学章节,主要使用社会网络分析、统计学、计算机科学等领域的方法或技术,提取、统计、分类、分析上述国际经济学权威刊物有关中国主题论文或施引文献的作者、国家、机构、基金、被引率或影响力等。对 Web of Science(Wos)数据的处理、归并、社会网络分析中的节点抽取和统计等,主要使用自编应用程序 WOS_Node 1.2 和 H_Linguistics_Tool 1.2。社会网络分析是当前社会化网络节点、连接、密度、属性等的研究热点,国际上目前使用的社会网络分析工具主要包括美国加州大学开发的 Ucinet(最早由著名社会网络分析科学家 Lin Freeman 开发,早期基于 BASIC 等多种语言,后来升级并改用其他语言)、以法国研究人员 Mathieu Bastian 和 Sebastien Heymann 为主导开发的 Gephi(基于 Java 和 Netbeans)、美国系统生物学研究所(Institute of Systems Biolog)首先开发并被国际研究人员逐渐完备的 Cytoscape (基于 Java)、韩国 CYRAM 公司开发的 Netminer、美国哈佛大学和匈牙利罗兰大学开发的 igraph(基于 C,分发有 R、Python 包)、斯洛文尼亚数学家 Vladimir Batagelj 领导开发的 Pajek(基于 Pascal/Delphi)等。Pajek 是专业性最强、应用广泛的社会网络分析工具。它已经有连续 20 多年的开发历史,程序在持续升级和完善,功能非常大。在我们的测试和实践经验中发现,对比其他社会网络分析工具,使用相同机器和相同数据,Pajek 装载百万以上节点的速度最快,计算节点参数的功能最为全面而且高效,其性能适用于专业的超大规模社会网络分析。我们使用 Pajek 进行与科学计量学有关的计算和计算结果的呈现。

第三章　词汇频率与词向量分析

3.1 词频、词向量、定律和模型

数理语言学(mathematical linguistics)使用两种方法研究语言结构与发展规律,一种是计量或定量的方法(quantitative methods),一种是非定量的方法(non-quantitative methods),以计量或定量的方法研究的语言学属于计量语言学(quantitative linguistics),以非定量的方法研究的语言学属于代数语言学(algebraic linguistics)(Tesitelova,1992),计量语言学的方法主要包括统计、概率、演算等,代数语言学的方法主要包括代数、图论、算法理论、拓扑学、数学逻辑等。

统计是计量语言学的基本方法,它是发现语言规律和构建语言理论的前提,更是认识世界强有力的工具。C.R.Rao是当代国际最重要的数学家之一,他在其著作 Statistics and Truth(统计与真理)的扉页中特别强调(Rao,1997),"所有的知识,说到底都是历史,所有的科学,理论上都是数学,所有的判断,根本依据都是统计学"(All knowledge is, in final analysis, history. All sciences are, in the abstract, mathematics. All judgments are, in their rationale, statistics.)。统计学是科学的法测(Statistics is the grammar of science (Pearson, 2004)。在掌握数据之前阐述理论是一个严重错误(It is a capital mistake to theorize before one has data.)(Doyle, 2019)。现代数学和统计方法的广泛应用以及计算能力的极大提高,为研究语言开辟了更为广阔的途径。计量语言学的统计方法与网络相结合,使得研究人员能够利用来自大型网络数据库的数据,探索这些非常庞大和复杂的语言数据集,验证或发现语言规律。一些高级的统计分析中的机器学习方法,还可以学习语言数据,构建新的语言模型,实现预测的功能。

计量语言学计量或研究的对象包括词汇和语法等多个层面(Tesitelova,1992)。词汇及其在语言中的位置的测量在计量语言学研究中占较大比重,该研究也称为词汇统计学。语法领域的计量和研究对象以语法的两个经典部分为主,即形态和句法,两部分合称为语法统计学。词汇统计学和语法统计学代表计量语言学的两个基本领域。另外,计量语言学还定量研究语义,进行语义统计,它的研究对象是句法的语义单位或句法形态单位及其在句子中的语义。对于音素、派生词缀或语法(屈折)语素构成的音位等语音方面的计量和研究,称为语音统计学。文体统计学是使用计量方法研究作品或作者风格。诗歌统计学是计量或统计方法研究诗歌的节律。语言类型统计学是计量、统计、对比各种语言的分类特征。

词汇统计学中对词的频率的统计和研究,是经验主义语言学讨论的热点问题,语料库语言学对此非常感兴趣(Popescu,2009)。十七世纪早期,对词频的研究已经开始,但这种研究并非是为了构建语言学理论,而是为了外语教学的实际需要和应用。直到20世纪齐普夫(Zipf,1949)的重要研究发表以后,词频统计和研究不再是完全是为教学服务,而是变成了语言学理论研究的重要内容。Zipf还研究了词频与词长之间的关系等,为计量语言学提供了十分重要的基础和研究框架。

经过多年的发展,计量语言学取得了在词频、词长、字母分布、句长、语音分布等多个层面的统计和研究的重要成果,尤其以下面的三大定律为代表(刘海涛,2012)。

(1)齐普夫定律:20世纪20年代由哈佛大学的语言学家齐普夫(Zipf)发现的计量语言学最重要的定律,即词出现的频数与其频数序之间存在反比例关系,被称为齐普夫定律。齐普夫定律是计量语言学最早提出的统计规律之一,在计量语言学中具有核心地位。

(2)门策拉—阿尔特曼定律:1928年由德国心理学家、语音学家门策拉发现,该定律描述词和音节的长度关系,即随着一个词所含音节数的增加,这些音节的平均长度会减小。他把此种现象概括为"整体越大,其组成部分就越小"。为了用数学公式建立语言学单位间的这种部分与整体的关系,阿尔特曼于1980年对其进行了数学描述,将其精确为"一种语言结构越长,则构成它的成分越短",即:部件长度是结构长度的函数。

(3)皮奥特洛夫斯基—阿尔特曼定律:1974年由苏联语言学家皮奥特洛夫斯基等人提出的用反正切函数来描述语言的演化规律,以数学手段来描述语言中的变化。1983年,阿尔特曼等人在皮奥特洛夫斯基发现的基础上,结合拉波夫等人的研究成果,提出了语言演化规律的变体。

事实上,对词、字母或语音的定量研究,还有其他一些非常重要的发现、模型或技术,这些发现和技术不但广泛应用于语料库语言学和计算语言学研究,也在其他学科的研究和应用中起着非常重要的作用。与词、句等统计、算法以及应用有关的重要模型和发现包括以下几点。

(1)马尔科夫模型(Markov model):1913年由俄国数学家马尔科夫提出。马尔科夫在当时没有计算机的情况下,完全以手工方式统计了俄国著名诗人普希金的长诗《欧根·奥涅金》中元音字母和辅音字母出现的频率和位置,提出了随机过程理论,元音字母和辅音字母之间出现的概率相互影响,每一个字母的出现随时间变化而变化,某个时刻出现的字母不确定,具有随机性,按一定的概率分布。如果分析前面两个字母对后面一个字母出现的概率的影响,即为三元语法,以此类推,可得到四元语法、五元语法等,即为N元语法。

(2)香农熵理论(entropy):对信息的量化度量问题,信息论创始人香农提出了熵理论。他在20世纪40年代建立了信息论的体系。虽然香农对信息研究的实际目的是如何破解第二次世界大战时的敌方密码,但他感兴趣的是如何在非理想化的通信信道中传输尽可能多的信息。对于任何类型的信息源和信息通道,香农希望在理论上能给出数据压缩率和数据传输率的最高值。在香农之前,人们普遍认为传输速率和错误率成正比,速度越高,错误越多。但是香农证明只要数据传输速率低于信道容量,即可获得期望的任意错误率。熵理论在语料库语言学、计算语言学以及许多其他学科中被广泛应用。

(3)正则表达式(regular expression):1951年由Kleene(1951)研发的一种用于搜索正

则字符串的语言,也就是搜索词、句等语言单位的表达式语言。1968年Thompson(1968)将正则表达式编译到文字处理器中,首次实现了在文字编辑器中使用正则表达式的文本搜索。文本搜索命令Global Regular Expression成为后来Unix系统中强大文本搜索工具grep。正则表达式是贯穿整个语料库语言学和计算语言学中的计算、搜索、抽取字符串(包括任何字符序列如字母、数字、空格、制表符和标点符号等)的最强大的语言。它通过模式实现统计语料库中的词频,能够搜索并返回包含指定模式的所有文本或语料。在搜索引擎应用中,能够搜索的对象可以是整个文档或网页。在当前常用的计算机程序开发语言中,正则表达式是必需的集成模块。

(4)词性标注(POS tagging):词性标注是进行词汇分类、研究词法、语义分析等工作的前提,最早是语料库语言学的消歧工具,至今是语料库语言学和计算语言学中最重要的工具之一。1958年Harris在宾夕法尼亚大学的话语分析项目中首次使用它,它以基于手工编写的规则运行,是当代基于规则的词性标注工具的雏形,有14个规则(Harris,1962)。后来研究人员开发出来的Taggit标注器增加了词典条目和更多的规则,应用到了Brown语料库(Marshall,1983)。除了基于规则的词性标注器外,基于概率的标注器有更快的发展,20世纪70年代,著名的CLAWS标注器通过概率算法标注了Lancaster-Oslo/Bergen(LOB)语料库(Marshall,1983)。当代标注器也采用了监督或非监督的机器学习方法(Goldwater & Griffiths,2007)进行标注。

(5)关键词抽取(keyword extraction):在语料库中抽取关键词,以这些关键词来描述语料库或语料库中文档的主要内容。这种技术最常用的方法是TF/IDF模型(Term Frequency-Inverse Document Frequency,词频-逆文档频次算法)。这是一种基于统计的计算方法,常用于评估在一个文档集中一个词对某份文档的重要程度,它是由著名计算机科学家Salton(1971)和Sparck Jones(1972)等人在向量空间模型(Vector Space Model)中提出。这种评估词汇在文档中重要程度的方法能够实现关键词抽取的目的,一个词对文档越重要,那就越可能是文档中的关键词,因此可以将TF-IDF算法应用于关键词提取。根据Google创始人Page等人1997年发明的搜索引擎排名算法PageRank(Brin & Page,1998)而衍生出来的TextRank(Mihalcea & Tarau,2004)模型,也是关键词抽取技术,与TF/IDF不同,它能够对单个文档抽取关键词和句,不需要依赖语料库。另外还有潜在语义分析(LSA,Latent Semantic Analysis)、潜在语义索引(LSI,Latent Semantic Index)、隐含狄利克雷分布(LDA,Latent Dirichlet Allocation)等模型也能够实现关键词抽取。

(6)词向量(word vector):基于前人有关神经网络语言模型和分布式表达等成果(Bengio et al.,2003;Hinton et al.,1986),捷克科学家Mikolov带领的Google研究团队发明了词向量模型(word2vec)(Mikolov et al.,2013)以及斯坦福大学发明的词向量模型(Glove,Global vectors for word representation)(Pennington,Socher & Manning,2014)。模型能够度量词与词之间的相似性或类比的关系。word2vec有两种模型,一种是连续词袋模型CBOW(Continuous Bag-of-Words),一种是跳字模型Skip-Gram。CBOW的输入是某一个特征词的上下文相关词对应的词向量,输出是这个特征词的词向量。Skip-Gram和CBOW相反,输入是特定的一个词的词向量,输出是特定词对应的上下文词向量。Glove

在词向量局部上下文基础上,加入全局统计信息。词向量是当前人工智能、神经网络语言研究的热点。

3.2 词频统计和词向量工具

现当代计量语言词汇或字母频率的工具依赖于计算机。在美国,计算机最早在研究语言和应用而且获得资助的领域是二十世纪五十和六十年代的机器翻译(Jurafsky & Martin,2008)。由于美国在军事和情报方面的需要,对机器翻译寄予厚望,为研究机构提供了较多资助。但是,尽管资助力度较大,但机器翻译的效果非常令人失望,那时的机器翻译只不过是逐字逐句用目标语言替代,译文无法理解,无参考和应用价值。20世纪60年代中期以后,美国对机器翻译研究项目的经费大幅削减,机器翻译研究进入低潮,只有少数机器翻译项目一直坚持到了现在,例如Systran。

除了机器翻译外,最早应用计算机研究语言的领域还有词频的统计、制作词汇索引表、制作词汇共现列表和对作者作品归属方面的探索(Gerald & Chris,1989)。在这类研究中,计算机的基本作用是统计词汇的频率,例如,统计文本中"on"一词出现的频率。

当代对词频的统计与研究和其他学科结合得更加紧密,词频统计作为基本语言数据,也正在为其他领域例如行为学、人工智能等提供支持和帮助。在语言学词法或句法研究中,与词频统计密切相关的重要研究内容如下。

- Corpus(语料库):建设语料库,通过统计语料库的词频,进行语言学分析和假设检验。
- Lemmatization(词形还原):为了便于分析,把一个词的屈折形式简化为一个单一的形式。
- Stemming(词干处理):将屈折的单词切去词根。
- Morphological segmentation(形态学分词):把单词分成语素。
- Word segmentation(分词):把连续的文本分成不同的单位。
- Parsing(解析):句子的语法分析。
- Sentence breaking(断句):寻找连续文本中的句子分界。
- Stop word removal(去除停用词):包括去掉英语中常用的冠词、介词等,以便于统计和研究实义词。
- Co-reference(同指分析):用于确定在文本中哪些单词引用相同的对象。
- Similarity measure(相似性度量):测量词汇、文本或集合之间的相似度,例如Levenshtein、Jaccard、Smith Waterman度量等。

词频统计也是语言学中语义等研究的基础,通过计算机进行现代语义研究所涉及的热点领域如下。

- Named entity recognition(命名实体识别,NER):确定文本中可以识别并分类为预设组的部分。例如，统计和分析一个作者的全部作品中出现的全部人名、地名、公司名等信息。
- Word sense disambiguation（词义消歧）：根据上下文赋予词义。
- Sentiment analysis（情感分析）：自动分析文档情感。
- Topic modeling（主题建模）：自动分析文档主题。
- Automatic summarization（自动摘要）：自动生成文档摘要。
- Machine Translation（机器翻译）：基于统计的、基于深度学习的机器翻译。

近年来，尤其针对当前语义分析中的热点领域，美国高科技跨国公司持续投入资金，不断引入最新的技术和方法，竞争激烈。传统上以数据统计分析或报表技术为特长的商业分析公司也增加了语言智能分析的产品、模块或服务，例如为美国人口普查局、美国银行或 Visa 等大型金融机构为主要服务对象的 SAS 公司，开发有专业的语言文本挖掘商业工具 SAS Text Miner。美国高科技跨国公司也纷纷推出了以云平台为基础的语言分析产品。以 IBM、谷歌、微软、亚马逊等国际巨头为例，它们通过自己的云平台，推出了许多特色的语言计算或人工智能的产品。随着深度学习研究的快速发展，这些产品的更新速度非常快。与词频统计和语义分析相关的产品如下。

1) Google Cloud（谷歌云计算平台）：产品包括情感分析、实体识别、主题建模、文本分析、机器翻译等。支持全世界 100 多种语言，支持的平台接口语言包括 Java、Python、Javascript、PHP 等。

2) IBM Cloud（IBM 云平台）：基于 Watson Natural Language Understanding 人工智能模块，产品包括语言识别、情感分析、实体识别、主题建模、文本分析、机器翻译等，可定制模型，支持全世界 100 多种语言，支持的平台接口语言包括 C#、Java、Python、Go、Swift、Ruby、Curl、Javascript 等。

3) Microsoft Azure（微软云计算平台）：产品包括文本分析、语言检测、情感分析等，支持全世界 100 多种语言的分析，支持的平台接口语言包括 C#、Java、Python、Powershell、Typescript、Javascript 等。

4) Amazon Comprehend（亚马逊语言处理平台）：产品包括语言识别、情感分析、实体识别、主题建模、文本分析、机器翻译等。支持全世界 100 多种语言，支持的平台接口语言包括 Java、Python 等。

除了语言分析的商业产品和系统外，一些知名国际组织、学术机构、基金会或专业团体创建了许多语言研究和应用的开源系统或工具。在大数据等新概念、新技术普及之前，语言工具包以 Java、Perl、C++为主要开发语言，近年来，随着人工智能、云计算的兴起，Python 语言工具包的数量增长势头强劲，目前世界上著名的语言研究的开源工具包以 Java、Python、R 等为主要开发语言。表 3.1 是当前国际上最著名的与词频分析、语料库语言学和语义研究相关的开源工具包（以名称的字母顺序排列）。

表 3.1：与词频分析、词向量语料库语言学和语言研究相关的开源工具包
（以名称的字母顺序排列）

名称	主要功能	开发语言	开源协议
Apache Lucene	词性标注；分词；分句；解析器；词的索引功能强大；包括各种查询：短语查询、通配符查询、邻近查询、范围查询等等；按任何字段排序；合并搜索结果的多索引搜索；允许同时更新和搜索；突出显示连接和结果分组；多种排名模型，包括向量空间模型等。	Java	APACHE LICENSE 2.0
Freeling	词频统计分析；形态分析；命名实体检测；POS 标注；句法分析就；词义消歧；语义标注；用于多种语言（英语，西班牙语，葡萄牙语，意大利语，法语，德语，俄语，加泰罗尼亚语，加利西亚语，克罗地亚语等）。	C++	GPL
GATE	包括词性标注器、分词器、地名录、分句器、命名实体转换器和共指标记器；文档、语料库和各种注释器；语言分析组件以及一系列数据可视化和编辑组件。支持多种格式，包括 XML, RTF, email, HTML, PDF 等；支持多种语言，包括英语、西班牙语、汉语、阿拉伯语、保加利亚语、法语、德语、印地语、意大利语、塞布亚诺语、罗马尼亚语和俄语等。	Java	LGPL
Gensim	可处理超大型 web 语料库；可定制输入语料库/数据流；向量空间模型；可进行潜在语义分析、潜在 Dirichlet 分布；随机投影、层次 Dirichlet 过程或词向量深度学习等。在语义表示中可对文档进行快速索引，并检索相似的文档等。	Python	LGPL V2.1 LICENSE
koRpus	多种词频统计与分析方法；关键词抽取和 tf–idf 度量；自动语言检测；分词；词性标注；词汇复杂度计算；多种可读性计算（Flesch, SMOG, LIX, Dale Chall）；语料库创建、管理和导入；内置语料库；停用词检测等等。	R	GPL-3
LanguageR	词频统计；语料库处理；语法树；词汇丰富度计算与对比；Zipf 模型；分类；聚类；回归模型等多种语言定量分析模型，是剑桥大学出版社出版的 Analyzing Linguistic Data: A Practical Introduction to Statistics using R 的配套工具。	R	GPL-2 GPL-3
LingPipe	词性标注；语料库关键词抽取；字符串对比；分句；拼写检查；分类；聚类；文本挖掘；语言识别；逻辑回归模型；中文分词；词义消歧等。	Java	MULTIPLE LICENSES
MeTA	词频统计分析；文本标记；深层语义分析；文本搜索和排序；主题模型；文本分类；语言模型；POS 标注；文本解析器；词嵌入等。	C++	OPEN
NLP4J	词性标注器；分词；创建树库；识别超链接；标点组成的数字转换；数学单位标记；根据 WordNet morphy 的语言形态分析器；缩写词采集；重复标点符号分类；命名实体识别等。	Java	APACHE LICENSE, V2.0
NLTK	包括语料库语言学、计量语言学、认知科学、人工智能、信息检索和机器学习等多个模块和 50 多个语料库或词典，可用作教学工具、个人学习工具以及原型和构建研究系统的平台，可完成词性标注、分词、语法分析、分类、文本挖掘、机器学习等许多任务。	Python	APACHE LICENSE V2.0

续表

名称	主要功能	开发语言	开源协议
OpenNLP	词性标注;多种分词工具,简单分词器,空白字符分词器等;可学习分词器,最大熵分词器,概率模型分词器;句子分割;命名实体提取,可以检测文本中的命名实体和数字;文本划分,可分成句法相关部分,如名词组、动词组;解析,提供两种不同的解析器,用于在各种语料库的模型训练。引用解析,将文档中实体的多次引用链接在一起;最大熵模型;基于感知器的机器学习模型等。	Java	APACHE LICENSE V2.0
Rcmdr-Plugin.temis	词频统计分析;词语共现分析;分类;层次聚类;时间序列分析;文档相似性度量;语料库创建并可导入"道琼斯 Factiva"、"LexisNexis"、"Europresse"和"Alceste"等多种格式数据等。	R	GPL-2
scikit-learn	包括统计频率;关键词分析;分类器;聚类;语言识别等。它也提供了许多构建机器学习模型的算法,主要用于机器学习。	Python	BSD LICENSE
SharpNLP	词频统计分析;分词;词性标注;词语共现分析;语法分析;命名实体识别;wordnet 数据库接口;内置语言模型等。	C#	LGPL2.1
SpaCy	包括词性标注、解析和实体识别的神经模型;支持超过30种语言;支持8种语言的13种统计模型;预先训练的词向量;句子分割;文本分类;与深度学习工具整合;多平台支持。	Python	MIT LICENSE
Stanford CoreNLP	集成的语言工具包,包含多种语法分析工具,用于任意文本的快速、健壮的注释器,广泛应用于工业。定期更新的包,可进行高质量的文本分析,支持多种语言,提供大多数主要现代编程语言的可用 api,也能够作为简单的 web 服务运行。包括词性标记、命名实体识别器、解析器、共指消解系统、情感分析和自举模式学习工具等。	Java	GPL V3
Textacy	包括通用文本统计和计算;提取关键词;n 元语法;实体抽取;首字母缩略词抽取;关键术语和其他感兴趣的元素的抽取;具有文档矢量化,可训练、解释和可视化主题模型的功能;通过各种度量进行字符串、集合和文档相似性比较;Flesch-Kincaid 等级和多语言 Flesch 可读性测算等。	Python	APACHE LICENSE, V2.0
TextBlob	包括分析单词和短语频率;词性标注;名词短语提取;分类(朴素贝叶斯,决策树);语言翻译和检测;n 元语法;词汇形态学分析;拼写更正;可扩展添加新的模型;WordNet 集成等。	Python	MIT LICENSE
tidytext	词频统计分析;关键词抽取和 tf-idf 等度量;Moby Project 的 POS 识别和读取;分词;分句;情感统计分析;停用词识别;主题识别;读取多种语料库功能;创建词-文档矩阵等多种文本挖掘工具。	R	MIT LICENSE
tm	词频统计;分词;停用词处理;词干处理;语料库创建和管理;元数据管理;创建术语文档矩阵和预处理;readPlain、readPDF 和 readDOC 等多种格式读入语料库;为文本分析提供了多种定量和矩阵计算功能,如 DocumentTermMatrix、findFreqTerms、findAssocs 等。	R	GPL-3

续表

名称	主要功能	开发语言	开源协议
Treat	词频统计分析;分词;文本分块、分割;词性标注;关键词提取;命名实体识别;文本检索;决策树、多层感知器等机器学习模块。	Ruby	GPL-2
Udpipe	词频统计分析;词语共现分析;多种方法的关键词抽取技术;词性标注;分词;语法解析;词-文档矩阵;语料库读取;词组统计分析;主题统计分析;内置语言模型等。	R	MPL-2.0

注：
MIT = Massachusetts Institute of Technology.
GPL = General Public License
LGPL = Lesser General Public License
MPL = Mozilla Public License
BSD = Berkeley Source Distribution

截止目前,全球开源项目最大的托管平台 Github (https://github.com/)的注册用户高达 300 多万,微软 2018 年收购了该平台,包括上述语言研究和应用的开源项目的最新升级版、资源文件、项目分支、作者、项目故障排除解答等信息都可以在该平台获得。

3.3 《经济学家》的频率和词向量分析

为便于完整分析和对比词频分布,本项目的统计和分析分为两种模式:模式 I 原始文本集的分析和统计,即对有关国家主题的原始文献不进行预处理而进行的统计和分析;模式 II 对有关国家主题的原始文献进行预处理而进行的统计和分析。进行模式 II 分析的目的在于高效处理、计算和建模,发现一些更有意义的特征或语言现象。模式 II 中对《经济学家》有关国家主题文献的原始文本,可选择性地进行一些预处理,主要包括:

- 去除全部数字[0-9]字符
- 去除全部标点符号
- 去除全部空白字符
- 所有字母标准化处理(例如全部转为小写字母等)
- 去除停用词（源自计算语言学广泛使用的 SMART 系统停用词列表,http://jmlr.csail.mit.edu/papers/volume5/lewis04a/）
- 词干抽取(如果是高维数据,机器处理效率较低时,调用此函数)

针对模式 I 或模式 II,本文除使用上一节中的开源系统或商业系统外,也使用了本项目负责人为本项目独立开发的 Debaver 1.5、H_Linguistics_Tool 1.2、WOS_Node 1.2、Ecoglossary 1.0、Diacritic_Remover 1.2 等工具和专利技术(参见第二章)。

3.3.1 中国主题文章的频率和词向量分析

1.词性的分布

针对模式 I 的统计,即原始文本集的分析和统计,本文使用的词性标注方案是近年来国际影响较大的通用依存分析项目的方法(UD,Universal Dependencies,https://universaldependencies.org/)。该项目是一个国际合作的跨语言语法(词性、形态特征和句法依存)的注释框架,目前已经为 90 多种语言制作了 150 多个树库。其中的统一词性标注(UPOS,Universal parts of speech)方案与早期的 Penn Treebank 等使用的标注方案有较大区别。UPOS 是基于斯坦福依存关系(de Marneffe et al.., 2014)、谷歌通用词性标记(Petrov,, Das & McDonald, 2012)和形态句法标记集的中间语(Zeman, 2008)开发而成。开发 UPOS 的目的是为了促进无监督的句法结构归纳和规范,实现当今信息和互联网时代的跨语言依存分析,满足多语种统一词性标注的需要。表 3.2 是 UPOS(UD version2.0)的标注集和说明,其中 ADP 是介词,包括 prepositions 和 postpositions,英语 six years ago 中的 ago 是 postposition。

表 3.2: UPOS 标注集(UD version2.0)

POS tag	Description	Example
ADJ	adjective	big, old, green, African, incomprehensible, first, second, third
ADP	adposition	in, to, during
ADV	adverb	Very, well, exactly, tomorrow, up, down somewhere, sometime, anywhere, anytime, everywhere, always, nowhere, never
AUX	auxiliary	has (done), is (doing), will (do) was (done), got (done) should (do), must (do)
CCONJ	coordinating conjunction	And, or, but
DET	determiner	a, an, the [en] my, your, this as in I saw this car yesterday. any, all
INTJ	interjection	Bravo, hello
NOUN	noun	Girl, cat, tree
NUM	numeral	0, 1, 2, 3, 4, 5, 2014, 1000000, 3.14159265359 one, two, three, seventy-seven I, II, III, IV, V, MMXIV
PART	particle	Possessive marker: [en] 's Negation particle: [en] not; [de] nicht
PRON	pronoun	I, you, he, she, it, we, they myself, yourself, himself, herself, itself, ourselves, yourselves, somebody, something, anybody, anything, everybody, everything, nobody, nothing mine, yours, (his), hers, (its), ours, theirs

续表

POS tag	Description	Example
PROPN	proper noun	Mary, John, London NATO, HBO
PUNCT	punctuation	Period: . Comma: , Parentheses: ( )
SCONJ	subordinating conjunction	that as in I believe that he will come. if while
SYM	symbol	$, %, §, ? +, ?, ×, ÷, =, <, > :), ???, ?? john.doe@universal.org, http://universaldependencies.org/, 1-800-COMPANY
VERB	verb	run, eat runs, ate running, eating
X	other	xfgh pdl jklw

《经济学家》1991-2016年全部有关中国主题的文档中，全部词性数量为3771864。其中，名词数量最大，大约74.49万，占全部词性数量的19.75%，即大约全部词性数量的1/5是名词（图3.1）；标点符号约48.98万，占比第二，约为12.99%；介词约39.29万，占比为10.42%；动词35.98万，数量不到名词的一半，占全部词性数量的9.54%；限定词约为30.9万，占8.19%，形容词数量约为30.74万，占比8.15%，插入语占比最小，大约占0.05%。

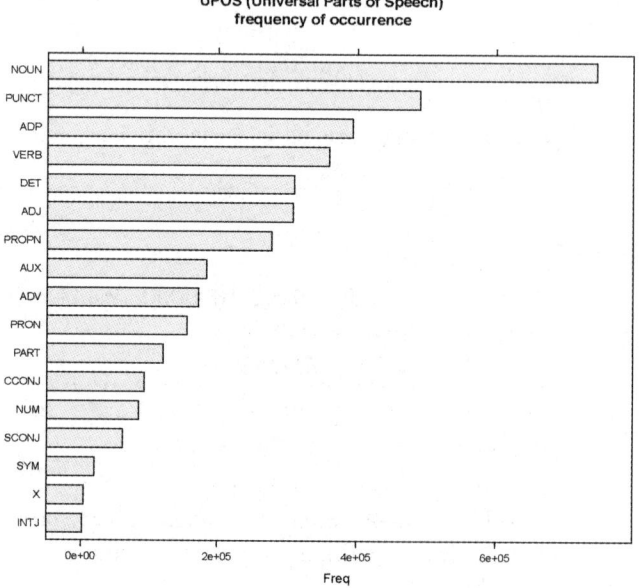

图 3.1：《经济学家》1991-2016 年有关中国主题全部文档的词性分布

全部名词中出现频率最高的前50个词具有以下几个明显的类别特征(表3.3):

1) 经济、增长、市场、投资、贸易、资本、价格、公司、工业、商业、人民币等经贸、金融类;
2) 政府、政党、国家、世界、人民、部长、领袖、权利等政治和国家类;
3) 周、月、年等时间信息;
4) 《经济学家》的出版信息等,如 Economist、text、publication.等。

其中经贸类占前50个名词的绝大部分,一方面说明《经济学家》杂志主要涉及的主题,另一方面说明中国经贸主题是该刊物对中国关注的一个重点。

表3.3:《经济学家》1991-2016年有关中国主题文献出现频率最高的前50个名词

rank	keyword	freq	rank	keyword	freq
1	year	8406	26	system	2242
2	government	8261	27	banks	2228
3	years	5467	28	money	2050
4	state	4859	29	leaders	2039
5	world	4701	30	yuan	2002
6	people	4298	31	firm	1907
7	country	4271	32	capital	1877
8	party	4247	33	policy	1848
9	text	3642	34	part	1785
10	market	3621	35	m	1783
11	firms	3612	36	city	1748
12	Economist	3608	37	prices	1716
13	Publication	3592	38	week	1674
14	info	3589	39	company	1659
15	economy	3372	40	bank	1594
16	growth	3264	41	rate	1474
17	time	3181	42	minister	1445
18	countries	2973	43	month	1440
19	officials	2912	44	end	1426
20	power	2820	45	Author	1413
21	companies	2722	46	war	1351
22	trade	2643	47	industry	1336
23	way	2613	48	property	1335
24	investment	2406	49	cities	1332
25	business	2256	50	markets	1326

对高频名词词组的统计发现,出现频率最高的名词短语主要是两元结构和三元结构,出现频率最高的前50个词组的主要分类包括(表3.4):

1) 政党、国家或区域、国家领导人、中央政府、地方政府;
2) 时间(last year、next year)等;
3) 《经济学家》杂志的出版信息(full text,publication info 等);
4) 政治事件、地点或人物;
5) 经济增长、贸易、央行、世行、利率、中国公司等。

表3.4:《经济学家》有关中国主题文献出现频率最高的前50个名词短语

rank	keyword	ngram	freq	rank	keyword	ngram	freq
1	hong kong	2	5766	26	south china sea	3	455
2	full text	2	3591	27	last month	2	450
3	publication info	2	3589	28	chinese firms	2	444
4	last year	2	2350	29	xi jinping	2	442
5	communist party	2	1531	30	three years	2	408
6	mr xi	2	1301	31	tiananmen square	2	400
7	prime minister	2	990	32	interest rates	2	399
8	north korea	2	913	33	chinese officials	2	395
9	south korea	2	863	34	human rights	2	391
10	united states	2	706	35	deng xiaoping	2	386
11	mr jiang	2	627	36	zang chuan fojiao	2	381
12	illustration caption	2	627	37	other countries	2	378
13	mr hu	2	597	38	local governments	2	377
14	chinese government	2	593	39	first time	2	372
15	east asia	2	586	40	billion yuan	2	371
16	two years	2	544	41	two countries	2	370
17	china sea	2	533	42	next year	2	368
18	five years	2	529	43	new york	2	359
19	central bank	2	513	44	jiang zemin	2	354
20	south china	2	508	45	few years	2	351
21	mr li	2	499	46	cultural revolution	2	344
22	central government	2	496	47	mr chen	2	336
23	recent years	2	488	48	world bank	2	333
24	economic growth	2	468	49	chinese companies	2	326
25	those who	2	464	50	china publication	2	326

从表 3.3 和表 3.4 可以看到,中国主题文献中最多的名词是政府、国家、人民、政党、市场;出现频率最高的两元名词结构是香港、总理等;出现频率最高的三元名词结构是南中国海（south china sea）,全部《经济学家》中国主题文档中没有发现 the south sea of china 或 china's south sea（中国南海）的表述。

中国主题文献中出现频率最高的动词均为英文常用普通词汇,本文将中国主题文献的高频动词与 Brown 语料库中的高频动词进行了对比。Brown 语料库建于 20 世纪 60 年代,全库 100 多万词汇,是平衡语料库的标准,它有十五个标准文本类别,完全是专家以手工分类, 不同分类代表不同文本风格。本文主要针对 news、learned、government 和 reviews 等几种类别文本进行动词频率排名对比,以观察其高频词的区别,对比中使用的动词对比词性标记为 Verb。表 3.5 是频率最高的前 20 个动词的对比。

表 3.5:《经济学家》杂志中国主题文献与 Brown 语料库四类文本动词频率对比

rank	Economist (CN)	Brown Corpus			
		news	learned	government	reviews
1	have, 5214	is, 732	is, 2403	is, 648	is, 513
2	is, 4807	was, 717	be, 1363	be, 598	was, 227
3	says, 4649	be, 526	was, 1114	are, 415	has, 192
4	has, 4285	said, 402	are, 991	will, 241	are, 190
5	said, 2910	will, 388	were, 633	have, 223	be, 153
6	make, 2720	are, 328	have, 550	was, 223	have, 124
7	made, 2474	has, 300	has, 429	United, 155	were, 87
8	see, 2430	had, 279	been, 409	has, 153	had, 69
9	had, 2141	have, 265	can, 365	may, 151	been, 69
10	do, 2023	were, 252	will, 330	been, 130	will, 55
11	become, 1858	would, 244	had, 328	were, 126	would, 47
12	take, 1711	been, 212	may, 324	would, 120	may, 45
13	say, 1703	made, 107	would, 319	made, 117	can, 44
14	owned, 1667	can, 93	must, 202	can, 115	could, 40
15	growing, 1622	could, 86	used, 201	should, 112	made, 35
16	get, 1593	may, 66	should, 171	must, 101	do, 35
17	are, 1497	get, 66	made, 164	shall, 98	does, 32
18	come, 1424	did, 63	could, 159	make, 52	being, 29
19	including, 1399	do, 63	do, 133	do, 51	make, 29
20	used, 1337	should, 59	might, 126	provide, 50	might, 26

可以看出,《经济学家》杂志中国主题文献最常使用的动词出现了 says、said、say 以及一些实义动词如 make、made 等。尤其是,相比较而言,Brown 语料库 news 中的 says 频率排名居前,说明《经济学家》杂志具有明显的新闻报道特征,类型更趋向于新闻,而不是

学术研究、政府报告。

如果文本或语料不进行新闻或小说等类型分类,而是以全库的全部动词频率进行排名,可以发现明显的区别。例如,截止到 2020 年 5 月,COCA (Corpus of Contemporary American English, 当代美国英语语料库, https://www.english-corpora.org/coca/) 规模已经扩展到 10 亿词汇,对 COCA 全库不分文本类别进行动词频率排序,频率最高的前 20 个动词和频率依次为 is (10093204)、was (6847634)、's (6301243)、be (5046924)、have (5023252)、are (4983296)、do (4500512)、had (2722250)、can (2514668)、has (2443837)、were (2380155)、would (2349159)、will (2152977)、know (2110632)、said (2037926)、're (1957993)、did (1889332)、been (1873959)、get (1743443)、'm (1716211),在前 20 个词中,没有出现具有明显的新闻报道特征的一般现在时态第三人称单数动词 says。

《经济学家》有关中国主题文献出现频率最高的前 50 个形容词所涉及的国家和地区依次是外国、美国、地区、全球、日本、国际、亚洲和国内;涉及的经济、政治和军事词汇是 economic、political、financial、military、nuclear。因此,从形容词观察,《经济学家》1991–2016 年有关中国主题文献的主题主要是政治、经济、国际关系(表 3.6)。

表 3.6:《经济学家》中国主题文献出现频率最高的前 50 个形容词

rank	keyword	freq	rank	keyword	freq
1	Chinese	15989	26	same	1668
2	more	6222	27	next	1659
3	new	5732	28	past	1659
4	other	4886	29	public	1631
5	foreign	4365	30	global	1621
6	such	4116	31	official	1584
7	many	4073	32	good	1505
8	last	3659	33	financial	1445
9	Full	3598	34	old	1444
10	American	3561	35	Japanese	1351
11	economic	3310	36	military	1330
12	political	2812	37	long	1294
13	first	2776	38	international	1212
14	big	2773	39	better	1195
15	local	2698	40	likely	1182
16	own	2492	41	less	1154
17	much	2106	42	small	1152
18	biggest	2021	43	Asian	1137
19	few	1985	44	nuclear	1105
20	recent	1958	45	Many	1101
21	most	1880	46	large	1084

续表

rank	keyword	freq	rank	keyword	freq
22	little	1803	47	prime	1079
23	central	1795	48	domestic	1067
24	private	1712	49	social	1059
25	high	1712	50	main	1036

形容词是语言表达情感的主要词汇之一。目前,国际上进行语言情感分析而广泛使用的词表有两个(Hu & Liu,2004;Liu,Hu & Cheng,2005),它们包含 2007 个积极词汇和 4783 个消极词汇。为了研究中国主题的情感词汇分布,本文将《经济学家》有关中国主题文献中频率最高的前 200 个形容词与这两个情感词表进行了对比,发现中国主题文献前 200 个高频形容词中,积极正面的形容词数量远远大于消极负面的形容词数量。在前 200 个高频形容词中,有 26 个积极词汇,主要包括 good、better、free、important、best、clear、rich、great、strong 等;前 200 个词汇中,消极负面词汇有 13 个,主要是 hard、poor、bad、cheap、unlikely、difficult、worse 等;前 200 个高频形容词中的非积极、非消极词汇属于中性词汇。图 3.2 是 26 个积极词和 13 个负面词汇的词云,词云中字号越大,表示词的出现频率越高。虽然高频形容词中的积极正面词数量大于负面消极词数量不能决定整篇文档的情感,但它们会影响文档的情感得分,本文将在后面的章节中进一步说明通过机器学习的方法、以一种客观的测量方式计算主题文档的情感,并对不同国家主题文档的情感得分进行对比。

图 3.2:《经济学家》中国主题文献中前 200 个高频形容词中的正面词汇和负面词汇

词汇的共现分析包括三种共现,i)查看哪些单词出现在同一文档/句子/段落中;ii)查看单词后面跟着哪些词;iii)查看单词的附近有哪些词。通过算法和UPOS,能够实现对《经济学家》全部文档的所有词性的共现分析。由于篇幅限制,本文下面仅列出名词和形容词的共现统计,两种词性的前后位置不进行区分,即名词在前或名词在后,统计分析时对词进行了词形还原((lemmatization)(表3.7)。

表3.7:《经济学家》中国主题文献共现分析(共现频率最高的前50个名词和形容词)

rank	term 1	term 2	freq	rank	term 1	term 2	freq
1	full	text	3609	26	bank	central	743
2	info	publication	3589	27	chinese	other	721
3	last	year	2903	28	country	year	717
4	chinese	year	1487	29	firm	state	699
5	chinese	firm	1326	30	chinese	more	697
6	chinese	government	1306	31	chinese	full	691
7	more	year	1080	32	firm	foreign	690
8	minister	prime	1058	33	human	rights	674
9	past	year	1009	34	chinese	market	660
10	chinese	company	1005	35	chinese	new	654
11	chinese	official	984	36	Caption	Illustration	628
12	government	year	968	37	chinese	state	618
13	country	other	950	38	chinese	text	614
14	chinese	foreign	923	39	recent	year	611
15	next	year	910	40	economic	growth	604
16	growth	year	905	41	foreign	investment	599
17	government	local	880	42	last	month	599
18	american	chinese	859	43	government	state	575
19	first	year	858	44	official	year	568
20	Economist	full	829	45	time	year	551
21	Economist	text	829	46	biggest	world	549
22	new	year	769	47	chinese	people	546
23	central	government	765	48	interest	rate	546
24	chinese	country	762	49	firm	year	539
25	chinese	many	744	50	chinese	world	528

表3.7显示,最高的共现是《经济学家》杂志的出版信息,即每篇文档中出现的数据库电子文档的出版和全文标识(full text)。可以看出,前50个共现中按频率次序依次是公司、中央政府、总理、经济增长、地方政府、中美关系、银行、国有企业、外企、人权、市场、投资、人民、利率等。前50个共现主要仍然是经济方面的共现词汇,前50个高频共现可分

为三大类,即经济、政府、人权。排序第 51-200 的高频共现中出现了更多的经济类词汇,例如 exchange rate （汇率）、economic reform（经济改革）、private firm （私营企业）、joint venture（合资企业）等等。将所有高频共现形容词和名词作为节点,并以连接线的疏密程度表示共现的强度,可以看到共现图当中的多个中心点(图 3.3)。

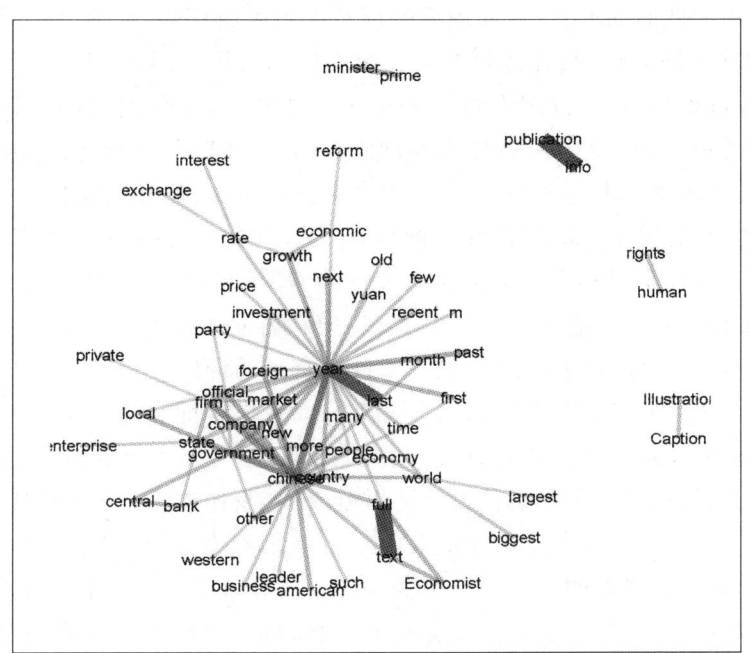

图 3.3:《经济学家》中国主题文献中高频名词和形容词共现图

从图 3.3 看出,高频形容词和名词共现中有许多重复的词汇,这些词构成了共现图的中心。例如,以 chinese、country 和 year 为中心点构成了共现的核心密集群,密集群中又包含或连接着副中心和其他连接点, 中心点 year 的其中一个连接路径是 growth － rate － interest，另一个是 growth － rate － exchange，另一个是 growth － economic － reform,等等。共现图直观、清楚地呈现了形容词和名词共现频率以及词汇之间的关系。就形容词和名词共现而言,《经济学家》中国主题文献表述的是以中国和时间(year)为核心的经济、政治、中外关系等信息。同时出现了最高级的两个形容词 biggest 和 largest,并与 world 密切相连,说明在 chinese 为核心点的句子、段落等上下文中,它们是描述中国的高频形容词。本文将在后面科学计量学的章节中详细讨论中心点所涉及的点度、中心势等社会网络分析方法。

通过词性统计或词性共现频率分析是发现语言或话语特征的一种方法,还可以通过 graph（图）算法、textrank 算法、RAKE（rapid automatic keyword extraction）算法、Pairwise Mutual Information(PMI,互信息)等多种技术抽取文本中高权重词汇组合,观察某一文本类别的语言特征。本文使用 RAKE 计算中国主题文献上下文中的词汇组合权重。本项目已经对全部文档进行了词性标注处理, 可通过 RAKE 实现任意词性之间的组合权重分析。限于篇幅,这里进行形容词和名词的 RAKE 分析。

RAKE是一种应用广泛的文本关键字识别算法,由美国太平洋西北国家实验室的科学家发明,性能优越,精确率和召回率高于Textrank.(Rose et al. 2010)。这种技术中的关键词或词组被定义为连续单词的序列。它的基本算法是:通过查找全部单词序列来提取关键字或词组。首先,扫描全部词汇进行预处理,去除词汇序列中不相关的词汇,例如去除停用词或某种词性的词汇;将预处理后的词汇序列生成矩阵,计算每个词的频率;计算连接每个词的其他词的频率;计算每个词在全文中的权重;计算连续的每个词汇组合的权重,词汇组合可根据需要,设定为两个词或三个词或多个词组合;计算每个词的权重与连接词汇的权重的和值,得出RAKE关键词组分值,RAKE得分越高,连接强度越高;设定阈值,抽取符合范围要求的两个、三个或多个关键词组合,任务完成。

表3.8是中国主题文献形容词和名词(两个词)组合的关键词组RAKE得分最高的前50个词组合,表中第一行的ngram是两元结构,即计算形容词和名词组合,Rake指两元结构的Rake得分。可以看出,与上文的形容词和名词共现的统计结果不完全相同,以RAKE技术得到的形容词和名词组合包含了许多有趣的词组。例如,风水(feng shui),RAKE算法将其视为形容词和名词的高强度组合,在形容词和名词组合中Rake值排第二;排第五位的Banyan(菩提)作者,Banyan是《经济学家》杂志亚洲专栏的名称,它与菩提树及佛教有关,佛祖释迦牟尼在菩提树下悟道成佛,该刊物以这一名称代表亚洲。

该刊物其他有含义的专栏包括Charlemagne(查理曼大帝,代表欧洲专栏),Lexington(列克星顿,美国马萨诸塞州一小镇,因美国独立战争在此打响,代表美国政治专栏),Buttonwood(与梧桐树协议有关,代表金融专栏),Baobab(原产于非洲的猴面包树,代表非洲专栏),等等。

表3.8中还有第六的中国农历新年;第七经济特区;第九的4G网络;得分较高的还有私营、磁悬浮、蜂窝式电话(大哥大)、放生(动物)、中式快餐、国际失衡、全球金融、美国海军、非洲联盟、亚洲公司、长城、大联盟(一流水平、佼佼者、最显赫的成就)、亚洲巨头、反导防御、新亚洲、国务资政、贸易区、中国的进攻(咄咄逼人)、直航(运)、境外投资、兵马俑、中国美食、海军巡逻、金融中心、阴历、大型银行、法律保护、中国谚语、经济失衡、国际巨头、贸易伙伴、外国银行、草药、上升、欧盟等。

表3.8:通过RAKE抽取的《经济学家》中国主题文献高分值形容词和名词组合(前50个)

rank	keyword	ngram	RAKE	rank	keyword	ngram	RAKE
1	cross border	2	3.68	26	anti-missile defense	2	2.61
2	feng shui	2	3.59	27	new asian	2	2.60
3	trading hubs	2	3.07	28	publication info	2	2.60
4	giants such	2	2.99	29	senior minister	2	2.60
5	banyan author	2	2.97	30	trade zones	2	2.60
6	lunar new	2	2.92	31	chinese aggressiveness	2	2.60
7	economic zones	2	2.91	32	direct shipping	2	2.58
8	direct cross	2	2.82	33	outbound investment	2	2.58

续表

rank	keyword	ngram	RAKE	rank	keyword	ngram	RAKE
9	4g network	2	2.82	34	terracotta warrior	2	2.57
10	privately run	2	2.81	35	chinese cuisine	2	2.56
11	magnetic levitation	2	2.80	36	annual conclave	2	2.55
12	bulletin boards	2	2.79	37	naval patrol	2	2.55
13	cellular telephone	2	2.74	38	financial hub	2	2.55
14	syndrome author	2	2.73	39	lunar calendar	2	2.55
15	fang sheng	2	2.70	40	big banks	2	2.55
16	chinese takeaway	2	2.70	41	legal protections	2	2.55
17	global imbalances	2	2.65	42	chinese proverb	2	2.54
18	global financial	2	2.65	43	economic imbalances	2	2.54
19	american naval	2	2.64	44	global giant	2	2.53
20	gold coast	2	2.64	45	global private	2	2.53
21	african union	2	2.63	46	trading partner	2	2.52
22	asian corporate	2	2.63	47	foreign banks	2	2.52
23	great wall	2	2.63	48	herbal supplement	2	2.52
24	big league	2	2.62	49	upwardly mobile	2	2.51
25	asian giant	2	2.62	50	european union	2	2.51

RAKE技术抽取的高分值形容词和名词组合不仅仅包含经济、政治、国际关系，还发现了中国文化、科学技术和中国强势的、积极向上的进取精神的词汇组合。在表3.7的形容词和名词的共现分析中，info publication是高频共现词组，排序第二，在RAKE的分析中，表示相近意义的publication info在Rake的得分排序降到了第二十八位。

RAKE得分排序在51-100之间的词组还包括anti-Japanese dramas（抗日剧）、anti-missile system（反导系统）、intercontinental missile（洲际导弹）、chinese naval（中国海军）、Schumpeter author（熊彼特（商业）专栏作家，熊彼特是历史上有重要影响的哈佛经济学家，主要贡献包括经济周期理论、创新理论等）、Ponzi scheme（庞氏骗局）、exchange trading（交易所交易）、asian partner（亚洲合作伙伴）、asian security（亚洲安全）、bilateral exchange（双边交流）、legal documents（法律文件）、utilisation rate（利用率）、annual rate（年利率）、regional giant（区域巨头）、spend spree（消费热潮）、local baron（地方工商业大亨）、onshore market（国内市场）、naval base（海军基地）、domestic routes（国内航线）、Hollywood mogul（好莱坞大亨）、interbank rate（银行同业买卖汇率）、coastal zone（沿海经济区）、new rail（新建铁路）等，它们包含了经济等专业术语，也包含了反映地域、文化特征的词汇。

很明显，RAKE技术是构建专业词典的有力工具，也是在某一领域的话语分析过程中对特征词组进行高效、智能抽取的高效工具，通过设定RAKE得分阈值，能够定制所需要的不同连接强度的词组。

2.文本的向量空间模型

在上一节中国主题文献的高频动词分析中,通过与标准平衡语料库 Brown 语料库的几个相近类别语料的高频动词对比,发现《经济学家》杂志中国主题文献类型更趋向于新闻,而不是学术研究、政府报告或者新闻评论。本节采用向量空间模型(VSM, Vector Space Model)对中国主题文献与 Brown 语料库进行进一步的对比。

VSM 由著名计算机科学家 Salton 等人提出(Salton,1989),是一种高效的、具有明显先进技术特征的文本模型,它将非结构化的文本信息表示成向量形式,对向量进行计算,得到文本之间的距离,从而得到文本之间的相似度。这一模型在文本检索、查询和对比中广泛应用。它的计算方法是(这里采用余弦相似度):

$$similarity(d_i,d_j)=\frac{\vec{V}(d_i)\cdot\vec{C}(d_j)}{\|d_i\|\|d_j\|}$$

d_i,d_j 代表两篇文档,分子代表两篇文档向量的内积,分母是两篇文档向量的模的乘积。文档中词项的频率(tf, term frequency)和倒文档频率(idf, inverse document frequency)生成词项的权重,输入模型计算。计算结果在 0-1 之间,相似度的值越高,文本越接近。为了高效计算文档向量和它们之间的距离,可以进行标准化处理。计算相似度的核心代码部分如下:

```
1    library(stringr)
2    library(NLP)
3    library(tm)
4    library(text2vec)
5    ...
6    ...
7    prep_fun = function(x) {
8      x %>%
9        str_to_lower %>%
10       str_replace_all("[^[:alpha:]]", " ") %>%
11       str_replace_all("\\s+", " ")
12   }
13   word_stem_tokenizer =function(x) {
14     lapply(word_tokenizer(x), SnowballC::wordStem, language="en")
15   }
16   …
17   all2oneline=function (x) paste(readLines(x), collapse=´ ´)
18   allfile=idir(filedir, reader=all2oneline)
19   it =itoken   (allfile,   preprocessor =prep_fun,   tokenizer =word_stem_tokenizer, progressbar=T)
20   stopwrd=stopwords("en")
```

```
21  v=create_vocabulary(it, stopwords=stopwrd)
22  vectorizer=vocab_vectorizer(v)
23  dtm=create_dtm(it, vectorizer)
24  tfidf=TfIdf$new()
25  dtm_tfidf=fit_transform(dtm,tfidf)
26  d1_d2_cos_sim = sim2(x=dtm_tfidf, method = "cosine", norm = "l2")
27  ...
```

本项目中完整的《经济学家》中国主题文献的数据量非常大，而 Brown 语料库中 15 个类别的语料词汇的数量较小，但优点是 15 个类别语料的样本量或数据量均衡，每个类别语料占用的空间大约是 1–2 兆。为了进行所有语料之间样本数据均衡条件下的对比，我们对所有中国主题文献进行了年度文献的随机抽样，在每年的全部中国主题文章中，随机抽取 5–10 篇文档，在将所有年份随机抽取的文档组合为一个样本集合。从 1991 年至 2016 年全部中国主题文档中共抽取了 180 篇文章,约 1.5M 容量。将 180 篇中国主题文档样本集合与整个 Brown 语料库的全部类别语料分别进行相似性对比。表 3.9 是与 Brown 语料库全部 15 个标准语料的相似性计算结果,表中 cn_samples 代表《经济学家》中国主题文献的 180 个文档的样本集合。

表 3.9:《经济学家》中国主题文献样本集合与 Brown 语料库全部 15 个类别标准语料的相似度矩阵

	adventure	belles_lettres	editorial	fiction	government	hobbies	humor	learned
adventure	1.000	0.096	0.075	0.112	0.038	0.074	0.056	0.039
belles_lettres	0.096	1.000	0.185	0.132	0.119	0.124	0.082	0.123
editorial	0.075	0.185	1.000	0.092	0.185	0.115	0.057	0.103
fiction	0.112	0.132	0.092	1.000	0.041	0.079	0.058	0.041
government	0.038	0.119	0.185	0.041	1.000	0.140	0.031	0.152
hobbies	0.074	0.124	0.115	0.079	0.140	1.000	0.047	0.182
humor	0.056	0.082	0.057	0.058	0.031	0.047	1.000	0.037
learned	0.039	0.123	0.103	0.041	0.152	0.182	0.037	1.000
lore	0.093	0.185	0.170	0.104	0.117	0.136	0.066	0.105
mystery	0.116	0.085	0.074	0.104	0.037	0.075	0.053	0.036
news	0.091	0.186	0.314	0.094	0.183	0.135	0.058	0.091
religion	0.041	0.147	0.126	0.065	0.077	0.065	0.038	0.075
reviews	0.063	0.158	0.137	0.078	0.073	0.108	0.064	0.078
romance	0.125	0.120	0.085	0.146	0.042	0.076	0.063	0.041
science_fiction	0.038	0.081	0.032	0.035	0.023	0.030	0.017	0.026
cn_samples	0.028	0.064	0.101	0.030	0.064	0.045	0.021	0.038

续表

	lore	mystery	news	religion	reviews	romance	science_fiction	cn_samples
adventure	0.093	0.116	0.091	0.041	0.063	0.125	0.038	0.028
belles_lettres	0.185	0.085	0.186	0.147	0.158	0.120	0.081	0.064
editorial	0.170	0.074	0.314	0.126	0.137	0.085	0.032	0.101
fiction	0.104	0.104	0.094	0.065	0.078	0.146	0.035	0.030
government	0.117	0.037	0.183	0.077	0.073	0.042	0.023	0.064
hobbies	0.136	0.075	0.135	0.065	0.108	0.076	0.030	0.045
humor	0.066	0.053	0.058	0.038	0.064	0.063	0.017	0.021
learned	0.105	0.036	0.091	0.075	0.078	0.041	0.026	0.038
lore	1.000	0.082	0.175	0.116	0.120	0.108	0.036	0.059
mystery	0.082	1.000	0.096	0.038	0.060	0.136	0.029	0.027
news	0.175	0.096	1.000	0.088	0.153	0.113	0.033	0.086
religion	0.116	0.038	0.088	1.000	0.070	0.054	0.024	0.051
reviews	0.120	0.060	0.153	0.070	1.000	0.078	0.026	0.041
romance	0.108	0.136	0.113	0.054	0.078	1.000	0.041	0.037
science_fiction	0.036	0.029	0.033	0.024	0.026	0.041	1.000	0.013
cn_samples	0.059	0.027	0.086	0.051	0.041	0.037	0.013	1.000

可以看出,相似度最大的两类语料是 news(新闻)和 editorial(社论),得分 0.314,这两类文本的相似度的值远远大于其他文本类型之间的相似度得分。Brown 语料库是专家编写的标准平衡语料库,如果人类仅凭主观猜测,news(新闻)和 editorial(社论)在全部 15 个语料中应该是类别接近的,VSM 模型对全部语料机器计算是客观的、量化的、可精确对比的结果,它不考虑读者学识水平、阅读能力、背景、偏好、身份地位,完全通过客观的频率计算得出的结论。如果将机器学习得出的结论与人类主观的猜测对比,这个 VSM 模型对 news 和 editorial 的相似度计算结果符合人类的猜测。

相似度得分最低的两类文本是中国主题文档(cn_samples)和 science-fiction(科幻小说),得分 0.013;相似度较低的还有 Science-fiction(科幻小说)与 humor(幽默),得分 0.017,中国主题样本文档与 learned(学术研究类)相比,得分 0.021。中国主题样本文档与 Brown 语料库所有类型语料的极差较小,大约为 0.07,与不同文档的相似程度从大到小依次为 editorial(社论)、news(新闻)、belles_lettres(传记)、government(政府报告)、lore(社会生活)、religion(宗教)、hobbies(爱好)、reviews(新闻评论)、learned(学术)、romance(爱情小说)、fiction(一般小说)、adventure(历险小说)、mystery(侦探小说)、humor(幽默)、science_fiction(科学幻想小说)。图 3.4 为相似度测量值的分布图,可以看出,绝大部分相似度得分在区间[0.025,0.2],最大波动点是 news 和 editorial 类别,与中国主题文档最相似的两个类别(社论和新闻)的相似度大约处于全部相似度值域的中间区域。

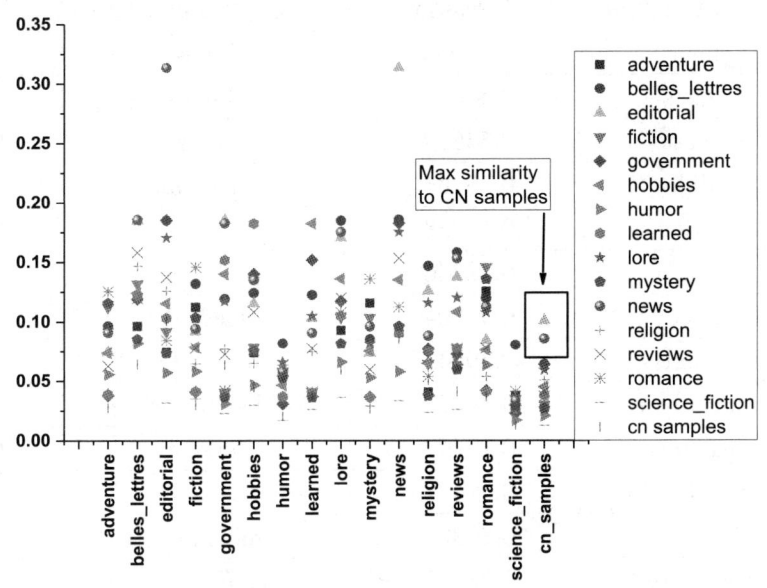

图3.4:《经济学家》中国主题文献样本文档与Brown语料库相似度分布图

3.基于词向量的词汇之间的关系

近年来,词向量技术广泛应用于神经网络、人工智能的分析,它是将非结构化的词转化为可计算的、结构化的向量,将词、文本转化为数学形式,通过计算词的向量,得到以数学表示的词语之间的关系,计算出向量空间上的相似度和语意上的相似度,寻找词语之间的关系并进行文本计算,构建语言模型和预测。实现词向量化的方式包括one hot编码或word embedding(词嵌入)等。词嵌入能够实现将高维向量空间映射到低维度空间,语意相似的词在向量空间中接近,向量特征成为查找相似语意词汇的有力工具。词嵌入技术主要包括谷歌发明的word2vector(Mikolov et al., 2013)和斯坦福大学的Glove(Global vectors for word representation)(Pennington, Socher & Manning, 2014)。

本项目对1991-2016年《经济学家》中国主题文献的文本使用模式II预处理(去除空白字符等)后,用word2vec技术,进行了全部词汇的向量计算(设置参数:vectors= 200(词向量维数), window = 12 (词向量的上下文窗口大小), cbow = 0(不使用continuous-bag-of-words,使用skip-gram模型), negative_samping = 0 (full sampling),其他参数默认)。

表3.10是全部中国主题文献词汇分别与china和chinese向量空间中的夹角余弦相似度最高的前25个词汇,相似度的范围是-1和1之间,如果两个词的向量方向相同,相似度为1,如果两个词汇向量夹角是90度,相似度为0,如果两个向量方向相反,相似度为-1,正值、负值或0代表方向,数值的大小代表向量相同或相反的程度。两个向量的夹角余弦值越接近1,它们相近或相似度越高,高度相近或相似的向量是我们最感兴趣的向量。

表 3.10：《经济学家》中国主题文献词汇向量空间中与 china 和 chinese（余弦）相似度最高的 25 个词汇

rank	closest to china	Similarity	closest to chinese	Similarity
1	china	1.00000	chinese	1.00000
2	china´s	0.59627	china´s	0.56281
3	chinese	0.54569	china	0.54569
4	collide	0.33281	american	0.45544
5	america	0.33238	overpay	0.39938
6	enlarged	0.32246	bookshops	0.37181
7	latent	0.31004	hacked	0.35938
8	gasfields	0.30642	blacklisted	0.35905
9	hydrocarbons	0.29727	blockbusters	0.35827
10	escalating	0.29497	foreign	0.34829
11	frictions	0.29444	remake	0.34281
12	kerry´s	0.29381	millennial	0.34257
13	aggressive	0.28777	california´s	0.33904
14	disputes	0.28774	unsophisticated	0.33869
15	aggressively	0.28748	collaborating	0.33864
16	tensions	0.28723	microchip	0.33674
17	eezs	0.28542	intriguingly	0.33576
18	japan	0.28473	walt	0.33324
19	engaged	0.28307	undercutting	0.33220
20	challenging	0.27886	delicacy	0.32960
21	tanaka	0.27861	hydrocarbons	0.32831
22	ganging	0.27717	many	0.32788
23	deterred	0.27583	linguists	0.32772
24	normalise	0.27499	iger	0.32532
25	revisionism	0.27369	danmei	0.32474

从表中可以看出，最相近词汇的语意同样涉及多方面的主题，语意丰富，表中出现了一些有趣的关系词汇。与向量 china 最相近的国家是美国、日本，涉及的关系包括 collide（碰撞）、escalating（升级）、frictions（摩擦）、aggressive（咄咄逼人、进攻性的）、disputes（纠纷）、tensions（紧张局势）、deterred（威慑）、normalise（正常化）等，描述状态或属性的词汇包括 enlarged（放大的）、latent（潜在的）、engaged（吸引人的）、challenging（具有挑战性的）、ganging（联合）等，涉及的人物有 kerry´s（克里）、tanaka（田中），涉及资源、燃料和地域的是 gasfields（气田）、hydrocarbons（烃、碳氢化合物）、eezs（专属经济区）等；还有涉及政治思潮的 revisionism（修正主义）。

与chinese最相近的国家和地区是美国、加州,其他相近的词汇包括反映中国改革的超额支付、科技方面的hacked(黑客入侵系统)、microchip(芯片),文化与社会生活的bookshops(书店)、blockbusters(大片)、remake(重拍)、millennial(千禧年)、walt(华特(迪士尼公司))、linguists(语言学家),iger(艾格,华特迪士尼公司董事长)、danmei(耽美,唯美主义者,沉溺于唯美、浪漫的事物等),合作交流的collaborating(合作)。属性类词汇unsophisticated(古朴的、单纯的、阅历浅的)、intriguingly(有趣),燃料hydrocarbons(碳氢化合物),delicacy上下文是关于中国美食;涉及商业竞争中的undercutting(价格战、低价出售)等。

使用本项目的应用程序Debaver 1.5的KWIC(Key Word In Context)命令发现,blacklisted主要与三类事物有关,第一是作品(著作、电影等)黑名单;第二是经济、金融、贸易中的黑名单,例如股票交易中的黑名单,华为被列入美国贸易黑名单等;第三是政治黑名单(图3.5)。

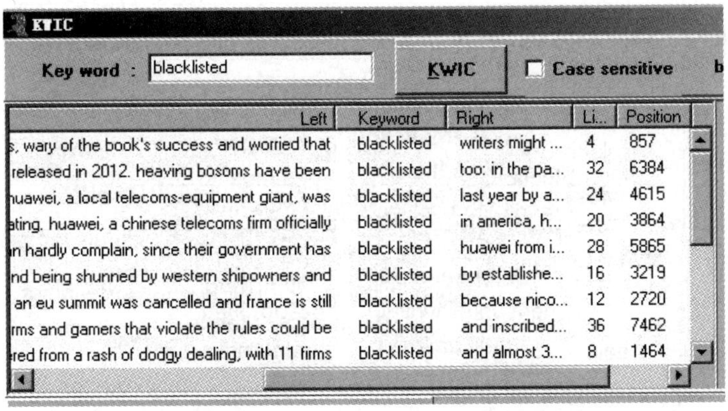

图 3.5: Debaver 抽取中国主题文献词汇向量空间中与 chinese 相近的 blacklisted 部分上下文

通过向量能够寻找词汇语意之间的关系是word2vec的重要发现,也是神经网络语言模型、深度学习、人工智能的主要应用之一。上文提到,本项目的词汇向量化过程中使用的长度是200,通过Principal Component Analysis(PCA,主成分分析)、t-distributed Stochastic Neighbor Embedding(t-SNE,t分布式随机邻域嵌入)等方法,将原高维空间中的数据点映射到低维度的空间中,能够实现数据可视化。可视化是为了便于观察,但在降维过程中,由于对原始数据进行压缩处理,也会有信息丢失的问题,也就是说,降维后的视图便于观察,但可能有数据丢失。

本文论述的与坐标点空间距离的"近"与"远"是高维空间的距离,降维后的二维视图中的点之间的远近关系可能存在少许误差,但降维视图使我们能够观察到坐标点的稠密区、稀疏区,便于从整体上发现主题、概念之间的基本关系。

图3.6非常直观地显示了与china和chinese相近的80个词汇PCA和t-SNE降维后的视图。可以看到,与china最近的词汇密集区包含china's、america、japan、engaged等;tensions、spats(争吵)、unresolved、disputes、escalating等距离接近,形成另一个密集区;稍

远距离的 littoral(沿海(湖)的)、maritime(邻海的、航运的)形成密集区,它们又与 eezs(专属经济区)、uninhabited(无人居住)、territorial(国家领土)、spratly (南沙群岛)等距离接近。

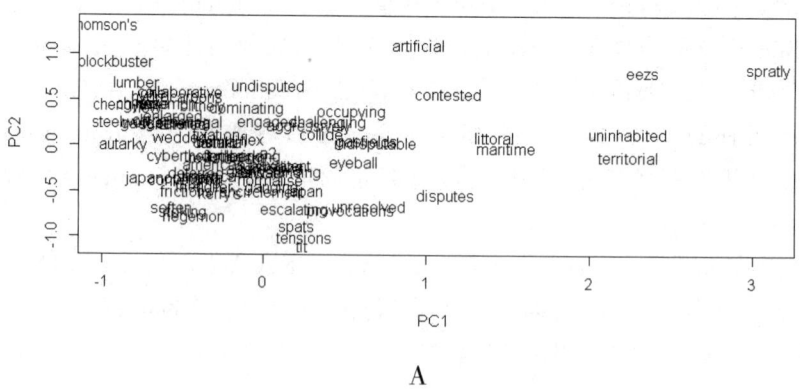

A

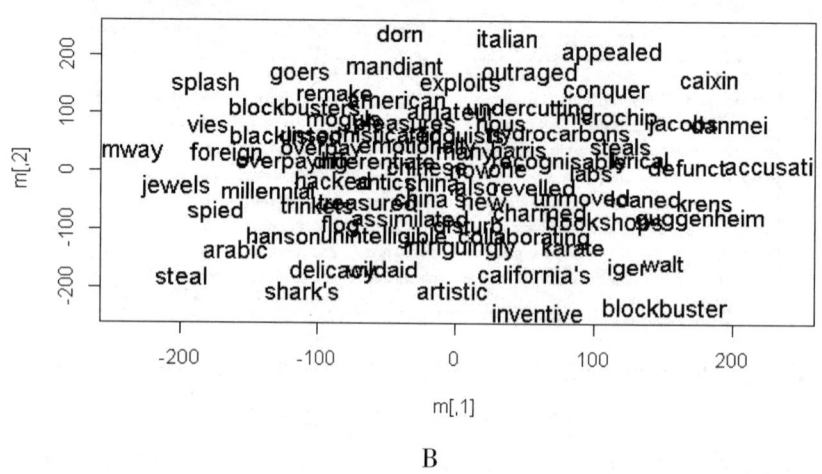

B

图 3.6：A 图为基于 PCA 的与 china 最近的 80 个词汇的向量空间降维视图；B 图为基于 tsne 的与 chinese 最近的 80 个词汇的向量空间降维视图

在图 3.6 有关 chinese 的降维视图中,chinese 与 china's、american、overpay 等形成稠密密集区,iger 与 walt 降维后距离非常接近（华特迪士尼公司艾格董事长和华特迪士尼公司),它们与 california's、artistic、blockbuster、intriguingly、karate（空手道）距离又接近。chinese 视图中的 mandiant 是美国网络安全公司,曾指责中国人民解放军 61398 部队(an elite division of the People's Liberation Army （PLA）, known as Unit 61398, based in an innocuous white office building near Shanghai's financial district，中国人民解放军精锐部队,在上海金融区附近一白色办公楼)对美国等其他国家的高科技公司进行网络攻击。

图 3.6 是与 china 和 chinese 最相近的前 80 个词的降维数据点，如果设置选取远远大于 80 的数据点,就可以发现许多与 china 和 chinese 在向量空间中接近的词汇,这能够

以一种新的视角观察与 china 或 chinese 关系密切的词汇,以一种可度量的、可对比的、客观的方式认识文本以及文本词汇或语意之间的关系,也可以通过词汇密集区构建《经济学家》中国主题文献分类词库或主题词库,并以此进行不同刊物或著作之间的对比,实现从一个新的角度理解文本之间的不同主题、概念。

为观察高频名词或概念的相关词汇,本项目从表 3.3《经济学家》1991–2016 年有关中国主题文献出现频率最高的前 50 个名词中选择重要的高频名词 government、country、economy、trade,代表政府、国家、经济、贸易,另外增加 society 和 culture 两个词汇,分别计算与这些名词空间距离最相近的前 50 个词汇,全面观察这些名词或文本的语意特征及相关主题或概念。

government 及其空间相近词汇尤其强调了政府权威、监管、指导、中央与部门或与省、市或地方、资源分配、财政、经济规划和发展等,近距离词汇主要包括 government's(政府的)、compel(强制或强迫)、local(地方的)、officials(官员)、streamline(使系统、机构等效率更高、增产节约)、authorities（当局)、payouts（支出)、state（状态)、bureaus（局)、charities（慈善机构)、directing（指导)、overlaid（覆盖)、localities（地点)、ropy（黏稠的)、departments（部门)、municipal（市政的)、provincial（省的)、patchily（散落地)、retreats（撤退)、failings（失败)、assessed（评估)、report's（报告的)、streamlining（精简)、centralise（集中)、many（许多的)、clamping（控制)、fiscal（财政)、repayment（偿还)、regulations（规章制度)、allocate（分配)、pump（推动、助力、打气)、injustices（不公正)、overhauling（全面检查、革新)、arbitrarily（任意地)、resuscitate（复苏)、sustainability（持续性)、tighten（加强控制)、supervision（监督)、mess（混乱)、unapproved（未经批准)、prohibitions（禁止)、chairmen（主席)、hazard（危险)、bureaucrats（官僚)等,图 3.7 显示了与 government 空间距离相近的词汇密集区向量空间坐标。

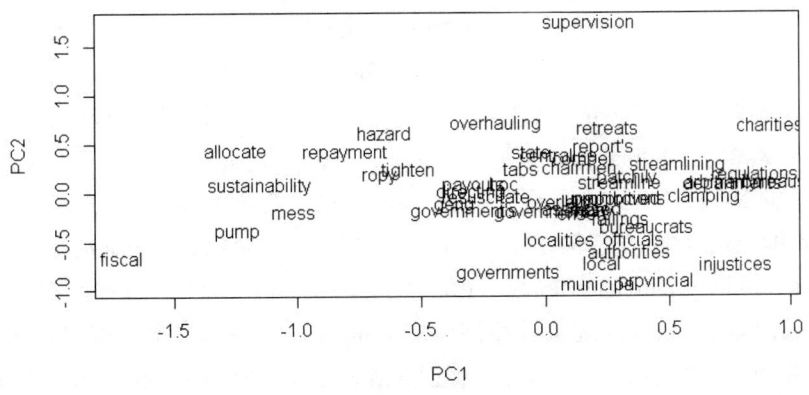

图 3.7:基于 PCA 的与 government 最近的 50 个词汇的向量空间降维视图

country 及其空间相近词汇涉及中国是一个发展中国家,是有许多贫困人口的农业国,国家有抱负、有志向,国家稳定,致力于国家统一、繁荣,出现了一国两制等反映中国国情、国策的重要信息,近距离词汇主要包括 developing（发展中的)、countries（国家)、

people（人民）、world（世界）、population（人口）、consigned（委托）、populous（人口）、desperately（严重的,危险的、绝望地）、agrarian（农业的）、systems（系统）、whole（整体）、country's（国家的）、autarky（孤僻的）、still（仍然）、populations（人口）、many（许多的）、stable（稳定的）、needs（需要）、deprivation（剥夺）、poor（贫穷的）、reunifying（重新联合）、aspiring（有抱负）、become（成为）、backward（落后的）、poorest（最穷的）、reunite（联合）、bulge（凸起）、wedded（联合）、one（一）、prosperity（繁荣）、neighbours（邻国）、world's（世界的）、impoverished（贫困的）、supercharged（极度紧张）、inequalities（不平等）、entitle（权利）、sturdier（加强）、outweighs（超越）、now（现在）、fact（事实）、liberalisations（自由化）等(图 3.8）。

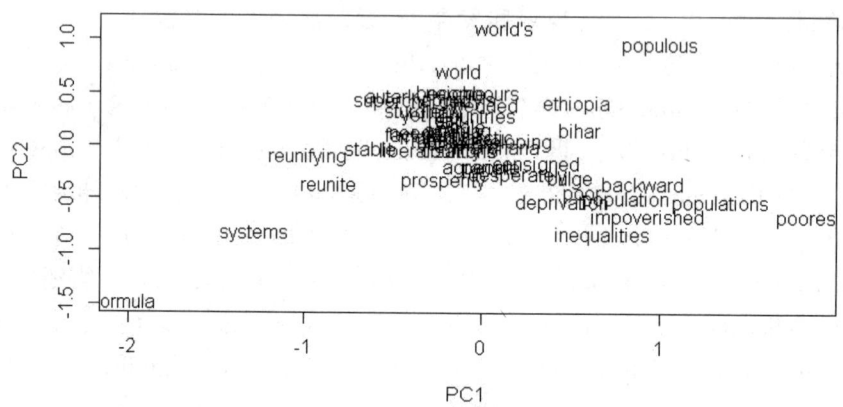

图 3.8：基于 PCA 的与 country 最近的 50 个词汇的向量空间降维视图

economy 及其空间相近词汇直接反映了经济学以及中国经济改革和发展中的现象、国家采取的对策等,尤其是一些描述经济增长速度的词汇与 economy 距离更接近,例如过热、放缓、周期性等。近距离词汇主要包括 growth（增长）、overheat（过热）、sputtering（放缓）、slows（放慢）、slowdown（减速）、priming（启动、准备、振兴）、overheating（过热）、deflation（通货紧缩）、cyclical（周期性）、slowing（减速）、squeezes（财政压力、短缺）、sector（国民经济部门）、inflation（通货膨胀）、spurring（刺激）、deleveraging（去杠杆化）、contraction（紧缩）、perk（活跃、津贴）、slowed（放慢）、sizzling（过热）、sounder（完好的、健康的）、sluggish（停滞）、painless（轻松、无痛的）、headwinds（阻力、困难）、stimulating（刺激）、acceleration（加快）、economists（经济学家）、macroeconomic（宏观经济）、matures（成熟）、hinges（关键、转折、依赖）、falter（衰退）、presages（预示）、gdp（国内生产总值）、economic（经济的）、deceleration（减速）、structural（结构的）、fretting（烦恼,不满,磨损）、slow（放慢）、sputter（放慢）、momentum（动力）、recovery（恢复）、vigour（活力）、recession（经济衰退）、fallacy（谬误）、attributable（归因）、steadier（稳定）、flagging（减弱、疲软）、economies（经济体）、unsustainable（不可持续性）等,图 3.9 显示了与 economy 空间距离相近的词汇密集区。

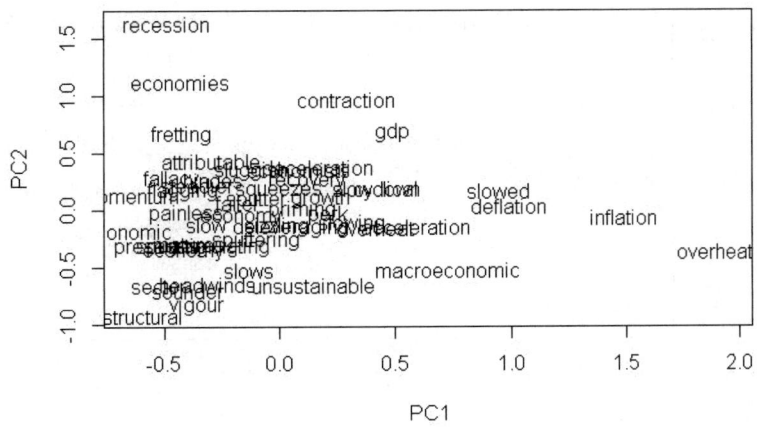

图 3.9：基于 PCA 的与 economy 最近的 50 个词汇的向量空间降维视图

trade 及其空间相近词汇主要涉及中国与国际上主要的贸易组织所涉及的协定、谈判人物以及谈判中的困难或障碍，涉及贸易战中的美国 301 条款、贸易保护主义，还出现了中国改革开放过程中以出口创汇为导向的、为国家创造大量财富或贸易顺差的重商主义经济模式。与 trade 空间距离较近的词汇包括 bilateral（双边的）、pacts（条约）、wto（世贸组织）、fta（自由贸易协定）、organisation（组织）、barshefsky（夏琳_巴尔舍夫斯基，美国首席贸易谈判代表）、accession（加入）、entry（进入）、doha（多哈谈判）、301（美国贸易法中的 301 条款）、ftas（自由贸易协定）、cafta（中国-东盟自由贸易区）、gatt（关贸总协定）、mandelson（曼德尔森，欧盟贸易委员会专员）、imports（进口）、barriers（障碍）、frictions（摩擦）、protectionist（保护主义者）、gatt's（关贸总协定）、wto's（世贸组织的）、uruguay（乌拉圭(谈判)）、tpp（跨太平洋伙伴关系协定）、protectionists（保护主义者）、rupee（卢比）、mercantilist（重商主义）、deficit（赤字）、negotiators（谈判者）、cancun（坎昆，墨西哥南部城市，世界贸易组织成员方国际会议和谈判地点）、tpa（贸易促进授权法）、surplus（盈余）、nafta（北美自由贸易协定）、agreements（协议）、agreement（协议）、portman's（中美贸易谈判中的美方代表波特曼）、exports（出口）、multilateral（多边）、minuscule（微小的）、lamy（拉米，世界贸易组织总干事）、transatlantic（跨大西洋）、bloc（集团）、joins（加入）、freeish（自由的）、trader（交易者）、rcep(区域全面经济伙伴关系协定)、trade's（贸易的）、trilateral（三边）等，图 3.10 是与 trade 距离相近密集区的坐标，可以看到，密集区 organisation、accession、entry、gatt's、uruguay 等词汇非常接近，准确、直观反映了中国和其他缔约国与 gatt 的关系。

society 及其空间相近词汇反映了中国社会追求的和谐、小康目标或儒家思想和价值观，也反映了社会变革中出现的现象，如腐败、同性恋等。与 society 空间距离接近的词汇主要包括 harmonious（和谐的）、moderately（中庸、适度、稳健）、xiaokang（小康）、notions（观念、概念）、enshrine（视为神圣、铭记）、civilised（文明）、ngos（非政府组织）、civil（公民的）、orientation（方向、目标、取向）、attainment（成就）、rooted（扎根的）、religion（宗教）、pluralistic（多元化）、moorings（支柱、依靠）、society's（社会的）、confucian（儒家思

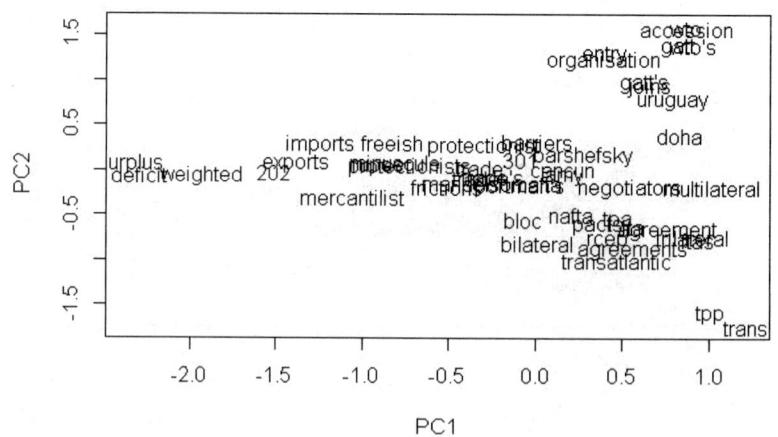

图 3.10：基于 PCA 的与 trade 最近的 50 个词汇的向量空间降维视图

想)、selfless（无私）、aesthetics（美学）、adaptive（适应的）、advancement（进步）、precepts（思想、行为的准则，规范，箴言）、willingly（愿意）、empowerment（授权）、journalism（新闻）、decay（衰退）、corrupted（腐蚀）、atheism（无神论）、correctness（正确性）、confucianism（儒学）、individualistic（个人主义）、organisations（组织）、political（政治的）、lgbt（同性恋、双性恋或跨性别族群）、societies（社会）、retreats（隐退、静思、僻静）、beliefs（信仰）、socialist（社会主义）、tolerant（宽容）、institutionalised（制度化）、values（价值观）、wrenching（(变化)剧烈的）、cohesion（凝聚）、expression（表达）、hierarchical（等级制）、entails（必然）、encapsulated（总结的、扼要概括的、封装的）等。图 3.11 是与 society 距离相近密集区的坐标，可以清楚看到，儒学、儒家思想、价值观、信仰等坐标值接近，和谐和中庸接近，社会主义、小康、成就等词汇接近。

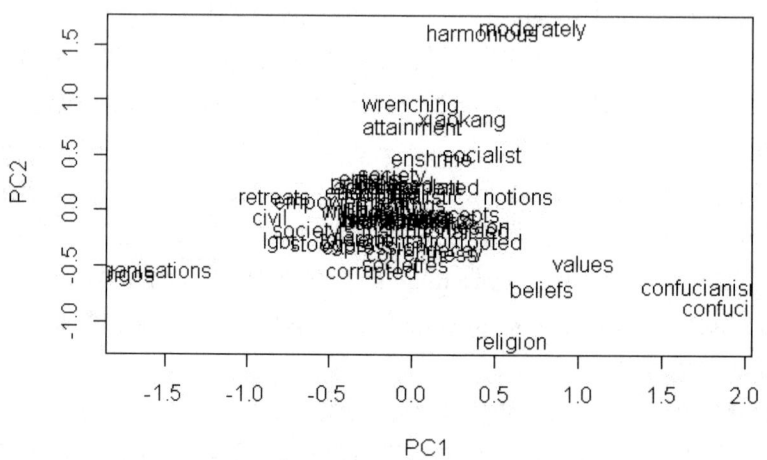

图 3.11：基于 PCA 的与 society 最近的 50 个词汇的向量空间降维视图

culture 及其空间相近词汇是与儒学、道教、佛教、圣人、传统、烹饪、艺术等密切相关词汇，反映特有的中国古代哲学、文明、遗产、发明、创造的词汇。与 culture 空间距离接近的词汇主要包括 confucian（儒家思想）、religion（宗教）、distinctive（独特的）、aesthetics

（美学）、traditional（传统的）、traditions（传统）、imbued（使充满、灌输、激发强烈感情、想法或价值）、artists（艺术家）、tradition（传统）、sage（圣人）、nationhood（建国）、rooted（扎根的）、chauvinism（沙文主义）、confucianism（儒学）、ancient（古代的）、cuisine（烹饪）、values（价值观）、artistic（艺术的）、curator（博物馆或美术馆馆长）、realism（现实主义）、steeped（沉浸）、teachings（教诲）、buddhism（佛教）、decadent（颓废的）、poetry（诗）、filial（子女的）、heritage（遗产）、culinary（烹饪的）、portrayal（描绘）、palaces（宫殿）、squashed（压扁）、tianxia（天下）、jews（犹太人）、kinship（亲属关系）、civilisation（文明）、creativity（创造力）、taoism（道教）、intangible（无形的）、evoked（诱发的）、antidote（解毒剂）、embodiment（代表）、feudal（封建的）、painters（画家）、piety（虔诚）、philosophy（哲学）、totem（图腾）等（图3.12）。

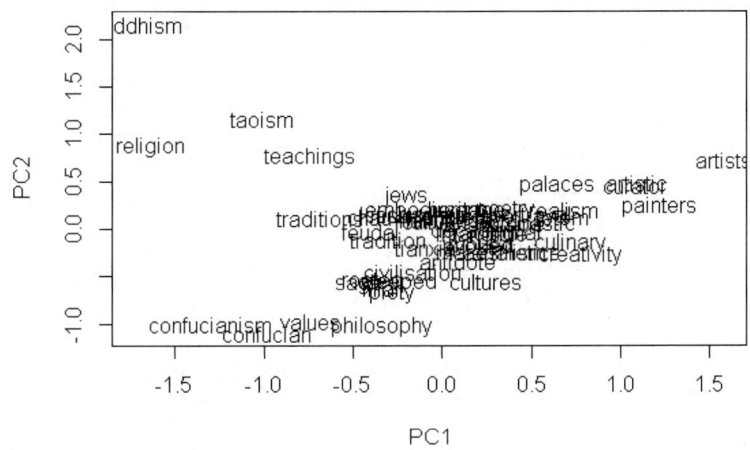

图3.12：基于PCA的与culture最近的50个词汇的向量空间降维视图

4.中国主题文献以及其他国家主题文献的Zipf分布和Heaps分布

Zipf分布是指只有一定数量的或少数英文单词经常被使用，英文中大部分的单词使用频率较低。如果以单词出现的频次对所有单词排序，用横坐标表示序号，纵坐标表示对应的频次，可以得到一条幂函数关系的曲线。Heaps定律（又称Herdan's law,(Herdan, 1960)）指语料库中不同单词的数目与语料库中所有单词数目之间存在的幂函数的关系，即词型数量与词例数量之间的关系。如果用横坐标表示词汇总量，纵坐标表示不同单词的数目，也可以得到一条幂函数曲线。

经过去掉数字、空白字符或停用词等模式Ⅱ的预处理，我们对《经济学家》有关中国主题文献以及加拿大（CA）、法国（FR）、德国（GE）、意大利（IT）、日本（JP）、英国（UK）和美国（US）的国家主题文献进行了这两种分布的计算。在这八个国家的数据中，由于英国和美国的数据量巨大，计算效率非常低，我们对有关英、美主题文献进行了二次抽样，即对所有有关英国和美国主题文献进行了年度文献随机抽取，对下载的每年全部英国和美国主题文章，按年度分别随机抽取约200篇文档，从1991年至2016年，英国和美国分别总计抽取了约5200篇文章，其他国家数据维持不变。全部拟合模型的方程如下（表3.11）：

表 3.11:《经济学家》八国主题文献词汇 zipf 和 Heaps 分布和拟合线性模型

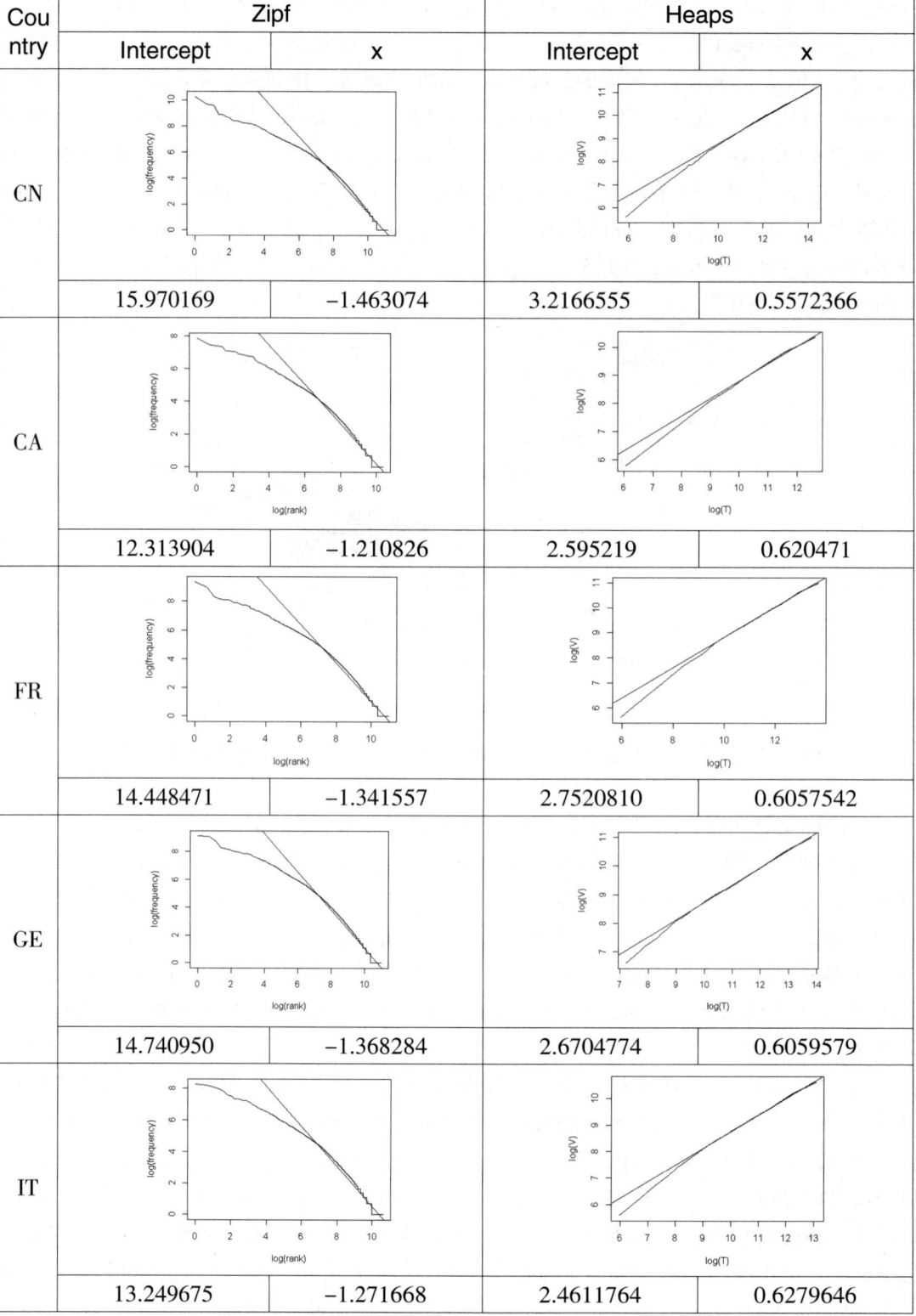

Country	Zipf		Heaps	
	Intercept	x	Intercept	x
CN	15.970169	−1.463074	3.2166555	0.5572366
CA	12.313904	−1.210826	2.595219	0.620471
FR	14.448471	−1.341557	2.7520810	0.6057542
GE	14.740950	−1.368284	2.6704774	0.6059579
IT	13.249675	−1.271668	2.4611764	0.6279646

续表

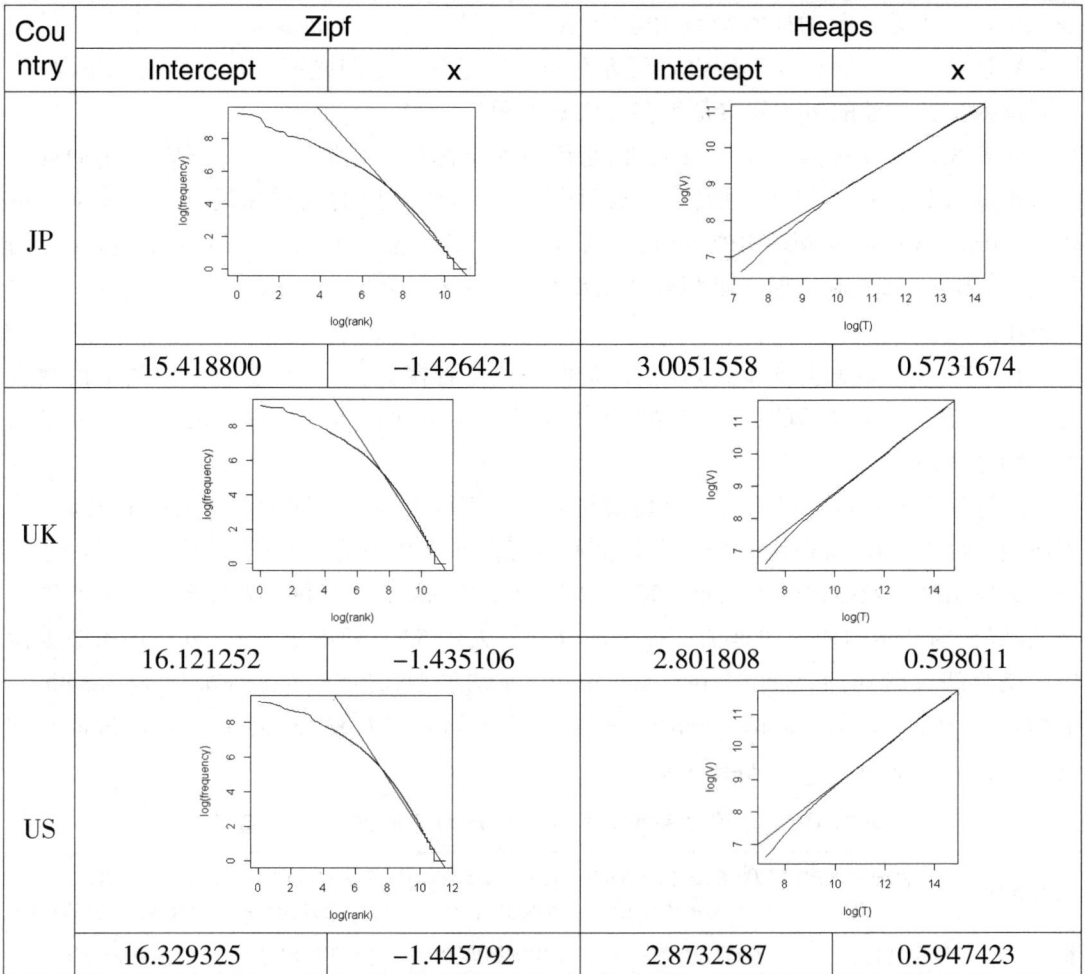

Country	Zipf		Heaps	
	Intercept	x	Intercept	x
JP	15.418800	−1.426421	3.0051558	0.5731674
UK	16.121252	−1.435106	2.801808	0.598011
US	16.329325	−1.445792	2.8732587	0.5947423

　　如果将每个词的频率和频率序号视为一点坐标,Zipf 的分布映射到坐标系中将是一条幂函数关系曲线。表 3.11 中 Zipf 分布的 Log（rank）是对词汇频率的序号取对数,Log（frequency）是对词汇频率取对数,取对数后,标准的 Zipf 分布中各个点的连线应该类似一条直线。

　　从表 3.11 中的图形可以看出,八个国家主题文献词频以及词频序号并没有完全符合 Zipf 分布。图中的直线是拟合线,八个国家的拟合线斜率接近,相比而言,中国主题文献斜率最小,最为陡峭,相同频率序号的词汇重复频率最高,美国重复率第二,英国第三,加拿大主题文献斜率最大,相对而言拟合线较为平缓,词汇重复频率低。

　　从表 3.11 也可以看出,加拿大 Log(rank)拟合线在 6-8 区间更早接近分布曲线。八个国家主题文献 Zipf 分布的斜率等参数接近,图形相似。

　　八国语料中词的频率和频率序号分布没有完全符合 Zipf 分布以及拟合线斜率不同可能有两个原因:一方面,本研究已经去除了所有八国主题文献中的停用词,如果没有去除停用词,the、of 或 and 等词汇将会是最高频、也是频次序号最高的一些词汇,分布曲线将会更接近一条直线。另一方面,表 3.11 中的各个国家图形或拟合线斜率稍有不同,可能是八个国家主题文献的样本数量引起的,前文提到,分析八个国家的 zipf 分布所使用的样本数量不完全相同,今后还需要研究在样本数量完全相同或词汇量完全相同情况下,不同国家主题文献的 zipf 分布是否存在明显差异。

在表 3.11 的 Heaps 分布中,Log(T)是语料库全部词汇量取对数,Log(V)是不同词汇的数量取对数,即词例与词型关系。从图中看出,八国数据的词型和词例分布非常接近 Heaps 分布,线性拟合效果相似,反映了八国主题的样本数据的词汇量和不同词数量之间的关系。其中,意大利主题文献拟合线斜率最大,加拿大第二,德国第三,中国主题文献斜率最小。

《经济学家》杂志文章作者为匿名,是由多位作者撰写,总词汇量与不同词汇的数量之间的关系在图中显示的拟合情况实际上反映的是不同作者或集体作者的总词汇量与不同词之间的关系。

通过词汇密度也可以从另一个角度研究和发现词汇量与不同词数量之间的关系。使用模式 I 的计算方式,即对原始文本数据不进行去除停用词的预处理,计算包含 the、of 等词汇的原始文本数据的词汇密度。表 3.12 是通过 Debaver 及专利计算技术得到的八国主题文献(英国和美国使用的是前文提到的分别是大约 5200 篇文章样本,其他国家数据使用的是全部数据)词汇密度(Type/token ratio)、平均词型长度(average word type length)、平均词例长度(average word token length)、词型平均音节数量(average type syllable)、词例平均音节数量(average token syllable)。

表 3.12:《经济学家》八国主题文献词汇密度、词长、音节

Country	Type/token ratio	Average word type length	average word token length	average type syllable	average token syllable
CN	0.5124353	6.0189353	4.8981047	1.9276802	1.6308630
CA	0.5346297	5.9625068	4.9226535	1.9219083	1.6531675
FR	0.5215230	5.9845975	4.8678699	1.9200601	1.6230372
GE	0.5168287	5.9849177	4.9002018	1.9122649	1.6287810
IT	0.5317254	5.9823293	4.8898757	1.9519866	1.6697506
JP	0.5110552	5.9644415	4.8943419	1.9243962	1.6433219
UK	0.5114645	5.9982651	4.8735719	1.9156546	1.6139902
US	0.5052520	6.0076570	4.8864066	1.9291531	1.6317781

与表 3.11 的图形不同,表 3.12 显示的是静态结果,即针对不同国家的所有主题文章,平均每篇文章的词汇密度。可以看到,八国主题文章中,平均每篇文章的词汇密度都大于 0.5,词汇密度非常高,而且各国之间的差别不大,加拿大最高,意大利第二,法国第三,德国第四,中国第五(0.5124),美国最低。中国(6.0189)平均词型长度最长,加拿大最短;加拿大平均词例长度最大,中国(4.898)排第三,法国最短;意大利词型平均音节数量最大,中国(1.9276)列第三,德国最小;意大利词例平均音节数量最大,中国(1.6308)第

五,英国最小。

文本或语料的音节数量将影响可读性(readability)的计算(Flesch Index 等),是测量文章阅读难度的一个重要指标。词汇密度被普遍认为是计算文章词汇丰富度的一个主要参考因素。但是不能仅仅观察静态的词汇密度,词汇密度的计算和使用应该考虑多种因素,比如应该考虑的因素如下。

1) 计算和比较词汇密度的各个样本量(总词汇量)是否相同;
2) 各个样本语料的作者是单一作者还是多个或者集体作者;
3) 语料的来源是单一题材还是多种题材。

表 3.12 中八国词汇密度都高于 0.5,加拿大的词汇密度最高,这可能与《经济学家》杂志刊物题材丰富、是多位作者集体撰写有关,也与加拿大的样本量或者加拿大主题每篇文章的长度有关。

如果某一主题文章完全由一个人撰写,例如,从 1991-2016 年,所有加拿大主题文章完全由一个人撰写,他撰写的所有文章合并为一个文档,对这个文档词汇密度的计算结果将会发现,他使用新词的速度将会快速下降,而以前曾经出现过的词汇将会不断重复出现,即总词汇量将持续增长,而新词数量将会逐渐减少,直到新词增长数量接近一个非常小的区间,合并文档总体的词汇密度将会非常低。

例如,通过对 Gutenberg 数据库(www.gutenberg.org)莎士比亚全集的分析和统计发现,他的全部作品、整体静态的词汇密度是 2.985%,与表 3.12 中的密度值有较大区别,原因即为上述总文本长度、集体作者数量或题材多样等。图 3.13 是莎士比亚全集词汇密度变化趋势、Heaps 分布以及对数坐标图。

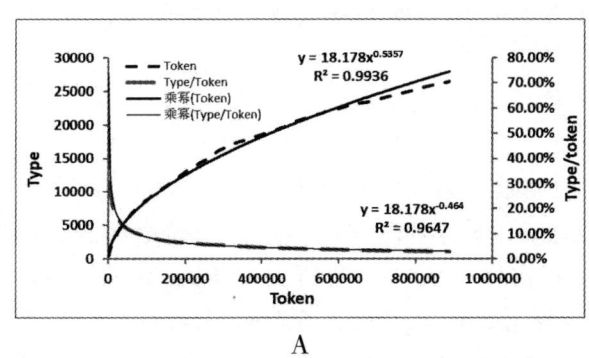
A

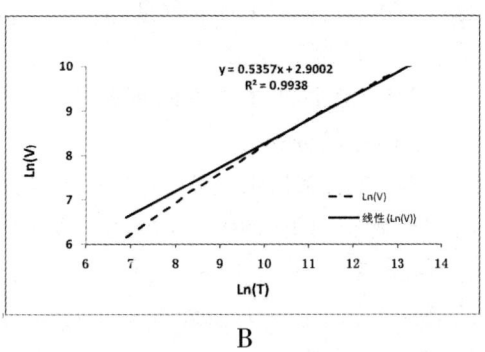
B

图 3.13:A:莎士比亚全集词汇密度分布、总词汇量和不同词数量 Heaps 幂函数曲线
(虚线为数据线,实线为拟合线);
B:莎士比亚全集总词汇量和不同词数量 Heaps 分布对数坐标及拟合线
(虚线为数据线,实线为拟合线)

图 3.13 的 A 图清楚表明了莎士比亚全集词型词例 Heaps 幂函数曲线特征,R 平方判

定系数较高,指数约为 0.54,左纵坐标为词型数量,横坐标为词例数量,随着词例数量的增加,不同词的总量增加,是一种幂函数关系,符合 Heaps 分布。全集的词汇密度(右纵坐标)随着词汇量的增加而快速衰减,全集的前 1000 个词,词汇密度最高,达到 47%,全集的前 5000 个词的词汇密度降到了 29.06%,全集前 7000 个词的词汇密度降到了 25.73%,前 1 万个词的词汇密度 22.38%,前 2 万个词的词汇密度为 17.60%,前 10 万个词的词汇密度为 8.85%,前 20 万个词的词汇密度为 6.5265%,前 50 万个词的词汇密度为 4.15%,全集(包括十四行诗、戏剧等)总计约 88 万词汇,全集的词汇密度 2.985%。图 3.13 的 B 是自然对数坐标,反映每增加 1000 个词的词汇量,不同词的数量增长情况,图形更加清楚、直观地说明了总词汇量与不同词数量之间的关系。

因此,《经济学家》八国主题文献较高的词汇密度说明平均每篇文章的长度短,所有文章为多个匿名作者撰写,内容题材多样。对中国主题文章的进一步统计发现,每篇文章的平均长度不到 1000 个词(大约 885 个)。如果将 885 输入莎士比亚全集的词型词例曲线方程,莎士比亚全集前 885 个词汇的词汇密度高达 78.012%。Debaver 输出的有关莎士比亚全集的其他一些结果,Total types: 26503,Total tokens: 约 88 万,Hapax(一次性罕用词,出现频率只有一次的词的数量):10421,Hapax/type(一次性罕用词与词型数量比) = 39.32008% of all types,Hapax/token (一次性罕用词与词例数量比) = 1.17354%,Average type length(平均词型长度):7.25503,Average token length(平均词例长度):4.19147,Total type syllables (全部词型音节数量): 57155,Average type syllable(词型平均音节数量):2.15655,Total token syllables (全部词例音节数量):1178238,Average token syllable (平均词例音节数量):1.32684,最长音节词汇:honorificabilitudinitatibus,单音节词型数量:6704 个,单音节词词例总数 668769,双音节词型数量:11574 个,双音节词词例总数 159481,三音节词型数量:5978 个,三音节词词例总数 46122,四音节词型数量:1902 个,四音节词词例总数 11867,双音节词最多,超过六个音节的词例数量为 44,等等。

3.3.2 美国主题文章的频率和词向量分析

1.词性的分布

《经济学家》1991-2026 年全部美国主题文献中名词数量最大,大约 476.04 万,占全部词性数量的 19.88%,即大约全部词性数量的 1/5 是名词(图 3.14);标点符号约 320.74 万,占比第二,约为 13.39%;介词约 236.72 万,占比为 9.89%;动词 233.44 万,数量不到名词的一半,占全部词性数量的 9.75%;限定词约为 201.42 万,占 8.41%,形容词数量约为 181.75 万,占比 7.59%,插入语占比最小,大约占 0.05%。可以看出,《经济学家》中美两国主题文献的各类词性所占比例非常接近,都是名词、标点符号、介词占比居前三位,各类词性的占比代表了英语语言或新闻类英语词性分布的基本规律。

美国主题文献全部名词中出现频率最高的前 50 个词的类别包括(表 3.13):i)经济贸易类,比如增长、市场、投资、贸易、资本、价格、公司、工业等;ii)政府、国家、世界、人民等;3)周、月、年等时间信息;iv)《经济学家》的出版信息等,如 Economist、text、publication.等。仍然是经贸类占前 50 个名词的绝大部分,有些名词数量占比的排序与中国主题明显

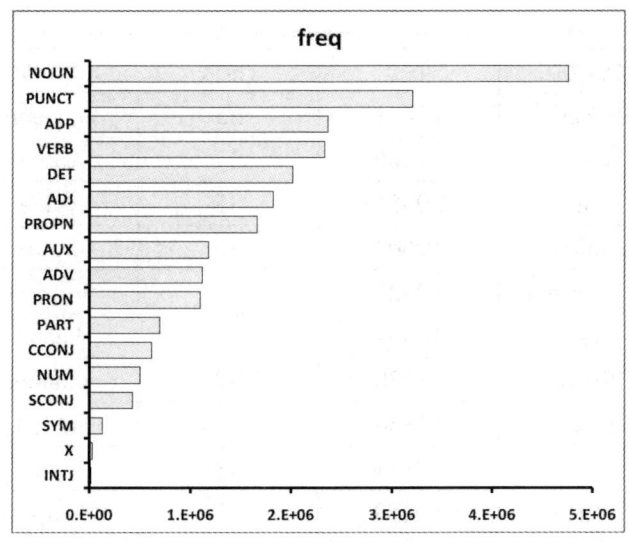

图 3.14:《经济学家》1991-2016 年有关美国主题全部文档的词性分布

不同,例如 government 在中国排序第二,美国排序第十二;people 中国第六,美国第二;country 中国第七,美国第二十一;war 中国排序第四十六,美国第二十四。与中国主题排序前 50 的名词相比,美国出现了 tax(税收)、health(健康)、law(法律)、technology(技术)等词汇,没有出现中国的 party(政党、当事人、聚会)、officials(官员)、property(财产)等名词。

排名第 51-100 的名词主要包括:share(股票、份额)、work(工作)、term(任期、期限等)、cost(成本)、bank(银行)、investors(投资者)、deal(交易,协议)、life(生活)、capital(资本)、idea(思想,概念)、months(月)、problem(问题)、month(月)、campaign(运动)、oil(石油)、job(工作)、services(服务)、place(地方)、administration(管理、政府任期)、workers(工人)、times(时代)、days(天)、risk(风险)、budget(预算)、sales(出售)、fact(事实)、information(信息)、home(家)、reason(原因)、president(总统)、voters(选民)、care(照顾)、states(州)、software(软件)、children(儿童)、spending(支出)、car(汽车)、rules(规则)、data(数据)、funds(基金)等。可以看出,这些词汇仍然主要是经济、政府、工人和就业。

表 3.13:《经济学家》1991-2016 年有关美国主题文献出现频率最高的前 50 个名词

rank	keyword	freq	rank	keyword	freq
1	year	40585	26	countries	11197
2	years	29191	27	week	11076
3	people	26061	28	part	10681
4	time	24016	29	trade	10560
5	text	22982	30	power	10377
6	Economist	22554	31	prices	10361
7	info	22448	32	policy	10288

续表

rank	keyword	freq	rank	keyword	freq
8	Publication	22441	33	economy	10241
9	world	21366	34	Author	10128
10	state	20551	35	price	9394
11	market	19604	36	growth	9373
12	government	19422	37	interest	8953
13	way	18934	38	health	8917
14	firms	18230	39	number	8615
15	business	17854	40	markets	8607
16	companies	17189	41	end	8522
17	company	15453	42	case	8484
18	money	15413	43	day	8460
19	firm	14681	44	city	8460
20	industry	12330	45	law	8456
21	country	12162	46	technology	8426
22	banks	11837	47	rates	8297
23	system	11782	48	rate	8257
24	war	11721	49	investment	8224
25	tax	11576	50	things	8091

对美国主题前50个高频名词词组的统计发现（表3.14），出现频率最高的名词短语全部是两元结构，与中国主题相同的高频名词短语是美国、纽约、利率、朝鲜、总理、其他国家以及时间、出版信息等。表示时间的名词词组 last year、last month、next year、recent years 等说明文本具有较明显的新闻报道特征。特有的高频名词词组也具有明显新闻报道中的"人物"主题，包括国家领导人如布什、奥巴马、克林顿、克林顿夫人、特朗普、戈尔等，这些领导人是本课题样本数据包含时间段的美国政治领袖，还有白宫、华尔街、洛杉矶、最高法院、卫生保健、美联储、联邦政府、对外政策、股票价格、旧金山、中东、社会保障制度等。名词词组包含了国家领袖、政府、机构、金融、外交和其他国家和地区，仅从名词词组出现频率来看，纽约、洛杉矶、旧金山依次是美国三个最重要的城市。与中国主题名词短语中表示时间跨度的名词词组类似，依次出现了 two years、five years、three years，美国主题另外还高频出现了 ten years 和 four years，说明美国文献涉及的主题可对比的时间更广、内容更多。

排名51-100的主要名词词组包括：south korea（韩国）、tax cuts（减税）、mr romney（罗姆尼，曾是美国2012年总统候选人）、september 11th（911事件）、central banks（央行）、mr kerry（克里，曾经是美国民主党总统候选人）、silicon valley（硅谷）、european union（欧盟）、share price（股价）、20 years（20年）、bush administration（布什政府）、many people（很多人）、house of representatives（众议院）、new jersey（新泽西州）、investment bank（投资银行）、secretary of state（国务卿）、mr mccain（麦凯恩,曾是美国总统候选人）、monetary policy（货币政策）、hedge funds（对冲基金）、world war（世界大战）、goldman sachs（高盛）、past year（过去一年）、hillary clinton（希拉里?克林顿）、free trade（自由贸易）、investment banks（投资银行）、financial markets（金融市场）、security council（安全理事会）、past decade（过去十年）、morgan stanley（摩根士丹利）、american firms（美国公司）、republican party（共和党）、six months（六个月）、time warner（时代华纳）、clinton administration（克林顿政府）、mr dole（多尔,曾经是美国总统候选人）、latin america（拉丁美洲）、united nations（联合国）、cold war（冷战)等,包含了一些重要的政治人物和政府机构、银行、跨国公司、地区、国际组织和冷战。

表 3.14:《经济学家》有关美国主题文献出现频率最高的前 50 个名词短语

rank	keyword	ngram	freq	rank	keyword	ngram	freq
1	full text	2	22452	26	mrs clinton	2	1930
2	publication info	2	22440	27	three years	2	1895
3	united states	2	11173	28	health care	2	1834
4	last year	2	9467	29	few years	2	1786
5	mr bush	2	9321	30	federal reserve	2	1775
6	new york	2	8864	31	last week	2	1744
7	mr obama	2	6807	32	mr trump	2	1737
8	mr clinton	2	6147	33	federal government	2	1667
9	white house	2	4015	34	first time	2	1607
10	those who	2	3877	35	same time	2	1589
11	interest rates	2	3705	36	foreign policy	2	1562
12	illustration caption	2	3404	37	recent years	2	1541
13	wall street	2	3328	38	what it	2	1447
14	george bush	2	3221	39	ten years	2	1445
15	two years	2	2997	40	four years	2	1434
16	los angeles	2	2708	41	prime minister	2	1433
17	bill clinton	2	2650	42	share prices	2	1411
18	supreme court	2	2585	43	san francisco	2	1401
19	barack obama	2	2409	44	which he	2	1346
20	five years	2	2384	45	other countries	2	1341
21	people who	2	2269	46	what he	2	1320
22	north korea	2	2222	47	mr gore	2	1301
23	next year	2	2189	48	middle east	2	1266
24	what they	2	2034	49	social security	2	1260
25	last month	2	2008	50	which it	2	1246

美国主题文献中出现频率最高的前 50 个动词与中国主题文献中高频动词类似（表 3.15），高频 says、said、say 表明文献是明显的新闻类型文本，与中国主题相比，美国排名前 50 的列表中还新出现了 work、run、cut 等动词，中国主题排名靠前的 owned、wants、trying、allowed、seen、led 没有出现在美国主题前 50 个高频动词列表中。

表 3.15:《经济学家》有关美国主题文献出现频率最高的前 50 个动词

rank	keyword	freq	rank	keyword	freq
1	is	36336	26	help	7372
2	have	35231	27	including	7360
3	has	25813	28	was	7158
4	says	25166	29	find	7034
5	make	20237	30	making	7028
6	do	16922	31	need	6940
7	made	16240	32	makes	6704
8	had	15065	33	use	6697
9	see	14466	34	think	6589
10	get	12472	35	keep	6463
11	said	12285	36	set	6150
12	take	11429	37	work	6111
13	become	10089	38	growing	6033
14	used	10033	39	done	5984
15	say	9947	40	known	5958
16	come	9674	41	seem	5683
17	are	9533	42	going	5673
18	called	9178	43	run	5665
19	pay	9073	44	give	5658
20	go	8992	45	given	5630
21	put	8946	46	look	5484
22	found	8664	47	cut	5475
23	seems	8320	48	buy	5266
24	want	8226	49	came	5228
25	based	7548	50	using	5097

表 3.16 是对美国主题所有文献的文档和词矩阵（DTM，Document Term Matrix）进行 work、run、cut 的相关性分析，抽取了与这三个词(不分词性)的相关性系数最高的前 20 个词汇，表中的 correlation 是介于 0 和 1 之间的相关强度系数，如果无任何相关性，系数为 0，如果所有文章中词汇 w1 的上下文同时又出现了词汇 w2，则 w1 和 w2 的相关性强度系数为 1。根据前文 Heaps 分布和词汇密度与全部语料库词汇数量的关系，随着文档数量

增多,词汇之间相关性系数逐渐减小。由于美国主题文献的数量非常大,相关性系数大于0.1的两个词能够表示比较强的关联性。可以看到,与work高强度相关的词汇包括劳动者、就业、工时、工作、福利待遇、劳动力市场、失业、劳动技能、求职、创造(就业)、男人、雇主、全职、利益、(在职)母亲、时间等;与run高强度相关的词汇包括大规模(大涨)、运作、管理、资金、经营、公司、运行、java(计算机语言)、软件、程序、市场等,这些词与经济、管理或技术密切相关;与cut高强度相关的词汇主要包括预算、支出、税、财政、比率、经济、衰退、成本、降低、利益、赤字、减税等,这些词也都与经济密切相关。美国主题文献中work、run、cut与经济、就业、财政或支出有密切关系,相关性的强弱根据表中的系数确定。

表 3.16:《经济学家》美国主题文献 work、run、cut 最高的 20 个相关系数

rank	work	correlation	run	correlation	cut	correlationa
1	people	0.27	big	0.15	budget	0.29
2	workers	0.26	operating	0.15	spending	0.29
3	job	0.25	business	0.14	tax	0.27
4	jobs	0.25	make	0.14	cutting	0.27
5	hours	0.24	money	0.14	fiscal	0.24
6	welfare	0.24	years	0.14	taxes	0.24
7	employment	0.22	company	0.14	rates	0.23
8	workforce	0.21	java	0.14	year	0.23
9	unemployed	0.21	long	0.13	economy	0.22
10	skills	0.2	runs	0.13	recession	0.22
11	works	0.2	time	0.13	rate	0.21
12	labour	0.2	year	0.13	costs	0.2
13	find	0.19	software	0.13	lower	0.19
14	make	0.19	programs	0.13	reduction	0.19
15	men	0.19	companies	0.12	billion	0.18
16	employers	0.19	firm	0.12	interest	0.18
17	fulltime	0.19	market	0.12	trillion	0.18
18	benefits	0.18	made	0.12	deficit	0.17
19	mothers	0.18	back	0.11	years	0.17
20	time	0.17	biggest	0.11	taxcut	0.17

有关美国主题文献出现频率最高的前50个形容词与中国主题前50个高频形容词绝大部分相同(表 3.17),federal(联邦)、best、hard、real、free、former、enough、short、national、european、higher 等词与中国相比,序号更靠前,没有出现在中国主题形容词频率排序前50的序列中。中国主题前50个形容词中的 central(中央、中心)、global(全球)、official(官方、官员)、japanese(日本人)、military(军事)、international(国际的)、asian(亚洲的)、nuclear(核能、原子能的)、domestic(国内)、social(社会)、main(主要的)没有

出现在美国前50个形容词列表中。

美国主题文献形容词频率排序第51-100的词汇还包括一些其他反映美国社会、政治的词汇,如:black（黑色、黑人）、right（权力、正确的）、British（英国的）、poor（贫穷的）、bad（坏的）、huge（巨大的）、great（伟大的）、clear（清楚的）、similar（类似的）、rich（富有的）、strong（坚强的）、single（单身、单一的）Japanese（日本人）、legal（合法的）、human（人类）、lower（降低）、presidential（总统的）、Chinese（中国人）、largest（最大的）、average（平均的)等,前100个形容词涉及的国家或地区依次是欧洲、英国、日本和中国。

表 3.17:《经济学家》美国主题文献出现频率最高的前 50 个形容词

rank	keyword	freq	rank	keyword	freq
1	more	39624	26	financial	9098
2	American	38887	27	better	9097
3	new	38089	28	economic	8975
4	other	34179	29	small	8869
5	such	30721	30	likely	8644
6	many	24266	31	different	8369
7	Full	22505	32	foreign	8151
8	big	18310	33	biggest	8131
9	last	18188	34	federal	7846
10	first	17109	35	less	7704
11	own	15069	36	best	7633
12	most	14170	37	large	7132
13	much	13618	38	local	7124
14	same	12480	39	hard	7059
15	good	12464	40	private	6909
16	few	11879	41	real	6780
17	high	11324	42	free	6677
18	next	11044	43	second	6641
19	public	10757	44	former	6386
20	old	9861	45	several	6275
21	political	9715	46	enough	5884
22	little	9669	47	short	5855
23	long	9478	48	national	5806
24	recent	9217	49	European	5758
25	past	9168	50	higher	5742

美国主题高频名词和形容词的共现(经过词形还原)包括以下几类(表3.18),一是与中国相同的文章数据库信息,如 full text（全文）、info publication（信息出版）、Economist full（经济学家全文）、Economist text（经济学家文本）等;第二是具有新闻特征的表示时

间的组合，如 last year（去年）、next year（明年）、first year（第一年）等，表示经济的 interest rate（利率）、price share（股票价格）、firm year（公司年份）、company year（公司年度）、american firm（美国公司）、chief executive（首席执行官）、cut tax（减税）、american company（美国公司）、firm market（市场）、big firm（大公司）等；第三是美国政府和对外政策，如 federal government（联邦政府）、foreign policy（外交政策）；第四是卫生健康等，如 care health（医疗保健）等。前文提到，形容词与名词组合中，形容词可能在前，也可能在后，原文中两个词之间可能也有标点符号，算法在扫描时忽略了标点。实际上这种扫描统计是基于词性标注的、去除标点的、两元结构的扫描和统计，整体上不影响语意或关键词的提取。

表 3.18：《经济学家》美国国主题文献共现分析（共现频率最高的前 50 个名词和形容词）

rank	term 1	term 2	freq	rank	term 1	term 2	freq
1	full	text	22541	26	cut	tax	2635
2	info	publication	22440	27	market	year	2625
3	last	year	11734	28	few	year	2568
4	more	year	5507	29	firm	other	2535
5	past	year	5298	30	last	month	2518
6	interest	rate	5266	31	foreign	policy	2513
7	Economist	full	5163	32	more	people	2503
8	Economist	text	5151	33	rate	year	2471
9	next	year	4856	34	firm	market	2429
10	care	health	4273	35	firm	such	2419
11	price	share	3861	36	state	year	2402
12	american	year	3680	37	market	share	2394
13	Caption	Illustration	3408	38	more	time	2369
14	new	year	3383	39	short	term	2356
15	old	year	3369	40	american	company	2328
16	first	year	3344	41	many	year	2327
17	long	term	3334	42	big	firm	2306
18	country	other	3326	43	company	other	2276
19	firm	year	3320	44	many	other	2268
20	time	year	3300	45	price	year	2258
21	company	year	3161	46	more	other	2239
22	other	such	2872	47	recent	year	2238
23	american	firm	2781	48	federal	government	2229
24	chief	executive	2708	49	other	year	2226
25	company	firm	2667	50	first	time	2214

表 3.19 是美国主题文献形容词和名词组合 RAKE 得分最高的前 50 个词组，与中国主题类似，这种算法发现了许多非常有趣的词汇组合，有一些组合实际就是英语专有名词或固定搭配，RAKE 以非监督的算法，自动搜索并抽取了高分的词汇组合，这是构建词库的高效方法。美国前 50 个词组包含了军事、政治、社会、地理、化学、教育、经济、材料、农作物、娱乐、法律、医药、技术、美食等许多方面。在形容词和名词个共现分析中排位靠前的 info publication，在 Rake 分析中表示相近意义的 publication info 的得分排序降到了第四十八位。高分词组包括 latin american （拉丁美洲）、femme fatale （致命女人）、82nd Airborne（美军第 82 空降(师)）、cross-border （跨界）、compact-disc （光盘）、Oversight Board （监督委员会）、magnetic-resonance （核磁共振）、Information Act （信息法）、many latin （许多拉丁(美洲国家)）、Social security （社会保障）、gutta percha （杜仲胶）、giant regional （广大地区）、postal balloting （邮政投票）、Scholastic Aptitude （学业能力）、american Cyanamid （美洲氰胺（公司））、most latin （许多拉丁美洲（国家））、Kentucky produces （肯塔基州生产）、credit-card （信用卡）、Reinvestment Act （再投资法）、monthly bulletin （月报）、national Indy （美国全国印地赛车）、feng shui （风水）、inflationary pressures （通货膨胀压力）、pow-wow （讨论会；议事会，美洲土著一种盛宴和舞蹈仪式）、military Readiness （军事准备）、cross-country （越野）、Non-Proliferation Treaty （不扩散条约）、bon mot （妙语；诙谐的话）、Tax cut （减税）、cut-price （降价）、First Union （美国第一联合银行）、non-steroidal anti-inflammatory （非甾体抗炎药）、Protection Act （保护法）、Lauderdale courts （劳德代尔法院）、General Assistance （美国社会保障中的一般援助、一般救济）、interactive multiplayer （交互式多人游戏）、modus vivendi （妥协、协议）、income Tax （所得税）、american Apparel （美国服饰公司）、pinot noir （黑皮诺（葡萄））、numero uno （头号人物、头等、第一流）、giants such （巨人、巨头）、pluripotent stem （多能干细胞）、latin kings （拉丁国王帮派，黑社会犯罪团伙）、transatlantic mergers （跨大西洋兼并）、ad hoc （特设、专门）、cytochrome oxidase （细胞色素氧化酶）、publication info （出版信息）、foie gras （鹅肝，一种菜肴）、pluribus unum （团结统一，美国国徽正面上的格言）等。

表 3.19：通过 RAKE 抽取的《经济学家》美国主题文献高分值形容词和名词组合（前 50 个）

rank	keyword	ngram	RAKE	rank	keyword	ngram	RAKE
1	latin american	2	3.40	26	cross-country	2	2.85
2	femme fatale	2	3.35	27	Non-Proliferation Treaty	2	2.85
3	82nd Airborne	2	3.31	28	bon mot	2	2.85
4	cross-border	2	3.30	29	Tax cut	2	2.84
5	compact-disc	2	3.10	30	cut-price	2	2.83
6	Oversight Board	2	3.05	31	First Union	2	2.83
7	magnetic-resonance	2	3.05	32	non-steroidal anti-inflammatory	2	2.82
8	Information Act	2	3.01	33	Protection Act	2	2.81

续表

rank	keyword	ngram	RAKE	rank	keyword	ngram	RAKE
9	many latin	2	3.01	34	Lauderdale courts	2	2.81
10	Social security	2	3.00	35	General Assistance	2	2.80
11	gutta percha	2	3.00	36	interactive multiplayer	2	2.80
12	gient regional	2	2.95	37	modus vivendi	2	2.78
13	postal balloting	2	2.94	38	income Tax	2	2.77
14	Scholastic Aptitude	2	2.93	39	american Apparel	2	2.77
15	american Cyanamid	2	2.93	40	pinot noir	2	2.76
16	most latin	2	2.93	41	numero uno	2	2.75
17	Kentucky produces	2	2.92	42	giants such	2	2.75
18	credit −card	2	2.91	43	pluripotent stem	2	2.74
19	Reinvestment Act	2	2.91	44	latin kings	2	2.73
20	monthly bulletin	2	2.91	45	transatlantic mergers	2	2.73
21	national Indy	2	2.90	46	ad hoc	2	2.71
22	feng shui	2	2.90	47	cytochrome oxidase	2	2.71
23	inflationary pressures	2	2.89	48	publication info	2	2.70
24	pow −wow	2	2.88	49	foie gras	2	2.69
25	military Readiness	2	2.86	50	pluribus unum	2	2.68

美国主题 Rake 分析前 50 个高分词组列表中也出现了中国的 feng shui（风水），说明它在国家间的传播或对美国文化的影响，例如：部分包含 feng shui 文章中的片段。

- …The Republicans apparently did not think of feng shui for their convention in San Diego. If they had shown more respect for this ancient Californian custom…（认为这是加州有长久历史的一种风俗）

- …Feng shui consultants in San Francisco will do up your office for about \$300, although they stress that "the important thing first is fate"…（旧金山风水师收费价格）

- …It is not just California. There is a Feng Shui Institute of America in Wabasso, Florida. So far, the mid−west has proved disappointingly resistant. Still, if the trend strengthens, say feng shui's devotees, it will transform life in America. Relocate your bathroom now…（佛罗里达州瓦巴索有一个风水研究院）

美国主题 RAKE 得分排序在 51-100 之间的词组类别与 1-50 的词组类似，丰富多样，包括政治、经济、军事、社会、外交、宗教、医学、科技、法律、体育、交通、文化等许多方面，因此也可以说，《经济学家》杂志是以政治和经济主题为主、内容涵盖范围非常广泛的出版物。Rake 得分排名 51-100 的词组主要包括 Marriage Act （婚姻法）、latin American（拉丁美洲）、pulmonary embolism（肺栓塞）、Sri Lankan（斯里兰卡人）、authorise generics（授权仿制药）、parti pris（成见或偏见）、National Finals（全国总决赛）、loya jirga（支尔格大会；阿富汗大国民议会）、mid-ranking school（中等学校）、online pharmacies（网上药店）、cross-section（横截面）、West Coast（西海岸）、outweigh gain（大于收益）、Transatlantic Trade（跨大西洋贸易）、Humanitarian Assistance（人道主义援助）、temporary Assistance（临时援助）、naval officer（海军军官）、prima donna（女主角）、european banks（欧洲银行）、upwardly mobile（向上流动）、economic Co-operation（经济合作）、online publication（在线出版物）、haute couture（高级时装）、american Baptist（美国浸信会）、Homeland Security（国土安全部）、introductory economics（经济学导论）、carbon emissions（碳排放）、anti-ship missile（反舰导弹）、bulletin boards（布告栏）、global banks（全球银行）、american publication（美国出版物）、latin country（拉丁美洲国家）、Fertility rate（生育率）、mea culpa（我的过错）、unusually high（异常高）、european ballistic（欧洲弹道导弹）、statewide initiative（全州计划）、Artificial intelligence（人工智能）、micro-electro-mechanical system（微机电系统）、tiered pricing（分级定价）、outstrip supply（供过于求）、intercity driving（城际行车）、facto chief（事实上的首领/领导）、largest banks（最大的银行）、embryonic stem（胚胎干/细胞）、global M&A（世界范围并购）、naval station（海军基地）、slush fund（非法基金、行贿基金）、Baptist minister（浸信会牧师)等。

2.基于词向量的主要词汇之间的关系

对美国主题词汇向量空间中与 america 和 american 余弦相似度的分析发现，谷歌词向量算法把与美国有关国家或地区从语料中全部抽取了出来。按照相似度大小，与 america 最近的国家或地区依次是日本、欧洲、英国、德国、中国等（表3.20）。亚洲第九，法国十四，俄罗斯第二十一。表中还出现了世界、西方、民主和大西洋主义者。

表 3.20：《经济学家》美国主题文献词汇向量空间中与 america 和 american（余弦）相似度最高的 25 个词汇

rank	closest to america	Similarity	Closest to american	Similarity
1	america	1.00000	american	1.00000
2	japan	0.71138	japanese	0.56796
3	europe	0.68030	british	0.55643
4	britain	0.60495	america	0.50630
5	germany	0.57467	america's	0.50290
6	china	0.55221	foreign	0.48667
7	country	0.54952	americans	0.47949
8	countries	0.54851	international	0.45650
9	asia	0.54394	european	0.43149
10	world	0.51415	canadian	0.42590

续表

rank	closest to america	Similarity	Closest to american	Similarity
11	american	0.50630	big	0.42563
12	still	0.50385	foreigners	0.42481
13	americans	0.50322	vietnamese	0.41108
14	france	0.48150	an	0.40875
15	western	0.47114	australian	0.40823
16	democracies	0.46460	overseas	0.40633
17	it	0.46099	which	0.39649
18	europeans	0.46021	now	0.39556
19	america's	0.45786	hegemonism	0.39510
20	now	0.45757	german	0.39497
21	russia	0.45570	french	0.39165
22	atlanticists	0.43530	chinese	0.38985
23	yet	0.43358	italian	0.38971
24	taiwan	0.42603	japan	0.38315
25	poland	0.42389	japan's	0.38308

与america类似，与american最近的词汇也是日本、英国、外国、欧洲、加拿大等国家名称，而且距离近的许多词汇的词性也与american词性相同，越南十三、澳大利亚十五、德国二十、法国二十一、中国第二十二。表中还出现了海外、霸权主义等词汇。图3.15为基于PCA的与america和american最近的50个词汇的向量空间降维视图，其中america图中的扩张主义、多边主义等形成一个密集区，很明显，印度、中国、日本、泰国、欧洲、非洲等点的横坐标更为接近，而波兰、德国、英国、法国、瑞典、意大利等欧洲国家的坐标点形成了另一个密集群。在american图中，中国、古巴、越南、泰国很近，英国、德国、意大利、西班牙等国距离较近，出现了距离接近的殖民主义、爱国主义等。因此，词向量降维视图直观地展示了词汇所代表的国家的空间位置，这些国家的坐标密集群位置的确定并没有依靠地图或卫星的信息，而只是通过文本向量得到的，即向量能够确定词汇语意之间的关系，这是词向量的重要发现。

前文中列举了中国主题词汇向量空间中与government、country、economy、trade、society、culture相近的词汇，我们对美国主题向量空间进行这些相同词汇的空间距离分析，目的是对比最近距离的词汇、概念，或涉及的主题有哪些主要区别。

美国主题词汇向量空间与government最近的词汇涉及政府、政治、经济、财政、税收、宪法等，中国主题中的government涉及的经济词汇较多，美国主题中government涉及的社会保障的主题或概念较多。美国主题与government距离较近的词汇包括federal（联邦的）、government's（政府的）、governments（政府）、bureaucrats（官僚）、bureaucracy（官僚主义）、public（公众的）、subsidies（补助金）、handouts（救济品）、congress（国会）、largesse（慷慨）、subsidising（补贴）、aid（援助）、money（金钱）、taxpayer（纳税人）、devolution（放

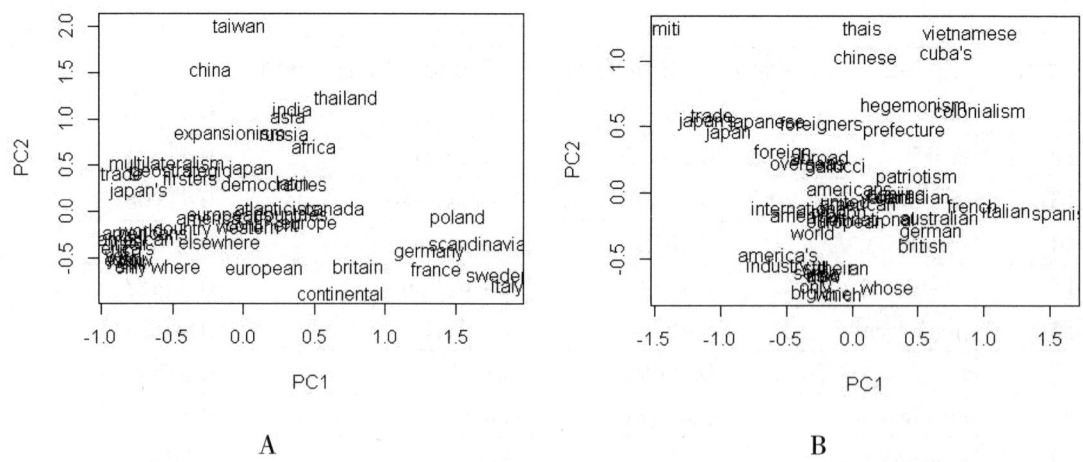

图 3.15：A 图为基于 PCA 的与 america 最近的 50 个词汇的向量空间降维视图；
B 图为基于 PCA 的与 american 最近的 50 个词汇的向量空间降维视图

权)、americans（美国人)、politicians（政治家)、federally（联邦政府)、budget（预算)、procurement（采购)、constitution（宪法)、spending（支出)、republicans（共和党人)、privatising（私有化)、welfare（福利)、meddling（多管闲事)、programmes（计划)、bloat（膨胀，使自大)、intrusiveness（干涉性)、allots（分配)、political（政治的)、administration（管理)、citizenry（公民)、plan（计划)、support（支持)、help（帮助)、land（土地)、officials（官员)、private（私有的)、right（权利)等，图 3.16 是与 government 空间距离相近的词汇密集区的空间坐标。显示了与 government 空间距离相近的词汇密集区向量空间坐标。从图中看到，subsidy、subsidies、subsidising、handout 等词形成密集群，距离接近，语意接近，这是通过向量计算的方法找到的词汇之间的密切关系，而并非通过语法、句法分析或词典搜索得到的这种关系，这一点与传统上语法、句法、词意分析完全不同，而且对于人类而言，这种通过向量计算得到的各个密集区中的词汇之间的距离关系，转变成了语意上的关系，词汇语意中的关系符合逻辑，词向量是认识文本或语言的一种全新的技术。

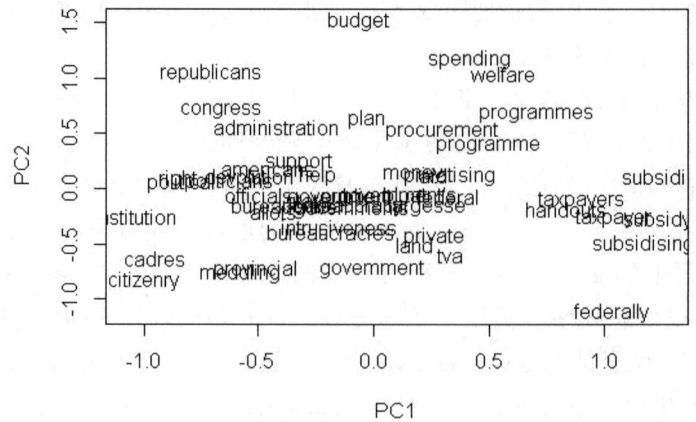

图 3.16：基于 PCA 的美国主题中与 government 最近的 50 个词汇的向量空间降维视图

与 country 距离最近的词汇涉及美国政治制度、工业化、贫富、城市化、人口、地理、民族,以及其他洲或地区的概念或主题。距离最近的词汇依次是 world(世界)、nation(国家)、continent(大陆)、region(区域)、democracies(民主政体)、industrialised(工业化)、poorest(最穷)、states(州)、rich(富有的)、place(地方)、western(西方的)、hinterlands(腹地)、americans(美国人)、seceding(脱离)、whole(整体)、where(哪里)、urbanising(城市化)、region's(地区)、misgoverned(管理不善)、straddles(横跨河流、道路或一片土地)、south(南方)、europe(欧洲)、latin(拉丁(美洲))、west(西部)、nation's(国家的)、michoacan(墨西哥米却肯)、countryside(乡村)、economy(经济)、caribbean(加勒比)、rest(休息)、places(地点)、hilly(丘陵)、populous(人口众多)、town 城(镇)、africans(非洲人)、anywhere(在任何地方)、chinatowns(唐人街)、live(居住)、itself(它本身)、westem(西部)、city(城市)、wearying(疲惫不堪)等。图 3.17 是与 country 空间距离相近的词汇密集区的空间坐标,从图中看到,一些地理位置或名称自动聚集到了相近的坐标点位置,如欧洲、大陆、美国、加勒比等。

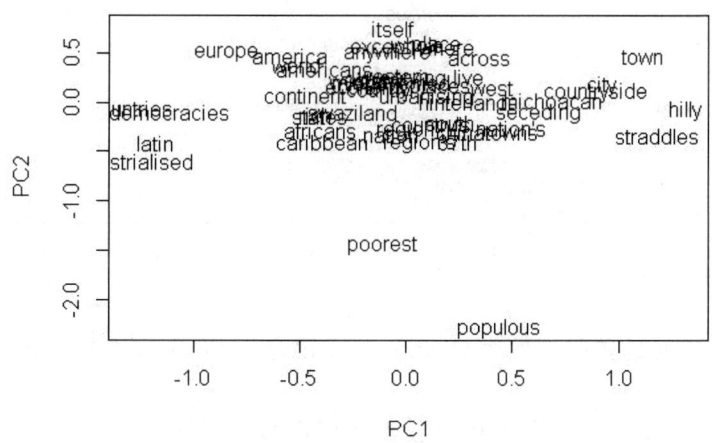

图 3.17:基于 PCA 的美国主题中与 country 最近的 50 个词汇的向量空间降维视图

与 economy 距离最近的词汇与经济增速、增长、景气、萧条、可持续、周期性、gdp、竞争等密切相关,这些词汇也是经济学专业核心和最常用的词汇,按照距离从近至远的概念或词汇依次是 recession(经济衰退)、growth(生长)、recovery(恢复)、economy's(经济的)、slowdown(减速)、economic(经济的)、downturn(低迷)、slowing(减速)、sluggish(停滞、行动迟缓的)、productivity(生产力)、gdp(国内生产总值)、imbalances(失衡)、perkier(活跃)、deflation(通货紧缩)、inflation(通货膨胀)、slump(下跌)、unemployment(失业)、economies(经济)、mildness(温和)、rebound(反弹)、output(产出)、inflationary(通货膨胀)、spurt(高涨)、overheating(过热)、slows(减速)、rigidities(僵化)、sputtering(经济减速)、exports(出口)、unsustainably(不可持续)、competitiveness(竞争力)、policymakers(决策者)、reigniting(重燃)、structural(结构的)、rebounds(反弹)、mismeasurement(误判)、contraction(经济萎缩)、cyclical(周期性)、flipside(另一面)、manufacturing's(制造

业)、recovers（恢复）、sustainable（可持续的）、niip（净国际投资头寸）、booming（蓬勃发展的）、buoyant（降而复升的，保持高价的）、rebalancing（再平衡）、accommodative（适应新环境）、quickened（加速）、perky（活跃）等。图3.18是基于PCA的美国主题中与economy最近的50个词汇的向量空间降维视图。非常有趣的是，图中相互影响的因素的坐标点非常接近，直观展示了概念之间的关系。例如，美国的gdp与生产力的距离最近，与出口、产出、竞争力、增长形成一个关系密集区，这似乎符合经济增长或发展规律，说明它们之间存在的某种联系或相互作用，这个图中表示的是，影响美国gdp最直接的因素首先是生产力，其次是出口、产量、竞争力。图中失业、失衡、决策者、僵化、误判同样形成另一个相互影响的密集群，与美国失业最近的是失衡、经济可持续性和增长。中国economy向量图与美国有明显区别，中国gdp周围没有美国gdp周围这类距离很近的词汇，中国economy向量图中出现更多的是与经济增长速度有关的词汇。

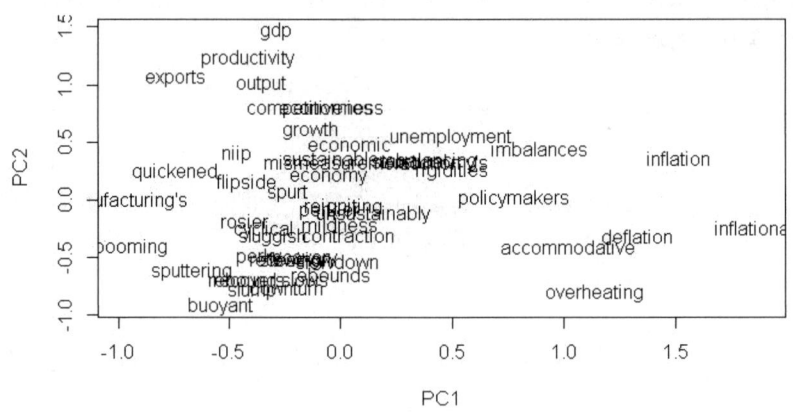

图3.18：基于PCA的美国主题中与economy最近的50个词汇的向量空间降维视图

美国主题词汇向量空间中与trade最近的词汇与中国的trade空间词汇非常类似，主要概念和主题同样是相同的国际贸易协定、谈判，也涉及国家或国际贸易组织官员等，说明美国与中国同样是在经济全球化的背景下、在相同的国际或区域贸易条约下开展贸易活动。另外，美国主题同样出现了贸易保护主义等概念。美国主题与trade空间距离最近的词汇或概念依次是gatt（关贸总协定）、freetrade（自由贸易）、nafta（北美自由贸易协定）、wto（世贸组织）、liberalisation（自由化）、doha（多哈谈判）、agreement（协议）、bilateral（双边的）、uruguay（乌拉圭谈判）、pacts（契约）、multilateral（多边）、gatt's（关贸总协定）、negotiators（谈判者）、free（自由的）、round's（谈判回合）、freer（更自由）、fta（自由贸易协定）、protectionism（保护主义）、kantor（康德，美国商务部长、首席贸易谈判代表）、liberalising（自由化）、wto's（世贸组织的）、tariffs（关税）、tpp（跨太平洋伙伴关系协定）、liberalise（自由化）、ftas（自由贸易协定）、agreements（协议）、pact（契约）、protectionist（保护主义者）、ftaa（自由贸易区）、talks（会谈）、ttip（经济北约，美国与欧盟正在谈判中的跨大西洋贸易与投资伙伴协定;）、ec（欧共体）、zoellick's（世界银行行长佐利克）、tafta（跨大西洋自由贸易条约，又称ttip,跨大西洋贸易与投资伙伴协定）、mercosur

（南方共同市场）、barshefsky（夏琳_巴尔舍夫斯基,美国首席贸易谈判代表）、negotiations（谈判）、charlene（夏琳，美国首席贸易谈判代表夏琳_巴尔舍夫斯基）、tariff（关税）、accession（加入）、cafta（中国-东盟自由贸易区）、fasttrack（快车道）、protectionists（保护主义者）、bilateralism（双边主义）、mercosur's（南方共同市场）等。图 3.19 是基于 PCA 的美国主题中与 trade 最近的 50 个词汇的向量空间降维视图，图中关税、贸易保护主义（者）最近，世界贸易组织、谈判、多边主义、自由主义、双边主义等形成密集区，多哈谈判、乌拉圭谈判、自由贸易区、南方共同市场、协定等距离较近，世行行长与美国商务部长接近，美国首席贸易谈判代表姓和名夏琳_巴尔舍夫斯基接近。

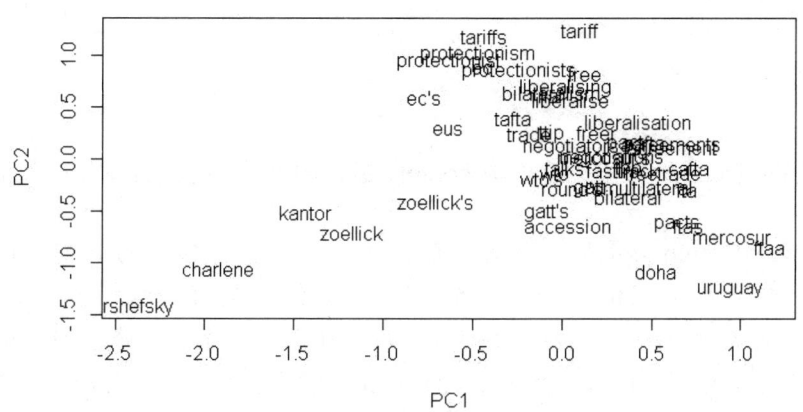

图 3.19：基于 PCA 的美国主题中与 trade 最近的 50 个词汇的向量空间降维视图

美国主题中的 society 及其空间相近词汇与中国主题同一词汇的空间相近词汇存在较大区别,出现了一些反映物质上的富足、拥有世俗财物是最美好的事物的词汇,资本主义、物质主义、个人主义、父权、平等、理想、传统、富裕等是与 society 最近的词汇密集群,也讨论了一些关于文明、精英领导、多元化、社会主义、乌托邦、幸福、民主、道德、平均主义的概念或主题。与 society 空间距离最近的词汇依次是 patriarchy（父权制）、societies（社会）、society's（社会的）、perfectibility（完美性）、capitalism（资本主义）、equality（平等）、individualism（个人主义）、ideals（理想）、pluralistic（多元的）、civilisation（文明）、materialistic（物质主义的）、tradition（传统）、affluence（富裕）、culture（文化）、meritocracy（精英政治）、communitarian（共产主义者）、universality（普遍性）、civilised（文明）、religion（宗教）、modern（现代的）、classless（无阶级）、materialism（物质主义）、enlightenment（启蒙运动）、utopian（乌托邦的）、moral（道德的）、judeo（犹太教）、spirit（精神）、oppression（压迫）、victorian（维多利亚时代）、dworkin's（德沃金,当代世界著名哲学家、法学家、思想家）、observance（遵守）、socialism（社会主义）、egalitarian（平等主义者）、notions（概念）、subordination（从属关系）、conscience（良心）、democracy（民主）、rational（理性的）、liberalism（自由主义）、feudalism（封建主义）、egalitarianism（平均主义）、humanity（人性）、politics（政治）、happiness（幸福）、unequal（不平等）等。图 3.20 是与 society 距离相近密集区的坐标,可以看到,相似的概念接近或重叠,有密切关系或对立的概念或主题相邻或重叠,如文明与社会,平均主义与无阶级,共产主义者与平等,现代、文化与传统,资本主义和个人主义等。

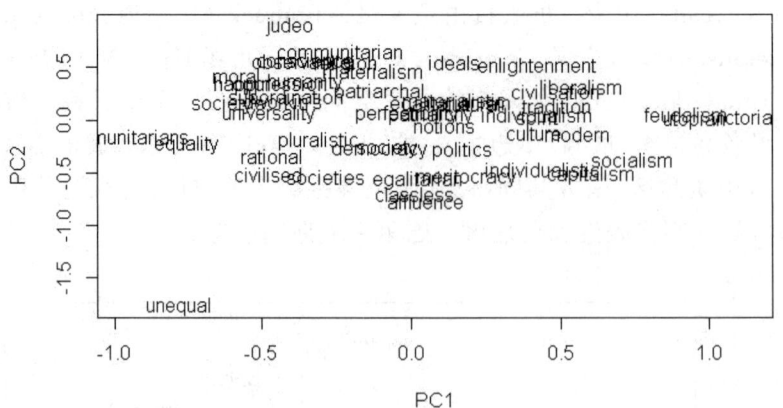

图 3.20：基于 PCA 的美国主题中与 society 最近的 50 个词汇的向量空间降维视图

美国主题中与 culture 最近的空间词汇中,有些与 society 接近的空间词汇相同,比如个人主义、资本主义、多元化、父权制、物质主义、宗教、精英政治等。它们与中国主题的 culture 的空间距离相近点的词汇有很大区别,尤其是出现了企业家精神、美国性、美国化、同化、自卑、自大、爱国主义、灌输等特有词汇,说明这些词汇是美国主题中与文化相关的最核心的概念或讨论最热烈的内容。美国主题中与 culture 空间距离最近的词汇依次是 individualism（个人主义）、traditions（传统）、individualistic（个人主义）、ethos（风气）、capitalism（资本主义）、homogeneity（同质性）、multiculturalism（多元文化主义）、entrepreneurialism（创业、企业家精神、创业精神）、patriarchy（父权制）、religion（宗教）、style（风格）、materialistic（物质主义）、ideals（理想）、spirit（精神）、cultures（文化）、americanness（美国性）、americanisation（美国化）、values（价值观）、parochialism（狭隘主义）、society（社会）、distinctive（独特的）、vibrant（充满活力的）、assimilation（同化）、rooted（扎根的）、meritocracy（精英政治）、perfectibility（完美性）、atomised（原子化的）、temperaments（性情）、liberalism（自由主义）、inferiority（自卑）、egomania（自大狂）、patriotism（爱国主义）、restlessness（躁动）、history（历史）、creed（信条）、servile（奴性的）、ingrained（根深蒂固的）、instilling（灌输）、ugliness（丑陋）、modern（现代的）、pentecostalism（五旬节主义）、modernity（现代性）、politics（政治）、pride（骄傲）、caste（社会阶层）、egalitarianism（平均主义)等。

图 3.21 是与 culture 距离相近的密集区坐标,从图中能够看到,以美国性为中心形成高密度核心区,爱国主义、价值观、信仰、理想、资本主义相邻,历史、自大、骄傲、风气、精神、风格接近,同化与多元文化主义相邻,创业（企业家精神）、传统、个人主义相近。

使用 Debaver 列举企业家精神的上下文发现,创业（企业家精神）是扎根于美国文化的重要元素,是美国主题中与自由、个人主义、精神等共现的词汇,与 entrepreneurialism（创业、企业家精神、创业精神）共现的邻近词汇包括 amercan（美国）、increase（增强）、spur

(激励)、nourish(培育)、hotbed(温床、发展环境)、swashbuckling(充满传奇色彩)、risk-taking (冒险)、rooted (根深蒂固)、innovation (创新) 等, 图 3.22 是美国主题 entrepreneurialism (创业、企业家精神、创业精神)部分上下文。词向量技术能够计算得出的空间近距离词汇或概念密集区的相关内容,它是深入研究、发现、理解文本以及文本主题的强有力工具。

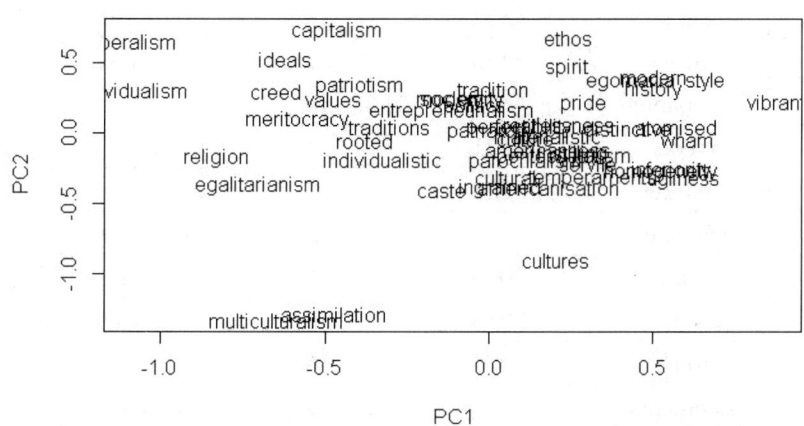

图 3.21:基于 PCA 的美国主题中与 culture 最近的 50 个词汇的向量空间降维视图

Left	Keyword	Right	Line	Position
point is that the decline in	entrepreneurialism	is more often the fault of bad	26	16610
are fusing at a furious rate,	entrepreneurialism	is stuttering, populism is on	28	18841
eadnote a mixture of american	entrepreneurialism	and greek family values has gi	3	1314
econd reason is that american	entrepreneurialism	seems more rooted in culture tl	4	1606
freedom, the individual, and	entrepreneurialism	," she says. in practice, thou	18	11605
but california is a hotbed of	entrepreneurialism	, a state where 95% of busines	8	4673
unsurprisingly, led to legal	entrepreneurialism	on the private side: hence the	23	14355
a hotbed of individualism and	entrepreneurialism	that helped to produce the sma	17	10679
on, a think-tank that studies	entrepreneurialism	, found that america's high ra	21	13128
ate consolidation. the age of	entrepreneurialism	that started in the early 1980	25	15863
ce a byword for swashbuckling	entrepreneurialism	have bitten the dust. f:\0	22	13932
this domestication of wildcat	entrepreneurialism	is good news for economists. o	19	11885
hey also come in the form of	entrepreneurialism	and innovation: imagine silico	13	7616
t america's gung-ho high-tech	entrepreneurialism	, it is fast becomin in the pul	1	475
a second is that risk-taking	entrepreneurialism	is the way of the future, whil	2	959
on--and its economic partner,	entrepreneurialism	--in its purest form. who but	14	8158
texas.txt(31): the beauty of	entrepreneurialism	f:\0mallet_topic\economist\use	12	7036
emoaning the valley's lack of	entrepreneurialism	. meanwhile, "i want to blow u	10	6006
is that we live in an age of	entrepreneurialism	. gurus including peter drucke	27	17483
e had a genius for religious	entrepreneurialism	. f:\0mallet_topic\economi	20	12857
versity, the cradle of valley	entrepreneurialism	, to other prestigious univers	7	4070
has to sacrifice a bit of its	entrepreneurialism	to reduce its legal risks. it	15	8751
stment. the forward march of	entrepreneurialism	, it turns out, is proving jus	16	9901

图 3.22: Dabaver1.5 抽取美国主题文献的词汇向量空间中与 culture 相近的 entrepreneurialism (创业、企业家精神、创业精神) 部分上下文

3.3.3 日本主题文章的频率和词向量分析

1.高频名词和形容词、共现以及 RAKE 高分组合

日本主题文献全部名词中出现频率最高的前 50 个词除了政府外,还有经济、贸易、增长、市场、投资、资本、价格、公司、日元、汇率等经贸类词汇(表 3.21), 世界、人民、党派等也是高频名词,汽车(car)出现在前高频列表中,这与中美名词有显著区别,其他是一些

Economist、text、publication.等出版或表示时间的名词。

表3.21:《经济学家》1991-2016年有关日本主题文献出现频率最高的前50个名词

rank	keyword	freq	rank	keyword	freq
1	year	7383	26	firm	1875
2	government	5742	27	trade	1865
3	banks	5372	28	growth	1846
4	firms	4445	29	interest	1814
5	companies	4382	30	rates	1783
6	years	4221	31	loans	1757
7	market	3728	32	policy	1751
8	economy	3214	33	investment	1743
9	time	3069	34	countries	1709
10	text	3038	35	industry	1659
11	world	3005	36	capital	1644
12	Economist	2997	37	ministry	1586
13	info	2990	38	power	1570
14	Publication	2989	39	war	1523
15	minister	2829	40	car	1519
16	bank	2619	41	yen	1480
17	money	2585	42	share	1447
18	country	2578	43	investors	1435
19	business	2492	44	rate	1418
20	company	2463	45	week	1402
21	way	2332	46	tax	1400
22	people	2228	47	Author	1381
23	system	2124	48	markets	1373
24	party	2089	49	shares	1361
25	prices	1927	50	part	1340

日本主题高频名词和形容词的共现(经过词形还原)包括以下几类(表3.22),一是文章数据库信息,如full text(全文)、info publication(信息出版);第二是同美国主题类似,有一些表示新闻类型文本特征的时间组合,如last year（去年）、next year（明年）、long term(长期)等;第三类较多,主要表示经济或者金融的组合,如japanese bank、central bank(央行)、government bond（政府债券）、share price(股票价格)、bank loan(银行贷款)、price share（股票价格）、bad loan(不良贷款)等;第四是日本与美国或日本与外国;第五是日本工业中最突出的汽车制造(car maker)。

表 3.22:《经济学家》日本主题文献共现分析(共现频率最高的前 50 个名词和形容词)

rank	term 1	term 2	freq	rank	term 1	term 2	freq
1	full	text	3000	26	foreign	japanese	692
2	info	publication	2989	27	country	other	684
3	minister	prime	2313	28	new	year	673
4	last	year	2080	29	japanese	many	657
5	firm	japanese	1684	30	long	term	654
6	interest	rate	1471	31	bad	bank	648
7	company	japanese	1317	32	bank	loan	645
8	japanese	year	1250	33	japanese	more	634
9	american	japanese	919	34	first	year	627
10	next	year	919	35	house	upper	614
11	past	year	863	36	car	japanese	613
12	Economist	full	838	37	bank	government	609
13	Economist	text	837	38	profit	year	589
14	government	japanese	828	39	company	firm	585
15	company	year	820	40	time	year	583
16	japanese	market	814	41	country	japanese	579
17	more	year	813	42	market	share	579
18	finance	ministry	765	43	japanese	new	569
19	bank	japanese	757	44	bank	loans	554
20	government	year	749	45	market	year	553
21	bank	year	732	46	bank	big	550
22	price	share	731	47	car	maker	548
23	bank	central	725	48	full	japanese	547
24	firm	year	723	49	bond	government	544
25	japanese	other	718	50	bad	loans	524

表 3.23 是日本主题文献形容词和名词(两个词)组合的关键词组 RAKE 得分最高的前 50 个词组合,表中第一行的 ngram 是 n 元结构,Rake 指 n 元结构的 Rake 得分。可以看出,组合强度较高的形容词和名词包含政治、金融、科技、外交、社会、文化、生活、艺术等方方面面,前 5 个组合分值在 3 以上,组合强度非常高,实际上,RAKE 算法发现的许多形容词和名词组合就是英文词典中的固定搭配。涉及的国家是美国、欧盟和英国。高分组合依次是 prima donna(女主角)、wan giri(诈骗电话)、cross-border(跨界)、untapped potential(未开发潜力)、uyoku dantai(日本极右翼团体)、Defence Force(自卫队,国防力量)、new centrist(新中间派)、Democratic Party(民主党)、online trading(网上交易)、special zones(特区)、rural districts(农村地区)、big bookstore(大书店)、European Union(欧盟)、Tankan survey

(日本季度短观调查报告)、undercut private（削价竞争）、quarterly gain（季度收益）、raise rate（提高利率）、tightly knit（紧密结合）、civil servant（公务员）、unfunded pension（未设储备基金的养老金）、many gradation（多层次）、multi-party system（多党制）、economic revitalisation（经济振兴）、occupancy rate（入住率）、great lakes（大湖）、real estate（房地产）、domestic routes（国内航线）、american Treasury（美国财政部）、linear motor（线性马达）、economic Co-operation（经济合作）、senior officer（高级军官）、electroluminescent display（电致发光显示器（平板显示技术））、international routes（国际航线）、online brokerage（网上经纪）、utilisation rate（利用率）、medical devex（医疗发展）、former chief（前任局长）、proprietary trading（自营交易，坐盘交易，指金融机构用自己的资本在市场买卖，而并非代表客户执行交易）、last arrive（(最后)到达）、British Treasury（英国财政部）、pluripotent stem（多能干(细胞)）、daily trading（日常交易）、kyoei gaisha（日本共荣社）、former minister（前部长）、domestic makers（国内制造商）、precious few（珍贵的少数）、traditional japanese（传统日本）、big domestic（国内大型）、american officer（美国军官）等。

表3.23：通过RAKE抽取的《经济学家》日本主题文献高分值形容词和名词组合（前50个）

rank	keyword	ngram	RAKE	rank	keyword	ngram	RAKE
1	prima donna	2	3.67	26	great Lakes	2	2.65
2	wan giri	2	3.40	27	real estate	2	2.65
3	cross –border	2	3.09	28	domestic routes	2	2.64
4	untapped potential	2	3.08	29	american Treasury	2	2.64
5	uyoku dantai	2	3.00	30	linear motor	2	2.63
6	Defence Force	2	2.82	31	economic Co-operation	2	2.63
7	new centrist	2	2.80	32	senior officer	2	2.62
8	Democratic Party	2	2.78	33	electroluminescent display	2	2.62
9	online trading	2	2.76	34	international routes	2	2.62
10	special zones	2	2.76	35	online brokerage	2	2.61
11	rural districts	2	2.75	36	utilisation rate	2	2.61
12	big bookstore	2	2.75	37	medical devex	2	2.60
13	European Union	2	2.75	38	former chief	2	2.60
14	Tankan survey	2	2.74	39	proprietary trading	2	2.59
15	Defence Forces	2	2.74	40	last arrive	2	2.59
16	Undercut private	2	2.72	41	British Treasury	2	2.59
17	quarterly gain	2	2.71	42	pluripotent stem	2	2.59
18	raise rate	2	2.70	43	daily trading	2	2.58
19	tightly knit	2	2.70	44	kyoei gaisha	2	2.58
20	civil servant	2	2.70	45	former minister	2	2.58
21	unfunded pension	2	2.69	46	domestic makers	2	2.58

续表

rank	keyword	ngram	RAKE	rank	keyword	ngram	RAKE
22	many gradation	2	2.68	47	precious few	2	2.58
23	multi-party system	2	2.66	48	traditional japanese	2	2.56
24	economic revitalisation	2	2.65	49	big domestic	2	2.56
25	occupancy rate	2	2.65	50	american officer	2	2.55

2.词向量

前文中列举了中国和美国主题词汇向量空间中与国家（china、american 等）、government、country、economy、trade、society、culture 相近的词汇和词汇之间的距离，限于篇幅，从日本主题开始，我们仅列举国家、government、economy 和 culture 最近的词汇空间。

日本主题词汇向量空间中与 japan 距离较近的节点涉及一些国家、地区、外交关系或政策。与 japan 空间最近的国家是美国，其次是中国、韩国等。词汇向量空间中的日本与其他国家的距离直接反映了日本外交中的涉及的最重要的利益关系国家。与 japan 距离最近的节点依次是 america（美国）、country（国家）、japan's（日本的）、japanese（日本人）、rapprochement（和解）、prickly（棘手，难处理的）、militarily（军事上）、supremacy（至高无上）、china（中国）、koreas（朝鲜）、asia（亚洲）、cosying（舒适）、unconvincing（不令人信服）、resuscitate（复苏）、bse（疯牛病）、trilateral（三边）、coloniser（殖民者）、diplomatically（外交上）、rebalance（再平衡）、america's（美国的）、bosnia（波斯尼亚）、sphere（地球）、syria（叙利亚）、peace（和平）、rift（分裂，不和）、irritation（刺激）、upholding（支持）、russia（俄罗斯）、australians（澳大利亚）、geopolitical（地缘政治）、agonising（痛苦的）、unsettles（扰乱）、toured（巡回演出）、tense（紧张的）、hackles（激怒）、ascendant（上升的）、flexing（弯曲）、britain（英国）、condemning（谴责）、region（区域）、haiti（海地）、rut（老规矩、老一套）、chin（承受、下巴）、hegemony（霸权）、chile（智利）、westernisation（西化）。图 3.23 是基于 PCA 的日本主题中与 japan 最近的 50 个词汇的向量空间降维视图，

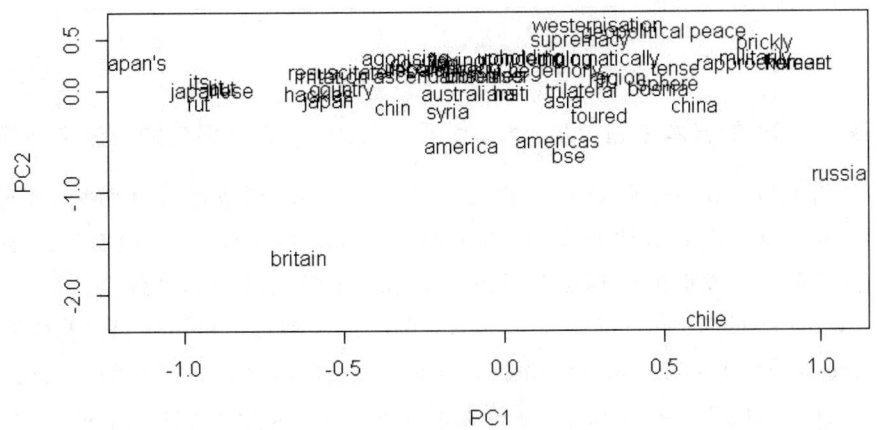

图 3.23：基于 PCA 的日本主题中与 japan 最近的 50 个词汇的向量空间降维视图

从图中看出，japan与美国等国家以及三边、外交、形成了核心节点密集区，坐标点重合或邻近。相对而言，在与japan最近的前50个节点的空间分布图中，英国、智利、俄罗斯较远。

　　日本主题词汇向量空间中与government距离较近的词汇涉及的范围较窄，主要是金融领域，这与中国和美国有明显区别。日本与government距离最近的节点依次是government´s（政府的）、public（公众的）、jgbs（日本政府债券）、monetise（货币化）、postponement（延期）、bonds（债券）、economy（经济）zaito（日本zaito特别机构债券，用于资助财政和投资贷款计划的债券）、handouts 救济()、borrowing（借款）、reflation（通货膨胀）、issuance（发行）、municipality（市）、budget（预算）、fiddles（伪造、篡改账目）、package（一揽子交易、计划）、nationalise（国有化）、gpif´s（日本政府养老投资基金）、dic（日本dic株式会社）、moribund（垂死）、forestall（垄断(市场)）、mulling（思考）、finances（资助）、money（钱）、derail（脱轨、扰乱、停顿）、legislate（立法）postpone（推迟）、guaranteed（被担保的）、tackle（解决）、ballooning（膨胀）、authorities（当局）、liquidating（清算）、efficacy（功效）、inject（注资）、financed（资助）、credible（可信的）、plan（计划）、fiscal（财政）、quid（英镑）、bank（银行）、stimulate（刺激）、financing（融资）、onus（责任）、concessionary（优惠的）、citizens（公民）、debt（债务）等。。图3.24是基于PCA的日本主题中与government最近的50个词汇的向量空间降维视图，从图中可以看出距离0点坐标(government)的词汇空间分布以及各节点之间的距离和相互对应关系。

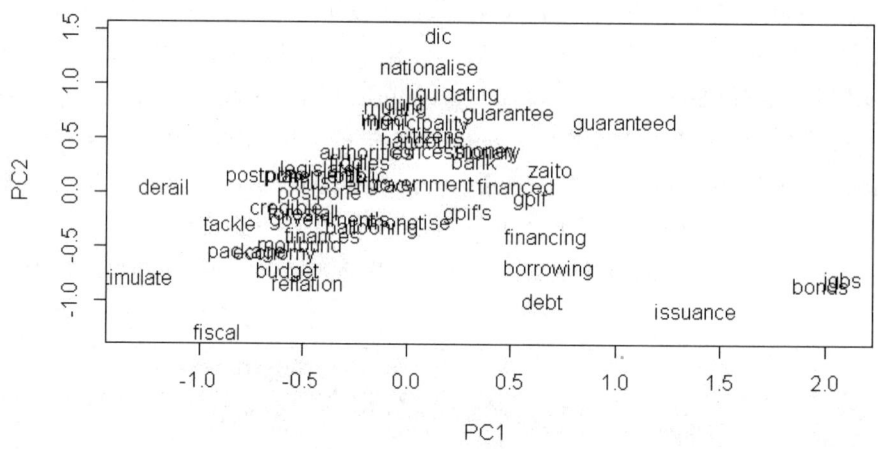

图3.24：基于PCA的日本主题中与government最近的50个词汇的向量空间降维视图

　　日本主题中与economy距离较近的词汇与经济政策、经济运行密切相关，与中国主题economy的空间节点的对比发现，日本主题economy邻近节点中，没有出现gdp、表示经济过热、经济高速发展的坐标点。日本与economy距离最近的坐标点依次是recovery（恢复）、growth（增长）、recession（经济衰退）、slowing（减速）、moribund（垂死）、sluggish（停滞）、slump（下跌）、economic（经济的）、stuttering（艰难运转、缓慢运行）、grimmer（令人沮丧）、fragility（脆弱）、deflation（通货紧缩）、economy´s（经济的）、fragile（脆弱的）、stimulate（刺激）、contractionary（收缩性）、revive（恢复）、slowdown（减速）、anaemic（无活力、贫血)、slows(减速)、spurt(加速运行、喷发)、demand(需求)、falters(衰退)、stagnant(停滞)、cyclical(周期性)、jolt(波动)、austerity(紧缩)、stagnation(停滞)、rut(老一套)、contraction(收缩)、sapped(削弱)、aggravating(加重)、incipient(初期)、keynesian(凯恩斯主义者)、supposing(假设)、downturn(低迷)、stagnated(停滞)、lurches(下跌、摇晃、坠落)、spiralling(螺旋形)、stagnate(停滞)、slowed(减速)、rectitude(正确判断、正直)、crawl(缓行)、spending(支出)、rebound(反弹)、exports(出口)、stockmarket(股票市场)、stimuli(刺激)、inflate(膨胀)等。图3.25是基于PCA的日本主题中与economy最近的50个词汇的向量空间降维视图，从图中可以看出，只在(0.6,0.0)附近有两个积极词汇(spurt，rebound)其他绝大部分描述经济运行的词汇是停滞、放缓、衰退等词汇,这与中国主题economy周围的空间节点明显不同。

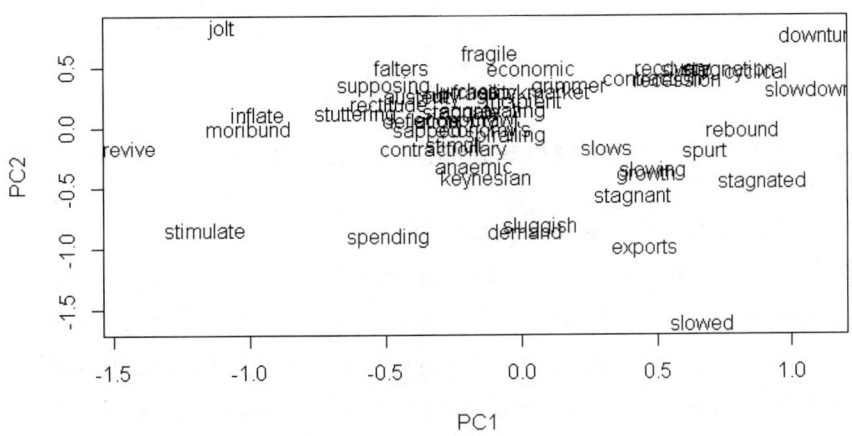

图3.25：基于PCA的日本主题中与economy最近的50个词汇的向量空间降维视图

日本主题中与culture空间距离最近的三个坐标点依次是individualism（个人主义）、cultural（文化）、confucian（儒家思想），它们同时具有美国主题和中国主题中与culture最近的坐标点 individualism（个人主义）和confucian（儒家思想），说明在《经济学家》有关日本的文章中,个人主义和儒家思想是关于文化的两个最重要的核心概念,个人主义比儒家思想距culture更近,二者与culture的距离分别是0.5374506和0.5230041,个人主义的值更大一些。日本主题中其他与culture距离较近的坐标点包括ingrained（根深蒂固的）、morals（道德）、hierarchy（等级制度）、homogeneity（同质性）、traditions（传统）、etiquette（礼仪）、society（社会）、rooted（扎根的）、spirit（精神）、ethos（社会风气、思潮）、religions（宗教）、harmony（和谐）、communal（公共的）、conformist（墨守成规的）、antithesis（对立）、hierarchical（等级制）、steeped（饱含(某品质)、沉浸）、paternalism（家长主义）、reverence（尊敬）、aversion（厌恶）、distinctive（独特的）、morality（道德）、embodies（体现）、purity（纯洁）、philosophy（哲学）、unquestioning（毫无疑问）、paradigm（范式）、innovators（创新者）、religion（宗教）、meritocracy（精英政治）、intellectuals（知识分子）、origins（起源）、conformity（一致性）、consensual（协商一致的）、embedded（嵌入的）、faire（公平）、solidarity（团结）、liberalism（自由主义）、curses（诅咒）、egalitarian（平

等主义者)、holy(神圣的)等。图 3.26 是基于 PCA 的日本主题中与 culture 最近的 50 个词汇的向量空间降维视图,从图中看到,这个 PCA 降维后,精度有所下降,与上述实际的空间精确坐标点距离次序有少许误差,但总体反映了坐标点密集区的分布情况。

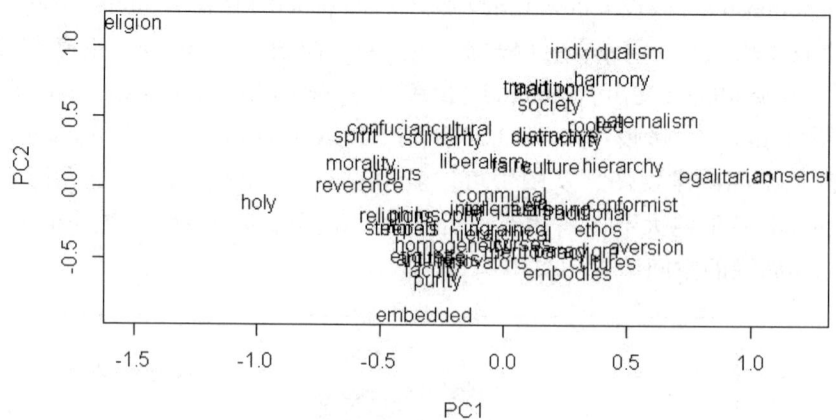

图 3.26:基于 PCA 的日本主题中与 culture 最近的 50 个词汇的向量空间降维视图

3.3.4 德国主题文章的频率和词向量分析

1.高频名词和形容词、共现以及 RAKE 高分组合

德国主题文献全部名词中出现频率最高的前 50 个词主要包括政府、政党、市场、金融、经济增长、欧元、选举、人民、税收、战争等词汇(表 3.24),德国总理 chancellor 频率较高,另外 Economist、text、publication.等表示出版或数据库文本信息的词汇频率也很高。

表 3.24:《经济学家》1991-2016 年有关德国主题文献出现频率最高的前 50 个名词

rank	keyword	freq	rank	keyword	freq
1	year	4774	26	people	1593
2	government	4151	27	economy	1572
3	years	3202	28	tax	1552
4	party	2663	29	election	1484
5	text	2519	30	power	1483
6	Economist	2478	31	week	1411
7	info	2471	32	system	1357
8	Publication	2469	33	policy	1348
9	state	2382	34	euro	1338
10	time	2356	35	firm	1312
11	market	2254	36	part	1219
12	banks	2164	37	workers	1216
13	country	2007	38	war	1202
14	companies	1956	39	investment	1184
15	bank	1918	40	Author	1179

续表

rank	keyword	freq	rank	keyword	freq
16	firms	1913	41	money	1155
17	world	1888	42	rates	1148
18	company	1885	43	industry	1148
19	countries	1864	44	jobs	1141
20	chancellor	1813	45	growth	1134
21	business	1760	46	interest	1114
22	Germans	1697	47	rate	1095
23	coalition	1688	48	capital	1072
24	way	1683	49	markets	1021
25	minister	1656	50	job	1021

德国主题高频名词和形容词的共现（经过词形还原）包括数据库信息、利率、表示时间的组合、政府（大联合政府，grand coalition）、政党领袖、选举、投资、央行、就业、企业、外交政策等，与日本文章主题的明显区别是，德国高频名词和形容词组合中没有出现与美国的组合词汇，而且欧洲单一货币（single currency）、欧元区（euro zone）在德国主题中有较高频率（表 3.25），表中的 supervisory board 在德国主题文章中主要指德国最大银行德意志银行（Deutsche Bank）或其他德国企业的监事会。

表 3.25:《经济学家》德国主题文献共现分析（共现频率最高的前 50 个名词和形容词）

rank	term 1	term 2	freq	rank	term 1	term 2	freq
1	full	text	2480	26	currency	single	399
2	info	publication	2469	27	foreign	policy	395
3	last	year	1457	28	german	new	394
4	next	year	910	29	country	german	391
5	interest	rate	852	30	labour	market	389
6	german	year	710	31	board	supervisory	389
7	company	german	673	32	government	state	379
8	country	other	631	33	election	year	378
9	german	government	598	34	bank	central	376
10	Economist	full	596	35	last	month	374
11	Economist	text	595	36	french	german	370
12	firm	german	568	37	government	new	370
13	more	year	553	38	election	general	368
14	coalition	grand	504	39	company	year	367
15	government	year	500	40	bank	investment	366

续表

rank	term 1	term 2	freq	rank	term 1	term 2	freq
16	past	year	483	41	leader	party	355
17	full	german	478	42	Caption	Illustration	352
18	german	other	458	43	election	state	352
19	bank	german	450	44	chief	executive	349
20	finance	minister	438	45	growth	year	349
21	german	text	431	46	german	more	346
22	new	year	424	47	election	party	343
23	foreign	minister	420	48	time	year	343
24	first	year	416	49	euro	zone	343
25	long	term	407	50	business	german	342

表3.26是德国主题文献形容词和名词（两个词）组合的关键词组RAKE得分最高的前50个词组合，可以看出，组合强度较高的形容词和名词包含主要是政治、金融、外交和媒体等。除政治外，相互持有股票（cross-holding）组合强度也在3.0以上。高分组合主要包括Social Democratic（社会民主党（派））、cross-holding（相互持股）、Bavarian sister（巴伐利亚姐妹（党））、german mogul（德国大亨）、german banks（德国银行）、publication info（数据库出版信息）、political correctness（政治正确性）、european minister（欧洲部长）、hourly wage（小时工资）、german officer（德国军官）、ad hoc（临时的）、european economic（欧洲经济）、european operators（欧洲运营商）、la carte（按菜单点菜）、european broadcaster（欧洲广播公司）、media magnate（媒体大亨）、armament chief（军械长）、interest rates（利率）、interactive television（交互式电视）、prime minister（首相）、senior officer（高级军官）、european media（欧洲媒体）、central banks（中央银行）、european Union（欧盟）、retail banks（零售银行）、european insurance（欧洲保险）、nominal rate（名义利率）、german makers（德国制造商）、agricultural policy（农业政策）、german minister（德国部长）、media mogul（媒体大亨）、financial daily（财经日报）、annual rate（年利率）、vested interest（特权阶级、既得权利）、twin-track（双轨制）、german psyche（德国精神）、national anthem（国歌）、european producer（欧洲厂商）、european interest（欧洲利率（利益））等。

表3.26：通过RAKE抽取的《经济学家》德国主题文献高分值形容词和名词组合（前50个）

rank	keyword	ngram	RAKE	rank	keyword	ngram	RAKE
1	Social Democratic	2	3.86	26	armament chief	2	2.60
2	Social democratic	2	3.60	27	interest rates	2	2.59
3	Social Democrat	2	3.47	28	interactive television	2	2.58
4	Social Democrats	2	3.38	29	prime minister	2	2.57
5	Democratic Socialists	2	3.07	30	senior officer	2	2.57

续表

rank	keyword	ngram	RAKE	rank	keyword	ngram	RAKE
6	cross-holding	2	3.02	31	european media	2	2.57
7	many Social	2	2.94	32	Democratic soil	2	2.57
8	Bavarian sister	2	2.93	33	central banks	2	2.56
9	big sister	2	2.79	34	european Union	2	2.56
10	german mogul	2	2.73	35	retail banks	2	2.56
11	german banks	2	2.71	36	european insurance	2	2.55
12	publication info	2	2.70	37	nominal rate	2	2.54
13	political correctness	2	2.69	38	big german	2	2.54
14	european minister	2	2.69	39	german makers	2	2.54
15	hourly wage	2	2.68	40	agricultural policy	2	2.53
16	german officer	2	2.65	41	german minister	2	2.53
17	big bannks	2	2.63	42	media mogul	2	2.53
18	ad hoc	2	2.63	43	biggest industrial	2	2.52
19	european economic	2	2.63	44	financial daily	2	2.51
20	european operators	2	2.63	45	annual rate	2	2.51
21	la carte	2	2.63	46	vested interest	2	2.51
22	european broadcaster	2	2.61	47	german psyche	2	2.49
23	giants such	2	2.61	48	national anthem	2	2.48
24	european foreign	2	2.61	49	european producer	2	2.47
25	media magnate	2	2.60	50	european interest	2	2.47

2.词向量

德国主题词汇向量空间中与germany距离较近的50个节点与中国、美国、日本的近距离节点均有较大区别,德国周围节点国家无美国,地理和外交关系中出现的是欧洲、冲突、霸主、绥靖、独裁、替罪羊、地缘政治、希腊、疏远、加沙、斯堪的纳维亚等,历史人物康德、墨索里尼等,德国社会的外籍工人。很明显,在《经济学家》杂志的德国主题中,在影响力方面,德国与欧洲霸主关系非常密切。 与germany距离最近的节点依次是germans(德国人)、country(国家)、german(德语、德国人)、germany's(德国的)、europe(欧洲)、fraying(冲突、摩擦)、hegemony(霸权)、hegemon(霸主)、appeased(绥靖、安抚)、countries(国家)、avers(厌恶)、marginalised(边缘化)、flank(侧面)、darker(较暗)、gastarbeiter(外籍工人、外籍劳工)、cosying(舒适)、pew(Pew民调)、refrain(抑制)、predominance(优势)、locomotive(机车)、succour(救援)、dictators(独裁者)、scapegoats(替罪羊)、darkly(阴暗的)、now(现在)、moralistic(道德的)、geopolitics(地缘政治学)、reminding(提醒)、mussolini's(墨索里尼的)、heroism(英雄主义)、rim(轮辋)、mosques(清真寺)、arises(出现)、translating(翻译)、enormity(巨大、暴行)、greece(希腊)、estrangement(疏远)、laziness（懒惰)、disillusion（幻灭)、gaza（加沙)、societies（社会)、kant（康德)、scandinavians（斯堪的纳维亚人)、attributed（归因于)、receding（后退)、emergencies（紧急事件)、neighbours（邻居)、aegis（宙斯盾)、devastated（变成废墟)等。图3.27是基于PCA的德国主题中与germany最近的50个词汇的向量空间降维视图，从图中看出，(0.0,0.0)附近是节点极其稠密区,霸主与霸权、邻国与摩擦、边缘化与疏远距离较近。

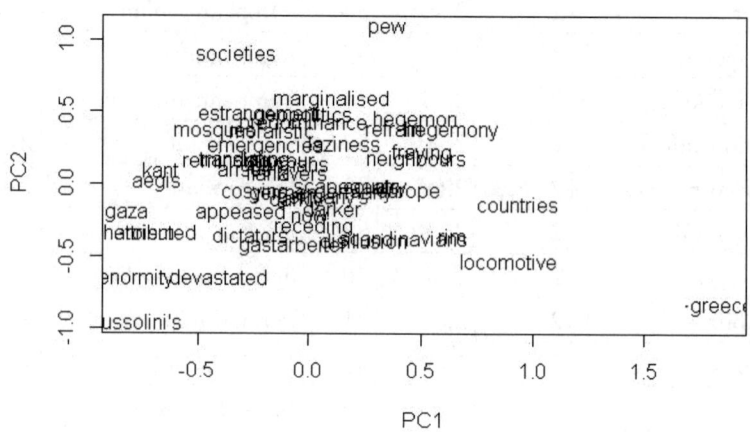

图3.27：基于PCA的德国主题中与germany最近的50个词汇的向量空间降维视图

德国主题词汇向量空间中与government距离较近的词汇主要是政党、改革、资源分配、政治经济政策和法律。与government距离最近的节点依次是squeak（勉强通过、侥幸成功、险胜)、opposition（反对派)、government's（政府的)、centreright（中右（翼))、redistributive（再分配)、reforms（改革)、october's（十月的)、coalition（联盟)、foreshadow（预示)、programme（计划)、manoeuvring（操纵)、march's（三月的)、revamping（改造)、watered（淡化、稀释、供水)、social（社会的)、sworn（宣誓)、dreaded（害怕)、greens（绿色、绿党)、simplification（简化)、deductions（扣除)、dissatisfaction（不满)、smirk（傻笑)、governments（政府)、await（等待)、deferring（推迟)、ineffectual（无效的)、inclusion（包含)、left's（左边的、左翼的)、exceedingly（非常)、deferred（推迟)、reflation（通货膨胀)、legislation（立法)、amended（修正)、tactically（战术上)、leftwards（左翼的)、proposed（提出)、repeal（废除)、rashly（鲁莽地)、grand（宏伟的)、enacted（制定)、jam（果酱)、

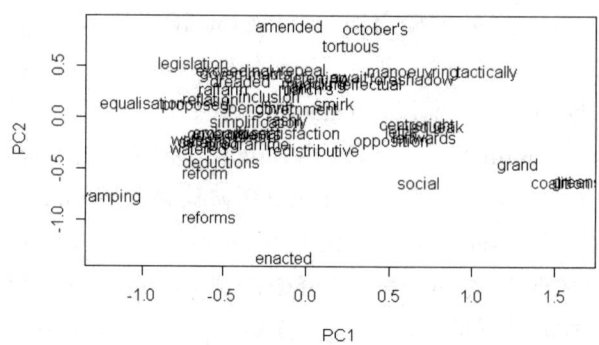

图3.28：基于PCA的德国主题中与government最近的50个词汇的向量空间降维视图

spendthrift（挥霍）、muddling（糊弄）、equalisation（均衡）、embark（上船、开始）、tortuous（曲折的）等。图 3.28 是基于 PCA 的德国主题中与 government 最近的 50 个词汇的向量空间降维视图,从图中可以看出距离 0 点坐标(government)的词汇空间分布以及各节点之间的距离和相互对应关系。例如,反对派、中右翼、左翼毗邻;不满、简化、淡化、资源重新分配等距离较近。

德国主题中与 economy 距离较近的前 50 个节点主要是描述速度、经济运行状态、经济预期的词汇,其中,表示消极的节点稍多,也没有出现 gdp 以及表述经济高速增长的节点。与 economy 距离最近的坐标点依次是 recession（经济衰退）、perking（振作、充满活力）、growth（增长）、slowing（减速）、export（出口）、stagnant（停滞）、sickly（病态的）、slowest（最慢的）、upswing（上升）、recovers（恢复）、recovery（恢复）、rebalance（再平衡）、dampened（抑制、减弱）、exports（出口）、shrank（萎缩）、stagnate（停滞）、arthritic（关节炎）、economies（经济体）、bounces（迅速恢复）、unemployment（失业）、anaemic（贫血）、gloomy（阴暗的）、downturn（低迷）、doldrums（忧郁）、faltering（步履蹒跚、畏缩）、booming（蓬勃发展的）、economic（经济的）、forecasters（预报）、slower（更慢的）、stagnation（停滞）、depresses（压抑）、gloomier（更阴郁）、deepest（最深的）、downwards（向下）、gloomiest（最悲观的）、stalling（失速）、slowed（减速）、stagnating（停滞不前）、rigidities（僵化）、rebound（反弹）、perkier（有活力、活泼的）、competitiveness（竞争力）、slows（减速）、sluggishness（迟缓、停滞）、diagnosis（诊断）、economy´s（经济的）、rebalancing（再平衡）、structural（结构的）、depress（萧条、抑制）等。图 3.29 是基于 PCA 的德国主题中与 economy 最近的 50 个词汇的向量空间降维视图,从图中可以看出,密集区多数是消极节点,关节炎与结构、诊断、步履蹒跚、迟缓、停滞等距离较近,与 0 点坐标最近的是经济萧条。

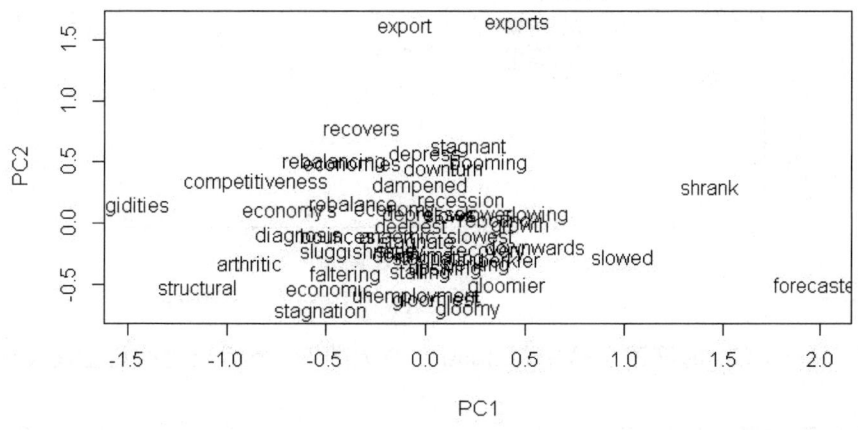

图 3.29：基于 PCA 的德国主题中与 economy 最近的 50 个词汇的向量空间降维视图

德国主题中与 culture 距离较近的前 50 个节点与中国、美国、日本的 culture 周围节点有明显区别,德国围绕 culture 的主要节点是关于德国主导文化(leitkultur,它是与德国民族认同和移民等问题非常密切的概念)、德语、德国哲学、宗教、音乐等词汇。美国作家马克吐温与德国的 culture 较近,在《经济学家》杂志有关德国文化的论述中,有许多马克吐温对德国文化、城市、德语、德国人等的评价,例如,他参加拜罗伊特(Bayreuth)理查德·瓦格纳音乐节时对德国的评价以及他对德语词性的批评等。德国主题文章中与 culture 距离最近的坐标点依次是 cultural（文化）、guiding（主导）、techno（技术）、leitkultur（德国主导文化）、twain（马克吐温）、language（语言）、inseparable（联系非常紧密的）、philosopher（哲学家）、lyrics（抒情诗）、christianity（基督教）、simplistic（简单化）、fads（时尚）、alien（外星人）、rituals（仪式）、blumenthal（布卢门塔尔,柏林犹太人博物馆馆长）、exemplifies（例证）、decentralisation（分权、分散）、themes（主题）、attitude（态度）、music（音乐）、allegiance（忠诚）、formative（形成性）、rabbi（犹太教经师或神职人员）、native（本地的）、romanticism（浪漫主义）、jokes（笑话）、yearns（渴望）、mendelssohn（门德尔松,著名德国犹太裔作曲家）、heile（helie welt,理想世界）、romantic（浪漫的）、elitist（精英主义者）、peculiarities（特点）、generational（世代相传的）、flinch（退缩）、syllabus（教学大纲）、supremacy（至高无上）、articulated（表达能力强的）、emancipation（解放）、veritable（真实的）、correctness（正确性）、controversies（争议）、vocabulary（词汇）、crowds（人群）、naumann（Friedrich Naumann Foundation, 弗里德里希·诺曼基金会）、adored（崇拜）、emphasis（强调）、prejudices（偏见）、vulgar（庸俗的）、stuffy（陈腐的,呆板的)等。图 3.30 是基于 PCA 的德国主题中与 culture 最近的 50 个词汇的向量空间降维视图,从图中可以看出,密集区节点高度重叠,(0.0,0.0)附近的节点较难分辨,距离 culture 稍远的节点浪漫主义和节点抒情诗相邻。

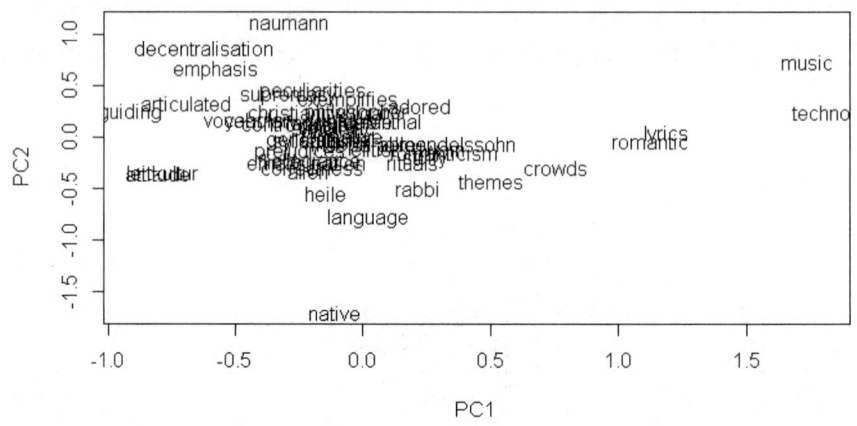

图 3.30：基于 PCA 的德国主题中与 culture 最近的 50 个词汇的向量空间降维视图

3.3.5 英国主题文章的频率分析

1.高频名词和形容词、共现以及 RAKE 高分组合

英国主题文献全部名词中出现频率最高的前 50 个词主要是政府、经济、贸易、金融等方面词汇(表 3.27),人民、政党、国家、权力、选举、政策等频率也较高,表示时间的词汇 year、time、week 等频率较高,表中 Tories 指英国保守党党员(或支持者)。前 50 个高频名词中出现了 war,美国主题高频名词中也包含该词。

表 3.27:《经济学家》1991–2016 年有关英国主题文献出现频率最高的前 50 个名词

rank	keyword	freq	rank	keyword	freq
1	government	22866	26	power	5803
2	year	18528	27	system	5718
3	years	14498	28	firm	5463
4	people	14337	29	election	5462
5	text	12355	30	policy	5459
6	Economist	12237	31	banks	5214
7	Publication	12096	32	part	5036
8	info	12096	33	economy	4834
9	time	11431	34	work	4767
10	market	9402	35	interest	4697
11	party	9306	36	services	4667
12	way	9177	37	rate	4612
13	world	9095	38	bank	4564
14	business	7470	39	industry	4462
15	money	7238	40	prices	4408
16	firms	7104	41	life	4397
17	tax	7065	42	war	4380
18	minister	6872	43	number	4344
19	week	6336	44	rates	4287
20	companies	6234	45	case	4261
21	Author	6189	46	price	4222
22	countries	5968	47	spending	4155
23	country	5919	48	day	4077
24	state	5889	49	things	4002
25	company	5854	50	Tories	3979

英国主题高频名词和形容词的共现中,时间的组合词较多,与政府或政治有关的包括首相、英国政府、大选、新政府、公共部门、公共事业、当地政府、党的领袖等,与经济或金融有关的包括利率、所得税、首席执行官、税率、私营部门、通货膨胀率等(表 3.28)。

表 3.28:《经济学家》英国主题文献共现分析(共现频率最高的前 50 个名词和形容词)

rank	term 1	term 2	freq	rank	term 1	term 2	freq
1	full	text	12151	26	more	people	1484
2	info	publication	12094	27	british	year	1388
3	minister	prime	5266	28	chief	executive	1385

续表

rank	term 1	term 2	freq	rank	term 1	term 2	freq
4	last	year	4983	29	rate	year	1345
5	Economist	full	3372	30	rate	tax	1317
6	Economist	text	3363	31	government	more	1261
7	interest	rate	2853	32	government	local	1227
8	next	year	2628	33	leader	party	1225
9	past	year	2533	34	other	such	1218
10	more	year	2449	35	government	public	1207
11	government	year	2170	36	private	sector	1207
12	pound	year	1962	37	few	year	1207
13	british	government	1952	38	election	party	1200
14	country	other	1946	39	firm	year	1181
15	Caption	Illustration	1850	40	many	people	1176
16	long	term	1779	41	inflation	rate	1097
17	new	year	1678	42	company	year	1096
18	public	service	1644	43	many	year	1092
19	old	year	1623	44	election	next	1088
20	government	new	1574	45	price	year	1086
21	election	general	1530	46	more	other	1076
22	first	year	1523	47	last	month	1064
23	public	sector	1521	48	first	time	1061
24	time	year	1490	49	more	time	1061
25	income	tax	1488	50	government	other	1033

表 3.29 是英国主题文献形容词和名词(两个词)组合的关键词组 RAKE 得分最高的前 50 个词组合,表中第一行的 ngram 是 n 元结构,Rake 得分最高的都是 2 元组合。可以看出,组合强度较高的形容词和名词包含人物、政治、经济、科技、法律、社会、文化、艺术等许多方面,前 7 个组合分值在 3 以上,高分组合依次是 David CAMERON(卡梅伦(英国首相))、cross-border(跨界)、cross-party(跨党派)、bona fide(善意)、prima donna(女主角)、bon mot(好极了)、Union jack(英国国旗)、alma mater(母校)、West Coast(西海岸)、manned guarding(有人值守)、great Famine(大饥荒)、european Court(欧洲法院)、National Lottery(国家彩票)、ad hoc(临时的)、european Union(欧盟)、Mathematical model(数学模型)、deficit-ridden(赤字缠身)、privately run(私营)、european banks(欧洲银行)、Pirate radio(海盗电台)、respiratory diseases(呼吸道疾病)、embryonic stem(胚胎干(细胞))、common Market(共同市场)、african servant(非洲仆人)、annual operating(年度运营)、shiny new(闪亮、全新)、german expressionist(德国表现主义(表现派)作家

或艺术家)、non-residential parking (非住宅区停车场)、domestic servant (佣人)、digital terrestrial (地面数字(电视、广播或通讯))、big european (大欧洲)、scottish servant (苏格兰仆人)、cost-conscious (注重成本)、european economic (欧洲经济)、Social trends (社会趋势)、new Labour (新工党)、grande ecole (精英教育体系、大学校)、dermal plate (皮板)、discourage mobility (阻碍流动性)、casus belli (宣战的事件、开战的原因)、civil servant (公务员)、political ends (政治目的)、european Commission (欧盟委员会)、prime ministerial (总理的)、Trident nuclear (三叉戟核武器系统(英国核威慑力量))、Anti-social behaviour (反社会行为)、Artificial intelligence (人工智能)、non-price(价格以外的(竞争等)、非价格的)、regulatory game(监管规则或游戏)、european monetary(欧洲货币的)等。

表3.29：通过 RAKE 抽取的《经济学家》英国主题文献高分值形容词和名词组合(前50个)

rank	keyword	ngram	RAKE	rank	keyword	ngram	RAKE
1	David CAMERON	2	3.83	26	shiny new	2	2.66
2	cross-border	2	3.52	27	german expressionist	2	2.65
3	cross-party	2	3.47	28	non-residential parking	2	2.65
4	bona fide	2	3.10	29	domestic servant	2	2.65
5	prima donna	2	3.06	30	digital terrestrial	2	2.64
6	bon mot	2	3.00	31	big european	2	2.64
7	Union jack	2	3.00	32	scottish servant	2	2.64
8	alma mater	2	2.91	33	cost-conscious	2	2.63
9	West Coast	2	2.88	34	european economic	2	2.62
10	manned guarding	2	2.85	35	Social trends	2	2.62
11	great Famine	2	2.80	36	new Labour	2	2.62
12	european Court	2	2.79	37	grande ecole	2	2.61
13	National Lottery	2	2.78	38	dermal plate	2	2.61
14	ad hoc	2	2.77	39	discourage mobility	2	2.60
15	european Union	2	2.76	40	casus belli	2	2.60
16	Mathematical model	2	2.75	41	civil servant	2	2.59
17	deficit-ridden	2	2.72	42	political ends	2	2.58
18	privately run	2	2.72	43	european Commission	2	2.57
19	european banks	2	2.72	44	prime ministerial	2	2.57
20	Pirate radio	2	2.71	45	Trident nuclear	2	2.57
21	respiratory diseases	2	2.71	46	Anti-social behaviour	2	2.57
22	embryonic stem	2	2.70	47	Artificial intelligence	2	2.56
23	common Market	2	2.68	48	non-price	2	2.56
24	african servant	2	2.68	49	regulatory game	2	2.56
25	annual operating	2	2.67	50	european monetary	2	2.55

2.词向量

英国主题词汇向量空间中的国家名字选择 britain 进行观察,与 britain 距离较近的 50 个节点包括欧洲、美国、法国、世界、申根国家等地区或国家名称,也包括英语文化圈、欧元区、比荷卢经济联盟等政治、经济或文件组织,托尼·布莱尔是全部英国主题文献政治人物中与 britain 距离最近的首相。很明显,欧洲、美国、欧盟、欧元区、工业化国家、难民是围绕 britain 最核心的概念或主题。与 britain 距离最近的节点依次是 europe(欧洲)、britain's(英国的)、bagehot(白芝浩,英国著名的经济学家、曾任《经济学家》杂志主编,专指《经济学家》周刊中的英国专栏)、british (英国的)、charlemagne(查理曼大帝,《经济学家》杂志欧洲专栏)、country(国家)、america (美国)、eurocreep (尚未正式采用欧元的欧盟国家逐渐接受欧元作为其家货币)、germany(德国)、author(作者)、countries(国家)、leaders(领导人)、anglosphere(盎格鲁文化圈、英语文化圈)、anonymous(匿名)、states(州)、schengen(申根(公约国))、euro(欧元)、benelux(比荷卢经济联盟,比利时、荷兰、卢森堡三国联合经济组织)、joins(加入)、americas(美洲)、france(法国)、continent(大陆)、world(世界)、join(参加)、euroland(欧元区)、emu(European Monetary Union 欧洲经济与货币同盟)、europe's(欧洲的)、industrialised(工业化)、refugees(难民)、nations(国家)、brits(英国人)、zone(区)、continental(大陆的)、homicide(凶杀案)、area(地区)、britons(英国人)、tony(托尼.布莱尔,英国首相)、indisputably(无可争辩)、joining(联合)、euro's(欧元)、european(欧洲的)、nation(国家)、welcome(欢迎)等。图 3.31 是基于 PCA 的英国主题中与 britain 最近的 50 个词汇的向量空间降维视图,从图中看出,(0.0,0.0)附近是节点稠密区,包括 british 等节点,european、europe's、area、euroland、eurocreep 等相邻,加入和欧元区(join、euro's、zone)相邻,作者与匿名、出版物、英国专栏相邻。

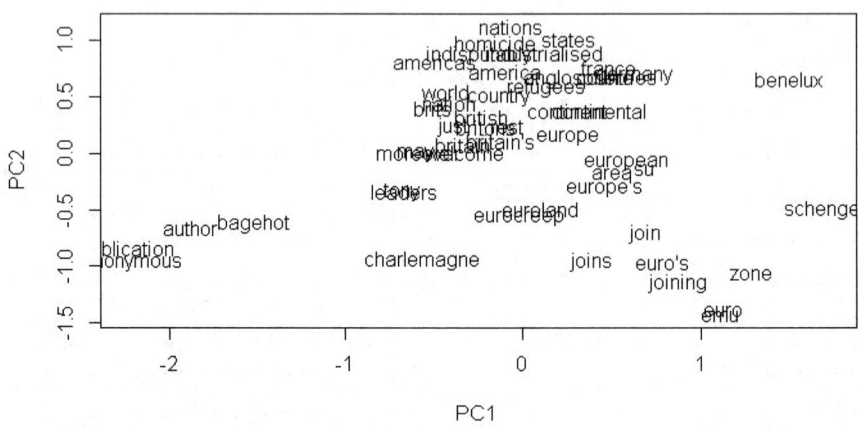

图 3.31:基于 PCA 的英国主题文献中与 britain 最近的 50 个词汇的向量空间降维视图

英国主题词汇向量空间中与 government 距离较近的词汇主要是政府所在地、工党、改革、地方主义、分权、议会、立法、放权等,托尼布莱尔首相多次出现,前 50 个词汇中没有发现其他英国首相名字,相对而言,英国首相中,布莱尔与政府节点距离最近。英国主题文献中与 government 距离最近的节点依次是 government's（政府的）、ministers（部长）、labour（劳动、工（党））、public（公众的）、whitehall（白厅，伦敦的一条街，政府机关所在地）、blair（布莱尔，英国首相）、govemment's（政府的）、localist（地方主义者）、proposals（建议）、reform（改革）、tories（英国保守党）、demoralisation（士气低落）、tony（托尼（布莱尔），英国首相）、manifesto（宣言）、emasculating（阉割，失去力量）、blair's（布莱尔的）、labour's（劳工的）、reforms（改革）、foi（freedom of information，信息自由）、quangos（（英国）半官方机构）、genuinely（真正地）、privatise（私有化）、governments（政府）、reformed（改革）、councils（理事会）、freakery（稀奇古怪）、reforming（改革）、parliament（议会）、constitutional（宪法的）、decentralise（分权）、unelected（未经选举的）、reiterates（重申）、legislating（立法）、legislation（立法）、farreaching（深远的）、opposition（反对）、plans（计划）、leas （local education authorizes，英国地方教育局）、introduce （介绍）、underfunding（缺乏资金）、quangocracy（半官方机构的控制或影响）、politicians（政治家）、political（政治的）、devolution（放权）、firmest（最坚固的）、consultation（咨询）等。图 3.32 是基于 PCA 的英国主题中与 government 最近的 50 个词汇的向量空间降维视图，从图中看出，(0.0,0.0)附近是节点稠密区,reform、reformed、reforming 距离较近，议院、宪法、授权相近，公共、政府、资金不足、私有化非常近,托尼和布莱尔重叠,相近或重叠的节点是密切相关的主题或词汇。

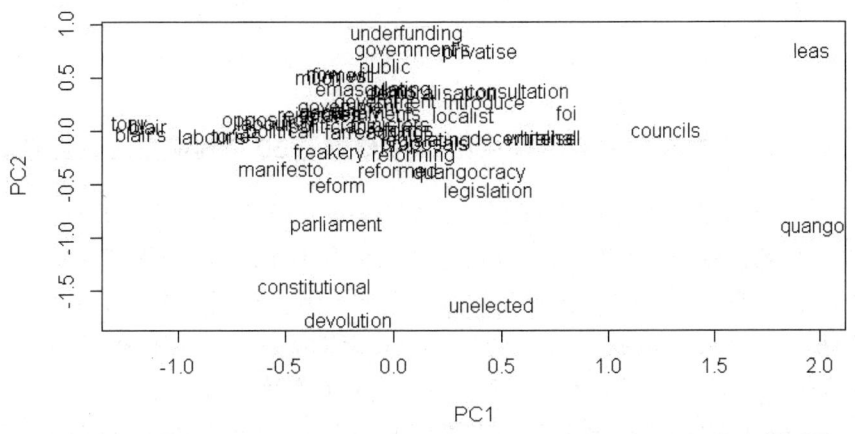

图 3.32：基于 PCA 的英国主题中与 government 最近的 50 个词汇的向量空间降维视图

英国主题中与 economy 距离较近的前 50 个节点与经济增长、上升、恢复、放缓、下降、停滞、衰退或失业等密切相关,这些节点几乎代表了全部经济运行的状态,增长、放缓、衰退、恢复等关键节点体现了明显的熊彼特经济周期的特征。英国主题文献中与 economy 距离最近的节点依次是 growth （增长）、recovery （恢复）、slowdown （减速）、recession（经济衰退）、economy's（经济的）、economic（经济的）、slowing（减速）、downturn（低迷）、gdp（国内生产总值）、upturn（好转）、upswing（上升）、stockbuilding（畜牧业）、productivity（生产力）、recovers（恢复）、slowed（减速）、forecasters（预报员）、inflationary（通货膨胀）、sluggish（放缓）、deflator（紧缩指数;消除通货膨胀指数;减缩指数）、outpacing

(超越)、recoveries(恢复)、destocking(去库存)、output(输出)、forecasts(预测)、slower(更慢的)、outlook(展望；前景)、inflation(通货膨胀)、nugatory(无用的，无效的)、manufacturing(制造业)、cyclical(周期性)、buoyant(降而复升的，保持高价的)、forecast(预测)、economies(经济体)、stagnate(停滞)、rebound(反弹)、slump(下跌)、unemployment(失业)、joblessness(失业)、overshoot(超过)、slackening(松懈、放松)、boom(繁荣)、forecasting(预测)、economists(经济学家)、slows(减速)、stimulus(刺激)、counterfactual(反事实)、contraction(收缩、紧缩)、gloomier(更阴郁、令人失望的)等。图3.32是基于PCA的英国主题中与economy最近的50个词汇的向量空间降维视图，从图中看出，两个失业节点相近，它们与萧条、下降相邻；四个不同词性的forcast相近，它们形成独立密集区，与经济学家距离较近，经济学家又与悲观、展望相邻；也可以从图中看出，不同词性的slow节点，它们又与经济体相邻，inflation与inflationary相邻，等等。

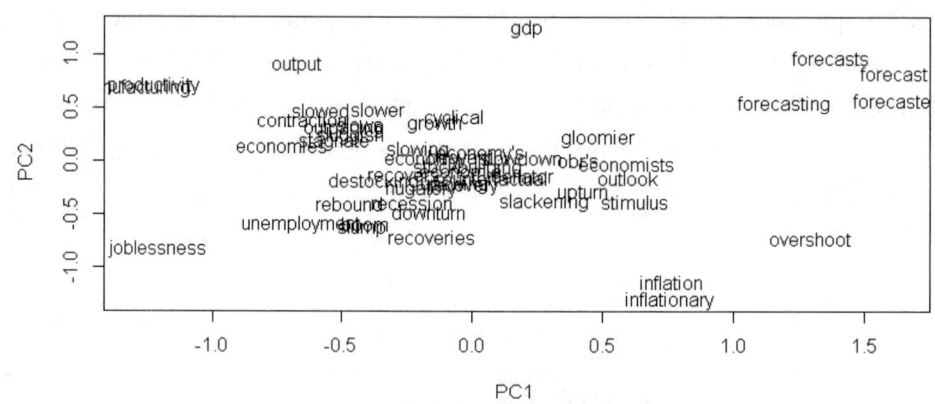

图3.33：基于PCA的英国主题中与economy最近的50个词汇的向量空间降维视图

英国主题中与culture距离较近的前50个节点与美国节点不完全相同，英国文化周围节点有传统，英国性，也有美国好莱坞和美国化；有绅士风度、呆板或保守，也有企业家精神和大亨，还出现了一些与文化相关的作品名或人名。英国主题文章中与culture距离最近的坐标点依次是cultural(文化的)、sport(运动)、creative(创造性的)、taboos(禁忌)、traditions(传统)、modern(现代)、tradition(传统)、heritage(遗产)、englishness(英国性)、media(媒体)、entertainment(娱乐)、snobbish(势利的)、stuffiness(呆板，拘谨)、oligarchy(寡头政治)、laud(赞美)、professionalised(专业化)、attitude(态度)、cultures(文化)、confection(甜点)、culturally(从文化角度)、embraced(拥抱)、pasts(过去)、encyclopedic(百科全书)、gentlemanly(绅士风度)、blurb(简介)、earnestness(认真)、virtues(美德)、comedy(喜剧片)、immigrant's(移民的)、decadent(颓废的)、hollywood's(好莱坞的)、nostalgia(怀旧)、entrepreneurial(创业的)、prejudice(偏见)、mogul(大亨)、bemoaned(哀叹)、religiosity(宗教性)、feisty(活泼的)、entertainers(艺人)、americanisation(美国化)、publicservice(公共服务)、charmless(毫无魅力)、leavened(潜移默化的影响)等。图3.34是基于PCA的英国主题中与culture最近的50个词汇的向量空间降维视图。从图中可以看出，(0.0,0.0)密集区节点高度重叠，英国性与传统相邻，

移民与偏见、过去、态度相邻；艺人与有创造力相邻，它们与好莱坞和娱乐距离较近。与密集区稍远的 tessa 和 jowell 是英国文化、媒体和体育大臣的名和姓，等等。

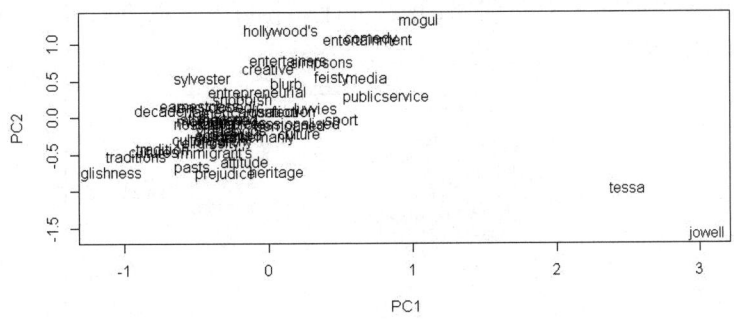

图 3.34：基于 PCA 的英国主题中与 culture 最近的 50 个词汇的向量空间降维视图

将词转换为向量后，可计算任意两个节点之间的距离，也可计算和对比任意节点到其他两个或多个节点之间的距离，前文中主要讨论的是一国主题文献中与某一个关键节点如 economy 或 culture 等的距离，也可以同时计算和对比与两个或多个节点之间的最近距离的其他节点。这里计算与 britain 和 america 之间的距离最近的其他节点。测量结果的判断依据相同，即如果某个节点同时与这两个节点距离越近，相似度值越高。

计算结果发现与 britian 和 america 空间距离最近的节点绝大部分是其他国家或地区，这说明距离相近的节点意义也接近。由于探索的关键节点同时是两个国家名称 (britain 和 america)，与两个国家名称空间距离最接近的仍然主要是一些国家名称。与 britain 和 america 距离最近的国家或地区以及它们与这两个关键节点之间的距离包括：europe（欧洲,0.620）、states（国家、州 0.527）、countries（国家,0.510）、germany（德国,0.510）、france（法国,0.499）、canada（加拿大,0.492）、anglosphere（盎格鲁文化圈、英语文化圈,0.476）、japan（日本,0.451）、country（国家,0.448）、benelux（比利时、荷兰、卢森堡,0.438）、australia（澳大利亚,0.435）、continental（大陆,0.433）、world（世界,0.419）、latin（拉丁美洲,0.409）、nafta（北美自由贸易协定,0.406）、transatlantic（跨大西洋,0.404）、nations（国家,0.403）、italy（意大利,0.400）、western（西方,0.396）、rest（其他国家,0.396）、asia（亚洲,0.392）、industrialised（工业化(国家),0.390）、british（英国的,0.381）、superpower（超级大国,0.380）、britain's（英国的,0.377）、englishspeaking（说英语的(国家),0.373）、multipolar（世界多级 0.373）、elsewhere（其他地方(国家),0.367）等。

就国家或区域名称而言，同时与 britain 和 america 距离最近的国家依次是德国、法国、加拿大、英语文化圈、日本、比荷卢、澳大利亚、拉丁美洲、意大利和亚洲。其他与 britain 和 america 距离较近的节点还包括 continent（大陆）、koizumi（小泉,日本首相）、america's（美国的）、indisputably（无可争辩）、europe's（欧洲的）、consuls（领事）、denmark（丹麦）、netherlands（荷兰）、wars（战争）、baltics（波罗的海）、misunderstood（误解）、nato（北约）、canadians（加拿大人）、extraditions（引渡）、efta（欧洲自由贸易区）等。图 3.35 是基于 PCA 的英国主题中与 britain 和 america 距离最近的前 50 个词汇的向量空间降维视图。从图中可以看出,0 点坐标(0.0,0.0)的密集区节点高度重叠,虽然该图降维后显示的以 britain 和 america 为核心，从图中可以清楚看出，以工业化(industralised)为中心所形成的工业化国家群，它们主要都是工业化的资本主义国家。从大量的文献中，词向量算法能够准确发现了世界主要的工业化国家，并以可计算和可度量的方式准确、形象、直观地展示了出来，这是词向量技术突出的先进特征。

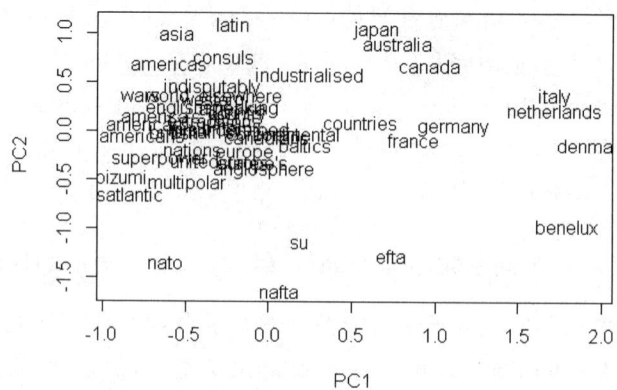

图 3.35：基于 PCA 的英国主题中与 britain 和 america 距离最近的前 50 个词汇的向量空间降维视图

3.4 国际经济学核心刊物的同义词和主题词频率

3.4.1 有关中国主题文章的同义词和主题词频率

Business source complete 数据库对国际经济学核心刊物的所有论文摘要和题目等信息进行了两种分类。第一种是同义词术语(Therausus terms)分类，即对所有检索到的符合检索条件的论文，将它们的摘要、题目、关键词等信息抽取出来，按照 Business source complete 数据库中经济学同义词词库中的专业术语进行分类和统计。例如，如果某篇论文主题、题目、关键词合并计算后，归类为 Business source complete 数据库中经济学同义词词库中的 economic policy（经济政策）的文章，则在 economic policy 术语项下累加统计结果，如果它归类为 economic reforms（经济改革）方面的文章，则在 economic policy 术语项下累加。需要注意的是，一篇论文也可能同时被归为两个或两个以上不同的术语类别。第二种分类是主题词分类，将检索到的论文按照 Business source complete 数据库设定的栏目名称或主题类型进行分类并统计，例如某篇论文主题包含 socialism（社会主义），则在 Business source complete 数据库的 socialism（社会主义）主题下累加并统计，如果某篇论文是对某个经济学专著进行分析和评论，则这篇论文归为 books 或 books & reading 等，同样，同一篇文章可能归类为两个或两个以上的栏目或主题。

通过对多个国家学术论文的在实际检索结果的分析和对比后发现，上述两种分类方法有些是重叠的，有些是在一种大类下面又分出了小类。两种分类方法不同，可以通过这两种不同的分类方法，观察国际学术期刊有关中国主题论文中各个主题的比重，从而认识中国经济或中国社会，并与其他国家的经济或社会进行横向对比。

Business source complete 数据库对于国际经济学期刊有关国家主题的经济学论文的检索结果输出，均提供 50 个分类，不同国家文章主题的分类不同。对于有关中国主题的论文,在50个同义词术语分类项目下占比最大的三个类别依次是economic policy(经济政策),占全部有关中国主题的论文的12.76%,economic reform(经济改革),占9.38%,economic development(经济发展),占9.11% 很明显,中国的经济政策、经济改革与经济发展是改革开放40年来国际经济学核心期刊讨论中国的主要内容。

图3.36是十种经济学国际权威期刊所有有关中国主题论文的分类占比,可以看到,所属类别论文数量的分布比较分散、均匀。在50个类别中,大约有十个类别的论文数量占比不到全部论文数量的1%,大约29个类别的论文数量占比在1%-2%之间,8个类别的论文数量占比在2%-5%之间。除了经济改革和发展外,论文类别占比较多的还有资本主义、经济转型、国际贸易、工业化、投资、农业等。有关"市场"的论文数量高于有关"中央经济计划"的论文数量。有关影响经济增长的三大指标投资、出口和消费等方面的论文数量占比均匀,大约在1%-2%之间。表现中国从发展中国家快速崛起的"发展经济学"和有关中国"新兴市场"的论文数量大约占1%。在有关中国论文的50个类别中,出现了两个与农业有关的类别,分别是农业经济和农业与国家,它们的论文数占比大约在0.78%-1.56%之间。

有关中国论文的同义词术语译文和论文占全部论文比率(百分比)依次为:economic policy(经济政策,12.76%)、economic reform(经济改革,9.38%)、economic development(经济发展,9.11%)、economics(经济学,4.69%)、capitalism(资本主义,4.43%)、transition economies(经济转型,2.86%)、government policy(政府施政方针,2.6%)、international trade(国际贸易,2.6%)、international economic relations(国际经济关系,2.34%)、industrialization(工业化,2.08%)、investments(投资,2.08%)、foreign investments(外商投资,1.82%)、markets(市场,1.82%)、agricultural economics(农业经济学,1.56%)、business enterprises(商业企业,1.56%)、central economic planning(中央经济计划,1.56%)、conferences & conventions(会议和大会,1.56%)、entrepreneurship(企业家精神、创业,1.56%)、exports(出口,1.56%)、public welfare(公益事业,1.56%)、economic history(经济史,1.3%)、free enterprise(自由企业,1.3%)、gross domestic product(国内生产总值,1.3%)、incentives in industry(产业激励,1.3%)、macroeconomics(宏观经济学,1.3%)、privatization(私有化,1.3%)、resource allocation(资源配置,1.3%)、capital movements(资本流动,1.04%)、capitalists & financiers(资本家和金融家,1.04%)、consumption (economics)(消费(经济学),1.04%)、decision making(决策,1.04%)、development economics(发展经济学,1.04%)、emerging markets(新兴市场,1.04%)、international business enterprises(国际商务企业,1.04%)、labor market(劳动力市场,1.04%)、labor productivity(劳动生产率,1.04%)、socioeconomics(社会经济学,1.04%)、stocks (finance)(股票(金融),1.04%)、structural adjustment (economic policy)(经济政策(结构调整),1.04%)、supply & demand(供求关系,1.04%)、agriculture & state(农业与国家,0.78%)、balance of trade(贸易差额,0.78%)、business cycles(商业周期,0.78%)、commerce(商业,0.78%)、demand (economic theory)(需求(经济理论),0.78%)、economic activity(经济活动,0.78%)、economic indicators(经济指标,0.78%)、

economic structure（经济结构，0.78%）、economic systems（经济制度，0.78%）、economic trends（经济趋势，0.78%）等。

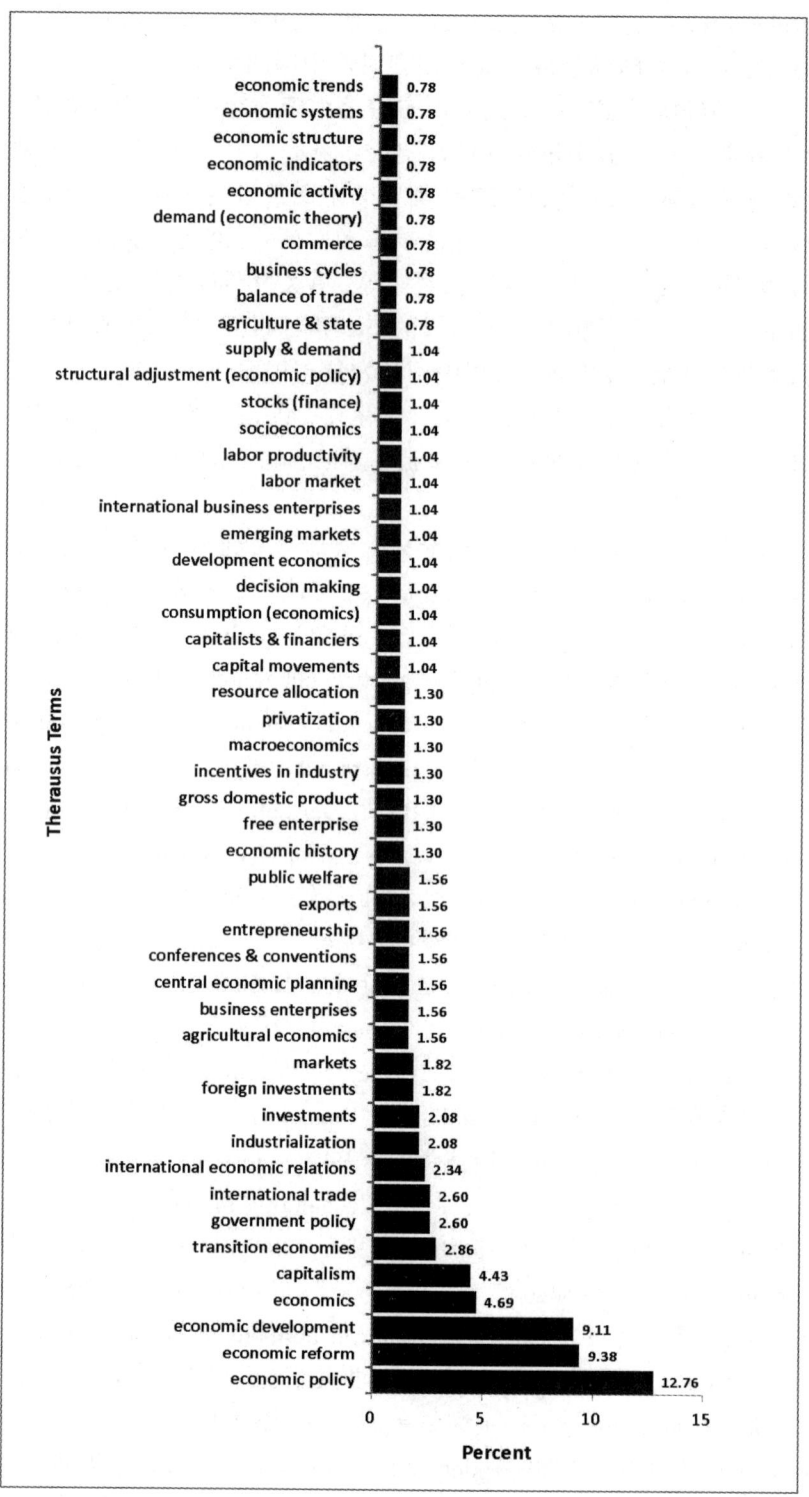

图3.36: 十种经济学国际权威期刊有关中国论文的同义词分类百分比

中国改革开放40年来,取得的成就令世界瞩目。在这40年中,中国的经济体制改革经历了不同的阶段。1978年党的十一届三中全会揭开了中国经济体制改革的序幕,到1992年10月党的十四大提出建设社会主义市场经济体制之前,中国建立和发展的经济体制是计划经济为主、市场调节为辅或者是有计划的商品经济;1992年10月以后,中央提出将社会主义制度与市场经济相结合,建设社会主义市场经济体制。2002年10月党的十六大提出我国社会主义市场经济体制已经初步建立,但仍不健全,2003年党的十六届三中全会提出我国进入完善社会主义市场经济体制的新时期。2012年11月党的十八大以后,中央选举出了新的领导集体,提出了在新的历史时期加快完善社会主义市场经济体制改革(王健,2018)。本文将国际经济学核心期刊有关中国的论文归并后分为三个阶段:1978-1992,1993-2012,2013-2016。

下面以SAS Text Miner(STM)商业数据分析系统为平台,讨论国际经济学核心刊物在不同阶段有关中国主题的词频等方面的分析。STM对文本的分析是以模块化或流程图的方式进行,可根据需要来增加、减少、调整语言统计的节点,定制统计分析过程。图3.37是STM有关中国主题文献三个阶段的分析流程图。CN78表示国际经济学核心刊物有关中国主题1978-1992年的数据,CN93代表1993-2012年的数据,CN2013代表有关中国主题2013-2016年的数据。针对每个阶段的数据,调用文本解析、文本过滤和主题建模三个模块来分析。其中,文本解析模块包括词性分析、名词词组分析、实体分析、词形还原统计、同义词、停用词等统计分析;文本过滤包括拼写检查、权重计算、文档数量设定、词汇数量设置、查看过滤器、搜索固定表达式、报表查看和输出等;主题建模包括主题词、主题词权重计算、相关性等统计分析。

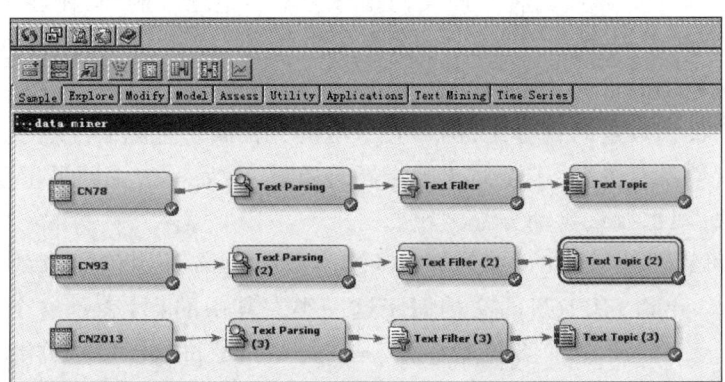

图:3.37 SAS Text Miner(STM)词频统计、文本挖掘和主题建模流程图

STM可以选择单个关键词或多个关键词来表示某个主题,为了便于观察,我们选取多个关键词来表示主题,表示一个主题数量的关键词设置为5,一个数据集全部主题的数量设置为5个。表3.30是1978-1992年国际经济学期刊有关中国的文章数据集CN78的计算结果。

表 3.30：1978-1992 年国际经济学期刊有关中国文章的关键词和主题分布

Category	Topic ID	Term Cutoff	Document Cutoff	Topic	Number of Terms (%)	Docs (%)
Multiple	1	0.324	0.703	hong,kong,+price,+demand,+export	19.15	16.00
Multiple	2	0.308	0.534	+development, +strategy, +reform, +economy, +place	25.53	24.00
Multiple	3	0.292	0.47	population,growth, +society,economic, history	14.89	20.00
Multiple	4	0.288	0.537	+reform, +system, reform,productivity, +resource	17.02	24.00
Multiple	5	0.286	0.534	agricultural, +system, +state, +plan, +market	23.40	16.00

在表 3.30 中，Category 表示使用多主题挖掘文本数据，Topic ID 是主题编号，共 5 个主题，Term cutoff 是关键词分界点，其计算过程如下。

$$c_i = \overline{w_i} + termStdMultiple \times sd_{Wi}$$

其中，$\overline{w_i}$ 是属于主题 i 的关键词 W_i 的平均权重，sd_{Wi} 是属于主题 i 的关键词 Wi 权重绝对值的标准差，termStdMultiple 是调整参数，默认为 1。例如，在表 3.30 中，大于等于分界点 0.324 的关键词被划分为主题 1。同理，根据上面关键词分界点公式能够得出 document cutoff（文档分界点），将不同文档划分为不同主题。例如，在表 3.30 中，大于等于分界点 0.703 的文档被划分为主题 1。在表 3.30 中，Number of Terms(%) 指所属主题关键词在全部关键词中的百分比。例如，有 19.15 % 的关键词属于主题 1。Docs(%) 指该主题文档数量占全部文档数量的百分比，例如有 16% 的文档属于主题 1。另外，主题编号的顺序与主题的重要性没有关系，不是第 1 个主题最重要，最后一个主题最不重要，STM 是用机器学习的方法，根据权重自动分配主题。

从表 3.30 可以看出，1978-1992 年国际经济学期刊有关中国文章的第一个主题是香港、价格、需求、出口，有 16% 的文档属于这一类。其中的 + 号表示这个词经过词性还原，例如，+price 表示包括这个数据集中的 prices、pricing、priced 等。香港（hong kong）是这个主题中权重最大的两个词汇，也就是说这个主题中，有关香港的讨论是该主题中首先、最多涉及的问题。另外，价格、需求和出口是经济学基本理论中的概念，中国经济体制改革早期一个重要的发展模式是出口创汇，类似早期的重商主义，以出口创汇、积累国家财富、摆脱贫困、提高基本生活水平作为目标。第二主题很明显是关于中国的经济改革和发展政策，发展、策略、改革是该主题涉及最多的三个关键词，有将近 1/4 的文档是关于中国改革、发展政策的。第三个主题是关于中国的人口和人口增长，以及中国社会、经济和历史的变迁，核心是中国的人口以及人口的变化所带来的社会、经济和历史的变化，有 20% 的文档属于此主题。第四主题是经济体制改革以及其与提高生产力、资源利用之间的关系,权重最高的关键词是"改革"和"体制改革",结合中国经济取得的举世瞩目的成就,GDP 的大幅增长,中国经济体制改革极大推动了生产力的提高,生产力的提高是由于改革带来的最直接的结果。第五个主题的关键词是农业问题以及与此相关的国家计划经济和市场的关系,这一主题准确反映了我国改革开放初期首先开始的联产承包责任制,中国农业经济体制改革中国家或政府的计划与市场之间的相互关系是农业经济体制改革的核心。

如果以各个主题所占全部文档比例观察,第二主题的中国的经济改革和发展政策、发展、策略和第四主题的经济体制改革以及提高生产力、资源利用的论文占比最大,第三个主题中国的人口和人口增长、以及中国社会、经济和历史的变迁的论文占比约 1/5。相比较而言,第一个主题的香港、价格、需求、出口和第五个主题的农业问题以及与此相关的国家计划经济和市场的关系的论文占比较小,约占 16%。

如果以一个关键词分别表示这五个主题,取每组关键词权重最大的一个,即 1978-1992 年国际经济学核心刊物有关中国的关键词分别是香港、发展、人口、改革和农业(顺序不分先后)。

整个 1978-1992 年数据集中,频率最高的前 10 个词汇是+be,+have,china,economic,+reform,+system,+price,chinese,growth,agricultural,前几个实词合并起来就是中国经济体制改革,也是该数据集的核心。其中,+be 包含 being、be、am are 等,+be、+have 等没有实际意义,其中实义词的权重分别是 economic(weight=0.3)、+reform(weight=0.41)、+price(weight=0.45)、growth(weight=0.46)等。在 STM 中通过概念网络分析(concept links)能够观察到关键词之间的关系和关系的强度(图 3.38)。

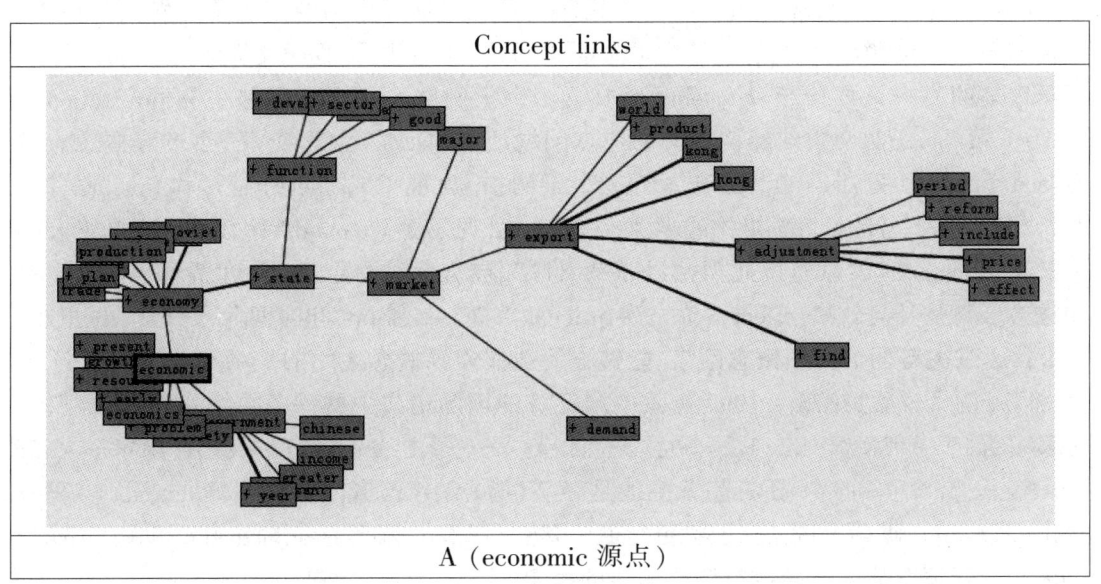

A (economic 源点)

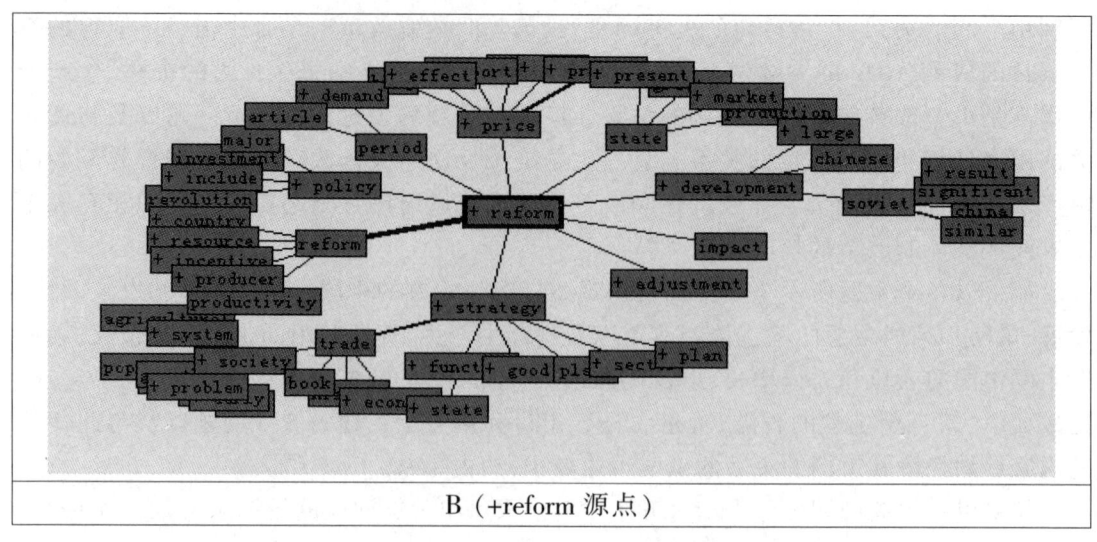

B（+reform 源点）

图 3.38：1978-1992 国际经济学核心刊物有关中国的论文数据集
高频关键词（economic，+reform）概念网络

为了便于观察，图3.38(A)仅仅展开了部分概念网络，事实上，图中的每一个点都可以向外连续扩展，形成高度复杂的概念网络。图中概念连接的强度是以连接线的宽度表示，例如，+economy 与 +state 的连接形成的概念强度大于其与 production 连接形成的概念强度。以 economic 为例，从图3.38中可以看出，与 economic 连接形成的概念网络具有深层次、范围广的特点。首先，以 economic 为中心，形成了高权重的9个一级节点网络，如 government、+present、+resource、early 等，说明这些论文涉及中国经济改革与发展的历史、政府实施经济改革政策、经济改革中的资源等问题。如果扩展第一级节点+economy，发现同样密集的高权重词语与+economy形成下一个子网路，这个子网路中有 production、+plan、soviet 等，说明与中国经济相关的热点问题还有"计划"经济、苏联、生产等概念。沿着+state（国家经济）向下扩展，进入下一个子网络，出现了 market（市场）和 function（作用）。继续向下，涉及市场相关的要素或概念，出现了主要（major）市场、市场的需求（+demand）和 export（出口）。以此类推，扩展"出口"节点，出现香港、产品、世界和 adjustment（调整）。调整又与效果（effect）、价格（+price）、改革（+reform）和时间阶段（period）相连，等等。通过关键词节点和概念网络，能够方便地搜索到概念之间的关系和关系的强弱。

以上例子说明，1978-1992有关中国经济的国际论文中的一条主线是经济（源点）-国家-经济-市场-出口-调整-改革，另一条主线是经济（源点）-国家-经济-市场-出口-世界，还有一条主线是经济（源点）-国家-作用（function）-积极的作用（good），等等。从连线宽度判断，价格（+price）调整（+adjustment）和调整效果（effect）的强度明显大于其他与调整相连的概念。

图3.38(B)是以+reform 为源点的概念图，二级连接点中扩展了七个，比3.38(A)增加了几个分支，可以清楚看到，与+reform 最密切的概念是 reform（改革）、strategy（战略）、+adjustment（调整）、impact（影响）、+development（发展）、state（国家）、+price（价格）、period

(阶段)、+policy(政策)。所有下一级别的扩展分支概念与它们的输出点关键词密切相关。

表3.31是1993-2012年国际经济学期刊有关中国文章的关键词和主题分布。这一阶段的第一主题关键词是国有企业或工业改革,高权重词汇是国有企业,这类主题与1978-1992的论文主题有所不同。第二主题是市场经济体制改革,这类主题论文的数量占比最大,它们准确反映了党的十四大提出的建设社会主义市场经济体制重大战略决策之后的中国经济体制的重大转变。第三主题是外商或国际直接投资对中国经济发展的促进作用,国外投资是国际经济学核心刊物研究中国的一个非常重要的主题。第四主题是农民外出务工、城乡收入差距等,它是中国改革开放、建设社会主义市场经济、城市化进程中出现的一个突出现象,主题关键词中权重最高的是农村人口或劳动力的迁移(migration),第五主题是香港和社会,与1978-1992阶段相比,与香港密切关联的关键词没有价格、需求和出口,这是香港主题不同阶段的区别。

表3.31:1993-2012年国际经济学期刊有关中国文章的关键词和主题分布

Category	Topic ID	Term Cutoff	Document Cutoff	Topic	Number of Terms (%)	Docs (%)
Multiple	1	0.168	0.467	+enterprise, +state –own, +industry, +reform,industrial	19.40	23.44
Multiple	2	0.166	0.476	+economy, +market, +market, economy,people,+reform	23.88	25.00
Multiple	3	0.159	0.45	foreign,investment,direct, +economic development,international	22.89	17.19
Multiple	4	0.154	0.385	migration,rural,inequality, +income, urban	16.42	20.31
Multiple	5	0.152	0.409	hong,kong,social,+paper,+policy	17.41	14.06

以各个主题所占1993-2012年全部文档比例观察,第二主题是市场经济体制改革占比最大,第一主题国企改革占比第二,第四主题农村人口迁移、城乡收入差异的论文数占比第三,第三主题外商直接投资的论文占比17.19%,居第四位,有关香港主题的论文数量占比14.06%。

若以一个关键词分别表示每个主题,1993-2012年国际经济学核心刊物有关中国的关键词分别是国企改革、市场经济、外商投资、农村人口迁移、香港(顺序不分先后)。

在全部1993-2012年的国际经济学核心期刊有关中国主题的数据集中,频率最高的前10个词汇是china、+be、economic、+reform、article、economy、chinese、enterprise、development、policy等。以enterprise(企业)为例,通过STM中的概念网络分析图发现,它在这一阶段的全部论文中,与九个关键词的关系最为密切,分别是state-own(国有)、ownership(所有权)、industrial(工业的)、+industry(工业)、+study(研究)、transitional(过渡,转型)、township(乡镇)、+industrial enterprise(工业企业)、successful(达到目的,成功)

(图3.39)。

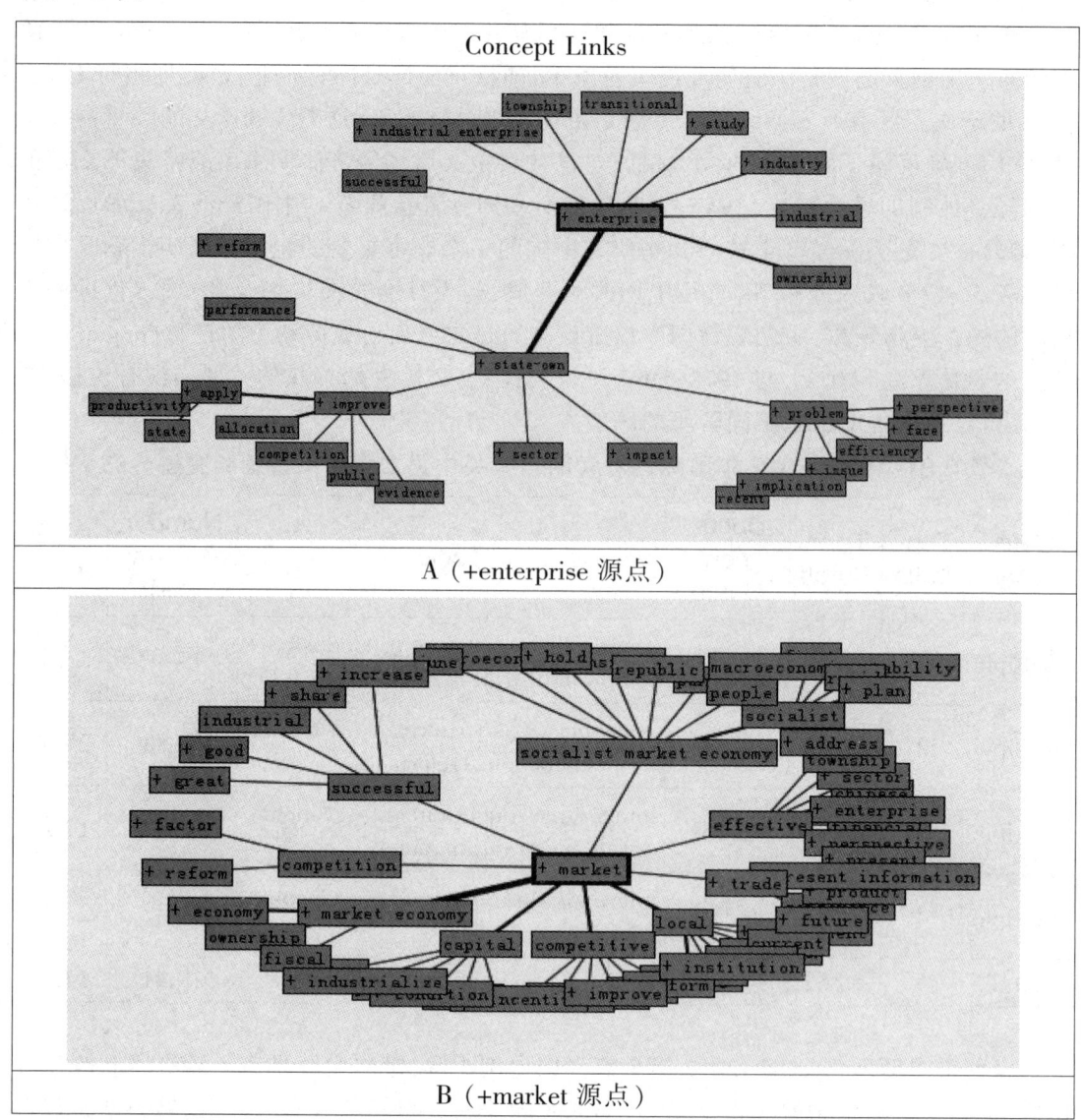

图3.39：1993–2012 国际经济学核心刊物有关中国的论文数据集
高频关键词(+enterprise,+market)概念网络

在图3.39(A)的简单概念网络中,与enterprise(企业)关联强度最大的是state-own(国有)、ownership(所有权),国企以及国企的所有权是有关中国改革开放、建设社会主义市场经济、中国经济主体构成、企业股份制改造的讨论中最重要的核心问题。扩展+state-own(国有)关键点,出现了+reform(改革)、performance(效率)、+improve(改进)、+sector(部门)、impact(影响、冲击)、+probem(存在问题)等分支,以+improve(改进)为例,它扩展分支出现了+apply(实施)、allocation((资源)分配)、competition(竞争)、public(公共)、evidence(根据、证据),同样,+apply(实施)关键点又扩展出了productivity(生产率)、state(国家、状态)等;+probem(存在问题)的扩展分支包括:recent(最近)、implication(影响、作用、结果)、+

issue(问题)、efficiency(效率)、+face(正视)、+perspective(观察问题的角度)等。

因此，关键词企业（+enterprise）在这一阶段论文中讨论的一条主线是企业(+enterprise)—国有—改进—实施—生产率；另一条主线是企业(+enterprise)—国有—问题—视角(效率、影响等)。中国提出建设社会主义市场经济的重大决策之后，国企的所有权(ownership)也是国际经济学核心刊物非常关注的焦点。

图 3.39（B）的多分支概念网络中，+market 下级分支全部展开后的概念分别是+market economy(市场经济)、capital(资本)、competitive(竞争的)、local(地方)、+trade(贸易)、effective(产生预期结果的；有效的)、socialist market economy(社会主义市场经济)、successful(成功)、competition(竞争)。这些分支中的一个关键点是"竞争"，它是市场或市场经济的突出特征，也是与计划经济的重要区别。沿 socialist market economy(社会主义市场经济)向下级展开，还发现了 socialist(社会主义)、plan(计划)、macroeconomic stability(宏观经济稳定)等重要概念，这一条主线的概念是市场 – 社会主义市场经济 – 社会主义 – 计划 – 国家，这些关键词明确表示了中国改革开放以后经济体系中有关概念的相关性和演进过程。

表 3.32 是 2013–2016 年国际经济学期刊有关中国文章的关键词和主题分布。这一阶段的论文主题与前两个阶段的主题又呈现出显著区别。第一主题高权重关键词是经济增长，中国名义 GDP 总量于 2010 年超越日本，成为全球第二大经济体，日本自 1960 年代以后，长期保持全球第二大经济体的地位，中国于 2010 年正式超越日本，是全球性重要事件，中国的经济增长也变成这一阶段国际经济学期刊有关中国文章的一个主题，有关该主题论文占这一阶段全部论文的 25.58%。

表 3.32：2013–2016 年国际经济学期刊有关中国文章的关键词和主题分布

Category	Topic ID	Term Cutoff	Document Cutoff	Topic	Number of Terms (%)	Docs (%)
Multiple	1	0.193	0.439	growth,+economy,percent,india,gdp	23.14	25.58
Multiple	2	0.187	0.419	+firm, +market, +price, +model, +product	21.49	25.58
Multiple	3	0.183	0.409	+income, +city, +child, +effect, +estimate	15.70	20.93
Multiple	4	0.162	0.444	society,shanghai,august,econometric,information	18.18	13.95
Multiple	5	0.169	0.383	+entrepreneur,+enterprise,entrepreneurship,+role,+reform	21.49	13.95

第二主题是公司、市场、价格、产品等，涉及更加专业的经济学或数学模型，说明对中国经济和改革的研究越来越深入。根据我们的前期研究(Guo et al., 2015)，从 1890 年代到 2000–2012 年，"model"(模型) 词干在国际经济学核心刊物的论文标题中的频率排名发生了剧烈变化，频率从 0 增加到 11648，近 20~30 年，它已经是频率排名第一或第二的

词汇(图3.40),广泛使用模型说明经济和经济学研究越来越多地应用数学、越来越复杂、越来越专业化。

Decade	Frequency rank	Occurrence frequency
1890s		0
1900s	788	1
1910s		0
1920s	1,760	1
1930s	601	7
1940s	231	22
1950s	45	143
1960s	10	568
1970s	2	2,193
1980s	1	4,411
1990s	1	5,351
2000-2012	2	11,648

图3.40:1890年代至2000–2012年代"model"(模型)在国际经济学核心期刊论文题目中的频率和频率排名变化(Guo et al., 2015)

以下引用几篇论文的部分内容,说明"model"(模型)在经济学核心期刊论文中出现的上下文。在诺贝尔经济学奖获得者Edward C. Prescott和其他两位经济学家发表的一篇论文Quid Pro Quo: Technology Capital Transfers for Market Access in China 中(Holmes, McGrattan & Prescott, 2015),他们讨论了中国市场准入和跨国公司技术转让的动态均衡模型:

> By the 1970s, quid pro quo policy, which requires multinational firms to transfer technology in return for market access, had become a common practice in many developing countries. While many countries have subsequently liberalized quid pro quo requirements, China continues to follow the policy. In this article, we incorporate quid pro quo policy into a multicountry dynamic general equilibrium model, using microevidence from Chinese patents to motivate key assumptions about the terms of the technology transfer deals and macroevidence on China's inward foreign direct investment (FDI) to estimate key model parameters. We then use the model to quantify the impact of China's quid pro quo policy and show that it has had a significant impact on global innovation and welfare…
>
> (JEL code: F23 – Multinational Firms; International Business F41 – Open Economy Macroeconomics O33 – Technological Change: Choices and Consequences; Diffusion Processes O34 – Intellectual Property and Intellectual Capital)

(20世纪70年代,要求跨国公司转让技术以换取市场准入的交换政策是许多发展中国家的普遍做法。尽管许多国家随后放宽了交换条件的要求,但中国继续奉行这一政策。在这篇文章中,我们将交换政策导入一个多国动态均衡模型,利用中国专利的微观数据导出了技术转让可能要求的重要条件,并利用中国对外直接投资的宏观数据估计了模型的关键参数。我们使用该模型量化了中国交换政策所产生的作用,并表明其给全球创新和国际民生都带来了重大影响……)

上文中的 JEL code 是作者发表这篇论文时标注的经济学文献标准分类系统(Journal of Economic Literature Classification,该分类系统由美国经济学会开发和发布)编号,该篇论文同时属于 F23 - 跨国公司,国际商务;F41 -开放经济的宏观经济学;O33 - 技术变革:选择与结果,技术扩散过程;O34 -知识产权和智力资本等多个研究领域,专业化较强。

加州大学经济学家、中国劳动力问题专家 Peter Kuhn 等人在权威期刊 The Quarterly Journal of Economics(QJE,经济学季刊),发表了有关中国招聘广告中存在的突出的性别歧视问题的研究,他们认为这类性别歧视问题无法用传统的企业敌意模型、玻璃天花板模型或通用企业男女职业分类模型解释,提出一种新的模型(Kuhn & Shen,2013):

> *We study explicit gender discrimination in a population of ads on a Chinese Internet job board. Gender-targeted job ads are common, favor women as often as men, and are much less common in jobs requiring higher levels of skill. Employers' relative preferences for female versus male workers, on the other hand, are more strongly related to the preferred age, height, and beauty of the worker than to job skill levels. Almost two thirds of the variation in advertised gender preferences occurs within firms, and one third occurs within firm occupation cells. Overall, these patterns are not well explained by a firm-level animus model, by a glass-ceiling model, or by models in which broad occupational categories are consistently gendered across firms. Instead, the patterns suggest a model in which firms have idiosyncratic preferences for particular job-gender matches, which are overridden in skilled positions by factors such as thinner labor markets or a greater incentive to search broadly for the most qualified candidate…*
>
> *(JEL Code:J16 - Economics of Gender; Non-labor Discrimination J63 - Turnover; Vacancies; Layoffs J71 - Discrimination)*

(我们研究了中国互联网招聘广告中突出的性别歧视问题。对性别有要求的招聘广告很常见,有的更欢迎女性,有的更欢迎男性,但在需要高技能的招聘广告中,对性别要求并不常见。另外,雇主对女性与男性的偏好与应聘者的年龄、身高和外貌存在较强的相关性,与应聘者工作技能水平高低的关系不大。存在性别偏好广告中,近三分之二涉及企业内部,三分之一涉及企业的工作岗位。

总的来说,企业敌意模型、玻璃天花板模型或通用企业男女职业分类模型都无法准确解释这类现象。相反,这类现象说明存在这样一种模型,即公司对特定工作的性别要求具有特殊偏好,但在高技术岗位上,由于受劳动力供应市场变小或需要更大激励机制才能招募到合适员工等因素的影响,不存在这类特殊偏好……)

德国经济研究所所长 Marcel Fratzscher 等经济学家在 20 世纪最有影响的经济学家凯恩斯(John Maynard Keynes)曾长期担任主编的国际经济学权威刊物 The Economic Journal(EJ,经济学期刊)发表研究论文,利用全球汇率因子模型验证了中国主导假说(Fratzscher & Mehl, 2014):

This study assesses whether the international monetary system is already tri-polar by testing what we call China's 'dominance hypothesis', i.e. whether the renminbi already influences exchange rate and monetary policies strongly in Asia, a direct reference to the old 'German dominance hypothesis' which ascribed to the German mark a dominant role in Europe in the 1980s. Using a global factor model of exchange rates and a complementary event study, we find evidence that the renminbi has become a key driver of currency movements in Asia since the mid-2000s, especially since the global financial crisis, in line with China's dominance hypothesis…

(JEL Code: F30 – General (International Finance); F31 – Foreign Exchange; F33 – International Monetary Arrangements and Institutions; N20 – N20 General, International, or Comparative (Financial Markets and Institutions)

("德国主导假说"源自20世纪80年代德国马克在欧洲的主导地位。我们参考"德国主导假说",提出了中国"主导假说",即人民币已经对亚洲的汇率和货币政策产生了强有力的影响。通过检验中国"主导假说",我们评估了国际货币体系是否已经变成了三极体系。使用全球汇率因子模型并对对立事件进行研究后,我们发现了以下证据,即自从2000年代中期以来,特别是自从全球金融危机以来,人民币已成为影响亚洲汇率波动的主要推动力量,这符合中国主导假说……)

(经济学文献分类编码:F30 – 通用(国际金融);F31 – 外汇;F33 – 国际货币协定和制度;N20 – 通用,国际,比较(国际市场和制度))

表3.32 中 2013—2016 阶段的第三主题的高权关键词是收入、城市、儿童、影响等,涉及居民生活和城市发展,有关该主题论文占这一阶段全部论文的 20.93%。第四主题关键词突出了社会、上海、计量经济学、信息等关键词,涉及中国社会的变化、上海的国际地位和影响力以及广泛使用定量分析的方法(数学和统计学)研究经济问题,该主题论文占这

一阶段全部论文的13.95%。第五主题是企业家、企业、企业家精神、作用和改革,围绕改革中的创业、企业家在改革中的作用,该主题论文占这一阶段全部论文的13.95%。

2013-2016阶段的论文关键词与前两个阶段相比,缺少了香港,出现了GDP、增长、模型、收入、社会、上海等新的关键词,新关键词反映的经济和社会主题是新时期的现象或问题,也反映了改革开放后中国经济实力的增长、经济问题的复杂化以及改革给社会带来的影响。

在1978-1992的第一阶段论文中,没有出现高权重关键词+enterprise(企业),在第二阶段中(1993-2012),出现了+enterprise(企业),但它是与国企改革密切相关,在第三阶段中(2013-2016),与企业密切相关的不再是国企改革,而是企业家、创业和企业家在改革中的作用,同一个关键词在不同阶段的不同论文中反映了完全不同的主题。

为便于观察2013-2016阶段论文有关中国最核心的内容,我们以china为源点,只扩展第一级数据点,以非常简洁的方式总结这一阶段的关于中国的核心内容(图3.41)。

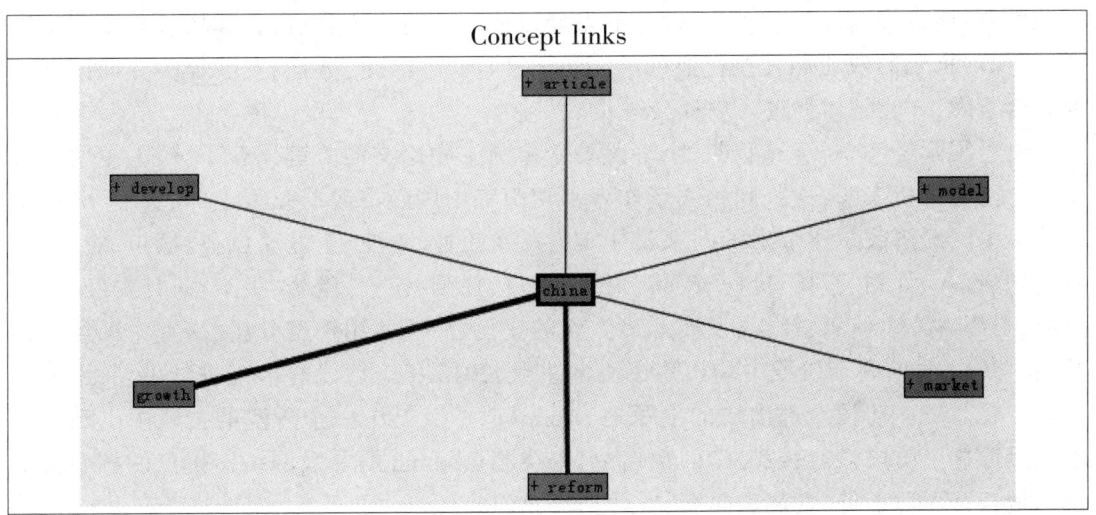

图3.41:2013-2016国际经济学核心刊物有关中国论文数据集中关键词(china)一级概念网络

从图3.41中的连线宽度可以看到,与china关系强度的顺序依次为grow(增长)、+reform(改革)、+develop(发展)、+model(模型)、+artilce(论文),如果用一句话总结这一阶段关于中国的主要论文内容,就是利用经济学或数学模型研究中国的增长、改革、市场和发展。如表3.32第一主题所示,这里的grow(增长)指GDP或经济实力的增长,而非人口、城市、工业或其他概念。

在现代经济学中,增长(growth)与发展(development)存在本质区别。Brinkman(1995, p. 1171) 强调指出 "… growth referred to a quantitative increase in GNP/capita and development entailed something more. Usually development was conceptualized as qualitative changes in institutions and structure, relevant to the "noneconomic" variables emphasized (among others) by Gunnar Myrdal…"(增长指国民生产总值/人均的数量增长,而发展则涉及更多内容。发展的概念通常指制度和结构的质变,与Gunnar Myrdal强调的非经济(等

许多)变量相关……(Gunnar Myrdal为1974年诺贝尔经济学奖获得者))。增长是产品或服务等数量的增加,发展所涉及的质变包括国民生活水平的提高、平均寿命的提高,或国民医疗、教育、住房、生活环境等许多条件质量的提高,包括人类发展指数(Human development Index, HDI)或幸福指数(HI, Happiness Index)等方面的测量,消除贫困是发展的重要内容。相对而言,增长是一个短期的、某个阶段的产品或服务的增加,发展是长期的、更加广泛的整体生活质量或水平的提高。对发达国家,经济研究的主要内容是增长的变化,对发展中国家,研究的内容同时包括增长和发展。

增长能够促进发展,但增长不能一定确保发展,例如虽然有增长,但腐败、垄断、环境污染等问题可能会严重阻碍发展,例如像利比里亚、中美洲一些国家、美国历史上的南方种植业所伴随的教育水平低下和奴隶制(Brinkman,1995)。

另一方面,发展也不一定能带来增长,例如工业扩张可能与农业衰退同时发生,资本在一个行业贬值,投入到了其他行业,劳动力和土地也从一种雇佣关系转移到另一种雇佣关系,在这种快速发展中,一个行业的发展以另一个行业为代价,整体增长就受到了影响,例如阿根廷的农业和其他行业(Flammang, 1979)。因此,增长、发展等多方面因素需要综合考虑,才能整体促进人类社会进步。

上述国际经济学核心期刊三个阶段关于中国主题论文的关键词权重分析、主题分析和概念网络分析表明,这些刊物文章作者密切跟踪中国经济改革政策走向,关注、分析不同阶段中国经济改革所带来的国家整体实力以及工业、农业、企业家创业、城市、农村、城乡差别、收入、计划、市场、价格、产品、贸易、出口、预测、投资、国企、生产率、计量经济学、效果、资源、需求、信息、社会、发展等多方面的变化,广泛使用模型分析、研究中国经济和社会。2013年前两个阶段中均出现了香港主题,2013年之后没有出现香港主题,出现了上海主题。三个阶段全部出现的主题是reform(改革),其中一个阶段的主题中出现了印度。最近这个阶段(2013-2016)的数据中,围绕源点china的一级网络连接点的核心关键词是增长、改革、市场、发展和模型。

3.4.2 有关美国主题文章的关键词和概念网络

因美国房地产市场的崩溃,造成金融市场流动性严重收缩,引发了2008年全球性金融危机(又称subprime mortgage crisis次贷危机),这场危机破坏了国际金融体系,使许多主要投资银行如贝尔斯登(Bear Stearns)、雷曼兄弟(Lehman Brothers)、商业银行、按揭贷款机构、保险公司等倒闭,造成了美国经济大衰退。这是自美国1930年代大萧条以来最严重的经济衰退(Hilsenrath, Ng & Paletta, 2008)。

我们将国际经济学期刊有关美国的论文分为两个阶段,次贷危机前的1978-2007,次贷危机之后的2008-2016。使用STM中的文本解析、文本过滤和主题建模三个模块,三个模块中使用的词性分析、名词词组分析、实体分析、词形还原、同义词、停用词词库、拼写检查、权重计算、主题词、主题词权重计算等参数设定与上文中国主题论文分析中的设置相同。

表3.33是1978-2007年国际经济学期刊有关美国文章的关键词和主题分布。可以看到,各个主题的高权重关键词以及关键词的排序与中国各个阶段相比,存在显著区别。第

一主题占比文章最多,+price(价格、物价)是最高权重,出现了变化率、模型、通货膨胀和经济增长,是主要以模型研究价格、通货膨胀和经济增长的变化率等宏观经济指标。增长是研究的一个主要内容,在这一主题下,并没有"发展"高权词。第二主题是工资、劳动力、妇女、工人、就业,占比 21.27%,研究的是劳动力市场以及妇女的就业,说明美国女性是劳动力市场中研究的一个重要问题。第三主题图书、信息等,涉及国家政策或贸易等方面。第四主题是第一高权关键词是+tax(税、税款),中国文章主题没有该高权关键词,其他关键词是收入、医疗、保险、社会,很明显,这个主题多涉及更多的是公共或社会服务、保障以及国民收入或生活水平。第四主题是关于研究经济的大学、学生、学会或会议,该主题文章占 15.55%。

1978-2007 年国际经济学期刊有关美国文章主题最重要的内容是以模型研究物价、通货膨胀和增长,劳动力工资、劳动力市场中的妇女、就业、纳税、收入、医疗和保险。对经济、贸易、政策研究的图书以及大学或学术机构的经济研究的信息也是相关主题,说明经济研究机构、研究人员、学术会议、经济学图书出版等是非常活跃的、重要的期刊内容。主题中没有"发展"高权词。

表 3.33:1978-2007 年国际经济学期刊有关美国文章的关键词和主题分布

Category	Topic ID	Term Cutoff	Document Cutoff	Topic	Number of Terms (%)	Docs (%)
Multiple	1	0.098	0.758	+price, +rate, +model, +inflation, growth	23.34	22.15
Multiple	2	0.09	0.677	+wage,labor, +woman, +worker, employment	19.49	21.27
Multiple	3	0.089	0.641	+book,information, +policy, +trade, +state	19.54	21.78
Multiple	4	0.085	0.616	+tax,+income,health,insurance,social	19.16	19.24
Multiple	5	0.074	0.459	economics, +university, +student, +association,+meeting	18.46	15.55

我们以高权重+market(市场)和+wage(工资)为例(图 3.42),观察它们的关联概念网络。美国的主题文章中以+market 为源点的概念网络图与中国的以+market 为源点的概念图区别显著,在美国的图中,与其相关连的下一级别市场概念更加丰富,包括证券、金融、资本市场,劳动力市场、物价、竞争等。以金融市场为例,又扩展出银行、管理、预期、经济波动等概念,经济波动下一级别出现了年度、效率、剧烈波动(volatile)、技术调整、董事、大范围等概念。从 competitive(竞争)扩展出来的概念也非常丰富,比如 perfect competition(完全竞争)、exclusive completion(排他性竞争)、企业、均衡、竞争市场、竞争性进入市场等。"均衡"点展开的网络出现了与其密切相关的经济学或博弈论概念,如 nash equilibrium(纳什均衡)、一般均衡、动态均衡等等。

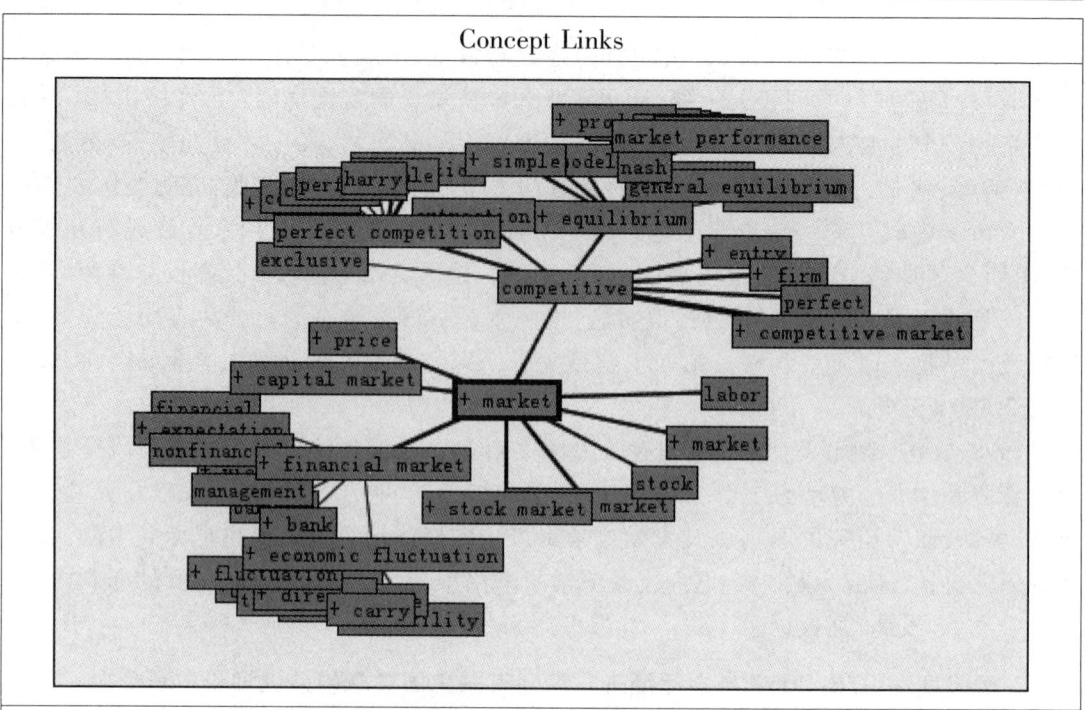

A（+market 源点）

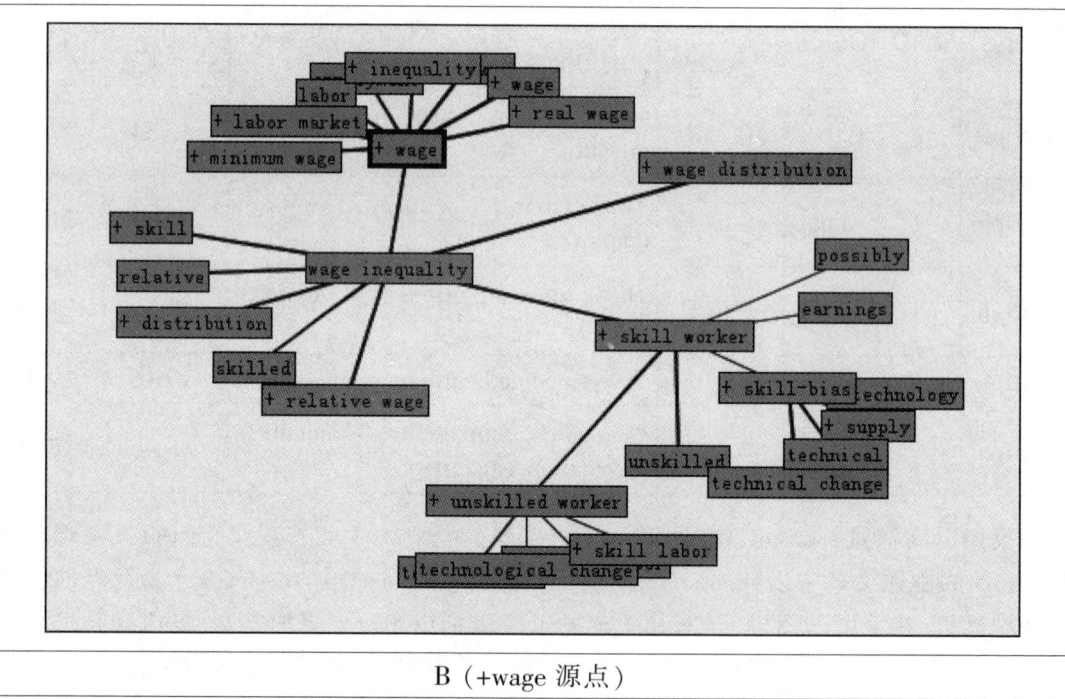

B（+wage 源点）

图 3.42：1978—2007 年国际经济学核心刊物有关美国论文数据集中
关键词+market 和+wage 的概念网络

图 3.42 中以+wage 为源点的展开网络包括最低工资、实际工资、劳动力市场等，其下一级别中一个连接点是工资不平等，其展开的概念包括技术、分配、相对工资、需要技能、

工资分配等,+skill(包括 skilled 等)worker(技术工人)展开是缺乏技术、收入、偏向技能(+skill-bias)等,偏向技能(+skill-bias)又展开了技术、技术变革、供应等。很明显,经济学家讨论最多的美国劳动力市场工资差别的原因,不是地理位置、行政区划或职业的差异,不是男女性别差异或种族差异,不是社会阶层政治地位的差异,他们讨论最多的是技术或技术变革、是否掌握技术、是否拥有高技能资格是经济学家关注的与美国劳动力工资差异相关的最重要主题。

表 3.34 是 2008-2016 年国际经济学期刊有关美国文章的关键词和主题分布,可以清楚看到,第一主题、第三主题、第四主题和第五主题与美国 1978-2007 年五个主题中的四个相似,例如,第一主题与 1978-2007 年的第二主题相似,是工资或劳动力市场方面的主题,有差异、增加和模型等关键词,这类文章占全部这个阶段有关美国文章的 23.87%。

2008-2016 年的第二主题明显与 2008 年金融危机密切相关,高权关键词依次是金融、政策、危机、货币和政府,这一主题文章占比 22.81%。

表 3.34:2008-2016 年国际经济学期刊有关美国文章的关键词和主题分布

Category	Topic ID	Term Cutoff	Document Cutoff	Topic	Number of Terms (%)	Docs (%)
Multiple	1	0.099	0.404	+wage, +worker, +inequality, +increase,+model	22.63	23.87
Multiple	2	0.096	0.393	financial, +policy, +crisis,monetary, +government	18.57	22.81
Multiple	3	0.095	0.38	+price, +trade, +market, +product, +firm	21.53	23.34
Multiple	4	0.086	0.342	health,insurance,care,coverage, +spend	17.96	13.26
Multiple	5	0.085	0.318	+student,+school,education,+woman, +college	19.31	16.71

以+policy(政策)为源点,展开与其相关的概念网络发现(图 3.43),在涉及这一金融危机主题中政策的概念图中,连接最强的是政府财政或国库(fiscal)、货币(monetary)和货币政策(+monetary policy),其次是权力机构或官方(+authority)、联邦、干预、公共政策等。E52 是前文提到的 JEL code,代表 Monetary Policy(货币政策)。以+intervention(干预)为例,展开下一级网络,相关概念包括美联储、评论、银行、周围、效果等。可以看到,干预与美联储的连接强度最大。效果的下一级网络包括辩论、担心、评价、直接、政府、安全、消费等等。以+policy(政策)为源点的网络图展示了美国政府采取货币手段试图通过美联储干预的政策,针对干预产生的效果,有不同意见或争论。

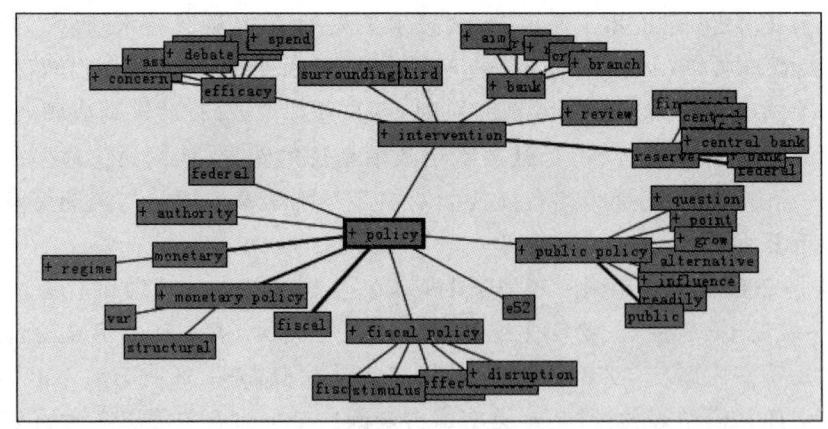

图 3.43：2008-2016 年国际经济学核心刊物有关美国论文数据集中
关键词+policy 为源点展开的部分概念网络

因此,1978-2007 和 2008-2016 年两个阶段中,国际经济学期刊有关美国文章的关键词和主题相似,物价、增长、工资、劳动力、就业、医疗、保险、贸易、模型、经济研究机构和人员等是共同研究主题或关键词。两个阶段的主要区别是 2008-2016 年阶段出现的 22.81% 的主题文章与金融危机和政府采取的货币政策密切相关,美联储干预是经济学家研究的重要政策内容,干预的效果也是争论的焦点之一。

3.4.3 有关日本主题文章的关键词和概念网络

表 3.35 是 1978 – 2016 年国际经济学期刊有关日本文章的关键词和主题分布,第一主题是增长、发展、经济发展、劳动力等,文章占比 17.4%,关键词占比 22.15%。这个主题第一高权词是增长,其次是发展,前文提到,增长是短期的、阶段性的总体经济指标在数量上的增加,更多涉及发达国家。发展是长期的、国民实际生活质量的变化,范围更广。相对而言,发展更多指的是发展中国家。第一主题同时涉及增长和发展,说明经济学家研究日本的经济增长和历史上日本曾经的发展时期,他们关注的内容包括日本过去经历的变化。日本明治维新使其走上快速发展的道路,逐渐成为工业化国家,变成亚洲和世界一个强国。

表 3.35：1978 – 2016 年国际经济学期刊有关日本文章的关键词和主题分布

Category	Topic ID	Term Cutoff	Document Cutoff	Topic	Number of Terms (%)	Docs (%)
Multiple	1	0.146	0.488	growth, +development,economic, economic development,labor	22.15	17.14
Multiple	2	0.134	0.426	+investment,foreign,direct,foreign, direct investment,trade	18.46	11.43
Multiple	3	0.134	0.384	+system,financial, +book, +policy, japanese	21.48	31.43
Multiple	4	0.134	0.386	employment,labor, +worker, +tenure, earnings	19.46	20.95
Multiple	5	0.126	0.336	+rate, +price,exchange,financial, +policy	18.46	19.05

第三章 词汇频率与词向量分析

通过 Debaver 1.5 以正则表达式分析 1978-2016 年国际经济学期刊有关日本文章后发现,存在大量的十六、十七、十八、十九、二十世纪年代的时间表述(表 3.36),最早的是 1540 年,大跨度历史阶段 1600-1960 出现 6 次,1970 年代之前多次出现的历史时期包括 1600-1868、1600-1960、1727-1830、1780s、1787-1868、1800s、1851-1853、1871-1945、1887-1915、1895-1910、1895-1937、1910-1940、1920s、1930s、1950s、1960s 等,说明对日本历史的研究较多。

表 3.36: 1978-2016 年国际经济学核心刊物有关日本论文数据集中的部分年代上下文

Token No.	Left	Keyword	Right	Line	Position
…	…	…	…	…	…
251	panese economic history,	1600–1960	, agricultural growth a	58	43533
243	eal wage level in japan,	1727–1830	; shifts in the engine of	56	42302
192	d the recovery after the	1780s	, the mid–eighteenth cen	49	35793
237	okugawa monetary system,	1787–1868	; the village and agricul	56	41967
392	trade relations from the	1800s	to the present. compare	103	80301
98	s final autarky years of	1851–1853	to afford the consumptio	19	13606
461	ese trading world before	1853	and the first cycle of c	133	102534
462	s; the opening of japan,	1853–67	; early meiji modernizati	133	102660
219	in preindustrial japan,	1859–94	; postwar japanese growth	54	40019
221	japan´s industrialization,	1868–1930	and whether the japanese	54	40450
250	census system in japan,	1871–1945	, the demographic transit	57	43403
220	se economic development,	1887–1915	; an analysis of informal	54	40210
463	an´s trade and payments,	1890–1937	; the role of public	133	102806
610	red to the years between	1892	and 1940, together with	180	139770
417	se penetration of korea,	1895–1910	," by peter duss. the boo	122	93719

续表

Token No.	Left	Key-word	Right	Line	Position
203	e cotton mills in china,	1895–1937	, the japan spinners asso	52	37644
371	re already operative. in	1897	, japan's cotton export e	98	75709
372	irst time in history. in	1900	, environmental hazards f	98	75798
229	iers and world politics,	1904–31	; capital formation in ta	55	41227
344	book "the ashio riot of	1907	: a social history of min	88	67195
345	copper mine, in february	1907	. explains why the worker	88	67395
224	epression, and recovery,	1910–1940	," edited by michael smit	55	40744
228	se imperialism in korea,	1910–39	; japan's international f	55	41165
232	omy during the period of	1911–30	. this article provides	55	41616
256	ltural stagnation in the	1920s	, structural change and	58	44252
452	olled competition in the	1920s	and 1930s, why and how	130	100025
230	sion, recovery, and war,	1920–45	; korekiyo takahashi and	55	41342
227	, the sharp recession of	1929–31	, the rapid growth that e	55	40986

图 3.44 更加清晰地展示了经济学核心刊物有关日本论文中关注的"发展"(+development)以及与其密切相关的概念。与发展关联强度最高的概念依次是 economic development(经济发展)、1600–1900、japanese economic history(日本经济史)、smitka、卷(册)、+history(历史)、war(战争)、technological(技术)、book(著作)。Smitka 是美国著名的亚洲经济史学家,精通日语,曾担任主编,编写了日本经济史,影响较大,该著作主要分卷包括 The Japanese Economy in the Tokugawa Era(德川时代的日本经济)、Historical Demography and Labor Markets in Prewar Japan(战前日本的历史人口与劳动力市场)、The Textile Industry and the Rise of the Japanese Economy(纺织工业与日本经济的崛起)、Agricultural Growth and Japanese Economic Development(农业增长与日本经济发展)、Japanese Prewar Growth: Lessons for Development Theory?(日本战前经济增长:发展理论的教训?)、The Interwar Economy of Japan: Colonialism, Depression, and Recovery(两次世

界大战之间的日本经济：殖民主义、萧条与复苏）、Japan's Economic Ascent: International Trade, Growth, and Postwar Reconstruction（日本经济崛起：国际贸易、增长与战后重建），从分卷名称能够看出日本从封建社会、发展农业和纺织业、工业化崛起、战争、殖民主义、二战后经济崛起的变化过程。

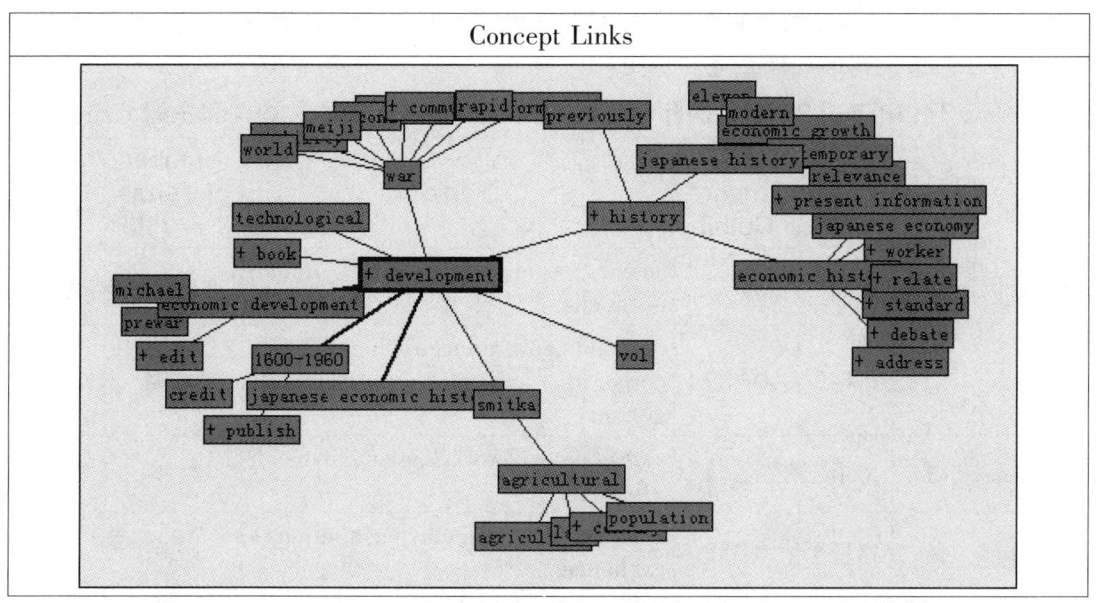

图 3.44：1978-2016 年国际经济学核心刊物有关日本论文数据集中
关键词+development 为源点展开的部分概念网络

战争的下一级网络连接点包括 meiji（明治，日本明治天皇睦仁）、rapid（快速）、transformation（改革）、world（世界）、stability（稳定）等，+history（历史）的下一级包括日本史、经济史等，展开日本史的下一级包括 modern（现代）、comtemporary（当代）、economic growth（经济增长）、relevance（相关性）等，经济史的下一级连接点包括日本经济、工人、目前的信息、论述等。

因此，1978-2016 年国际经济学核心刊物有关日本论文的一个主题是日本 16-20 世纪的经济变化、发展、崛起和增长。

表 3.35 中有关日本的第二主题是投资、国外直接投资等，占比 11.43%，这一主题与表 3.31 中 1993-2012 有关中国论文的第二主题相同，说明资本国际化是经济学家对这两个亚洲国家感兴趣的共同主题。

有关日本的第三主题是金融政策、制度的著作，占 31.43%。第四主题是日本就业、劳动力市场和收入，占比 20.95%，第五主题是日本的汇率和金融政策。

1978-2016 年国际经济学核心刊物有关日本论文的高权关键词和主题既有发达国家的增长方面的研究，也有日本历史上的发展时期的研究，就业、劳动力、收入的主题与有关美国主题相同，境外投资与中国主题相同，金融政策、汇率也是日本重要研究主题，有关日本经济论文的研究与美国主题研究明显不同。但就增长、发展或国外投资而言，日本与中国是国际经济学核心刊物共同关注的主题。

3.4.4 有关德国主题文章的关键词和概念网络

1978－2016年国际经济学期刊有关德国文章的关键词和主题分布与前文的中国、美国和日本不尽相同(表3.37)。第一主题是社会、政策、著作、联盟(欧盟)和经济,占比30.67%。第二主题是公司治理和金融体系,占比13.33,第三主题与美国、日本等国主题相似,是关于工资、工人、就业或企业,占比21.33%,第四主题是变化率、价格、恶性通货膨胀、汇率。第五主题是现代企业和历史。

表3.37:1978－2016年国际经济学期刊有关德国文章的关键词和主题分布

Category	Topic ID	Term Cutoff	Document Cutoff	Topic	Number of Terms (%)	Docs (%)
Multiple	1	0.158	0.475	social, +policy, +book, +union, economic	22.73	30.67
Multiple	2	0.142	0.409	corporate,governance,financial, corporate governance, +financial system	16.94	13.33
Multiple	3	0.14	0.364	+wage,data, +worker,unemployment, +firm	21.49	21.33
Multiple	4	0.133	0.352	+rate,money, +price,hyperinflation, +exchange	19.01	12.00
Multiple	5	0.13	0.349	+century, +business,economic, modern,nineteenth	19.83	22.67

很明显,与前文提到的国家相比,有关德国主题比较特别的主题是第一、第二和第五主题。下面分别以第一主题的高权词social(社会)和第二主题高权词corporate(公司)为源点,展开其连接网络,观察其相关概念(图3.45)。社会的下级网络点包括福利、上涨、东

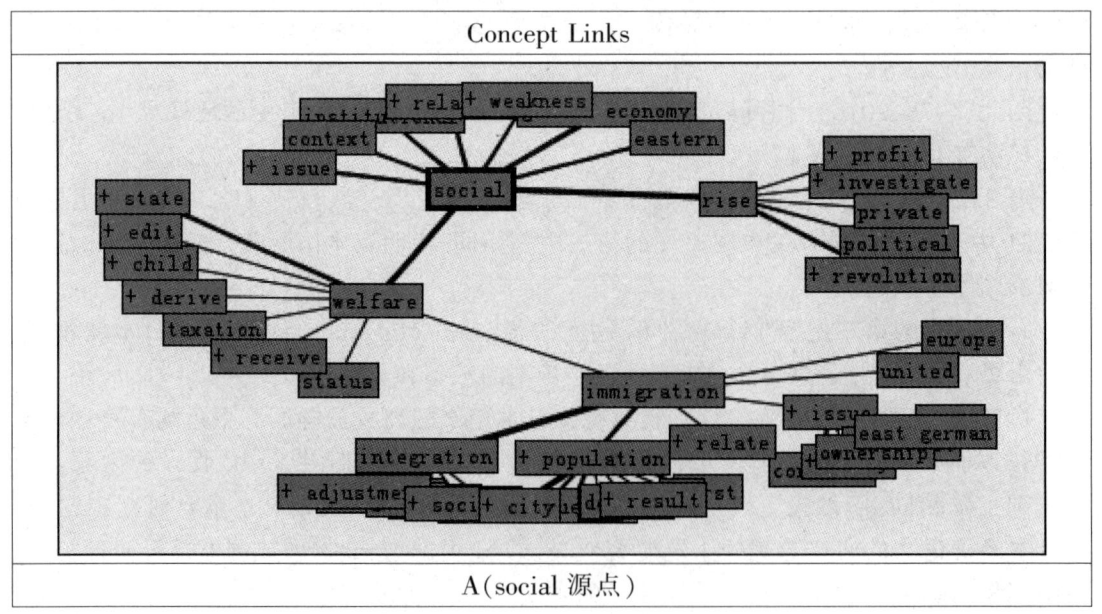

A(social 源点)

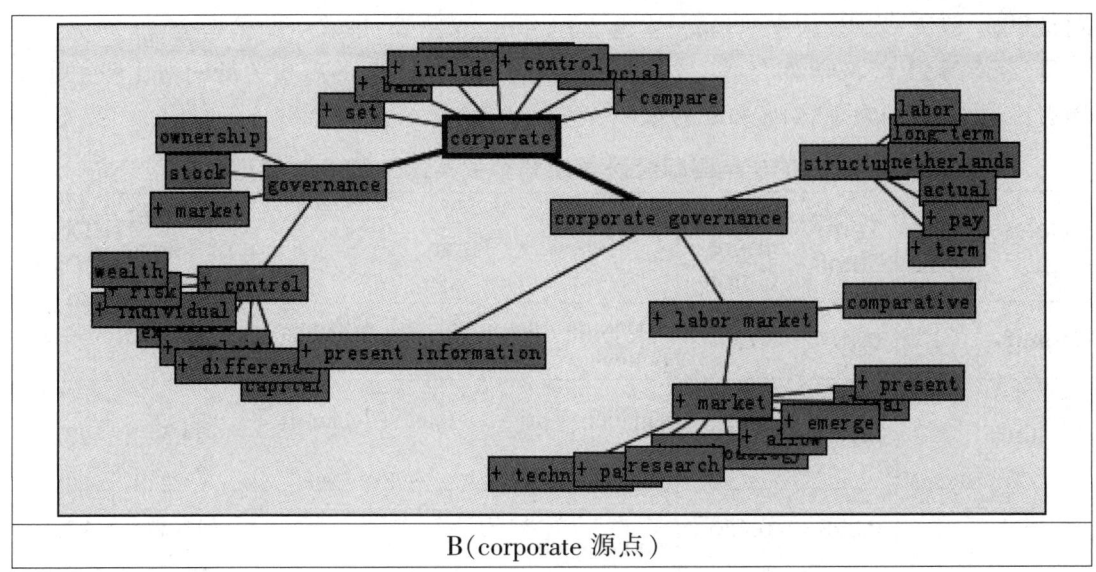

B(corporate 源点)

图 3.45：1978—2016 年国际经济学核心刊物有关德国论文数据集中关键词 social 和 corporate 的概念网络

部、德国经济、缺点、关系、机构、社会背景、问题等，连接强度最大的是福利、上涨、经济。展开福利连接点，连接的概念包括国家、修改、儿童、来源、税收、获得、状况、移民等。与移民点相关联概念包括人口、（不同肤色、种族、宗教信仰等的人的）融合、相关、问题、联合、欧洲等，这一级别连接点中，与融合、人口的连接强度最高。因此，有关德国文章的一个特别主题是社会福利问题，其中的一个讨论热点是欧洲移民的人口、不同肤色、种族或宗教信仰的群体之间的融合。

图 3.45 中的 corporate（公司）的下级网络点包括治理、公司治理、对比、金融、控制、机构、包括、银行、整套（治理方法）等，与治理、公司治理连接强度最高，展开治理，连接点是公司治理的内容，比如控制、所有权、股份和市场，展开控制的下一级别网络点包括控制财富、风险、个人、剥削、差异或资本等。公司治理的另一个连接点是（公司治理）结构，其连接网络点包括劳动力、工资、合同期、长期等。公司治理的劳动力市场连接点有可以展开下面多级更加复杂的概念网络。因此，以 corporate（公司）展开的公司治理网络包含了整套的治理内容、环境、结构或运行机制所涉及的重要概念。

1978—2016 年国际经济学核心刊物有关德国论文主题与中国、美国或日本主题主要差异在于，其更多关注了德国或欧盟的社会问题、社会背景、经济、制度或缺陷，公司治理是有关德国主题的突出特征，德国的现代企业及其最近两个世纪的成长历史也是有关德国一个特别的主题。

3.4.5 有关英国主题文章的关键词和概念网络

表 3.38 是 1978 — 2016 年国际经济学期刊有关英国文章的关键词和主题分布。从表中看到，第一主题是讨论英国政策的著作信息，主题文档占比 23.83%，第二主题是以模型研究价格、变动率、需求和市场，主题文档占比 23.26%，高权关键词占比最高，占 24.54%，第三主题是关于工资、失业、就业、劳动力或工作，主题文档占比 23.45%，第四主

题是税款、收入、支出、家庭或消费,主题文档占比 20.26.%,第五主题是学会、皇家、会议、会员、经济等,是经济学会、会议、会员方面的信息,这一主题的高权关键词占比和主题文档占比最小,分别为 12.54%和 9.19%。

表 3.38:1978 – 2016 年国际经济学期刊有关英国文章的关键词和主题分布

Category	Topic ID	Term Cutoff	Document Cutoff	Topic	Number of Terms (%)	Docs (%)
Multiple	1	0.107	0.51	+book,information,britain,+discuss,+policy	18.43	23.83
Multiple	2	0.107	0.487	+model, +price, +rate, +demand, +market	24.54	23.26
Multiple	3	0.098	0.456	+wage,unemployment,employment, +worker,+job	21.37	23.45
Multiple	4	0.091	0.383	+tax, +income, +expenditure, +household,consumption	23.12	20.26
Multiple	5	0.081	0.371	+society,royal, +conference, +member,economic	12.54	9.19

英国的五个主题中,第二主题和第三主题与美国的模型、价格、工资、就业等主题类似,第三主题与美国主题的区别在于支出、家庭、消费,第五主题与美国的两个阶段(1978-2007,2008-2016)的第五主题类似,都是关于经济学研究的机构或研究人员,美国出现的高权词是大学、学院、学生,英国的是(皇家)学会、会议或会员。

第二主题中高权关键词是模型,第三主题中的一个高权词是家庭,我们分别以这两个词为源点,构建概念网络,来观察模型是如何产生的以及与家庭关联最强的概念。前文中提到现当代经济学论文广泛使用数学或经济学模型来研究经济问题,这与《国富论》诞生后很长时期内的经济学研究方法或经济学文献存在本质区别。图 3.46 显示,模型的创建、分析、验证与经验主义的观察密切相关,经验主义的展开网络由以下连接点构成:实证(经验)证据、实证结果、实证分析(经验性总结分析)、理论、理论工作、实证研究结果、模型、估计、实证研究等,其中,连接强度最大的是实证(经验)证据、实证结果、实证分析(经验性总结分析)、理论。与实证(经验)证据连接的下一级别网络中,连接强度最大的依然是证据。可见,经济模型主要是通过现实世界的经验证据创建和模拟,对经验证据进行分析和研究,得出或发现实证结论,以模型估计、验证实证证据并进行预测。

图 3.46 中+household(家庭)的展开网络点是 british household panel survey(英国家庭固定样本调查)、surveys(调查)、panel(时间序列 – 横截面数据矩阵))、支出、数据、消费、family(家庭)等。很明显,它是通过纵向、随时间推移而对固定样本(家庭)的消费或支出等进行反复测量和分析。支出的展开网络点包括家庭支出调查、公共支出、计划外开支、经济资助、收入等,展开收入连接点,下一级别网络包括不平等、持久性(收入)、收入分配、纳税、分配、收入政策等,消费的下一级网络包括储蓄、暂时性(消费)、假说、过度(消

费)等,储蓄的下一级别网络包括预防性(储蓄)、转换、预期、消费者、拒绝等。因此,家庭的一个概念逻辑线路是家庭—支出—收入—收入不平等,一条线路是家庭—支出—计划外支出,另一条线路是家庭—消费—储蓄—预防性(储蓄)。

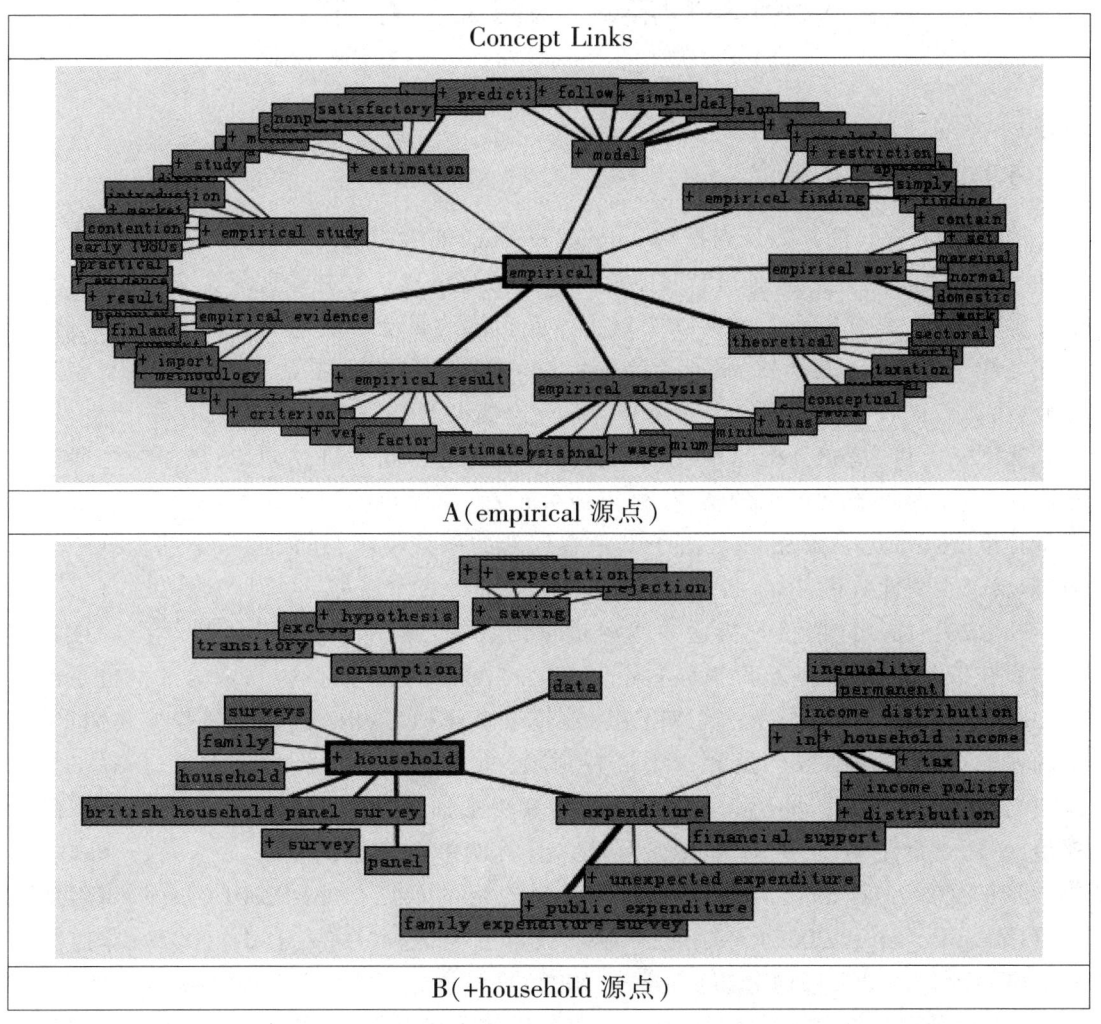

图 3.46:1978—2016 年国际经济学核心刊物有关英国论文数据集中

1978－2016 年国际经济学期刊有关英国文章的关键词和主题分布与美国主题的税收、模型、价格、工资、就业等相同,英国的家庭消费或支出是经济学期刊关注的一个特别主题,对其研究所采用的方法是产生于英国 19 世纪、自 20 世纪 50 年代后兴盛起来的固定样本调查法。模型也是研究经济的重要手段,模型的创建、验证和预测是基于经验主义或实证证据。

第四章 情感分析

4.1 情感分析的概念

情感分析(SA)(也称为观点挖掘 opinion mining)是指使用自然语言处理、自动文本分析和计算语言学的方法识别和提取原材料中的主观信息。它并非源于语言学,而是来源于计算机科学,是分析人们在文本中对实体或实体的属性所表达的看法、观点、评价、态度或情绪。实体可以是产品、服务、组织、个人、事件、问题或主题等,研究内容主要包括情感分析、观点提取、情绪挖掘、主观性分析和评论挖掘等(Liu, 2007)。

从广义上讲,情感分析与观点挖掘实际上指的是相同的研究领域,该领域的研究十分广泛,主要是计算文本中的情感、观点或主观性,有时也称评论挖掘(review mining)或评价提取(appraisal extraction)。由于是一个较新的研究领域,还没有一个完全统一的称谓,但属于主观性分析(Pang & Lee, 2008)。

Liu (2015)指出,情感分析这一术语最早出现在 2003 年国际计算机学会(ACM)有关知识获取的一次学术会议(Nasukawa & Yi, 2003),观点挖掘这一术语最早也是出现在 2003 年 ACM 会议论文,美国 NEC(总部位于新泽西普林斯顿的人工智能公司)实验室的研究人员通过抽取产品评论中的特征项,构造了产品评价的分类器(Dave et al., 2003),作者在文中用 opinion mining 指利用算法来抽取、分类、计算人们对一种产品的评价。二十世纪初,已经有学者开始研究语料库中形容词的主观性(Wiebe, 2000)、股票市场的情绪(Das and Chen, 2001)、网上讨论组的观点(Tong, 2001)、产品知名度和评价(Morinaga et al.,2002)、利用机器学习技术分类情感(Pang et al., 2002)、非监督算法对产品评论的语义倾向分析(Turney, 2002)等情感分析方面的问题。在 20 个世纪 90 年代,有学者初步探讨了利用计算语言学方法提取情感形容词(Wiebe, 1990)、构建文本极性分析的智能系统 (Hearst, 1992)、预测形容词语义倾向 (Hatzivassiloglou & McKeown, 1997)、情感计算(Picard, 1997)、开发文本主观性分类的数据集(Wiebe et al., 1999)等。

随着互联网的普及,尤其是进入 Web 2.0 时代以后,社交媒体的快速发展,用户生成内容(User Generated Content, UGC)爆炸式增长。在 Web 1.0 时代,网络用户只能被动地观看在线内容,Web 2.0 强调网络用户自己在网上创造内容,用户不是仅仅在网上被动的观看,而且可以在网上写并分享用户自己生成的内容(O'Reilly, 2005)。社交媒体也称为社交网络服务,它是允许用户创建内容的在线平台,用户生成的内容,比如想法、评论、个人消息等,可用于共享,用户也能够在平台上发展与他人的社会关系,社交媒体包含许多不同的形式,如博客、论坛、社交游戏等等(Obar & Wildman, 2015)。Web 2.0 的一个特点是使一个人能够同时与多人进行交流,能够在线分享交流者的想法,感知或接受他人的观点或意见,在社交平台或博客中,存在包含个人情感、观点或意见的海量数据(George, 2015)。以福布斯2018年发布的数据 (Marr, 2018),Google每天处理35亿次搜索,Twitter平台每分钟用户发布46万条推文,在社交平台Facebook,每天的活动用户超过15亿人,每天超过3亿张照片被传到平台分享,每分钟发布51万条评论。

网络用户发表的在线评论,直接影响或改变了人们的行为和决策 (Ye et al., 2011; Cantallops & Salvi, 2014)。2016年,92%的消费者在购买商品前在线阅读其他消费者对该商品的评论(2014年为88%),一件商品的评论如果超过50条,转化率将增加4.6%(转化率conversion rate指一段时间内订单生成的数量除以网站流量(visit),这个比例的上升将直接意味更多的收入),40%的消费者通过阅读一到三个评论后做出决策(Shrestha, 2016);66%的人相信消费者对商品的评论 (Stone, 2015);一至三个负面的在线评会使67%的客户取消购买商品,有63%的消费者愿意在带有消费者对商品评论的网站购物(Charlton, 2012);消费者认为消费者对商品的评论比厂家对商品描述的可信度更高(eMarketer, 2010);与四星评级的商品相比,消费者愿意为五星级评级的商品多支付20%至99%的费用(comScore & Kelsey group, 2007)。

因此,政府、企业或组织通过获取、分析用户评论中的观点、情感,能够实现舆情监测、热点跟踪、危机预警、确定或调整营销策略、跟踪用户反馈并改进产品或服务、市场预测、获取商业资讯、增强企业竞争力等。

自2003年以来,情感分析在工业、商业、学术界等领域引起了研究人员的极大兴趣,有以下几个因素:

网络用户生成的观点或评论等数据量呈爆炸式增长;

政府、企业等有关部门的迫切需要;

机器学习方法在自然语言处理和信息检索(information retrieval)的应用;

可获得用于机器学习训练模型的数据集;

该领域具有商业和智能系统应用的广阔前景(Pang & Lee, 2008)。

目前Google、IBM、Microsoft等国际高科技公司均提供情感分析的商业服务,并将情感分析技术应用和服务集成到自然语言理解等较大的模块内,与专家系统、认知搜索、影像识别、语音识别等先进技术相结合,共同组成了更大的人工智能服务平台。

根据全球最大的API(应用程序编程接口)仓库ProgrammableWeb(2018)的检索结果,截至2018年7月,全球有208家科技公司对外发布了情感分析API(图4.1),2013年以后,提供情感分析接口服务的公司快速增长,不仅研究语言和人工智能的公司或团体提供情感分析API支持,而且在金融、社交媒体、新闻、广告、医疗等部门也开发并开放了情感分析API。

在全球最大的社交编程及代码托管云平台Github(2018),截至2018年7月,在平台上20555个仓库中存储了情感分析项目 (表4.1),研究人员进行了七万多次提交(commits),创建了2千多个wiki项目管理文档、有80多个相关主题标签,1.7万个讨论问题。表4.1列出的前10种情感分析的开发工具来看,Python使用的最多,使用第二到

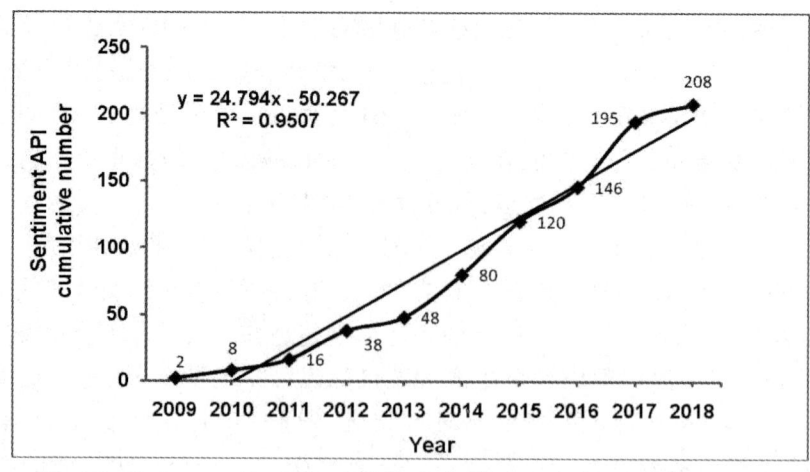

图 4.1: ProgrammableWeb 仓库中情感分析 API 的累计增长

第五的依次是 Jupyter Notebook、JavaScript、Java 和 R，其中 Jupyter Notebook 是一种支持多种编程语言的 Web 应用程序。因此情感分析在全球技术人员的研究和应用中，是一个非常活跃的领域。

表 4.1: Github 平台关于情感分析的项目和开发工具

情感分析项目(20555 个)	数据
Code	1 M
Commits	71 K
Issues	17 K
Topics	83
Wikis	2 K
Python	7,667
Jupyter Notebook	3,032
JavaScript	1,620
Java	1,465
R	1,071
HTML	681
CSS	237
Ruby	216
Scala	198
PHP	185

从谷歌趋势(Google Trends)可以看出(图 4.2)，自 2004 年以来，情感分析关键词在全球的搜索量持续增加，大约 2011 年前后，搜索量开始快速上升，互联网和移动应用的普及、Web 2.0 的进一步发展、用户生成内容的爆炸式增长、机器算法的探索和升级，可能将使情感分析成为今后较长时间研究人员或网络用户关注的热点。

第四章 情感分析

Liu(2015)强调指出,近年来,由于情感分析对工业和整个社会的重要性,对它的研究已经扩展到了管理科学和社会科学,情感分析的研究不仅能够推动自然语言领域的研究,也必将推动政治学和经济学领域的研究,因为这些领域与舆论和消费密切相关。情感分析将成为政府、公司、组织或个人观察、研究、分析、判断人类行为的重要工具。

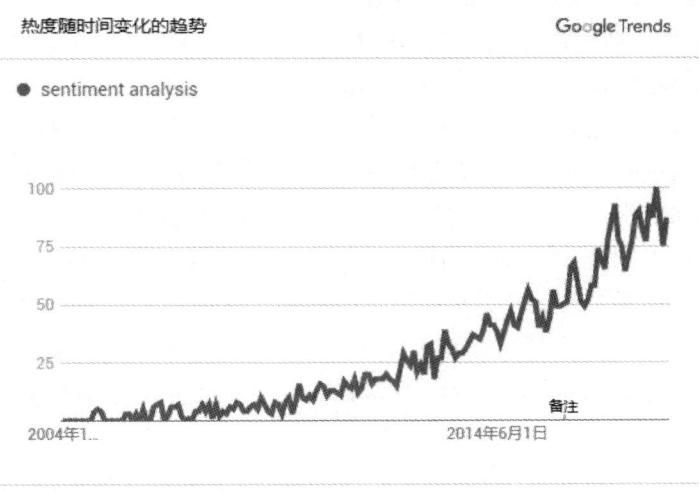

图 4.2: 关键词 sentiment analysis 在谷歌趋势全球搜索的变化情况(2004/1/1–2018/7/29)。热度随时间变化的趋势数字代表相对于图表中指定区域和指定时间内最高点的搜索热度。热度最高的字词得 100 分;热度是前者一半的字词得 50 分;没有足够数据的字词得 0 分。

4.2 情感分析的任务

4.2.1 情感分析的层次

1) 文档级

文档级情感分析的任务是分析整篇文档的情感态度,整体性确定文档是积极、消极还是中立的态度。文档级别的情感分析假设一篇文档表达对单个实体的意见,例如客户对某一个产品的评论或作者对某一个主题的态度。情感分析的结果只有三个方面的输出:即积极、消极或中立。许多研究人员对文档级别情感分析进行了系统和深入的研究(Turney, 2002; Pang & Lee, 2008; Balage & Pardo, 2013),文档总的情感倾向是文档中所有词汇或句子的情感的综合结果,是在文档全部语句级别情感统计基础上的综合计算。

2) 语句级

情感分析的语句级别需要确定文档中每个句子是积极、消极还是中立的态度(Gamon et al., 2005)。语句级和文档级的情感分析没有本质的区别,语句只是一种简短的文档(Liu, 2012),它的情感分析通常包含两个步骤:

(1) 确定句子是主观句还是客观句;
(2) 如果句子是主观的,则判断它是积极、消极还是中立的。

这个级别的情感分析与主观性分类有密切关系(Wiebe et al.,1999),主观性分类是区分表达情感的主观句和表达事实的客观句。主观性分类是语句级别情感分析的重要一步,它过滤掉那些不包含情感信息的语句,并抽取、统计包含情感信息的主观句的词或短语等特征项,进行分类和计算。语句级别的情感分析假设一个语句表达单一的情感,如果句子是中立的,通常表示是客观句或没有意见的语句。

语句的主观性包括表达出的观点、评价、评估、愿望、信念、怀疑、猜测、态度、指责等(Wiebe et al., 2004; Wiebe, 2000; Riloff, Patwardhan, & Wiebe, 2000),Liu (2015) 强调指出,主观性的语句不一定表达任何积极或消极的情感,例如,他举例说:"I want to buy a camera that can take good photos" 是主观句,并且包含情感词汇 good,但是它并没有表达对任何事物积极或消极的态度,这句话只是表达了愿望或意图。客观句可能会暗示某种情感或态度,Liu(2015)说:"I bought the mattress a week ago and a valley has formed in the middle." 陈述了一个事实,但暗示了一种对产品的消极的情感。目前情感分析的研究和应用系统,绝大部分是针对主观句的态度或观点的分析,虽然能够通过使用模板的方式推断出客观句中可能包含的情感倾向,但这方面的研究和应用非常有限(Liu, 2015; Zhang & Liu, 2011)。

3)属性级

如前文情感分析的概念所述,情感分析是分析人们在文本中对实体或实体的属性所表达的看法或观点。属性与实体的关系即为部分与整体的关系(Liu,2015)。例如,一种型号的手机是一个实体,它的属性包括重量、大小、价格,及它所包含的所有部件(屏幕、内存、电池、耳机等)。在文档级别或语句级别进行情感分类在许多情况下很实用,但是没有提供细节方面的情感。例如,一篇总体持有消极观点的文档,作者不一定对文档中所有的事物都持消极的态度。对于一篇总体上属于正面的文章,作者不一定对文章中的所有事物都表达了正面的情感,因此,需要执行更细粒度的分析,以获得包含实体属性更完整的情感信息。

属性级的情感分析关注的是实体属性的态度,忽略文档的段落和语句的结构,不仅仅需要挖掘出对属性的情感,还需要抽出实体或属性情感的持有者(Steinberger, Brychcín, & Konkol, 2014),它分为两个子任务:

(1)识别并抽取属性;

(2)对属性进行情感分析。

属性级的情感分析也称为基于特征的情感分析(aspect-based sentiment analysis) (Hu & Liu, 2004; Liu, 2015),目前属性级别的情感分析是基于预定义的关键词进行检索和分析(Wang, Lu, & Zhai, 2011),有些属性级别的情感分析使用预定义的词典并在分析前假设已经知道实体的属性(Ding, Liu, & Yu, 2008)。Liu (2012)强调指出,由于目前的算法还不能处理一些非常复杂的语句,属性级别的情感分析比文档级别和语句级别的情感分析困难得多,这种分析还不成熟。Mate (2016)提出用属性分级的方法来进行属性情感分析,但仍然是在属性情感分析之前就预定义了属性词典,而且这个研究缺少属性情感分析结果的评估。因此,属性级别的情感分析难度较大,难点在于自然语言的理解或实体属性的识别和抽取。

4.2.2 情感分析的内容

情感分析的内容包括实体、态度的持有者、态度的类型等，Liu(2015)将情感分析的内容简化为一个五元组：

(e, a, s, h, t)

e 代表实体；

a 代表实体的属性；

s 代表 e 实体的 a 属性的情感，s 可以是正面(积极、褒义)、负面(消极、贬义)或中立，s 也可以用数值或 1~5 表示。

h 是观点或态度的持有者；

t 是发表观点或态度的时间；

在这个五元组中，e 和 a 都表示观点评价的对象。

Jurafsky (2015) 将情感分析的内容分为以下几个方面：

(1) 观点或态度的持有者；

(2) 观点评价的对象；

(3) 情感的类型，是喜欢、讨厌、愿望，是积极、消极、中立，也可以使用数值表示情感或情感的强度；

(4) 情感分析的级别，是整篇文档还是语句。

这种情感分析的内容没有涉及时间，观点评价的对象没有细分是否包含实体的属性。Jurafsky (2015)将情感分析进一步分为三种类型的任务：

(1) 基本任务：判断文档整体的情感，是积极、消极、中立；

(2) 复杂任务：对文档情感从 1~5 打分；

(3) 高级任务：判断观点或态度的持有者、情感的类型或观点评价的对象。

可以看出，以五元组表示的情感分析内容更加全面，应该完成包括实体和观点持有者的识别等几个挖掘任务(Liu 2015)，以下面包和几个模拟短句的评论为例说明需要完成的任务：

Review X: Posted by Alex　　　　　　　Date: August 18, 2018

(1) I bought an iPhone 9 and my brother bought a Huawei Nova 3i last month.

(2) Last month, we both used the smartphones a lot.

(3) The screen of the iPhone 9 is not good, the weight is too heavy.

(4) My brother was satisfied with his camera and likes the photo quality.

(5) I want a light smartphone with big screen.

(6) I want to return it next Monday.

任务过程如下：
第一，识别并抽取实体，(1)句中的 iPhone 9 和 Huawei Nova 3i；
第二，识别并抽取属性，包括(3)和(4)句的 screen、weight 和 photo；
第三，抽取意见或态度持有者，Alex 和 My brother；
第四，抽取时间，August 18, 2018；
第五，情感分类，(3)句表示负面评价，not good, too heavy；(4)句 satisfied 和 likes；
第六，第一至第五，构造五元组，输出实体、属性、态度持有者、情感倾向等。

4.3 情感分析的方法

情感分析使用的方法较多，Liu(2015)将文档级的情感分析分为基于监督的情感分析方法和基于无监督的情感分析方法，并将基于词典的情感分析方法归入无监督的情感分析方法。有的学者将情感分析的有监督和无监督分析方法归入机器学习方法，并将基于词汇的分析方法与机器学习方法并列(Medhat, Hassan, & Korashy, 2014；图 4.3)，将自然语言处理中的文本分类方法和文本聚类方法应用到情感分析的研究中，从而将情感分析看作文本分类或文本聚类问题，如使用文本分类中的常用的支持向量机分类器、朴素贝叶斯分类器、最大熵分类器等对文档进行积极、消极或中性的分类就是对文档进行情感分析。事实上，对文档的情感分析就是对文档进行分类或聚类。

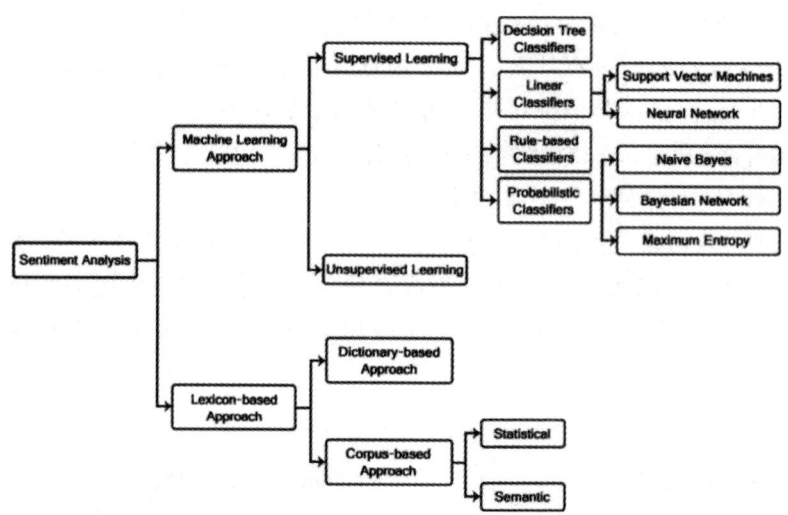

图 4.3 情感分析常用的分析方法((Medhat, Hassan, & Korashy, 2014)

4.3.1 基于监督的情感分类

基于监督的情感分类是使用不同的算法、学习训练数据中不同的情感分类的规则或标准来构建情感分类器，然后使用这个情感分类器对新的数据进行情感分类(Ghiassi, Skinner., & Zimbra, 2013；Waila, Singh, & Singh, 2012)，这种方法是基于有标记的训练数据，通过机器学习来建立分类模型，实现新文档的自动化情感分类。这种基于监督的分类方法分为两个步骤：

从标记的训练数据的语料库中学习规则并建立训练模型；

基于训练模型对新数据进行分类。

一般来说,这两个步骤涉及几个子任务,如数据预处理、特征选择、表示、分类和类别输出等(Khairnar & Kinikar, 2013),它的整个工作过程如下(图 4.4)。

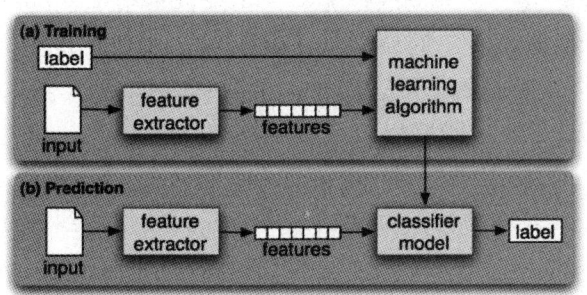

图 4.4: 基于监督的文档分类工作过程(Bird, Klein, & Loper, 2009)

4.3.1.1 特征选择

特征选择是机器学习中的重要组成部分((Kummer & Savoy 2012),是将一段文本转换为特征向量或其他表示以进行计算处理。首先,训练数据被标记为正面,负面或中性,然后从标记的训练数据中提取一组特征,进行编码,例如使用布尔值或数字对特征进行编码。例如,文本中是否出现某个单词可以被视为特征。由于训练数据通常包含正面和负面两组数据,每组中的每个单词都可以看作一个特征向量。停用词(例如"a","is","the")不提供任何情感信息,因此,这些词通常被过滤掉。以单词为单位抽取特征向量的方法被称为 unigrams 方法(Pang, Lee, & Vaithyanathan, 2002)。文本中有多种特征可供机器学习选择,下表列出情感分析中常用的特征(表 4.2):

表 4.2:机器学习中情感分析的特征选择(Pang & Lee, 2008)

特征	描述	来源
词和词频	词是否在文本中出现或词在文中的频率; 词频-逆文件频率(term frequency – inverse document frequency, TF-IDF)	(Pang, Lee, & Vaithyanathan, 2002); (Wiebe et al., 2004); (Yang., Valerio, & Zhang, 2006)
词性标注	词性(POS),因为形容词是最重要的表达情感的词汇。	(Turney, 2002); (Dave, Lawrence, & Pennock, 2003); (Feldman, 2013).
N 元模型	词的位置会影响情感;位置相近的词会提供上下文信息。	(Dave, Lawrence, & Pennock, 2003); (Gamon, 2004); (Ghiassi, Skinner., & Zimbra 2013)
句法依存	通过解析或根据依存树得到句法依存关系	(Dave, Lawrence, & Pennock, 2003); (Gamon, 2004); (Ng, Dasgupta, & Arifin, 2006)
否定词	否定词,否定词会改变情感倾向;但是在"not only … but also"中的 not 并没有改变情感倾向。	(Das & Chen, 2001); (Kennedy & Inkpen, 2006).

Liu (2015)将否定词视为情感转换词(sentiment shifter),除 not 外,这类词还包括 never、hardly、barely、rarely、seldom、little、few、fail to、refuse to、omit、neglect、far from、nowhere near/close 等。

通过选择特征来完成情感分类的任务是为了降低复杂度,改进计算性能。选择不同的特征,产生情感分类的效率不同(Kummer & Savoy, 2012;Riloff, Patwardhan, & Wiebe, 2006)。有学者对不同的特征的选取进行了大量的实验和对比,例如,在使用 N 元模型作为特征时,选择 unigrams 的性能要优于选择 bigrams (Pang, Lee, & Vaithyanathan, 2002);在某些情况下,选择 trigrams 和 bigrams 的性能优于 unigrams (Dave, Lawrence, & Pennock, 2003)。以 N 元模作为特征时,如果 N 过小,无法捕捉到充分的上下文信息;如果 N 过大,计算成本增加,而且会产生严重的数据稀疏问题((Bespalov et al., 2011;Ng, Dasgupta, & Arifin, 2006)。

4.3.1.2 算法

从训练数据中提取特征集合之后,应用算法学习这些特征。如果某个特征在学习训练时对某个类别(积极、消极)的文本较为敏感,算法将生成基于这个特征的分类器,这一特征就是有效的文本分类指标。例如,如果"好"这个词在已知的正面训练数据中频繁出现,算法将学习该特征,并将它作为判断文档正面情感的有效指标。以简单的 unigrams 为例,当分类器用于分类新数据时,它将抽出新数据中的这一特征,将这个特征乘以从训练数据中获得的这个特征的权重,合计这个特征值,就会得到情感分类的结果(Pang & Lee, 2008;Pang, Lee, & Vaithyanathan, 2002)。比如,如果"好"这个词总是出现在正面的训练数据集中,而"坏"这个词频繁出现在负面训练数据中,在训练期间,算法将给特征"好"+1 权重,给特征"坏"−1 的权重,生成分类器。将包含"好"和"坏"的特征的新文档输入分类器,将新文档中"好"这个词的出现次数(比如说 5 次)和"坏"这个词出现的次数(比如 8 次)分别乘以分类器中特征的权重,合并计算(5−8 =−3),该文档是负面倾向。这是最简单的分类方法,在实际运算中,首先对文档预处理,比如进行分句(sentence segmentation)、分词 (tokenization)、词形还原 (lemmatization)、词干提取 (stemming)、词性标注(POS tagging)、共指消解(coreference resolution),句法分析(syntactic parsing)等。

有学者曾经对情感分析的机器学习算法进行了系统对比和研究 (Pang, Lee, & Vaithyanathan, 2002),在究竟哪种特定算法能够输出更精确的结果这个问题上,并没有一个明确的、普遍认可结论。常用的朴素贝叶斯(Naive Bayesian,NB)、支持向量机(SVM)和基于最大熵 (Maximum Entropy) 的情感分类器对相同文档数据的分类准确率分别是 81.0%、82.9%和 80.4%,他们还表明 NB 和 SVM 算法在选择 unigrams 作为特征时表现良好。使用相同的三种算法,对 Twitter 信息的情感分类的准确率分别是 NB(81.3%)、SVM(82.2%和 Maximum Entropy(80.5%)(Go,Bhayani,& Huang,2009),这一结论与上述 Pang 等人报告的结果相似。另有学者对 Twitter 信息进行情感分析后认为,使用 N 元语法和 POS 标签作为特征,NB 的分类器最优(Pak & Paroubek, 2010)。

目前,将深度学习(卷积神经网络、递归神经网络等)算法应用于文档的情感分析是新的研究趋势(Zhang, Wang, & Liu, 2018),这类算法的兴起与计算设备的改进和社交网络产生的海量数据有密切关系。深度学习算法的准确率优于传统的机器学习算法(Mikolov et al., 2013; Vateekul & Koomsubha, 2016; Zhou et al., 2016),使用递归神经网络对社交文本的情感分析的准确率高于传统算法,达到90.8%(Li et al., 2014),用神经网络算法对图书、电影、电器等多种类型评论的情感分析的准确率都在92.0%以上。

斯坦福大学AI实验室自然语言工具包中的情感分析模块集成了最新的深度学习算法(The Stanford NLP Group – Sentiment Analysis, 2013),它的原始训练数据是11,855个有关评论、资讯和新闻语句组成的庞大的情感树库,共包含215,154个短语词汇。亚马逊劳务众包平台(Amazon Mechanical Turk)是全球最著名的数据标定平台,有50多万注册用户(Hitlin, 2016)。该平台用户对大量的图片、文本、视频等数据集进行人工标注或分类,研究人员将这些人工标注后的数据集作为深度学习或人工智能的训练集,构造各类机器学习模型,去处理或解决智能分类、搜索、识别、决策等问题。斯坦福大学情感树库的每一个短语词汇情感得分均由三个或三个以上的人类专家标注完成。应用递归神经网络算法对标注后的语句进行语言处理和机器学习训练后,情感分析模型的准确率较以前有较大提升,单句情感分析的准确率由以前的80%提高到85.4%(Socher et al., 2013)。

斯坦福大学递归神经网络(Recursive Neural Network, RNN)情感分析模型是基于二叉树的解析,将一个语句的情感计算映射为一棵树的节点的计算,前向传播时,自下而上,逐个计算分支节点的向量,最后得到根节点的预测向量和情感分值,将预测向量和情感分值与实际向量和情感分值进行比较后,得到误差,然后反向传播,更新权重或参数,迭代,得到模型的最优权重或参数。一棵树的部分计算如下(图4.5):

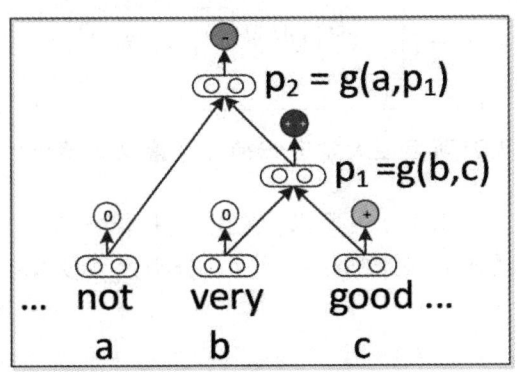

图 4.5:斯坦福大学递归神经网络情感计算

词汇经过向量化,所有的词汇转为向量,将语言或字符信息转变为数字,训练集中的词汇或短语对应的情感分值,转变为向量对应的情感分值。将向量输入神经网络,叶子节点b和c以向量表示,并且各自已经在训练集中标记了情感分值,b和c通过下面tanh函数,得到它们的父节点P1的向量:

$$p_1 = f\left(W\begin{bmatrix} b \\ c \end{bmatrix}\right)$$

其中:

$f = \tanh$ 是双曲正切非线性函数;

W 代表权重,是情感模型学习的主要参数。

P_2 的向量根据叶子节点 a 和 P_1 的向量得到:

$$p_2=f\left(W\begin{bmatrix}a\\p_1\end{bmatrix}\right)$$

以此类推,得到每个父节点的向量。把每个父节点的向量和训练集中已经标注的情感分值作为参数,应用 softmax 函数,映射为(0,1)区间内的值,其中的最大值的类别就是预测的非常正面、正面、中性、负面或非常负面中的一类,根节点向量预测的类别即为整句的情感倾向。反向传播时,将前向传播中的情感预测值与实际值对比,构造误差损失函数,计算函数偏导数,沿函数负梯度方向迭代,不断更新 W 值,直到误差降到允许范围内,得到最优学习参数 W。

斯坦福大学的递归神经张量网络(Recursive Neural Tensor Network, RNTN)情感分析模型是一种更复杂的深度学习网络模型,在 RNN 基础上,引入了张量积(图 4.6)。

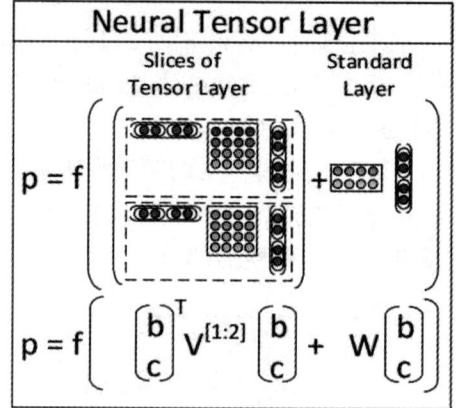

图 4.6:斯坦福大学递归神经张量网络情感计算

父节点向量的计算同时参考了叶子节点的向量和张量切片后的张量积,由于有切片操作,产生了更多的组合,比 RNN 有更多的特征,分类模型较 RNN 有优势。RNTN 中父节点 P1 和 P2 的向量分别为:

$$p_1=f\left(W\begin{bmatrix}b\\c\end{bmatrix}^T V[1{:}d]\begin{bmatrix}b\\c\end{bmatrix}+W\begin{bmatrix}b\\c\end{bmatrix}\right)$$

$$p_2=f\left(W\begin{bmatrix}a\\p_1\end{bmatrix}^T V[1{:}d]\begin{bmatrix}a\\p_1\end{bmatrix}+W\begin{bmatrix}a\\p_1\end{bmatrix}\right)$$

与 RNN 不同,RNTN 训练的目标是寻找最优的切片参数 V[k]和权值 W。

下面是递归神经网络算法的部分核心代码,为了便于观察,加入了每个语句的情感得分的代码:

```
1    ...
2    package Sentiment_Comp;
3    import java.awt.BorderLayout;
```

```java
4    import java.awt.Container;
5    import java.awt.Font;
6    import java.awt.event.ActionEvent;
7    import java.awt.event.ActionListener;
8    import java.io.BufferedReader;
9    import java.io.File;
10   import java.io.FileInputStream;
11   import java.io.FileNotFoundException;
12   import java.io.FileOutputStream;
13   import java.io.FileReader;
14   import java.io.FileWriter;
15   import java.io.IOException;
16   import java.io.InputStream;
17   import java.io.InputStreamReader;
18   import java.io.PrintWriter;
19   import java.nio.charset.Charset;
20   import java.util.List;
21   import java.util.Properties;
22   import java.util.regex.Pattern;
23   import javax.swing.JFrame;
24   import javax.swing.JMenu;
25   import javax.swing.JMenuBar;
26   import javax.swing.JMenuItem;
27   import javax.swing.JScrollPane;
28   import javax.swing.JTextArea;
29   import org.ejml.simple.SimpleMatrix;
30   import edu.stanford.nlp.ling.CoreAnnotations;
31   import edu.stanford.nlp.neural.rnn.RNNCoreAnnotations;
32   import edu.stanford.nlp.pipeline.Annotation;
33   import edu.stanford.nlp.pipeline.StanfordCoreNLP;
34   import edu.stanford.nlp.sentiment.SentimentCoreAnnotations.SentimentAnnotatedTree;
35   import edu.stanford.nlp.trees.Tree;
36   import edu.stanford.nlp.util.CoreMap;
37
38   public class form implements ActionListener
39   {
40   …
```

```
41  public form ()
42  {
43  mainJFrame=new JFrame("Economist");
44  con=mainJFrame.getContentPane();
45  Font myFont = new Font("Serif", Font.BOLD, 16);
46  textarea=new JTextArea();
47  textarea.setFont(myFont);
48  JSPane=new JScrollPane(textarea);
49  mainMenuBar=new JMenuBar();
50  fileMenu=new JMenu("File");
51  editMenu=new JMenu("Edit");
52  mainMenuBar.add(fileMenu);
53  mainMenuBar.add(editMenu);
54  Nodiacritic=new JMenuItem("Sentiment"); // sentiment analysis
55  fileMenu.add(Nodiacritic);
56  Nodiacritic.addActionListener(this);
57  mainJFrame.setJMenuBar(mainMenuBar);
58  con.add(JSPane, BorderLayout.CENTER);
59  mainJFrame.setSize(400,300);
60  mainJFrame.setLocationRelativeTo(null);
61  mainJFrame.setVisible(true);
62  mainJFrame.setDefaultCloseOperation(JFrame.EXIT_ON_CLOSE);
63  }
64
65  public void actionPerformed(ActionEvent e)
66  {
67  if (e.getSource()==Nodiacritic){
68  try {
69  sentiment();
70  } catch (IOException e1) {
71  e1.printStackTrace();
72  }
73  …
74  }
75
76  public static void sentiment () throws IOException
77  {
```

```
78   String textfilename;
79   String textshortname;
80   String outfilepath;
81   String Nerline;
82   String text;
83   String progressStatus;
84   PrintWriter writer;
85   int success;
86   int sumOfValues;
87   int mainSentiment;
88   Long textLength;
89   double doubleAllsentiment = 0;
90   double onefoldersentiment=0;
91   double doubleonefilesentiment;
92   String Stringonefilesent;
93   writer=null;
94   success=0;
95   Properties props = new Properties();
96   props.setProperty("annotators", "tokenize, ssplit, parse, sentiment");
97   StanfordCoreNLP pipeline = new StanfordCoreNLP(props);
98   File directory = new File("F:\\0test\\rawtext");   //work dir
99   File dir2 = new File("F:\\0test\\sent");   // output dir
100  File[] tempFile = directory.listFiles();
101  for(int i = 0;i<tempFile.length;i++)
102  {
103  if(tempFile[i].isFile())
104  {
105  textfilename=tempFile[i].getAbsolutePath();
106  textshortname=tempFile[i].getName();
107  outfilepath=dir2.getAbsolutePath()+"\\"+"Senti_"+textshortname;
108  textLength = 0L;
109  sumOfValues = 0;
110  text=read2(textfilename);   //this works with UTF-8,
111  if (text ! = null && text.length() ! = 0)
112  {
113  File file=new File(outfilepath);
114  writer=null;
```

```
115  writer=new PrintWriter(file,"UTF8");//with utf-8
116  mainSentiment = 0;
117  int longest = 0;
118  Annotation annotation = pipeline.process(text);
119  for (CoreMap sentence : annotation.get(CoreAnnotations.SentencesAnnotation.class))
120  {
121  Tree tree = sentence.get(SentimentAnnotatedTree.class);
122  String partText = sentence.toString();
123  int sentiment = RNNCoreAnnotations.getPredictedClass(tree);
124  if (partText.length() > longest)
125  {
126  textLength += partText.length();
127  sumOfValues = sumOfValues + sentiment * partText.length();
128  writer.println(sentiment + " " + partText);
129  System.out.println(partText);//for view
130  System.out.println ("Sentiment " +sentiment + "; Accumulative Total length " + textLength+"; SumOfValues "+sumOfValues);
131  }
132  }
133  writer.flush();
134  writer.close();
135  success=success+1;
136  doubleonefilesentiment= (double)sumOfValues/textLength;
137  doubleAllsentiment=doubleAllsentiment+doubleonefilesentiment;
138  progressStatus = "file  " +(i +1) + "/" +tempFile.length + "," +textshortname + ",Sentiment Score,"+doubleonefilesentiment+","+outfilepath;
139  System.out.println(progressStatus);
140  textarea.append(progressStatus+"\n");
141  System.out.println("Success "+success+",Sum of Sent,"+doubleAllsentiment+",Current Total Average Sentiment," + (doubleAllsentiment/success));
142  }
143  }
144  }
145  System.out.println("Done.");
146  }
147
```

```
148    public static String read2 (String filepath) throws IOException
149    {
150    …
151    }
152    …
```

上述代码是遍历整个文件夹所有文档的情感得分情况。以英国经济学家杂志(The Economist)2015 年有关美国的一篇文章为例,代码为该文档中的每个语句输出一个情感分值(图. 4.7),斯坦福大学情感分析模块的情感分值范围是 0 — 4,即:

0: very negative 非常负面,非常消极;

1: negative 负面,消极;

2: neutral 中性;

3: positive 正面,积极;

4: very positive 非常正面,非常积极;

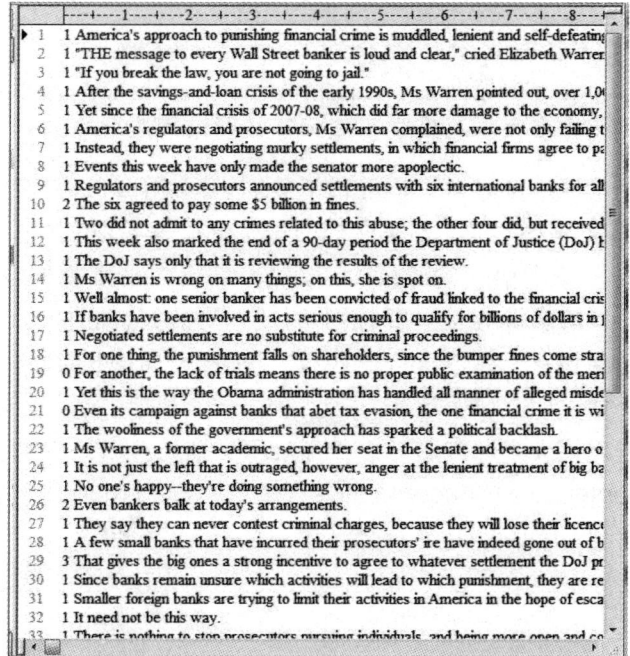

图 4.7:斯坦福大学情感分析模块对文档每句得分的输出

可以看出,这个算法是以语句为单位,为每句计算出情感分值,例如,第一句得 1 分,第二句得 1 分,第 10 句得 2 分。整篇文档的情感得分为:

$$\mathrm{Doc}(s)=\frac{\sum_{i=1}^{n} L_i \cdot S_i}{\sum_{i=1}^{n} L_4}$$

其中:

n 为文档中总的语句数;

Li 为第 i 句的句子长度；

Si 为第 i 句的情感得分；

通过加入代码,能够观察到整个情感计算的详细过程(图 4.8):

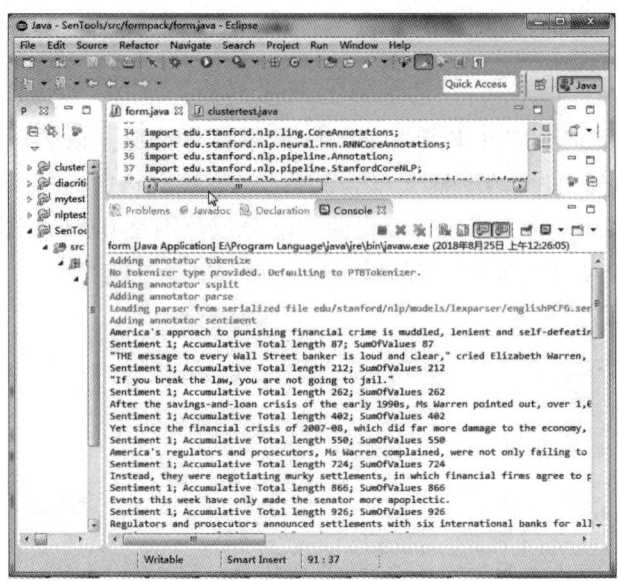

图 4.8: 斯坦福大学深度学习递归神经网络情感分析的计算过程

代码显示,计算过程是首先对文档进行了分词、分句等预处理,然后使用递归神经网络模型进行每个语句的情感计算。整篇文档的情感分值并不是文档中全部语句得分的平均值,而是同时计算了每个语句的长度,这里的长度指的是字符的个数(包括标点和空格)。前一句的长度和情感得分相乘后,累加到后一句的长度和情感得分的乘积,一直累加到文档最后一句,得到一个总值,再以总值除以全部语句的长度,即为整篇文档的情感得分,情感得分过程如下(表 4.3):

表 4.3: 斯坦福大学深度学习递归神经网络情感分析的情感得分过程

Sentence (i)	Sentence Length (Li)	Accumulative Total Length	Sentiment (Si)	Li*Si	Sum of values
1	87	87	1	87	87
2	125	212	1	125	212
…	…	…	…	…	…
35	136	4119	1	136	3970
36	82	4201	1	82	4052

第一句长度(Li)87,累计长度(ATL)87,情感得分(Si)为 1,Li 与 Si 的乘积为 87,累计分值(Sum of values)为 87。到最后一句(第 36 句)的 Sum of values 为 4052,全篇总长度为 4201,整个文档的情感得分为 0.9645322542251845,根据上文的情感分值范围 (0: very negative 非常负面,非常消极;1: negative 负面,消极),文档情感在非常负面与负面之间,偏向负面。

4.3.1.3 情感及情绪词典和标注集

斯坦福大学递归神经网络模型的训练数据是由亚马逊劳务众包平台人工标注，人工标注训练数据是机器学习和训练模型的依据，因此，创建情感(情绪)词典或数据集是情感分析的基本要求。通常，情感字典包含单词或词组以及相应的标记或标签，标签的任务是功能性的，即表示词或短语正面、中性或负面的分类或分值。情绪词典的任务更加广泛，表示愤怒、兴奋等的分类或分值。情感数据集则是多文本、多分类的集合，这些文本除人工标注的正面、中性或负面情感外，还包含文本内容发布者的时间、地点等丰富信息。

目前，一些国际主要的情感分析系统，如 IBM 和微软已经商业化的情感分析系统，不仅分析语句或文本的情感，还进行情绪分析。情绪分析在政治选举、营销、舆情监控等活动中起着越来越重要的作用，分析情绪是情感分析系统新的发展趋势。

情感与情绪

混淆使用情感(sentiment)和情绪(emotion)等英文主观性表达感情词汇的情况十分普遍（Scherer, 2000），日常生活中有些人交替使用这两个词汇表达某种相同的含义。Merriam-Webster 在线大辞典(2018)将二者视为同义词（表 4.4）。

表 4.4：Merriam-Webster 在线大辞典的定义

Word	Definition	Synonym
SENTI-MENT	an attitude, thought, or judgment prompted by feeling : PREDILECTION; a specific view or notion : OPINION; EMOTION; refined feeling : delicate sensibility especially as expressed in a work of art; emotional idealism; a romantic or nostalgic feeling verging on sentimentality; an idea colored by emotion; the emotional significance of a passage or expression as distinguished from its verbal context;	emotion, feeling, passion, chord
EMO-TION	EXCITEMENT; the affective aspect of consciousness : FEELING; a state of feeling; a conscious mental reaction (such as anger or fear) subjectively experienced as strong feeling usually directed toward a specific object and typically accompanied by physiological and behavioral changes in the body;	sentiment, chord, feeling, passion.

词典中分辨同义词的解释是：

SENTIMENT often implies an emotion inspired by an idea.

EMOTION carries a strong implication of excitement or agitation but, like FEELING, encompasses both positive and negative responses.

很明显，二者在词典中的含义是互相解释，分辨词义是互相使用。

但从心理学角度看，二者存在巨大差异。情感是后天形成的、持久的、稳定的精神倾向，它从感情、认知和意动三个方面对事物或情境做出反应(Cattel,2006)，它是人对某个特定的实体表现出的持久的感情倾向 (Murray, 1945)，它的重要特征是具有社会属性(Gordon,1981;Stets, 2006)。Broad(1954)强调，情感是逐渐形成的，是一个人长时间感受或思考某一事物而产生的对这一事物的感情倾向。它包括爱情、忠诚、友情、爱国、憎恨等(Thoits,1989;)。

情绪是大脑和身体对一个事件的短时间感受或反应(Friedenberg & Silverman, 2011)。它具有三个方面的特征(Dolan, 2002)：

人们从大脑和身体能够同时感受到情绪，这一点与思维不同；

人们不容易控制情绪，这一点与认知不同；

情绪对人的行为产生更大范围的影响。

情绪是人类在对环境做出反应时，大脑和身体产生和释放的化学物质，人类大约用1/4秒识别情感触发器，另外用大约1/4秒产生化学物质，这是生物系统的反应，也是人类进化的产物(Ludovino,2016)，生物系统的反应可能包括身体的变化，如出汗、心跳加速、恶心等。情绪引起的行为的变化可能包括微笑、耸肩、皱眉等。不同的人对同一环境的情绪反应可能是不一样的，情绪也是主观化的。因此，情感与情绪的主要区别体现在以下几个方面(表 4.5)：

表 4.5 情感(sentiment)与情绪(emotion)

属性	情感	情绪
形成时间	长	短/瞬间
持续时间	长	短
概念范围	社会学 心理学 文化 认知	生物学 心理学
表现形式	意识形态 判断 评价 信仰 态度 关爱	身体生理学的状态或变化 脸部表情 身体姿态 语音语调或言语表情 行为状态或变化
来源	来源于大脑， 受情绪影响	来源于大脑或身体， 受刺激物影响
相互关系	是情绪的内容	是情感的体现
特征	社会性，对其他人或物 稳定性 高度组织化	生理性 强烈和短暂性 原始性

科学家对人类基本情绪的定义和分类没有形成完全一致的意见，有研究人员认为人类有150多种不同的情绪(Smith, 2015)。总结不同时期的专业期刊文献后，20世纪90年代美国心理学家列举了历史上不同研究人员提出的超越种族和文化的人类基本情绪

(Ortony & Turner, 1990):

acceptance	love
anger	pain
anticipation	panic
anxiety	pleasure
aversion	rage
contempt	sadness
courage	shame
dejection	subjection
desire	surprise
despair	tender emotion
disgust	terror
distress	wonder
elation	
expectancy	
fear	
grief	
guilt	
happiness	
hate	
hope	
interest	
joy	

对在以上34个基本情绪，最有影响的是两个美国心理学家的分类，一个是 Paul Ekman 提出的六个基本情绪(Ekman, Friesen & Ellsworth, 1982)；另一个是提出普鲁契克情感之轮(Plutchik's Wheel of Emotions)的 Robert Plutchik，他认为人类有八个基本情绪(Plutchik, 1980)。

Ekman, Friesen & Ellsworth：anger, disgust, fear, joy, sadness, surprise

Plutchik：acceptance, anger, anticipation, disgust, joy, fear, sadness, surprise

Jack et al. (2014)分析研究了表达情绪的42个脸部肌肉后，认为 Ekman 的六个基本情绪，可缩减为四个，因为在实验中他们发现，当人的视觉注意力加强时，fear 和 surprise 的反应是类似的，都是眼睛睁大；Anger 和 disgust 也是类似的，情绪刚开始时，两者都是皱起鼻子。

Shaver et al.(2001)将基本情绪进行了更深层的二级和三级分类(表 4.6)，这使研究人员和情感分析系统的开发人员能够更加清晰地分辨情绪之间的区别，创建更加完整、准确的分析系统。

表 4.6：基本情绪以及它们的二级和三级情绪 (Shaver et al., 2001)

Primary emotion	Secondary emotion	Tertiary emotions
love	affection	adoration, affection, love, fondness, liking, attraction, caring, tenderness, compassion, sentimentality
	lust	arousal, desire, lust, passion, infatuation
	longing	longing
joy	cheerfulness	amusement, bliss, cheerfulness, gaiety, glee, jolliness, joviality, joy, delight, enjoyment, gladness, happiness, jubilation, elation, satisfaction, ecstasy, euphoria
	zest	enthusiasm, zeal, zest, excitement, thrill, exhilaration
	contentment	contentment, pleasure
	pride	pride, triumph
	optimism	eagerness, hope, optimism
	enthrallment	enthrallment, rapture
	relief	relief
sur-priseanger	surprise	amazement, surprise, astonishment
	irritation	aggravation, irritation, agitation, annoyance, grouchiness, grumpiness
	exasperation	exasperation, frustration
	rage	anger, rage, outrage, fury, wrath, hostility, ferocity, bitterness, hate, loathing, scorn, spite, vengefulness, dislike, resentment
	disgust	disgust, revulsion, contempt
	envy	envy, jealousy
	torment	torment
sadness	suffering	agony, suffering, hurt, anguish
	sadness	depression, despair, hopelessness, gloom, glumness, sadness, unhappiness, grief, sorrow, woe, misery, melancholy
	disappointment	dismay, disappointment, displeasure
	shame	guilt, shame, regret, remorse
	neglect	alienation, isolation, neglect, loneliness, rejection, homesickness, defeat, dejection, insecurity, embarrassment, humiliation, insult
	sympathy	pity, sympathy
fear	horror	alarm, shock, fear, fright, horror, terror, panic, hysteria, mortification
	nervousness	anxiety, nervousness, tenseness, uneasiness, apprehension, worry, distress, dread

2.情感词典

研究人员早在上个世纪六十年就开始了情感词典的编纂工作,目前仍然广泛使用的一部情感词典是当时编写的 General Inquirer (Stone, Dunphy & Smith, 1966),由哈佛大学研发,获得美国国家科学基金的支持,经过多次修订,目前包含极性词类等多个分类,含 1,915 个褒义词和 2,291 个贬义词,词语有强度和词性等标记,人工标注。

除手工标注情感词典外,还有一种自动标注的情感词典,例如 SentiWordNet (Esuli & Sebastiani, 2006),创建过程如下:

人工创建褒义词和贬义词种子词库,在 WordNet 中找到这些种子词汇的定义和有关词组,将它们转为向量。

创建训练集。将这些种子词汇通过 WordNet 中的 Direct antonymy, Similarity, Derived from, Pertains to, Attribute and Also see 等进行 K 次迭代,扩展褒义词和贬义词词库,迭代时,同义词不属于褒义词和贬义词的词汇,划入中性词词库。

创建分类器,在(2)中生成的训练集中学习,得到学习参数。

将 WordNet 中的词汇向量化处理,输入(3)中训练的分类器,设定阈值,输出值归一化,输出词汇的情感标签和分值。

4.4 情感分析工具的测试

4.4.1 情感分析工具的选择

目前,国内外研究和开发情感分析工具或系统的科研院所、机构或公司较多,比较著名的高科技跨国公司如 Google、IBM、Microsoft 等均提供有相关的产品和服务。斯坦福大学 AI 实验室自然语言工具包中的情感分析工具是采用 GPL(General Public License,通用性公开许可证)的开源系统,主要用于科学研究。它经历了几次升级,集成了目前较为流行的深度学习算法。由于本课题的情感分析涉及大量数据的计算,高性能和准确率是主要考虑因素,因此,我们对大公司的工具的进行了测试和筛选。针对相同的 1000 篇文档,使用同一台机器,我们分别测试了斯坦福大学的情感分析工具和 Google (Google Cloud Platform, 2017)、IBM (IBM Cloud, 2017) 以及 Microsoft (Microsoft Azure, 2017) 等云平台的情感分析系统的连接和完成任务的时间,测试结果如下:

表 4.7: 四种情感分析工具的对比

情感分析工具	算法	连接和计算方式	远程连接状况	协议/收费	耗时
斯坦福大学的情感分析工具	深度学习,神经网络	本地	-	GPL	50.5 小时
Google 情感分析工具	深度学习,神经网络	远程连接	时断时续	商业(收费)	8 小时
IBM 情感分析工具	深度学习,神经网络	远程连接	良好	商业(收费)	4.5 小时
Microsoft 情感分析工具	深度学习,神经网络	远程连接	良好	商业(收费)	5.0 小时

由于连接 Google 云平台经常中断，系统不稳定，完成任务过程中需要多次重复连接，重复连接耗费了一些时间。如表中测试结果所示，斯坦福大学的情感分析工具的效率较低，如果长时间运行，占用系统非常多的资源。

Google、IBM 和 Microsoft 情感分析工具均是商业服务产品，其模型的训练数据和计算准确率属于高级别技术和商业机密。有关它们的计算结果，还没有公开的、全面的第三方对比分析资料。Microsoft 独立公开了它的情感分析技术在三个数据集的测试结果(Parimi, 2015)。Microsoft 情感分析系统的三个测试数据集分别是 Sentiment140、CrowdScale 和 TripAdvisor，其中 Sentiment140 和 CrowdScale 属于短文档数据集，Sentiment140 的情感标注并非人工完成(Go, Bhayani, & Huang, 2009)，而是根据文本中的表情符号，例如:)或:(,进行自动化采集而来，这个数据集没有开源；CrowdScale 是商业数据，无法获得。TripAdvisor 数据集属长文档，来自全球著名的旅行者点评平台 TripAdvisor dataset (2018)，该数据集的内容是对世界 190 多个国家的酒店、景点或航空公司的多种服务的点评。Microsoft 没有公开具体使用的是哪些年份、什么地区的 TripAdvisor 数据集进行情感分析测试，图 4.9 和图 4.10 (Parimi, 2015))是 Microsoft 对 TripAdvisor 长篇文档的测试结果和对比。

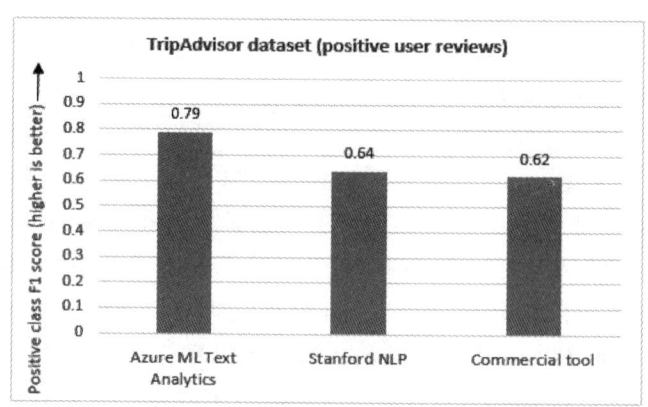

图 4.9：Microsoft 情感分析工具对 TripAdvisor 数据集的正面文档的测试结果和对比

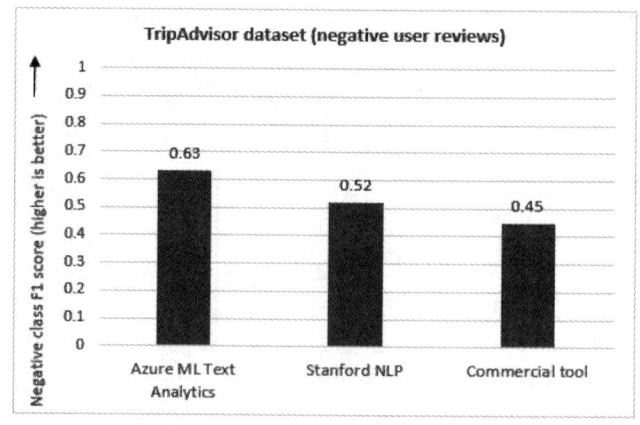

图 4.10：Microsoft 情感分析工具对 TripAdvisor 数据集的负面文档的测试结果和对比

可以看出，对于正面文档和负面文档的测试，Microsoft 情感分析工具的 F1 值均优于斯坦福大学的情感分析工具和其他商业分析工具。究竟这些其他的商业工具是什么，研究人员没有公开。

根据上述对比，考虑时间成本，我们初步确定从 Microsoft 和 IBM 情感分析工具中选择一个作为主要分析工具，斯坦福大学的情感分析工具作为本地分析的辅助工具。

4.4.2 情感分析工具的测试和确定

对于 IBM 情感分析工具，我们进行了实际的测试，以便与上文 Microsoft 工具进行对比，选择其一。我们使用了四个情感数据集，来对比 IBM 情感分析工具的正确率、(正面文本)精准率、(正面文本)召回率和 F1 的值。

1.对斯坦福大学人工智能实验室人工标注情感数据的测试结果

从对斯坦福大学人工智能实验室的人工标注情感数据集（Stanford sentiment dataset, 2017）的 25000 篇文档中，我们随机抽取了 1000 篇，测试后，正常回传 996 篇计算结果，4 篇回传错误，无法计算，996 篇的计算结果如下：

表 4.8：对斯坦福大学人工智能实验室的人工标注情感数据集的测试结果

Stanford AI Lab Sentiment data	Predicted	
	True positive	False positive
	372	38
	125	461
	False negative	True negative
Actual positive	497	
Actual negative		499
Total	996	

正确率 Accuracy =(TP+TN)/(TP+TN+FP+FN) = 0.84

(正面文本)精准率 Precision = TP/(TP+FP)= 0.91

(正面文本)召回率 ReCall=TP/(TP+FN)= 0.75

F1-Score = 0.82

2.对加利福尼亚大学机器学习与智能系统中心的人工标注的情感数据测试结果：

从加利福尼亚大学机器学习与智能系统中心 (Center for Machine Learning and Intelligent Systems at the University of California, 2015)获得人工标注的情感数据 1509 篇文章，测试结果如下：

表 4.9：加利福尼亚大学机器学习与智能系统中心的人工标注的情感数据测试结果

University of California Center for Machine Learning and Intelligent Systems Sentiment data	Predicted	
	True positive	False positive
	664	65
	88	692
	False negative	True negative
Actual positive	752	
Actual negative		757
Total	1509	

正确率　Accuracy=(TP+TN)/(TP+TN+FP+FN) = 0.90
（正面文本）精准率　　Precision=TP/(TP+FP) = 0.91
（正面文本）召回率　　ReCall=TP/(TP+FN) = 0.88
F1-Score = 0.90

3.对美国康奈尔大学计算机系情感标注数据集的测试结果

从美国康奈尔大学计算机系获得8466篇情感标注文档（Cornell sentence polarity dataset v1.0,2005），测试结果如下：

表 4.10：美国康奈尔大学计算机系情感标注数据集的测试结果

Cornell University Department of Computer Science Sentiment data	Predicted	
	True positive	False positive
	3374	671
	867	3554
	False negative	True negative
Actual positive	4241	
Actual negative		4225
Total	8466	

正确率　Accuracy=(TP+TN)/(TP+TN+FP+FN) = 0.82
（正面文本）精准率　　Precision = TP/(TP+FP) = 0.83
（正面文本）召回率　　ReCall=TP/(TP+FN) = 0.80
F1-Score = 0.81

对TripAdvisor旅行者点评数据集的测试结果

如上文所述,世界著名的评论平台TripAdvisor(猫途鹰),记录了全球旅行者数亿条真实旅游点评,涵盖世界190多个国家的酒店或餐厅,评论内容涉及住宿、景点、餐饮、航空服务等。我们下载了仅用于科学研究的样本数据TripAdvisor dataset (2018),样本数据中包含32581篇详细评论和对各类服务的评级,时间跨度为2002年至2015年,地区涵盖欧洲和美国,每篇评论还包括作者姓名、居住城市和酒店、评论发布时间等。该数据集还包含一些非英文评论,我们删除了非英文评论,随机抽取了1980篇英文评论,测试结果如下：

表 4.11：TripAdvisor 旅行者点评数据集的测试结果

TripAdvisor Sentiment data	Predicted	
	True positive	False positive
	954	263
	39	724
	False negative	True negative
Actual positive	993	
Actual negative		987
Total	1980	

正确率　Accuracy=(TP+TN)/(TP+TN+FP+FN) =0.85

（正面文本）精准率　　　　Precision=TP/(TP+FP)= 0.78
（正面文本）召回率　　　　ReCall=TP/(TP+FN)=0.96
F1–Score = 0.86

上述四个测试结果显示，IBM情感分析工具的正面文本F1值均在0.80以上，最高0.90，最低0.81，高于上一节中Microsoft公布的的情感分析系统的测试结果；四个测试集的正面文本精准率中，最低0.78，最高0.91，平均0.86；四个测试集的正面文本的平均召回率为0.86，较为理想。因此，综合考虑网络连接状况、运算时间成本、F1参数和能够承受的服务价格，我们确定主要使用IBM的情感分析工具。

IBM情感分析工具是基于NLU（数据单元）的数量和应用功能部件数量进行收费的。10,000个字符或更少是一个数据单元。如果从每个NLU中计算多个功能结果（除情感外，还计算情绪、语法分析、实体抽取等等），将叠加并重复收费，目前的标准是处理一个NLU单元字符量的一个功能的收费是0.003 US。定制模型更加昂贵。本课题的全部数据在2018年底前全部处理完毕，2018年底前上述收费标准没有变化。

4.5 有关中国和其他国家主题文章的情感分析

4.5.1《经济学家》杂志情感分析
4.5.1.1 1978–1990年阶段

如前文所述，情感分析是评估人们在文本中对实体或实体的属性所表达的看法、观点、评价、态度或情绪，文档级别的情感分析的任务是分析整篇文档的情感态度，整体性确定文档是积极、消极还是中立的态度，确定报纸、刊物或作者对某一个主题试图表达的态度。在涉及国家或国际上的重要事件的主题时，分析文档的情感能够观察作者对有关国家或某一事件的态度。一个国家的经济实力和国际地位与有关这个国家的文章的情感或情绪之间是否存在某种关系？不同国家之间，积极或消极的文档主题是否相同？有关不同国家主题的文档的情绪分析有什么特点？中国在近40年来发生了巨大变化，尤其是中国1990年以后建立社会主义市场经济以后，人民的生活水平发生了翻天覆地的变化，《经济学家》杂志对中国发生的巨变，持什么样的态度或情绪？

自从1840年西方列强以坚船利炮敲开了盲目自大、闭关锁国的满清王朝的大门，我国进入半殖民地半封建的社会。1911年爆发辛亥革命，推翻了清朝的专制帝制。1949年中华人民共和国成立，彻底结束了100多年来帝国主义列强侵略、压迫中国的历史，中国确立了社会主义的发展方向。1978年党的十一届三中全会以后，我国的工作中心是经济建设和实行改革开放，建设有中国特色的社会主义。

林毅夫（2012）在阐述李约瑟之谜与中国的兴衰和奇迹时，引用国际著名经济史学家Maddison的《世界经济千年统计》（麦迪森，2009），认为罗马帝国结束以后，中国的经济在当时世界上就是最强大的。在19世纪中叶之前的两千年的时间里，中国是世界最大最强的经济体。在第一次鸦片战争以前的1820年，中国国内生产总值（GDP）居世界第一位，占全世界经济总量的32.9%，西欧各国的总和占23.6%，美国和日本分别占1.88%和3%（麦迪森，2009）。目前还没有发现比《世界经济千年统计》更加全面、完整的讨论和对比千百年来世界各大洲或主要国家和地区的经济数据,为了便于整体观察和对比多国家间的经济状况的历史变化,根据麦迪森著作当中有关国家和地区分散的数据、多个历史时期、多个国家GDP总量、国内生产总值占全世界总量的百分比以及人均GDP在100多年来的变化情况的归并,对比数据如下图(图4.11;图4.12;图4.13):

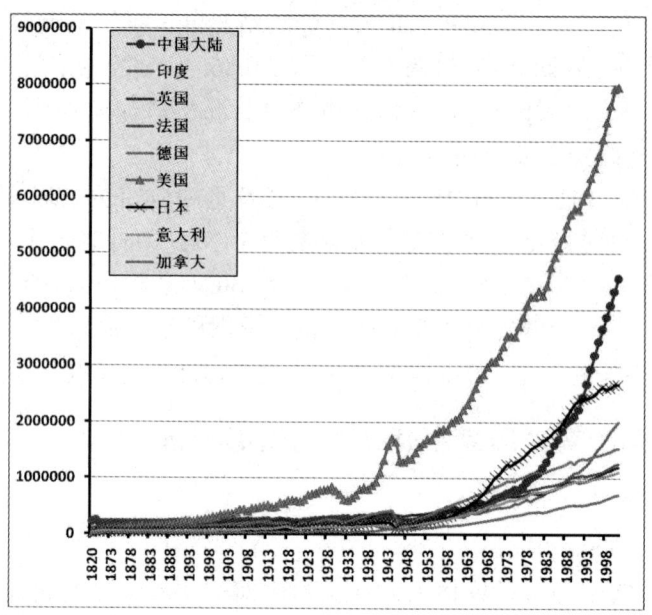

图4.11: 1820–2001 世界九个国家国内生产总值(购买力平价GDP,1990国际元(百万),根据《世界经济千年统计》(麦迪森,2009))

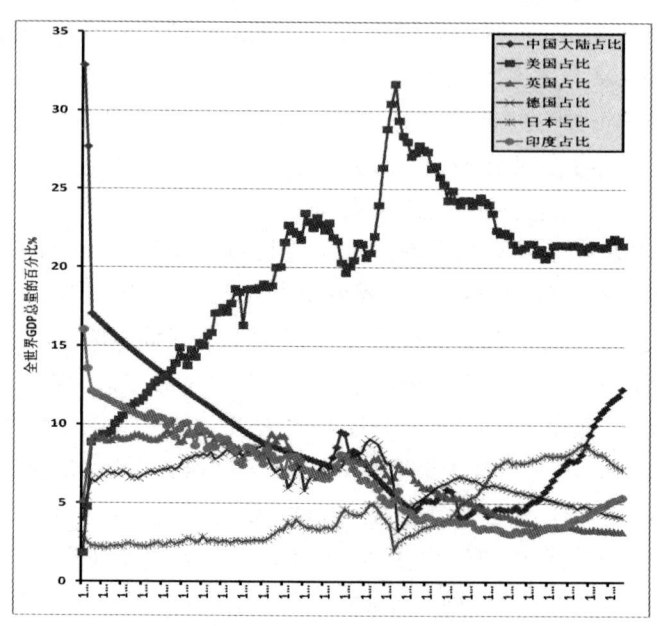

图4.12: 1820–2001年六个国家国内生产总值占全世界总量的百分比(根据《世界经济千年统计》(麦迪森,2009))

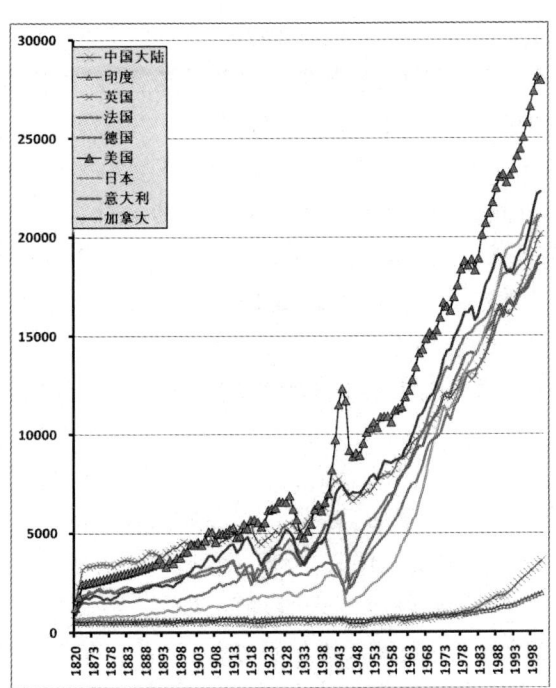

图 4.13: 1820-2001 年九个国家人均 GDP(单位 1990 年国际元,千人,年中值)
根据《世界经济千年统计》(麦迪森, 2009)

从 1820-2001 世界九个国家国内生产总值、六国国内生产总值占全世界总量的百分比以及九个国家人均 GDP 可以看出,在 1820 年,全球最大的两个经济体在世界的东方,中国处于封建社会晚期,传统农耕经济为主,相对于西方,科技十分落后。以农业经济为主的印度此时正在遭受欧洲殖民者的军事入侵。中印两国 1820 年较高的 GDP 总量主要来源于两国的农业经济和人口数。印度和中国 1820 年人均 GDP 分别为 533 元和 600元,是九个国家中最低的两国。此时日本仍然是封建社会,明治维新还没有开始,它的人均 GDP 仅仅比中国稍高,为 669 元。而英、法等国家此时已经基本实现了工业化,1820 年其他国家人均 GDP 均远远高于印度、中国和日本,英国和美国人均 GDP 最高,分别为1706 元和 1257 元。自 1820 至第二次世界大战前,英国、法国、德国和日本的 GDP 占比没有发生剧烈变化,美国则呈现出了惊人的、持续、高速、跳跃式的增长,1889 年达到 2064亿,超过了中国的 2039 亿,成为世界最大经济体。1945 年,美国 GDP 占比达到历史最高点,占当年全世界总量的 31.7%;二战后,美国 GDP 占比不断回落,但占比仍然远远大于其他国家,2001 年,占比为 21.4%,是世界最大经济体。总的来说,中国和印度 GDP 占比的变化情况是自 1820 年以后持续、快速下降,下降阶段正是西方经历并完成第一次工业革命和第二次工业革命。自从 1820 年,英美和日本等国的人均 GDP 始终大幅度超过中国和印度。20 世纪前半叶,中国的 GDP 占比持续缩小,1940 年代末,跌落到了较低的水平,占全球总量的 4.69%。

九个国家 GDP 总量和人均 GDP 对比图的一个突出特征是 1978 年前后中国的表现,尤其从六国国内生产总值占全世界总量的百分比中可以看到,从 1820 至 2001,中国经历了一个剧烈的 V 型反转。中国人均 GDP 自 1978 以后也明显上升,并与印度拉开了距离。

中华人民共和国成立之初建立的经济体制是政府主导的市场经济,而且国有企业的营运,也是市场导向的(吴敬琏,2018)。当时国民经济成分中既包括有国有经济、合作社经济,也有私人资本主义经济、个体经济、外资经济等类型(马远之,2015)。新中国成立后,仅仅用了几年的时间,就完成了资本主义工商业的社会主义改造。1955 年七届六中全会强调,要彻底消灭帝国主义、封建主义和资本主义,1956 年,私有制在中国完全消失。基于以下几个方面的原因(马远之,2015),中国建立了命令式的社会主义计划经济体制:

1)马克思主义经典理论认为社会主义国家就应该实行计划经济;
2)受当时苏联的影响;
3)受当时国际政治经济环境以及社会主义和资本主义两大阵营的影响;
4)新中国成立初期经济水平落后,客观上需要加强政府的计划调控;
5)为建设独立的工业国,需要全国集中统一调配各种资源。

计划经济通过指令性和指导性计划来管理和调节的国民经济,这种经济体制在建国后为改变中国一穷二白的面貌、改善人民生活水平起到了重要作用。从 1949 年到 1977 年,中国的人均 GDP 从 427 元增加到 895 元,将近 30 年的时间里增长约 52%。但是,随着社会经济联系逐渐复杂,计划经济体制的一些弊端越来越明显,中央高度集中的计划经济体制对资源的配置效率低下。厉以宁(2018)强调指出,计划经济体制由许多次一级的体制所组成,例如计划的企业体制、计划的财税体制、计划的金融体制、计划的价格体制、计划的劳动用工体制与人事体制,等等。这些体制彼此紧密地结合在一起,次一级的体制依存于另一个次一级的体制,而另一个次一级的体制又依存于第三个次一级的体制,盘根错节,难解难分,此存则彼存。由于社会需求极其复杂,变化又快,中央计划部门无法编制一个准确的计划,下达到下级部分去执行,因此这种计划体制低下、不利于生产力的发展。

吴敬琏(2018)指出,中国计划经济的弊端使政府从 1958 年就开始了多次经济体制改革,但这些改革主要以行政分权、中央向下级政府放权让利为主,这样的行政分权又造成了国民经济的混乱,中央又重新收回下放的权利,形成了"一放就乱""一管就死"的怪圈,因此,1958-1978 年的经济体制改革没有彻底突破计划经济体制的框框,体制改革不成功。1978 年以后,中国从农村开始的改革取得了巨大成功,人民生活得到了极大改善,从 1977 年到 2001 年,人均 GDP 从 895 元增加到 3583 元,24 年时间里增长约 300% (麦迪森,2009),中国的国家面貌发生了翻天覆地的变化。

为了便于横向对比,我们统计了自 1978 年中国改革开放至 1990 年间《经济学家》杂志有关中国与加拿大、法国、德国、意大利、日本、英国和美国等工业化国家的文章标题的情感分析,这些国家是全球最富有七个资本主义国家,都属于 G7(七国集团)成员国,如下图和表格(图 4.14,表 4.12):

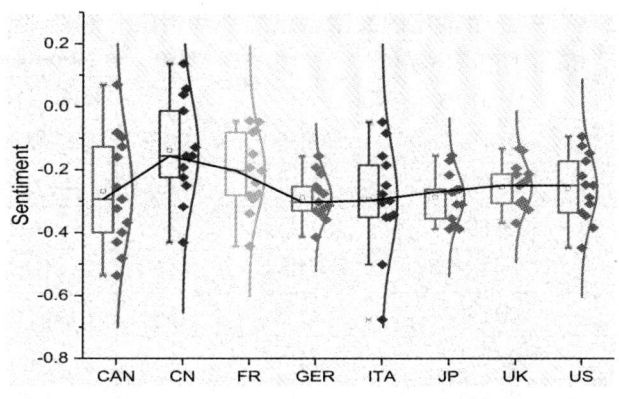

图 4.14：1978-1990 年《经济学家》杂志有关八个国家文章题录信息的平均情感得分

IBM 情感分值的范围是[-1，1]，-1 和 1 分别是负面极值和正面极值，0 为中性情感，可以看出，8 个国家的情感得分均值和中值都在 0 以下，也就是说，1978-1990 年间《经济学家》杂志有关 8 个国家的文章题录平均都是负面的，无论英国、美国、其他七国集团成员国以及中国的情感得分的 Q3 分位点也都是负值，通过观察箱须图旁边的分布和进行正态性检验，8 个国家的情感得分的分布都接近正态分布，方差不齐（Levene's test，F = 2.573, P = 0.018）。

表 4.12：1978-1990 年有关八个国家文章题录情感分值的正态分布检验

	N	Mean	Standard Deviation	Min	Median	Q3	Max	Shapiro-Wilk Normality test (a)	
								Statistic	P
CAN	13	−0.268	0.179	−0.536	−0.293	−0.127	0.069	0.971	0.905
CN	13	−0.138	0.159	−0.431	−0.156	−0.014	0.137	0.970	0.895
FR	13	−0.205	0.122	−0.443	−0.203	−0.082	−0.045	0.949	0.576
GER	13	−0.287	0.072	−0.414	−0.302	−0.253	−0.156	0.982	0.989
ITA	13	−0.294	0.167	−0.676	−0.298	−0.185	−0.049	0.942	0.487
JP	13	−0.287	0.077	−0.388	−0.270	−0.262	−0.155	0.934	0.384
UK	13	−0.254	0.074	−0.370	−0.250	−0.213	−0.133	0.949	0.584
US	13	−0.259	0.106	−0.448	−0.249	−0.173	−0.094	0.979	0.973
a: The significance level is 0.05									

使用 Games-Howell 方法对数据进行进一步的两两对比后发现，中国的情感得分和美国的情感得分没有区别，中国与其他所有资本主义国家的情感得分都没有区别。《经济学家》杂志是英国的杂志，英国的得分并未因此而与其他国家不同，英国和美国的得分没有区别，英国和其他国家之间没有区别，美国和其他国家之间也没有区别，七国集团成员国之间互相都没有区别。

表4.13：1978–1990年有关八个国家的文章题录的平均情感分值Games-Howell比较(a)

(I) Country		Mean Difference (I–J)	Std. Error	Sig.	95% Confidence Interval	
					Lower Bound	Upper Bound
CAN	CN	−0.13	0.066	0.53	−0.35	0.09
	FR	−0.063	0.06	0.962	−0.264	0.139
	GER	0.019	0.053	1	−0.166	0.205
	ITA	0.026	0.068	1	−0.199	0.251
	JP	0.019	0.054	1	−0.168	0.206
	UK	−0.014	0.054	1	−0.2	0.172
	US	−0.009	0.058	1	−0.204	0.186
CN	CAN	0.13	0.066	0.53	−0.09	0.35
	FR	0.067	0.056	0.923	−0.118	0.252
	GER	0.149	0.048	0.098	−0.017	0.315
	ITA	0.156	0.064	0.271	−0.056	0.367
	JP	0.149	0.049	0.104	−0.019	0.316
	UK	0.116	0.049	0.309	−0.051	0.283
	US	0.12	0.053	0.352	−0.057	0.298
FR	CAN	0.063	0.06	0.962	−0.139	0.264
	CN	−0.067	0.056	0.923	−0.252	0.118
	GER	0.082	0.039	0.456	−0.051	0.215
	ITA	0.089	0.057	0.776	−0.103	0.28
	JP	0.082	0.04	0.485	−0.053	0.217
	UK	0.049	0.04	0.913	−0.085	0.183
	US	0.054	0.045	0.927	−0.096	0.203
GER	CAN	−0.019	0.053	1	−0.205	0.166
	CN	−0.149	0.048	0.098	−0.315	0.017
	FR	−0.082	0.039	0.456	−0.215	0.051
	ITA	0.007	0.05	1	−0.168	0.181
	JP	0	0.029	1	−0.097	0.097
	UK	−0.033	0.029	0.935	−0.128	0.061
	US	−0.029	0.036	0.991	−0.148	0.091
ITA	CAN	−0.026	0.068	1	−0.251	0.199
	CN	−0.156	0.064	0.271	−0.367	0.056
	FR	−0.089	0.057	0.776	−0.28	0.103
	GER	−0.007	0.05	1	−0.181	0.168
	JP	−0.007	0.051	1	−0.182	0.169
	UK	−0.04	0.051	0.992	−0.215	0.135
	US	−0.035	0.055	0.998	−0.22	0.15

续表

(I) Country		Mean Difference (I–J)	Std. Error	Sig.	95% Confidence Interval	
					Lower Bound	Upper Bound
JP	CAN	−0.019	0.054	1	−0.206	0.168
	CN	−0.149	0.049	0.104	−0.316	0.019
	FR	−0.082	0.04	0.485	−0.217	0.053
	GER	0	0.029	1	−0.097	0.097
	ITA	0.007	0.051	1	−0.169	0.182
	UK	−0.033	0.03	0.949	−0.131	0.065
	US	−0.028	0.036	0.993	−0.15	0.094
UK	CAN	0.014	0.054	1	−0.172	0.2
	CN	−0.116	0.049	0.309	−0.283	0.051
	FR	−0.049	0.04	0.913	−0.183	0.085
	GER	0.033	0.029	0.935	−0.061	0.128
	ITA	0.04	0.051	0.992	−0.135	0.215
	JP	0.033	0.03	0.949	−0.065	0.131
	US	0.005	0.036	1	−0.116	0.125
US	CAN	0.009	0.058	1	−0.186	0.204
	CN	−0.12	0.053	0.352	−0.298	0.057
	FR	−0.054	0.045	0.927	−0.203	0.096
	GER	0.029	0.036	0.991	−0.091	0.148
	ITA	0.035	0.055	0.998	−0.15	0.22
	JP	0.028	0.036	0.993	−0.094	0.15
	UK	−0.005	0.036	1	−0.125	0.116

a: The significance level is 0.05

因此,总的来说,1978~1990年《经济学家》杂志对8个国家文章题录的情感评分大约为 −0.25,偏负面。从多个国家的横向对比来看,有关8个国家主题文章题录的情感得分均为负面,无论是社会主义国家、还是资本主义国家、无论是英美传统军事盟国、还是七国集团所有成员国,《经济学家》杂志对于所有国家的得分没有显著区别,这是这个周刊1978–1990年文章标题的一个显著特点,也就是说,对有关8个来自亚欧美不同地域、不同民族、不同社会制度、不同政治信仰或意识形态的国家的文章标题,该刊物自1978~1990年间,都倾向于表达轻度负面的情感,各国的负面情感的得分是相同的。

从情感得分的分段历史来看(图4.15),只有两个国家的情感得分在不同年份处在正面或者积极的一侧。中国在1978年非常接近中性,并分别在1979、1984和1986年处于正面(图中黑线粗体),加拿大在1988年处于中性以上,其他年份处于中性以下。美国、英国、日本、意大利、法国和德国在整个13年里的平均得分都是负面。

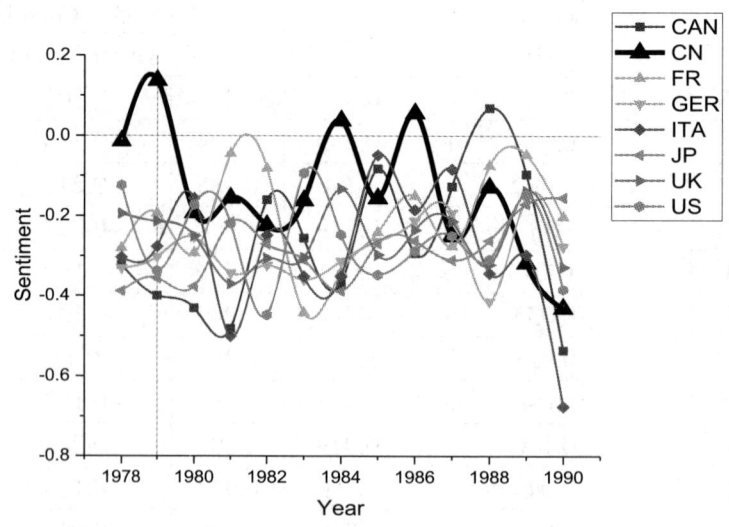

图 4.15:1978-1990 年《经济学家》杂志八国情感得分均值的历史变化

    1978 年中国最重要的两个事件分别是关于真理问题的讨论和中国共产党十一届三中全会的召开(厉以宁,2018)。1978 年 5 月 11 日,《光明日报》刊登题为《实践是检验真理的唯一标准》的特约评论员文章,新华社、《人民日报》和《解放军报》同时转载。文章论述了马克思主义的实践第一的观点,指出任何理论都要接受实践的考验,文章强调,马克思主义的理论宝库并不是一堆僵死不变的教条,它要在实践中不断增加新的内容。这一讨论,冲破了长期以来"左"倾思想的束缚,促进了全国性的马克思主义的思想解放运动。1978 年 11 月 10 日至 12 月 15 日,中共中央召开工作会议,根据邓小平建议提出的全党工作重点转移问题,进行了认真的讨论,陈云提出解决"文化大革命"中遗留的一大批重大问题和一些重要领导人的功过是非问题,提出发展安定团结的政治局面,保证党的工作重点顺利转移。邓小平作题为《解放思想,实事求是,团结一致向前看》的讲话,指出应该冲破"两个凡是"的禁锢,提出了开辟新时期新道路、开创建设有中国特色社会主义理论。

    《经济学家》杂志密切关注 1978 年几个月以来发生在中国的思想解放运动,《经济学家》杂志以 Brave new China 为题目,以专题的形式总结性报道了几个月以来中国发生的思想解放运动(图 4.16)。由于篇幅所限,这里仅列该篇文章得分居前的 30 个关键词(关键词的分值范围是[0,1],越接近 1,词语越重要),涉及改革、思想解放、反对教条主义和官僚主义、真理大讨论、毛泽东理论、中国工业、人民日报、正统理论中的错误等,整篇文章情感得分为 0.27,属于正面、积极;情绪的分值范围是[0,1],越接近 1,情绪越强烈。

前 30 个关键词得分	
Brave new China　0.62 Mr Teng　0.59 bigger problem　0.56 free speech　0.55 People's Daily　0.55 adaptable approach　0.55 Chinese industry　0.55 good reasons　0.54 different place　0.54 immutable dogma　0.54 simplistic official formula　0.54 Hyde Park　0.54 election process　0.53 impromptu open-air　0.53	poster-writers　0.53 abuses of the past dozen years　0.53 splendid-sounding set of civil liberties　0.53 latest great debate　0.53 communist party's central committee　0.53 dominant theme　0.53 China's provinces　0.53 mud of a character-assassination campaign　0.53 great debates　0.53 Maoist system　0.53 Chinese press　0.53 today's free-speakers　0.52 conspicuous omission　0.52 old cadres　0.52 wrong side of orthodoxy　0.52
情感得分和情绪得分	
Sentiment：Positive　0.27 Joy 0.56；Anger 0.16；Disgust 0.11；Sadness 0.57；Fear 0.48	

图 4.16：《经济学家》杂志关于中国思想解放运动的文章的情感、关键词和情绪得分（上图为原文标题）

1978 年 12 月 18 日至 22 日召开的中共十一届三中全会是中华人民共和国成立以来最重要的会议，是一次伟大的、具有深远意义的历史转折。《经济学家》杂志进行了特别报道，它主要关注了四个方面的内容，即人事任免、平反问题、解放思想和经济建设中加强农业发展的措施。在经济方面，《经济学家》杂志特别提到了这次会议有关中国农业改革和加强农业的措施，例如，《经济学家》杂志关于这次会议的专题报道当中提到，中国的粮食统购价格从 1979 年夏粮上市的时候起提高20%，超购部分在这个基础上再加价 50%，农业机械等农用工业品的价格，在降低成本的基础上，在 1979 年和 1980 年降低 10%~15%，农产品收购价格提高以后，要保证城市职工的生活水平不致下降等。《经济学家》杂志没有报道十一届三中全会公报中提到的公民权利和民主法制等方面的内容。

厉以宁（2018）指出，中国特色社会主义道路和市场经济体制的成功，来源于 1978 年的思想解放运动和中共十一届三中全会。会议使人们解放了思想，解放和发展了社会生产力，解放和增强了社会活力，破除了各方面的旧的机智的弊端，开拓了中国特色社会主义事业广阔的前景。关于首先发展农业，经济史学家苏星（2007, p.503）提到，在中共十一届三中全会前的1978年12月10日的会议上指出,中国实现四个现代化,是史无前例的一次大进军,要积极稳妥,会议提了五点意见,其中第一条也就是最重要的一条,是关于农业的问题,"一定要先把农民这一头安稳下来,农民有了粮食、棉花、副食品、油、糖和其他经济作物,就都好解决了,摆稳了这一头,就是摆稳了大多数,7亿多人口稳定了,天下就大定了"。《经济学家》杂志有关这次会议的情感得分是0.39,属于积极正面,最重要的关键词包括十一届三中全会会议、政治局、会议决议、农民、警卫汪东兴、粮食税、粮食统购、增加粮食产量、前国防部长(彭德怀)和经济管理等(图4.17)。

前30个关键词得分	
new central committee appointees 0.64 central committee 0.63 higher price 0.61 Mr Chen Yun 0.6 Grain producers 0.59 China's politburo 0.58 new vice-chairman of the party 0.56 old campaign 0.56 Chairman Hua Kuo-feng's status 0.55 first secretary 0.55 Mr Wang Tung-hsing 0.55 chief concrete results 0.55 cultural revolution 0.55 lower price 0.55 Mao's former bodyguard 0.54	plenary session of the central committee 0.54 grain taxes 0.54 new member of the central committee 0.54 permanent secretary of Mr Chen 0.53 farm products 0.53 compulsory grain purchases 0.53 arms industry 0.53 new provincial first secretaries 0.53 Mr Wang Chen 0.53 increasing proportion of grain 0.53 earlier victim of Mao Tse-tung 0.53 effect of these new arrivals 0.53 then defence minister 0.53 economic overseer 0.52 economic management 0.52
情感得分和情绪得分	
Sentiment:Positive 0.39 Joy 0.53;Anger 0.12;Disgust 0.12;Sadness 0.49;Fear 0.11	

图4.17:《经济学家》杂志1978年12月30日对中共十一届三中全会报道和评论的情感、关键词和情绪得分(上图为人民日报1978年12月24日第1版和《经济学家》有关报道和评论的部分内容)

第四章　情感分析

　　1978~1990年8个国家中最高的情感得分是1979年中国(0.137),《经济学家》杂志1979年总共52期中有3期是中国的主题封面,涉及这一年中国在国际上最重要的三个事件,分别是2月上旬中国国家领导人对美国的正式访问、2月下旬中国对越自卫反击战和10月15日至11月6日国务院总理应邀对法国、联邦德国、英国和意大利四国进行的正式访问。1979年1月1日,中美两国正式建交,建交当日,美国政府宣布,与台湾断交,终止美台"共同防御条约",从台湾撤出美国军队,中国国家领导人随即在2月对美国的正式访问,是国际上的一个重大事件,标志着社会主义中国即将实行全面对外开放,对中美两国科技合作和经贸关系的发展起了重要的推动作用,标志着中国即将结束过去的闭关锁国局面,开始走上面向世界的道路。《经济学家》杂志关于中国国家领导人访美的专题报道的情感得分为0.26,属于正面或积极,高分关键词包括美国、中国、民主国家、卡特总统、首次国事访问、双边关系、平等合作伙伴、(和苏联)三边关系、初步理解、中国共产主义、大规模引进西方科技、亨利·基辛格、美国的缓和(图4.18)等。

关键词得分	
United States　0.61	version of the trilateral concept　0.54
American hosts　0.6	vision of a link　0.54
community of democratic countries 0.58	mutual education　0.54
President Carter　0.57	the American connection　0.53
loud beating of the Chinese drum　0.56	nascent understanding　0.53
statement of realistic requirements　0.56	special relationship 0.52
China 0.55	unparalleled drama 0.52
first state visit　0.55	Chinese communist　0.52
network of bilateral ties　0.54	massive western technological imports　0.52
good reason　0.54	western club of nations　0.52
equal partner　0.54	Mr Henry Kissinger 0.51
Mr Deng's theme　0.54	American detente　0.51
情感得分和情绪得分	
Sentiment:Positive 0.26	
Joy 0.56;Anger 0.11;Disgust 0.13;Sadness 0.57;Fear 0.15	

图4.18:《经济学家》杂志报道邓小平访美的文章的情感、关键词和情绪得分
(上图为《经济学家》杂志1979年2月3日的封面和文章正文)

　　《经济学家》杂志关于中国领导人访问欧洲的报道的情感得分是正面0.27,它总结性的报道涉及三个方面的内容:第一,西方支持所推行的对外开放政策;第二,特别关注中国经济改革,支持在中国经济改革当中采取的中央分权和鼓励竞争的政策,扩大地方自主权,以便四川、广东和上海等有潜力的地区的经济快速发展,从而带动、振兴整个中国经济;中国需要的不仅仅是来自西方的信贷、技术和合资企业,还需要表明自己是一个更加开放、高效的经济体。中国领导人对西方的访问,将有助于中国推进改革,从而推动经济发展,赢得中国基层群众的支持。第三,中国与苏联的关系,西方国家希望中国成为抗衡苏联的一支新生力量。总结性报道的高分关键词包括中国新政策的种子、西方的帮助、新中苏谈判、中国的经济直觉、西方、需要中国、毛时代的改变、西方观点、苏德条约、希望得到西方的经济支持、新一代人、中国领导层、有潜力的经济增长地区、工厂经理、合资资本等(图 4.19)。

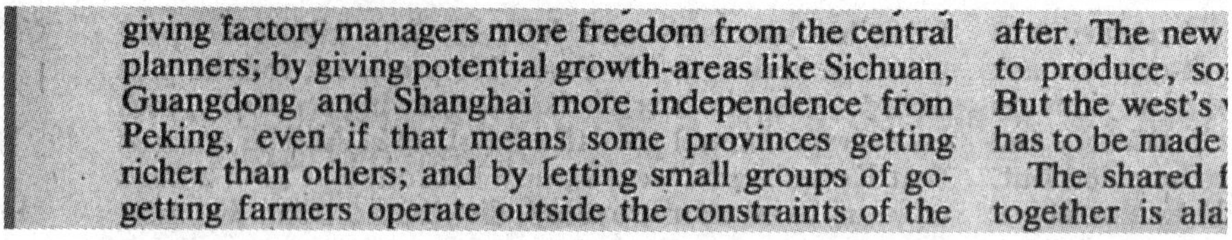
giving factory managers more freedom from the central planners; by giving potential growth-areas like Sichuan, Guangdong and Shanghai more independence from Peking, even if that means some provinces getting richer than others; and by letting small groups of go-getting farmers operate outside the constraints of the

after. The new
to produce, so
But the west's
has to be made
The shared f
together is ala

<table>
<tr><th colspan="2">关键词得分</th></tr>
<tr><td>Chairman Hua 0.64
seeds of China 0.58
new policy 0.57
western help 0.57
new Russian–Chinese negotiations 0.57
next Tuesday 0.56
China 0.56
59–year–old Chairman Hua 0.55
economic instincts of China 0.55
western world 0.54
needs China 0.54
reins of power 0.54
good reasons 0.54
days of the first visit 0.54
Mao change 0.54</td><td>west´s view 0.52
new military power 0.52
Nazi–Soviet pact 0.53
party apparatus 0.53
hopes of western economic help 0.53
communist party 0.53
next generation 0.53
top layer of China 0.53
large part of their army 0.52
Soviet Union 0.52
potential growth–areas 0.52
armed forces 0.52
central planners 0.52
factory managers 0.52
joint–venture capital 0.52</td></tr>
<tr><th colspan="2">情感得分和情绪得分</th></tr>
<tr><td colspan="2">Sentiment：Positive 0.27
Joy 0.51; Anger 0.1; Disgust 0.11; Sadness 0.53; Fear 0.57</td></tr>
</table>

图 4.19:《经济学家》杂志 1979 年 11 月 3 日有关中国领导人访问欧洲的报道的情感、关键词和情绪得分

与其他国家相比，1984 年中国总的情感得分最高(0.038)，属于正面、积极。这一年中国与英国最重要的事件是关于香港问题的谈判和两国间签署的联合声明。9 月 26 日，中英两国政府关于香港问题的联合声明在北京草签。但是，《经济学家》杂志并没有在 9 月双方草签和 12 月双方正式签署联合声明后及时报道这一重大事件，而是在双方谈判进行当中的 1984 年 1 月 28 日，分析了中英两国关于香港问题的谈判，并以香港问题的谈判作为这一期的封面，该周刊 1984 年全年 52 期的封面当中，只有这一期是关于中国主题的封面，以五星红旗作为香港天空的背景，主题文章的题目是 Red sky over Hongkong，文章的情感极性为负面(- 0.28)，高分关键词包括中国领导人、英国政府、发言人、撒切尔夫人、英国的目标、中国的刺激、香港的资本主义、中国民族主义的兴起、香港的边界、香港自治和选举、香港地方政府、香港经济方面的成功、香港自治资本主义的生存、谈判、目前乐观的阶段等(图 4.20)。

第四章 情感分析

关键词得分	
today's Chinese leaders 0.63	genuine autonomy means 0.53
British government 0.58	free elections 0.53
chief spokesman 0.58	local government 0.53
Hongkong 0.58	good deal 0.53
Mrs Thatcher's belated recognition 0.56	economic success 0.53
Britain's object 0.56	survival of an autonomous capitalist enclave 0.53
Mr Ji Pengfei 0.56	Chinese leaders 0.53
China's incentives 0.56	political reasons 0.53
Peking's usual circle 0.56	genuine bargain 0.53
sort of political embarrassment 0.55	next stage 0.53
China 0.55	present up-beat phase 0.53
Hongkong's own capitalists 0.55	political freedoms 0.52
onslaught of Chinese nationalism 0.55	alarming embarrassment 0.52
Britain 0.55	own stake 0.52
Hongkong's present territory 0.54	China's proposal 0.52
情感得分和情绪得分	
Sentiment:Negative- 0.28	
Joy 0.5;Anger 0.13;Disgust 0.12;Sadness 0.49;Fear 0.5	

图 4.20:《经济学家》杂志 1984 年 1 月 28 日封面及有关香港问题谈判的文章的情感、关键词和情绪得分

1984 年 7 月 28 日-8 月 12 日 中国体育代表团参加在美国洛杉矶举行的第 23 届奥运会,这是中国奥委会在国际奥委会中的合法权利得到恢复后,首次派体育代表团参加奥运会中国代表团共获得金牌 15 枚,金牌榜排名第 4 位,实现中国在奥运会金牌榜上"零"的突破,对中国和世界来说是一个重大事件(新华网,2018),但是《经济学家》杂志并未有这方面的报道。

从 1978~1990 年中国得分最低的两个年份是 1989 和 1991。1989 年春夏之交 北京和其他一些城市发生政治风波(新华网,2018),《经济学家》杂志从 5 月 13 到 6 月 10 号将近一个月的时间内,有 4 期的封面主题都是关于北京的政治风波,发表了多篇有关这一事件的报道和分析文章,这些文章的情感极性均为负面。

4.5.1.2 1991-2016 年阶段

从 1991 年至 2016 年,我们使用《经济学家》杂志正文的进行情感分析,与前一节相

163

同,我们的对比仍然是采用横向和纵向对比的方式,横向对比是中国与其他7个资本主义国家的总体上情感得分的对比,也就是说,中国与七国集团成员国之间的对比,纵向对比是观察中国自1991年至2016年之间的变化。我们主要是观察和回答下面几个方面的问题:

1) 长期以来,中国和七国集团成员国的总体情绪得分是多少?七国集团内部成员国和外部成员国在情感取向上有什么不同?
2) 在资本主义国家不同领导人执政时期,情感得分有什么不同?
3) 在中国经济崛起的过程中,中国经济实力的变化是否引起《经济学家》杂志对中国的情感取向的转变?中国举办奥运会是否改变了其对主办国的情感取向?
4) 表达中国和七国集团极性文章的主题是什么?有什么不同?

在1991-2016年《经济学家》杂志关于8个国家文章正文的情感分析与文章题录的情感分析非常接近,总体上,所有8个国家文章正文的情感均值和中位数都是负面或者消极,分别为 -0.21 和 -0.24。《经济学家》杂志的出版历史长达100多年,尽管它也出版有关医学和科学的新闻,但有关这些主题的报道非常有限。鉴于本次调查的样本数据量大,时间跨度长,上述负值可能代表了《经济学家》杂志总体上的情绪取向,至少从1991年至2016年该周刊的语言选择和使用的角度来看,《经济学家》杂志对8个国家总体态度是轻度消极或负面的。

仔细观察每一个国家的情感得分,发现所有的中位数都低于0.0,范围从-0.20到-0.29(图4.21),8个国家的上四分位数都低于0,这表明在每个国家的数据集中,有超过3/4的文章的情感值都是负面,它们都是右偏态分布。

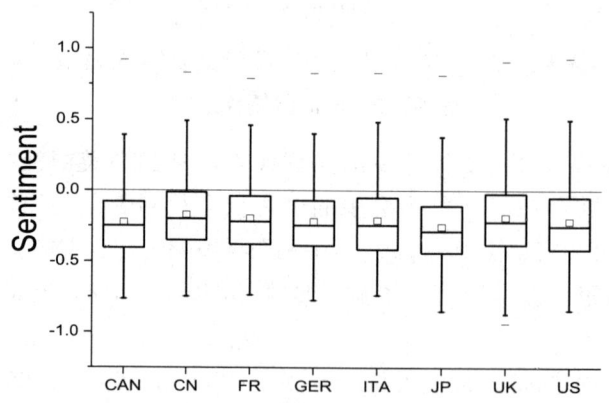

图4.21:1991-2016年《经济学家》杂志有关8个国家的情感得分

对8个国家的数据集进行Kolmogorov-Smirnov检验,发现他们都不服从正态分布(表4.14),表明8个数据集的所有分布都是倾斜的,这个结果说明,《经济学家》杂志的情感取向不是偶然的,而是高度系统的,具有强烈的负面情绪倾向或有明显的消极态度。这种系统化的情感倾向不仅适用于七国集团的外部成员国或社会主义国家——中国,也适用于所有七国集团的内部成员或资本主义成员。因此,可以得出的结论是,从整体上看,1991年至2016年消极情感代表了《经济学家》杂志的总体态度,而且该周刊这种显著的消极情感倾向并没有随着一个国家的意识形态或政治制度的不同而改变。

表 4.14: 8 个国家数据的正态性检验

Dataset	Median	Mean	Skewness	IQR a	Kolmogorov–Smirnova normality tests b	
					Statistic	p
CAN	−0.249	−0.225	0.857	0.324	0.058	< 0.001
CN	−0.200	−0.171	0.495	0.337	0.049	< 0.001
FR	−0.220	−0.196	0.506	0.338	0.041	< 0.001
GER	−0.246	−0.219	0.556	0.318	0.047	< 0.001
ITA	−0.244	−0.211	0.659	0.364	0.051	< 0.001
JP	−0.287	−0.256	0.684	0.330	0.057	< 0.001
UK	−0.221	−0.189	0.575	0.358	0.049	< 0.001
US	−0.254	−0.218	0.601	0.367	0.055	< 0.001

a: Interquartile range

b: The significance level is 0.05.

对于全世界当代所有的英语文本,目前还不知道是负面情感的文本数量多还是正面情感的文本数量多,或许在现代英语的所有词汇当中,表达负面情感的英文单词多于表达正面情感的单词。我们使用两个著名的正面和负面单词表(Hu & Liu, 2004; Liu, Hu & Cheng, 2005)做这方面的探讨。这两个词表在情感分析中广泛使用,它们是根据当代互联网上的词汇出现的频率编写而成。在这两个词汇表中,消极负面的英语单词的总数是积极正面的英语单词数量的 2.38 倍。总体而言,目前还不知道当代英语使用者是否存在这样一种倾向,即不论文本整体的情感是积极的还是消极的,在文本当中使用负面或消极的词汇多于正面或积极的词汇。我们计算了《经济学家》杂志 8 个国家所有数据集中所有词的出现的频率,并将其分别与上述正面、负面词表进行了比较。该周刊 1991–2016 年的数据集中,总计出现 935,832 正面词例和 1,271,484 负面词例,图 4.22 是该周刊频率最高的前 1000 个情感词的词云,表 4.15 列出了出现频率最高的前 20 个正面和负面词汇频率和总频率。从词云可以看出,有关自由、政治、社会或经济改革的词汇是该周刊主要正面情感词,而经济债务、危机和经济衰退是它的负面核心词汇,从表中可以发现,虽然近 5 万篇文章的总体情感是消极负面的,但在使用最多的前 20 个情感词汇中,正面或积极的词汇的总频率大于负面或消极词汇的总频率。

 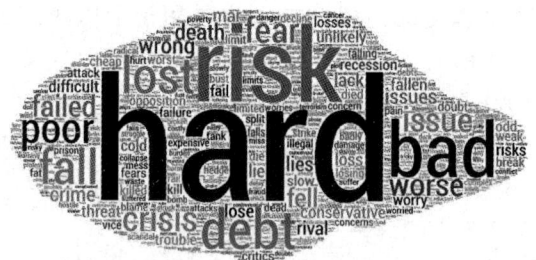

图 4.22:《经济学家》杂志 8 个国家数据集的
前 1000 个正面和前 1000 个负面情感词汇词云

表 4.15:《经济学家》杂志 8 个国家数据集使用频率最高的前 20 个情感词汇频率和总频率

	Positive	Occurrencefrequency	Negative	Occurrencefrequency
1	free	15,384	hard	19,256
2	top	14,581	risk	13,109
3	support	14,356	bad	11,718
4	reform	14,171	debt	11,009
5	rich	9,880	poor	10,280
6	strong	9,851	lost	9,973
7	led	9,570	fall	9,464
8	worth	9,180	crisis	9,441
9	success	8,740	issue	8,830
10	popular	8,163	conservative	8,644
11	win	7,959	worse	7,504
12	helped	7,897	failed	7,482
13	won	7,874	wrong	7,269
14	fast	7,487	fear	6,967
15	benefits	7,435	opposition	6,833
16	lead	7,125	death	6,620
17	reforms	6,772	unlikely	6,544
18	easy	6,521	recession	6,340
19	leading	6,351	issues	6,284
20	powerful	6,065	difficult	6,258
	Total	185,362	Total	179,825

由于 8 个国家的情感得分的分布都不是正态，我们采用 Kruskal-Wallis 检验成对对比的方法，来观察 8 个国家相互之间情感得分的差异情况(表 4.16)。从表 4.16 可以看出的一个明显特征是，日本的情感得分与所有其他国家的情感得分都存在显著的差异，也就是说，日本与七国集团的所有成员国和外部成员国中国的情感得分有显著差别。在八个国家中，中国情感得分的均值和中值最高，统计学检验说明中国与七国集团的所有成

员国都存在显著差异。

van Dijk（2013）指出，人们是通过语言来接受、传播和构建意识形态，文本当中凡是涉及"我们"的，所代表的都是积极正面的属性，凡是涉及"他们"的，所代表的都是消极负面的属性。"我们的"与"他们的"或"内部成员与外部成员"的两极分化不仅存在于表达意识形态的词和句中，也存在于文本的语法中。van Dijk（1988、2000、2008、2009）非常全面地阐述了语言与意识形态之间的关系。他强调，社会群体所有成员都持有某种积极的或消极的、正面的或负面的态度、信仰或意识形态（van Dijk，2005 年）。文本中语言的选择和使用都具有意识形态意义（Fowler，1991；Fairclough，1992；Fairclough，1995；Trew，1979）。van dijk（2005）强调，可以通过下列方式发现文本中表达的积极或消极的属性，或发现文本中的意识形态：即观察作者在针对某一主题时，看他强调什么是"我们的"好的东西，看他如何弱化"我们的"不好的东西，看他如何突出强调什么是"他们的"不好的东西，看他如何弱化什么是"他们的"好的东西，通过判断针对某个国家或主题的文本是正面或负面，来判断作者对"我们"的态度和对"他们"的态度是否有区别，对这个国家和那个国家的态度是否不同，对圈子内部的人和圈子外部的人的态度是否有差异。

《经济学家》杂志是一家英国杂志，通过近 5 万篇文本的全文的情感计算和显著性检验，我们发现它对"我们"（英国和其他七国集团成员国或资本主义国家）和"他们"（非资本主义国家或七国集团的外部成员国）的态度与上述 van Dijk 的结论不同，也就是说，该周刊针对"我们"的文章不是正面或积极的，针对"我们"和"他们"的文章都是负面或消极的，而且"我们"比"他们"更消极或负面。这表明，在该周刊看来，与圈子内工业化高度发达的资本主义国家相比，圈子外面的成员（他们，中国）不但没有那么"坏"，而且比圈子内部所有的国家都"好"，从 1991—2016 年总体来看，对中国的态度虽然是负面，但是情感得分高于其他所有国家，中国是最接近中性或积极正面一侧的国家，这一计算和分析结果完全出乎了我们的意料。

表 4.16: Kruskal – Wallis pairwise comparisonsa

Sample 1–Sample 2	Test Statistic	Std. Error	Std. Test Statistic	Sig.	Adj. Sig.
CAN–US	−263.731	481.437	−0.548	0.584	1
CAN–GER	−531.61	548.678	−0.969	0.333	1
CAN–ITA	−580.48	605.28	−0.959	0.338	1
US–GER	267.879	294.186	0.911	0.363	1
US–ITA	316.749	389.696	0.813	0.416	1
GER–ITA	−48.87	470.243	−0.104	0.917	1
FR–UK	−173.582	318.127	−0.546	0.585	1
ITA–FR	1113.697	477.999	2.33	0.02	0.555
GER–FR	1162.567	403.938	2.878	0.004	0.112
CAN–FR	−1694.18	555.34	−3.051	0.002	0.064
JP–CAN	1683.16	536.184	3.139	0.002	0.047
ITA–UK	−1287.28	398.957	−3.227	0.001	0.035

续表

Sample 1–Sample 2	Test Statistic	Std. Error	Std. Test Statistic	Sig.	Adj. Sig.
CAN–UK	−1867.76	488.964	−3.82	0	0.004
FR–CN	1411.689	368.653	3.829	0	0.004
JP–US	−1946.89	270.171	−7.206	0	0
JP–GER	2214.77	377.17	5.872	0	0
JP–ITA	2263.64	455.604	4.968	0	0
JP–FR	3377.337	386.798	8.732	0	0
JP–UK	−3550.92	283.365	−12.531	0	0
JP–CN	4789.026	339.111	14.122	0	0
CAN–CN	−3105.87	523.246	−5.936	0	0
US–FR	1430.446	306.433	4.668	0	0
US–UK	1604.028	156.793	10.23	0	0
US–CN	2842.135	243.485	11.673	0	0

a The tests are two-sided and the significance level is 0.05.

在七国集团中,美国、加拿大和英国都使用英语,加拿大和美国的情感得分没有显著的区别。虽然英国在历史上长期是美国的政治和军事同盟,但是英国的情感得分与美国和加拿大两国的情感得分都存在显著区别,是否使用相同的语言似乎并不是决定情感取向的关键因素。这是一个比较复杂的问题。为什么英国和美国之间存在情感得分的显著差异,还需要另外进一步的探讨。但是基于目前大量文本的全文计算和统计检验,结论是《经济学家》杂志对英国和美国的态度存在显著性差异,对美国的评价明显低于对英国的评价,对美国的评价更为负面或消极。加拿大与德国、加拿大与意大利、美国与德国、美国与意大利、德国与意大利、法国与英国、意大利与法国、德国与法国、加拿大与法国之间的情感得分没有区别。意大利与英国、美国与法国、德国与英国的情感得分存在显著区别(表 4.16)。图 4.23 直观地描绘了 8 个国家情感得分的异同,图中深色线条表示该线相连的两个国家的情感得分没有区别,灰色线连接的两个节点在情感得分上存在显著差异,图中每个节点还显示了其在组中的平均秩。

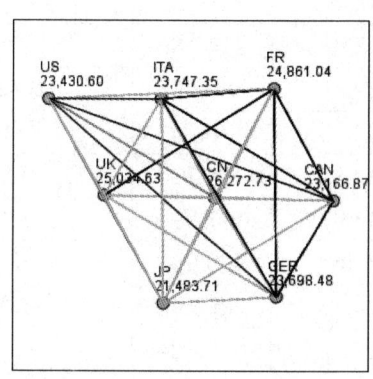

图 4-23:《经济学家》杂志有关 8 个国家情感得分的异同和平均秩

为了搞清楚最正面或最负面的文章表达的主题，我们使用概念分析技术(concept analysis)来分类和抽取这些最正面和最负面的文章的概念。概念分析能够发现文本中隐式和显式表达的概念之间的关系。它是一种更高层次的知识发现，可以发现概念、属性和对象之间的隐式关系(Cimiano, Hotho & Staab, 2005)。这种技术广泛用于知识表达、概念聚类和数据挖掘(Poelmans et al., 2009; Stumme, 2002; Cimiano et al., 2004)。这种技术建立在格理论(lattice theory)和有序集理论的基础上，通常用于挖掘概念和创建概念格或本体论(Ganter & Wille, 1999)。我们连接了 IBM 平台的概念分析接口，分析了 1991-2016 阶段所有有关 8 个国家主题全文中的概念，然后从中抽取出 1000 篇最积极正面的文章概念和 1000 篇最消极负面的文章概念，再将这些概念导入到数据挖掘系统 SAS Enterprise Miner Software 12.1 (Cary, NC: SAS Institute Inc.)，构建主题聚类。为了进行直观、简洁的对比，我们指定 5 个主题分别作为 1000 篇最积极正面的文章和 1000 篇最消极负面的文章的主题数，表 4.17 是主题聚类后的分析结果。

表 4.17:《经济学家》杂志最积极正面和最消极负面的文章主题聚类分析

	Topic ID	Document Cutoff	Term Cutoff	Topic	% of articles
1,000篇最积极正面的文章	1	0.537	0.14	+art, painting, +museum, modern, modern art	19.635
	2	0.453	0.139	+state, united, united, kingdom, +party	28.311
	3	0.423	0.122	school, business, investment, management, +university	15.068
1,000篇最积极正面的文章	4	0.663	0.147	china, republic, chinese, china, people	15.753
	5	0.395	0.126	mobile, phone, computer, mobile phone, +network	21.233
1,000篇最消极负面的文章	1	1.161	0.198	+bank, central, +central bank, policy, monetary	17.921
	2	1.081	0.188	united, +state, george, bush, party	18.996
	3	0.687	0.158	+crime, punishment, +law, criminal, capital punishment	17.742
	4	0.678	0.158	iraq, +war, invasion, war, al-qaeda	18.996
	5	0.643	0.161	european, +union, united, kingdom, germany	26.344

表 4.17 表明，1000 篇最积极正面的文章所涉所及的 5 大类主题中，有关中国和中国人民的主题占 15.75%，有关艺术、绘画、博物馆和现代艺术的主题占 19.64%，有关英国和政党的主题占 28.31%，有关学校、商业、投资、管理和大学方面的主题占 15.07%，有关新技术，比如计算机、移动电话和网络方面的主题占 21.23%。表格中的加号(+)表示词形还

原(lemmatization)后的一般形式(+art 包括 art、arts 等)。1000 篇最消极负面的文章涉所及的 5 大类主题中,有关银行和货币政策的主题占 17.92%,有关美国、乔治布什总统和党派的主题占 19%,犯罪、惩罚、法律、罪犯和死刑等方面的主题占 17.74%,伊拉克、战争、侵略和基地组织等方面的主题占 19%,欧盟、英国和德国方面的主题占 26.34%。很明显,对于 1000 篇最积极正面的文章,就聚类的国家名称而言,《经济学家》杂志对中国、中国人民和英国都表达了最积极正面的态度;而对于 1000 篇最消极负面的文章,从聚类的国家名称而言,该刊物对美国和美国总统布什都表达了最消极负面的态度。

就单个国家而言,我们分别抽取了所有国家最正面或积极和最负面或消极的文章,以观察单个国家极性情感所涉及的主题。表 4.18 列出了中国 1991-2016 年最正面或积极的 50 篇文章的得分,情感得分从高到低排序,表格中的概念 1,概念 2 和概念 3 是这篇文章所涉及的主题,概念后面的得分范围是 0 - 1,越接近 1,与这个概念的关联程度越强,一篇文章当中可能涉及多个概念,多个概念按强度大小依次排序,由于篇幅有限,这里仅列出文章的前三个概念和概念的关联强度得分。例如,第 1 行是 1995 年有关中国的一篇文章,情感得分 0.83,与这篇文章关联强度最强的概念是南中国海,得分 0.98,关联强度第二的概念是南沙群岛(Spratly Islands),得 0.88 分,关联强度第三的概念是东南亚,得 0.80 分,这篇文章的主题是美丽的南中国南海或南沙群岛。根据 IBM 概念分析的技术说明书,一篇文章高度概括出来的概念和概念的得分是基于人类最大的百科全书 – 维基百科产生的,将一篇文章输入 IBM 的维基百科的概念分析模型,输出就是这篇文章高度抽象出来的概念以及概念的得分。显然,这种概念和概念的得分是通过机器学习和模型生成的客观数据,与具有不同背景、文化、或意识形态的人类读者所产生的概念不同,这些人工智能产生的概念或概念的集合是完全量化的,彼此间能够进行精确对比。概念或概念集合可视为文章的主要内容或主题。

表 4.18:《经济学家》杂志有关中国的最积极正面的前 50 篇文章情感得分和概念得分

	Document	Sentiment	Concept 1	Score	Concept 2	Score	Concept 3	Score
1	cn 1995 147_0085@The turtle-soup factor	0.83	South China Sea	0.98	Spratly Islands	0.88	Southeast Asia	0.80
2	cn 1993 121_0021@Their masters' voice	0.82	Chinese language	0.97	Hong Kong	0.94	Standard Mandarin	0.68
3	cn 2001 89_0057@Asia Random thoughts	0.72	Poetry	0.98	Jiang Zemin	0.87	Chinese poetry	0.81
4	cn 2013 235_0074@The rice man cometh Free trade with Iceland	0.72	International trade	0.97	Europe	0.79	Norway	0.75
5	cn 2016 246_0057@Multiculti roots Taiwanese identity	0.69	Taiwan	0.98	Republic of China	0.79	Forbidden City	0.75

续表

	Document	Sentiment	Concept 1	Score	Concept 2	Score	Concept 3	Score
6	cn 1998 120_0038@Science and technology A genetic game of chicken	0.67	Genetics	0.95	DNA	0.83	Chicken	0.75
7	cn 2012 163_0088@They took it with them Treasures from the Han dynasty	0.65	Han Dynasty	0.98	Han Chinese	0.87	China	0.77
8	cn 2006 110_0076@Asia Selling the sage of Qufu China's Confucius Institutes	0.64	Shandong	0.96	Goethe-Institut	0.95	Instituto Cervantes	0.93
9	cn 2014 265_0194@Asian star Jewellery design	0.63	Jewellery	0.96	Gemstone	0.80	Sapphire	0.59
10	cn 2015 261_0068@Relics of plunder Stolen artefacts	0.62	Christie's	0.92	Auction	0.86	Hong Kong	0.83
11	cn 2011 113_0017@Books And Arts Meiyintang marvels Imperial Chinese porcelain	0.61	China	0.96	Ming Dynasty	0.81	Qing Dynasty	0.80
12	cn 1993 121_0037@Hong Kong film festival	0.59	China	0.99	People's Republic of China	0.88	Chen Kaige	0.81
13	cn 1999 118_0116@Asia 1000s The kiln of civilisation	0.58	China	0.96	Yuan Dynasty	0.92	Qing Dynasty	0.90
14	cn 1995 147_0099@Citizen Lai sheds his T-shirt	0.58	China	0.93	Chinese language	0.88	Retailing	0.81
15	cn 2014 265_0260@Oh what fun Christmas celebrations	0.56	Christmas	0.99	Father Christmas	0.88	People's Republic of China	0.83
16	cn 1996 136_0088@Mickey Mao	0.56	The Walt Disney Company	0.99	Walt Disney	0.92	Mickey Mouse	0.81
17	cn 2005 181_0055@Finance And Economics Appreciating oils China's art market	0.56	Chinese art	0.96	Hong Kong	0.79	Chinese painting	0.74
18	uk 2016 601_0364@Out of the Master's shadow Innovation in China	0.56	China	0.96	Innovation	0.89	People's Republic of China	0.78
19	cn 2014 265_0086@Coming to a beach near you Chinese tourists	0.55	World Tourism Organization	0.96	Tourism	0.90	People's Republic of China	0.66

续表

	Document	Sentiment	Concept 1	Score	Concept 2	Score	Concept 3	Score
20	cn 1991 7_0005@Business Confidence in Hong Kong Let a Hundred Companies Bloom	0.55	Cathay Pacific	0.97	People's Republic of China	0.74	Hong Kong	0.72
21	cn 2015 261_0246@Much red reading books Children's literature	0.55	Children's literature	0.97	Fiction	0.78	Literature	0.71
22	cn 2007 154_0041@Business Rising in the East General Motors	0.54	General Motors	0.99	Automotive industry	0.80	Shanghai Automotive Industry Corporation	0.66
23	cn 2007 154_0121@Business Trojan dragons Chinese companies	0.54	People's Republic of China	0.98	Industrial and Commercial Bank of China	0.82	Bear Stearns	0.74
24	cn 2004 122_0109@Asia String of pearls China's development	0.54	Guangdong	0.98	Pearl River Delta	0.97	Shenzhen	0.90
25	cn 2015 261_0089@Chin-chin in China South African wine	0.52	Wine	0.98	Overseas Chinese	0.95	South Africa	0.95
26	cn 2007 154_0153@Pandaplomacy China and Taiwan	0.51	Kuomintang	0.96	Hu Jintao	0.87	People's Republic of China	0.87
27	cn 2008 128_0112@Business Here comes a whopper Fast food in China	0.51	Fast food	0.98	Hamburger	0.74	Shanghai	0.59
28	cn 2016 246_0014@Just add sage Confucian cuisine	0.50	World Heritage Site	0.95	Cultural heritage	0.62	UNESCO	0.56
29	cn 2014 265_0123@Cash cow Taobao Learning to sell online	0.50	Retailing	0.99	Electronic commerce	0.95	Online shopping	0.82
30	cn 2003 108_0063@Books And Arts Brand land Business in China	0.50	Chinese nationalism	0.94	People's Republic of China	0.79	China	0.77

续表

	Document	Senti-ment	Concept 1	Score	Concept 2	Score	Concept 3	Score
31	cn 1996 136_0016@Calling China	0.50	Hong Kong	0.96	China	0.86	Telephone	0.78
32	cn 2013 235_0223@Zone of contention China's currency controls	0.50	Invest-ment	0.99	Finance	0.86	Economics	0.86
33	cn 2003 108_0066@Business Just do it Chinese-style China and brands	0.49	China	0.96	2008 Summer Olympics	0.91	People's Republic of China	0.82
34	cn 1997 133_0071@Who dares in China can still win	0.49	China	0.95	Semiconductor sales leaders by year	0.92	Semiconductor	0.89
35	cn 2007 154_0079@Business Green shoots Clean tech in China	0.49	World energy resources and consumption	0.96	Cleantech	0.81	Kyoto Protocol	0.80
36	cn 2000 82_0065@ Books and arts The wanderer's reward	0.49	Nobel Prize	0.97	Chinese literature	0.91	Gao Xingjian	0.83
37	cn 2010 129_0068@ Business Hybrid vigour IT in Taiwan and China	0.48	Taiwan	0.97	United Micro-electronics Corporation	0.68	Hsinchu	0.59
38	cn 2010 129_0038@ Business Status symbol Geely buys Volvo	0.48	Ford Motor Company	0.97	Automotive industry	0.63	Land Rover	0.56
39	cn 2014 265_0120@Putin pivots to the east Relations with Russia	0.48	Soviet Union	0.98	Russia	0.80	Boris Yeltsin	0.71
40	cn 2005 181_0165@Books And Arts Qing bling Chinese treasures	0.48	Qing Dynasty	0.95	Ming Dynasty	0.61	China	0.59
41	cn 1997 133_0043@China's new tipple	0.48	Wine	0.95	People's Republic of China	0.52	China	0.49

续表

	Document	Sentiment	Concept 1	Score	Concept 2	Score	Concept 3	Score
42	cn 2008 128_0111@Business Silent mode ZTE	0.47	Telephone	0.93	Handset	0.70	Mobile phone	0.68
43	cn 2016 246_0204@Insanely virtual Technology in China	0.47	Virtual reality	0.97	Mainland China	0.55	Mainland	0.54
44	cn 2004 122_0071@Business Saving face China's beauty business	0.46	Beauty contest	0.94	Beauty	0.66	China	0.63
45	cn 2014 265_0198@The great disrupter's new targets Huawei	0.45	Forrester Research	0.92	Public company	0.83	Strategic management	0.82
46	cn 2006 110_0015@Books And Arts Boyhood dreams Memories of China	0.45	Qing Dynasty	0.98	Pierre Teilhard de Chardin	0.92	China	0.82
47	cn 2008 128_0077@Business Rewired Telecoms in China	0.44	3G	0.96	China Telecom	0.85	China Unicom	0.82
48	cn 2013 235_0213@Made in China	0.44	Shanghai	0.91	Entrepreneurship	0.80	Mobile phone	0.71
49	cn 2013 235_0178@Leading man China's film business	0.44	Film	0.96	Movie theater	0.80	Movie studio	0.53
50	cn 2005 181_0133@Asia Democracy Idol China	0.44	Super Girl	0.96	Voting	0.91	Elections	0.80

  从表中可以看到，对于中国最正面或积极的文章主题主要是中国的艺术、历史、语言、文学、美景、古迹、旅游、体育、娱乐、饮食等文化元素，有少量主题涉及西方文化在中国的传播、中国的科技、贸易、商业和对外关系等。

  表4.19是该周刊有关中国的最消极负面的前50篇文章情感得分和概念得分，第1行是中国青岛从美国进口大量垃圾废料，第2行在中共反腐运动中，腐败分子自杀，第3行台湾李登辉的台独政治，第4行果子狸与严重呼吸道疾病，第5行汇率与通货膨胀。从表中可以看出，负面主题主要涉及以下几个方面，第一，空气污染或环境问题；第二，经济贸易或通货膨胀问题；第三，医疗卫生或控制传染病问题；第四，反腐败问题；第五，中国与东北亚国家或印度的关系问题；第六，国内发生的安全生产事故问题；第七，废除死刑问题。在经济方面，有两次涉及中国与国际巨头力拓和必和必拓有关铁矿石价格的谈判，中国处于及极其不利的地位并使经济和钢铁企业遭受重大损失。另外，建设世界最大水

电站三峡大坝以及它可能带来的生态或其他安全问题存在巨大争议。

表 4.19:《经济学家》杂志有关中国的最消极负面的前 50 篇文章情感得分和概念得分

	Document	Senti-ment	Concept 1	Score	Concept 2	Score	Concept 3	Score
1	cn 1996 136_0061@A stink from America	−0.75	United States	0.99	Waste	0.66	China	0.64
2	cn 2014 265_0152@ Unnatural deaths Official suicides	−0.72	Suicide	0.96	Communist Party of China	0.81	Death	0.75
3	cn 2001 89_0063@Asia Politics turns nasty Taiwan	−0.71	Republic of China	0.78	Lee Teng-hui	0.70	Politics of the Republic of China	0.67
4	cn 2004 122_0007@Science and Technology Here we go again SARS	−0.71	Asian Palm Civet	0.97	Severe acute respiratory syndrome	0.97	Respiratory disease	0.69
5	cn 2015 261_0034@ Currency peace China's exchange-rate policy	−0.69	Currency	0.95	Exchange rate	0.81	Inflation	0.79
6	cn 2008 128_0052@ Business Pile up China's steel industry	−0.68	Rio Tinto Group	0.98	Iron ore	0.93	BHP Billiton	0.85
7	cn 2001 89_0021@Asia Touchpaper	−0.67	Atomic bombings of Hiroshima and Nagasaki	0.98	Yangtze River	0.92	Anhui	0.89
8	cn 2014 265_0052@The smog of war China's parliament	−0.67	Air pollution	0.96	Smog	0.94	Prime minister	0.82
9	cn 2015 261_0010@ Dodging peril Banyan	−0.67	People's Republic of China	0.97	Central Asia	0.88	Xinjiang	0.79
10	cn 2007 154_0087@ Finance And Economics Be careful what you wish for China's economy	−0.66	International trade	0.97	Export	0.78	Inflation	0.73
11	cn 2009 136_0099@Asia The party under siege in Urumqi Tension in Xinjiang	−0.65	Xinjiang	0.95	People's Republic of China	0.90	Uyghur people	0.81

续表

	Document	Sentiment	Concept 1	Score	Concept 2	Score	Concept 3	Score
12	cn 2010 129_0076@Books And Arts Impasse at pass China and Tibet	−0.65	Tibet	0.98	Tibet Autonomous Region	0.88	People's Republic of China	0.86
13	cn 2008 128_0084@A game of chicken	−0.64	Influenza	0.98	Bird	0.78	Severe acute respiratory syndrome	0.74
14	cn 2010 129_0057@Asia From whence cometh my help The earthquake in Qinghai	−0.64	Tibet Autonomous Region	0.95	Tibet	0.94	Qinghai	0.69
15	cn 1997 133_0101@The unhappy return	−0.64	South Korea	0.98	Korea	0.85	Korean language	0.84
16	cn 2008 128_0014@Asia A cold coming China's bleak mid-winter	−0.64	Wind	0.95	Guangdong	0.87	Chinese New Year	0.81
17	cn 2013 235_0192@Hard times Juvenile crime	−0.64	Crime	0.95	Population	0.58	Violence	0.48
18	cn 2016 246_0048@China nostra Organised crime	−0.64	Overseas Chinese	0.99	European Union	0.83	People's Republic of China	0.77
19	cn 2014 265_0222@Poor conversation Hong Kong's protests	−0.64	Hong Kong	0.97	Protest	0.90	Politics of Hong Kong	0.87
20	cn 2009 136_0069@Business The steel fist of government China and the Rio Tinto detentions	−0.63	Beijing	0.97	Iron ore	0.91	Rio Tinto Group	0.84
21	cn 2014 265_0191@A moving target China's shadow banks	−0.63	The Shadow	0.93	Finance	0.93	Bank	0.91
22	cn 2008 128_0102@Asia Chinastan Xinjiang	−0.63	Terrorism	0.95	Central Asia	0.86	Xinjiang	0.86
23	cn 2013 235_0015@ Dangerous shoals The SenkakuDiaoyu islands	−0.63	Japan	0.97	East China Sea	0.79	China	0.76
24	cn 2002 90_0029@Asia Down to the wire North Korean refugees	−0.63	North Korea	0.96	South Korea	0.77	Korea	0.74

续表

	Document	Sentiment	Concept 1	Score	Concept 2	Score	Concept 3	Score
25	cn 2005 181_0109@Asia Suppression China Oil The Shanghai Co -operation Organisation	−0.63	Central Asia	0.98	Kazakhstan	0.82	Uzbekistan	0.72
26	cn 2013 235_0128@ Unveiled threats Ethnic unrest in Xinjiang	−0.62	Uyghur people	0.97	Xinjiang	0.96	Terrorism	0.62
27	cn 2003 108_0028@Asia After the outbreak SARS	−0.62	China	0.95	Hong Kong	0.94	People's Republic of China	0.80
28	cn 2006 110_0073@Asia Sanitising the record Infectious diseases in China	−0.62	Infectious disease	0.97	Epidemiology	0.92	Infection	0.91
29	cn 2005 181_0101@Asia Turning ploughshares into staves China's land disputes	−0.62	Beijing	0.97	Agriculture	0.76	Agricultural land	0.72
30	cn 2005 181_0117@Leaders Too much morality too little sense AIDS	−0.62	HIV	0.98	AIDS	0.75	Sexual intercourse	0.74
31	cn 2007 154_0081@Asia Wet goods and dry goods China's corpse brides	−0.62	Henan	0.97	Shanxi	0.94	Marriage	0.94
32	cn 2000 82_0056@United States Embarrassing	−0.62	Federal Bureau of Investigation	0.97	Los Alamos National Laboratory	0.87	Solitary confinement	0.60
33	cn 2014 265_0050@Dark day Terror attack	−0.62	Xinjiang	0.96	Uyghur people	0.86	Central Asia	0.85
34	cn 2004 122_0104@ Finance And Economics Death of deflation Japan's economy	−0.61	Central bank	0.98	Inflation	0.84	Monetary policy	0.77
35	cn 2008 128_0002@Asia Caution lust Censorship in China	−0.61	People's Republic of China	0.97	Censorship	0.96	China	0.80
36	cn 1993 121_0047@Tibet The prisoner that won't stay silent	−0.61	Tibet	0.97	Tibet Autonomous Region	0.92	People's Republic of China	0.86

续表

	Document	Sentiment	Concept 1	Score	Concept 2	Score	Concept 3	Score
37	cn 1995 147_0068@Business ethics Hard graft in Asia	−0.61	Political corruption	0.94	Bribery	0.85	Politics	0.78
38	cn 2011 113_0040@Asia Choking on the Three Gorges China and opposition to dams	−0.61	Communist Party of China	0.96	Three Gorges Dam	0.94	Yangtze River	0.79
39	cn 2012 163_0068@Smoke without fire Banyan	−0.60	Sino–Indian War	0.99	Tibet	0.95	Arunachal Pradesh	0.88
40	cn 2010 129_0112@Asia Gagging to be free China's muffled media	−0.60	People's Republic of China	0.98	Freedom of speech	0.82	Beijing	0.78
41	cn 2008 128_0016@Business Food for thought Business in Japan	−0.60	Japan	0.95	Food safety	0.83	Economy of Japan	0.77
42	cn 1997 133_0023@Not quite so sparkling China	−0.60	Investment	0.97	Economy of the People's Republic of China	0.86	Foreign direct investment	0.80
43	cn 2002 90_0083@Finance And Economics A tiny leap forward China's stockmarket	−0.60	Investment	0.96	Finance	0.80	Capital accumulation	0.77
44	cn 2003 108_0018@Asia Against the grain China	−0.60	Local government	0.98	Yellow River	0.80	Shandong	0.76
45	cn 1997 133_0130@Sun's shadow	−0.60	People's Republic of China	0.96	Qing Dynasty	0.83	Cultural Revolution	0.81
46	cn 1997 133_0100@World leader	−0.59	Capital punishment	0.97	Amnesty International	0.86	Human rights	0.69
47	cn 1999 118_0049@Europe Diplomacy amid the rubble	−0.59	Kosovo	0.97	Socialist Federal Republic of Yugoslavia	0.55	Montenegro	0.54
48	cn 2001 89_0043@Asia Bang you're dead	−0.59	Capital punishment	0.97	Amnesty International	0.70	People's Republic of China	0.64

续表

	Document	Sentiment	Concept 1	Score	Concept 2	Score	Concept 3	Score
49	cn 2009 136_0001@Asia The year of living dissidently Dissent in China	−0.59	Tiananmen Square protests of 1989	0.98	China	0.89	Tiananmen Square	0.54
50	cn 2015 261_0124@Small is ugly China´s banks	−0.59	Bank	0.99	Debt	0.82	Loan	0.68

表4.20是有关美国的最积极正面的前50篇文章主题，第1行是在美国生长的世界最高的树 – 红杉，第2行是美国国家航空航天局探索太空，第3行关于美国历史人物 – 修建横贯大陆铁路的工程师西奥多·朱达，第4行美国音乐，第5行，美国作曲家阿隆·科普兰。美国最积极正面的主题主要包括音乐、绘画、医学成就、图书、广播、电影、电视、诗歌、旅游、广告、新技术、新发明、历史人物，也包括慈善事业、就业市场、城市建设、股票市场，以及外国图书或文化在美国的影响等。与中国相比的区别是，主题内容覆盖范围广，尤其是音乐类的歌唱家、歌剧、作曲、歌剧院、爵士乐、交响乐、乐器和绘画方面的主题与中国有明显区别。

表4.20:《经济学家》杂志有关美国最积极正面的前50篇文章情感得分和概念得分

	Document	Sentiment	Concept 1	Score	Concept 2	Score	Concept 3	Score
1	us 2007 1126_0262@Books And Arts Ancient giants Redwood trees	0.93	Sequoia	0.97	Tree	0.87	Humboldt County, California	0.80
2	us 2007 1126_0647@Science and Technology Hitch –hiking to the moon Astrophysics	0.91	NASA	0.96	Moon	0.79	Solar System	0.68
3	us 2014 759_0015@Earth wind and fire Exploring America	0.87	United States	0.96	Theodore Judah	0.92	First Transcontinental Railroad	0.81
4	us 1993 1150_1127@Lieder v opera	0.85	Opera	0.97	Performance	0.63	Singing	0.75
5	us 2000 949_0774@Books and arts The plainsman´s song	0.84	Aaron Copland	0.95	Music	0.73	Nadia Boulanger	0.75
6	us 2003 1169_0123@Books And Arts And some of the winners are Sundance film festival	0.83	Sundance Film Festival	0.96	Independent film	0.75	Film	0.77

续表

	Document	Sentiment	Concept 1	Score	Concept 2	Score	Concept 3	Score
7	us 2000 949_0899@Books and arts Holiday blues	0.81	Louis Armstrong	0.95	Jazz	0.95	Miles Davis	0.93
8	us 2004 1044_0797@Science and Technology Finding drugs in the library Digital bioprospecting	0.79	Medicine	0.96	Pharmacology	0.60	Malay Archipelago	0.59
9	us 2013 747_0645@Tres glam The photographs of Erwin Blumenfeld	0.78	World War II	0.95	Photography	0.87	Dada	0.83
10	us 1998 1125_0523@Business The Chrysler connection	0.78	BAE Systems	0.95	Lockheed Martin	0.90	Europe	0.80
11	us 2002 1153_0199@Books And Arts Modern master Musical lives	0.78	Music	0.99	Tonality	0.71	Austrian Jews	0.81
12	us 2004 1044_0013@Books And Arts Portable art Flemish manuscript painting	0.76	Illuminated manuscript	0.97	Manuscript	0.67	Rogier van der Weyden	0.90
13	us 2001 1109_0809@Books And Arts Hours of pleasure The year's best jazz CDs	0.75	Benny Goodman	0.95	Jazz	0.93	Billie Holiday	0.81
14	us 1996 1113_0999@Advantage Coke	0.75	Stock market	0.98	Dow Jones Industrial Average	0.79	Morgan Stanley	0.83
15	us 1995 1005_0992@What the world is reading	0.74	Talk radio	0.95	Television	0.89	Talk show	0.81
16	us 2001 1109_0825@Books And Arts Singing stocking fillers The year's best classical CDs	0.74	Opera	0.96	Richard Wagner	0.57	Tenor	0.74
17	us 1996 1113_0864@Tripping out on the Web	0.74	Travel agency	0.95	American Express	0.88	Travel	0.78
18	us 2001 1109_0821@Books And Arts Lord of the box office JRR Tolkien	0.74	J. R. R. Tolkien	0.98	Harry Potter	0.78	The Lord of the Rings	0.66
19	us 2007 1126_0254@United States Corn-propelled Racing cars	0.74	Indy Racing League	0.97	Ethanol fuel	0.78	Paul Dana	0.72

续表

	Document	Sentiment	Concept 1	Score	Concept 2	Score	Concept 3	Score
20	us 1999 1122_0414@ Moreover Listing the lists	0.74	Ayn Rand	0.96	Modern Library	0.80	Citizen Kane	0.71
21	us 1999 1122_0233@The Economist review Take it from the masters	0.73	Robert Penn Warren	0.99	Poetry	0.95	William Carlos Williams	0.66
22	us 1999 1122_0209@ Moreover What the world saw	0.73	Metropolitan Museum of Art	0.97	Vincent van Gogh	0.83	New York City	0.74
23	us 2004 1044_0330@ Business The gift relationship Doing favours at work	0.73	Productivity	0.91	Employment	0.91	Exchange	0.90
24	us 2013 747_0089@Master of mischief Sleeping Eros at the Met	0.72	Metropolitan Museum of Art	0.98	The Golden Ass	0.89	Apuleius	0.95
25	us 2002 1153_0752@Books And Arts Three times table Keyboard jazz	0.72	Jazz	0.99	Piano	0.70	Medeski Martin & Wood	0.87
26	us 1998 1125_0491@ Moreover Scatty delight	0.71	Singing	0.96	Vocal range	0.76	Human voice	0.59
27	us 2005 1078_0445@Books And Arts Write –on man Edward Ruscha American artist	0.71	Art	0.97	Venice Biennale	0.79	History of painting	0.56
28	us 1994 1172_0494@A lawyer's legacy Capital collection	0.70	Impressionism	0.98	Claude Monet	0.88	Washington, D.C.	0.82
29	us 2012 704_0264@ Spreading gospels of wealth Philanthropy	0.70	Bill Gates	0.96	Philanthropy	0.93	Warren Buffett	0.77
30	us 2009 931_0708@Books And Arts A Dutch treat Vermeer at the Met	0.69	Metropolitan Museum of Art	0.98	Johannes Vermeer	0.76	Netherlands	0.78
31	us 2003 1169_0587@ Defining nanotubes	0.69	Electrical engineering	0.98	IEEE 802.11	0.96	Semiconductor	0.86

续表

	Document	Sentiment	Concept 1	Score	Concept 2	Score	Concept 3	Score
32	us 2007 1126_0700@Science and Technology Sex shopping and thinking pink Evolutionary psychology	0.68	Gender	0.98	Preference	0.71	Gender role	0.82
33	us 1998 1125_0245@Moreover Ali on the canvas	0.66	Qur´an	0.98	Andy Warhol	0.87	Boxing	0.89
34	us 2002 1153_0732@Business Stones from bones Making diamonds from cremated remains	0.66	Gemstone	0.97	Diamond	0.87	Carbon	0.80
35	us 2007 1126_0826@Books And Arts From America with love The Marshall Plan	0.66	Cold War	0.98	Marshall Plan	0.74	Europe	0.83
36	us 1998 1125_0816@The Economist review Side by side	0.66	Stephen Sondheim	0.95	Musical theatre	0.92	Richard Rodgers	0.59
37	us 2006 894_0435@Business Everything to play for Video games	0.66	Xbox 360	0.94	Video game console	0.88	PlayStation 3	0.56
38	us 1995 1005_0750@Engine design Space racer	0.66	Internal combustion engine	0.94	Engine	0.68	Electric motor	0.71
39	us 1994 1172_1103@Jascha Heifetz Prodigious	0.66	Mischa Elman	0.95	Violin	0.73	Fritz Kreisler	0.59
40	us 1994 1172_0044@The art of money	0.65	Ancient Rome	0.98	Alexander the Great	0.73	Coin collecting	0.49
41	us 1998 1125_0755@Moreover What the world is watching	0.65	Television	0.95	CBS	0.65	Economy of the People´s Republic of China	0.68
42	us 2000 949_0582@United States Paying teachers more	0.64	School	0.73	National Education Association	0.53	Profession	0.54
43	us 2013 747_0273@To marvel at all things Butterflies in America	0.64	Nature	0.96	Charles Darwin	0.86	Science	0.63

续表

	Document	Sentiment	Concept 1	Score	Concept 2	Score	Concept 3	Score
44	us 2015 688_0351@Retina selfie Diagnostics	0.64	Retina	0.99	Eye	0.97	Rod cell	0.82
45	us 2001 1109_0364@Books and Arts Pass the baton	0.64	Orchestra	0.99	Berlin Philharmonic	0.77	Pierre Boulez	0.82
46	us 1994 1172_0542@ Welcome to the cyberguild	0.63	Advertising	0.97	NBC	0.90	ITV	0.82
47	us 2004 1044_0528@Books And Arts A grovy kind of place The gardens of Versailles	0.63	Louis XIV of France	0.95	Palace of Versailles	0.82	Gardens of Versailles	0.71
48	us 1994 1172_0874@ Business Cher luxury	0.63	Online shopping	0.95	British Royal Family	0.71	Retailing	0.53
49	us 1999 1122_1014@ Moreover Callectables	0.63	Dwight D. Eisenhower	0.97	Kansas	0.49	Telephone	0.80
50	us 1996 1113_0839@ Beautiful mornings	0.63	Musical theatre	0.96	Alan Jay Lerner	0.77	Richard Rodgers	0.56

表4.21是有关美国最消极负面的50篇文章的情感得分和概念得分，第1行是加州保罗盖蒂博物馆非法购买巴恩斯基金会艺术品，第2行是美国宗教问题，第3行美国儿童不讲礼貌，第4行家庭问题，第5行是关于批判美国小说家约翰欧文的文学作品《第四只手》。这50篇最消极负面的文章主要分为以下几个方面的主题：第一，伊拉克战争、911事件、基地组织、恐怖主义；第二，美国黑人和民权问题；第三，美国贫困、死刑、教育、婚姻、人工流产、家庭、宗教问题；第四，贸易、保险、税收、财政问题；第五，疾病预防与公共医疗健康方面的问题；第六，公司欺骗、犯罪、法律方面的问题；第七，总统或政党选举问题；第八，自然灾害、环境和医疗事故。其中，经济方面所涉及的安然公司的丑闻和欺骗使投资者遭受了重大损失。可以看出，除上面第一条之外，美国最消极负面的主题不是美国与外国的关系，而主要是美国的国内问题。

表4.21：《经济学家》杂志有关美国的最消极负面的50篇文章的情感得分和概念得分

	Document	Sentiment	Concept 1	Score	Concept 2	Score	Concept 3	Score
1	us 1993 1150_0181@ Turner's painting Stormy seas	−0.84	J. Paul Getty	0.96	Paul Getty	0.80	Barnes Foundation	0.79
2	us 2014 759_0461@Rabbi to the rescue Religious freedom	−0.82	United States	0.97	Christianity	0.87	Religion	0.85

续表

	Document	Sentiment	Concept 1	Score	Concept 2	Score	Concept 3	Score
3	us 1999 1122_0628@United States And sit up straight	−0.79	Manners	0.92	Separation of church and state	0.89	Edwin Edwards	0.78
4	us 1993 1150_0266@Divorce and children They muck you up	−0.79	Marriage	0.95	Family	0.58	Divorce	0.56
5	us 2001 1109_0624@Books and Arts Bloody fingers	−0.79	John Irving	0.97	The World According to Garp	0.90	The Fourth Hand	0.82
6	us 2015 688_0249@Dark days Police brutality in Chicago	−0.79	Civil liberties	0.95	Black people	0.84	American Civil Liberties Union	0.81
7	us 2006 894_0150@United States The needle and the damage done California and the death penalty	−0.79	Capital punishment	0.98	Lethal injection	0.86	Hanging	0.62
8	us 2012 704_0570@Political strength Body and mind	−0.77	Poverty	0.99	Wealth	0.83	Bird	0.69
9	us 1998 1125_1015@Finance and economics Monkey business	−0.77	European Union	0.95	International trade	0.75	World Trade Organization	0.72
10	us 1997 1088_1055@The president´s dog days	−0.76	Bill Clinton	0.99	President of the United States	0.78	Democratic Party	0.77
11	us 2002 1153_0016@Finance And Economics The pariah of risks Terrorist insurance	−0.76	Insurance	0.95	Actuarial science	0.46	Reinsurance	0.46
12	us 2005 1078_0763@Science and Technology Storm surge Hurricanes	−0.75	Atlantic Ocean	0.96	Tropical cyclone	0.85	Indian Ocean	0.82
13	us 2015 688_0324@Speak some evil The Supreme Court	−0.75	Supreme Court of the United States	0.96	John G. Roberts	0.74	Samuel Alito	0.71

续表

	Document	Sentiment	Concept 1	Score	Concept 2	Score	Concept 3	Score
14	us 2007 1126_0346@United States Contaminated Soldiers in Iraq	−0.75	Iraq War	0.98	United States	0.81	Abuse	0.58
15	us 1996 1113_0438@A stink from America	−0.75	United States	0.99	Federal government of the United States	0.82	President of the United States	0.79
16	us 2014 759_0406@ Clueless Anti-vaccine campaigners	−0.75	Immune system	0.82	Vaccination	0.78	Emma	0.76
17	us 2006 894_0248@United States Bungled Terrorism trials	−0.74	September 11 attacks	0.97	Zacarias Moussaoui	0.94	Capital punishment	0.93
18	us 2016 706_0156@The mistakes that made Islamic State Iraq's unravelling	−0.74	Iraq War	0.94	George W. Bush	0.86	Iraq	0.79
19	us 2008 828_0547@Leaders Naked fear Short-selling	−0.74	Short	0.95	U.S. Securities and Exchange Commission	0.95	Christopher Cox	0.74
20	us 2007 1126_0665@ Leaders When murder is just plain murder The Iraqi resistance	−0.74	Iraq	0.98	Iraq War	0.59	Shia Islam	0.51
21	us 1999 1122_0731@United States The criminal unborn	−0.74	Crime	0.96	Abortion	0.91	Roe v. Wade	0.87
22	us 1996 1113_0060@ Reacting to terrorism	−0.74	Terrorism	0.95	United Nations	0.72	Violence	0.69
23	us 1999 1122_0108@United States A screen near you	−0.74	Law	0.97	Constitution	0.76	United States Constitution	0.74
24	us 2007 1126_0169@United States Locked up just in case Civil confinement	−0.74	Sex offender	0.95	Supreme Court of the United States	0.51	Sex and the law	0.41

续表

	Document	Sentiment	Concept 1	Score	Concept 2	Score	Concept 3	Score
25	us 1993 1150_0654@The FBI Freeh at last	−0.74	J. Edgar Hoover	0.98	Federal Bureau of Investigation	0.94	Organized crime	0.70
26	us 2003 1169_0241@United States Load of rubbish Michigan´s garbage trouble	−0.74	Waste management	0.98	Waste	0.87	Hazardous waste	0.77
27	us 1998 1125_0723@ Europe American soldiers overrun Russian ego	−0.74	Cold War	0.97	Russia	0.85	Soviet Union	0.83
28	us 2001 1109_0717@United States Please sir the dog ate my surplus Government borrowing	−0.74	Tax	0.95	Government debt	0.85	Deficit	0.85
29	us 2001 1109_0257@ Financial Indicators MONEY AND INTEREST RATES	−0.73	Finance	0.94	Stock market	0.84	Bond	0.83
30	us 1993 1150_0080@A just man	−0.73	Supreme Court of the United States	0.97	Law	0.69	Thurgood Marshall	0.68
31	us 2002 1153_0071@ Finance And Economics Enron and on Audit scandals	−0.73	Enron scandal	0.97	Enron	0.79	U.S. Securities and Exchange Commission	0.74
32	us 2015 688_0039@ Disparate dilemma Race and the Supreme Court	−0.73	United States	0.97	Antonin Scalia	0.90	Supreme Court of the United States	0.86
33	us 2001 1109_0253@ Financial Indicators TRADE EXCHANGE RATES AND BUDGETS	−0.73	United States dollar	0.95	Currency	0.65	Japanese yen	0.64
34	us 2011 544_0290@United States End of a fantasy Wisconsin´s recall vote	−0.73	United States Senate	0.95	Recall election	0.81	United States House of Representatives	0.71

续表

	Document	Sentiment	Concept 1	Score	Concept 2	Score	Concept 3	Score
35	us 2002 1153_0540@United States Caveat pre-emptor The Bush doctrine	−0.73	George W. Bush	0.97	Cold War	0.96	2003 invasion of Iraq	0.89
36	us 2005 1078_0292@United States Unseen and underfought Children and cancer	−0.73	Cancer	0.99	American Cancer Society	0.53	Cancer organizations	0.52
37	us 1994 1172_0781@ Nuclear fission	−0.73	Family	0.96	Mother	0.78	Father	0.68
38	us 1999 1122_0589@United States Anyone not included	−0.73	Supreme Court of the United States	0.95	Sandra Day O´Connor	0.68	United States	0.65
39	us 2003 1169_0810@United States Party on Open primaries	−0.73	Primary election	0.96	Elections	0.81	New York City	0.55
40	us 2008 828_0311@Science and Technology Smelly sleep Suspended animation	−0.73	Oxygen	0.95	Carbon dioxide	0.94	Hydrogen sulfide	0.76
41	us 2010 651_0555@Finance And Economics Robostop Foreclosuregate	−0.73	United States housing bubble	0.75	Subprime mortgage crisis	0.71	JPMorgan Chase	0.48
42	us 2004 1044_0732@United States Go to jail The Valerie Plame affair	−0.73	Plame affair	0.99	George W. Bush	0.91	Joseph C. Wilson	0.85
43	us 1994 1172_0258@Three strikes join the queue	−0.73	Crime	0.97	Jury	0.86	Criminal law	0.79
44	us 1995 1005_0713@The dollar Greenbacks can jump	−0.73	United States dollar	0.98	Economy of Japan	0.68	Dollar	0.62
45	us 2014 759_0558@Chasing a rolling snowball Ebola	−0.73	Infectious disease	0.96	Sierra Leone	0.92	Liberia	0.68
46	us 2003 1169_0504@International The undead The return of al-Qaeda	−0.73	Al-Qaeda	0.96	September 11 attacks	0.93	Osama bin Laden	0.88
47	us 1996 1113_0689@ Evidence of things not seen	−0.72	Boeing 747	0.95	Explosive material	0.86	Airline	0.68

	Document	Senti-ment	Concept 1	Score	Concept 2	Score	Concept 3	Score
48	us 2006 894_0609@United States In retreat Terrorism	−0.72	President of the United States	0.98	George W. Bush	0.88	Alberto Gonzales	0.76
49	us 2004 1044_0551@ Leaders Justice for bosses Corporate crime	−0.72	Prison	0.96	Crime	0.88	Law	0.49
50	us 2002 1153_0588@United States Ave atque vale The retirement of JC Watts	−0.72	Republican Party	0.97	George W. Bush	0.94	Newt Gingrich	0.91

从上述全部情感分析和中美之间对比的情况来看，《经济学家》杂志所表达的情感是基本类似的，也就是说，无论对中国还是美国，无论对七国集团的成员国还是非成员国，无论对圈内成员还是圈外成员，无论对军事同盟国还是非军事同盟国，无论英美或中英建交历史长短，无论国家之间的语言或信仰是否相同，无论国家间的种族或者文化是否相近，无论国家间的地理位置是否接近，该周刊对人文、科技和艺术类的主题均持有最正面或积极的态度，对战争、灾难、疾病、灾害、犯罪、死刑犯、事故、贫困、不平等、恐怖主义等均持有最负面或消极的态度，对中美两国之间一些不同的政治、经贸和社会问题也持有最负面或消极的态度。

从1991年到2016年，世界上发生了许多重大政治或历史事件，有多位领导人当选为七国集团成员国的总统或总理，我们针对历史不同时期、有关不同国家的主题文章的情感得分进行了对比，来观察《经济学家》杂志对于同一国家不同领导人当政时期的情感取向。同时，我们研究了主办世界上最大的体育赛事是否会改变该周刊对主办国的态度。主办奥运会可被视为主办国(特别是第一次主办国)政治稳定、有较强经济实力，并得到世界认可的标志。2001年7月，国际奥委会宣布北京将主办2008年夏季奥运会，这是中国第一次主办夏季奥运会，我们比较了该周刊有关中国1990年代(1991–2000年)、前奥运会阶段(2001–2007年)和后奥运时代(2008–2016年)主题文章的情感得分，各分段数据基于以下表格进行分析和对比(表4.22)：

表4.22：美、英、德领导人执政期间和中国奥运前后的分段数据

Country	Leader	Time frame
US	Bill Clinton	1993–2000
	George W. Bush	2001–2008
	Barack Obama	2009–2016
UK	John Major	1991–02/05/1997
	Tony Blair	02/05/1997–27/06/2007
	Gordon Brown	27/06/2007–11/05/2010
	David Cameron	11/05/2010–13/07/2016

续表

Country	Leader	Time frame
Germany	Helmut Kohl	1991–27/10/1998
	Gerhard Schr?der	27/10/1998–22/11/2005
	Angela Merkel	22/11/2005–2016
China	1990s	1991–2000
	Pre-Olympic	2001–2007
	Post-Olympic	2008–2016

表 4.23 是美、英、德三国不同领导人执政时期和中国奥运前后的情感得分,表 4.24 是对得分的检验结果。

表 4.23：美、英、德三国不同领导人执政时期和中国奥运前后的情感得分

Country	Leader	Mean	Median	Std. Deviation
US	Bush	−0.230	−0.274	0.270
	Clinton	−0.207	−0.237	0.258
	Obama	−0.221	−0.258	0.260
UK	Blair	−0.191	−0.218	0.262
	Brown	−0.225	−0.275	0.268
	Cameron	−0.168	−0.199	0.268
	Major	−0.199	−0.226	0.250
Germany	Kohl	−0.213	−0.244	0.239
	Merkel	−0.238	−0.269	0.236
	Schröder	−0.210	−0.232	0.231
China	1990s	−0.160	−0.192	0.245
	Post-Olympic	−0.177	−0.203	0.243
	Pre-Olympic	−0.169	−0.199	0.254

表 4.24：美、英、德三国和中国奥运前后情感得分的 Kruskal – Wallis 成对对比结果 [a]

Country	Sample 1-Sample 2	Test Statistic	Std. Error	Std.Test Statistic	Sig.	Adj. Sig.
US	Bush–Obama	−294.911	110.597	−2.667	0.008	0.046
	Bush–Clinton	−686.285	99.230	−6.916	0.000	0.000
	Obama–Clinton	391.374	106.822	3.664	0.000	0.001
UK	Brown–Major	−453.710	120.897	−3.753	0.000	0.002
	Brown–Blair	521.554	117.395	4.443	0.000	0.000
	Brown–Cameron	−794.405	118.999	−6.676	0.000	0.000
	Major–Blair	67.844	81.325	0.834	0.404	1.000

续表

Country	Sample 1–Sample 2	Test Statistic	Std. Error	Std.Test Statistic	Sig.	Adj. Sig.
UK	Major–Cameron	340.695	83.624	4.074	0.000	0.000
	Blair–Cameron	−272.852	78.476	−3.477	0.001	0.005
Germany	Merkel–Kohl	88.875	35.022	2.538	0.011	0.067
	Merkel–Schröder	−98.117	37.161	−2.640	0.008	0.050
	Kohl–Schröder	−9.242	34.292	−0.270	0.788	1.000
Chinab	1990s–Pre-Olympic					0.201
	1990s–Post-Olympic					
	Pre-Olympic–Post-Olympic					

a: The tests are two-sided and the significance level is 0.05.
b: The multiple comparisons of China are not performed because the overall test does not show significant differences across the three samples.

可以看出,对于美国而言,三个总统执政期的情感得分彼此间互不相同。美国总统克林顿、布什和奥巴马都有两个完整的任期,但有关三个总统任期内的美国主题文章的情感得分存在显著差异,在他们当中,克林顿总统两个任期内有关美国主题文章的情感得分最高。有人认为,对于总统或某一届政府的评价需要考虑多方面的因素,评价总统或某一届政府是一项复杂的任务,并且随着时间的推移,评价的内容和标准也在发生变化,比如总统或政府的政策、领导技能、危机管理能力或个人性格或者魅力等(Stadelmann,2011)。根据研究美国总统的历史学家 Smith(2009 年)的观点,由于人们的判断会随着时间的推移而改变,因此没有单一的规则来评估总统或其政府是"好"还是"坏"。根据《经济学家》杂志对美国三位总统任期内的主题文章的情感分析和检验,三位总统的政府都不是那么"好",相对而言,克林顿总统任期内的政府比其他两位总统任期内的政府"好",布什总统任期内的政府得分最低。对英国来说,在梅杰和布莱尔内阁执政期间的文章情感相同,在其他首相或内阁执政期间的文章的态度则完全不同。卡梅伦在英国的几个首相对比中得分最高,并且最接近中性。布朗任期内的文章的情感得分最低。在英国几个首相对比当中,布朗任期是最短的,似乎"最差"的内阁是任期最短的内阁。

德国总理默克尔与施罗德的得分似乎有所不同,默克尔和科尔以及科尔和施罗德之间没有区别,值得注意的是,默克尔是德国几个总理当中任期最长的。

中国三个时期的情感得分没有区别,也就是说,中国主办夏季奥运会并没有改变《经济学家》杂志在有关中国主题文章中表达的态度,在 1991–2016 年的三个阶段当中,该周刊有关中国主题文章的态度相同。

中国在 1990 年,中国名义国内生产总值(GDP)排名在 10 位以后(Wikipedia, 2018),中国从改革开放到 2016 年,已经经历了大约快 40 年的快速经济增长,目前已经成为世界第二大经济体(World Bank, 2018)。我们对比了 1991 年至 2016 年中国人均 GDP(美元)(World Bank national accounts data, 2017)与该时期《经济学家》杂志有关中国的主题文章情感得分的关系（图4.24），并结合该周刊在不同年份发表的有关中国主题文章数量,进行了Spearman相关性检验(表4.24)。

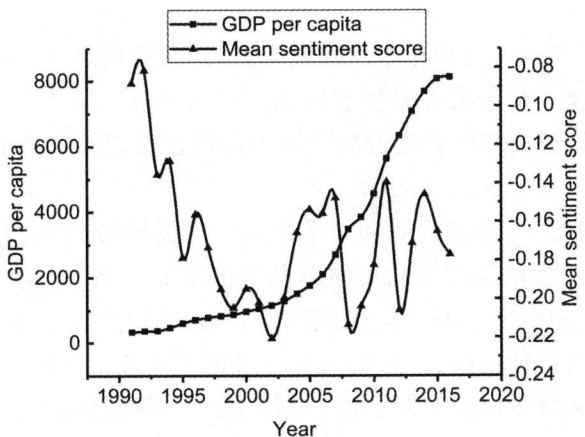

图4.24:1991-2016中国人均GDP(美元)与有关中国主题文章的情感平均得分

表4.24: 1991-2016年中国人均GDP与有关中国主题文章的数量和情感得分之间关系
Spearman Correlation Coefficientsa (N = 26)

	CN sentiment score	CN GDP per capita	Number of articles on CN
CN sentiment score	1.000	−0.253	0.018
Sig. (2-tailed)		0.213	0.929
CN GDP per capita	−0.253	1.000	0.619
Sig. (2-tailed)	0.213		0.0007
Number of articles on CN	0.018	0.619	1.000
Sig. (2-tailed)	0.929	0.0007	
a:The significance level is 0.05			

从图中可以观察到,中国的平均情感得分在1991-2016年的波动范围很小。1995年以后,情感得分的波动范围更小。相比之下,中国人均GDP在整个时期内呈现出持续、强劲的上升趋势。中国人均GDP与有关中国主题文章情感得分之间没有关系。但是,《经济学家》杂志每年发表的有关中国主题的文章数量与相应年份中国人均GDP密切相关,说明随着中国经济实力的不断增强,促使该周刊不断增加报道中国主题文章的数量,中国几十年的发展和变化,越来越引起该刊物以及世界的关注。

总的来说,从1991-2016年,《经济学家》杂志有关8个国家文章主题所反映的情感取向均为负面或消极,情感平均值和中位数都是负面。有关八国的文献中,有四分之三的情感得分都是负面。尽管七国集团内部成员国和外部成员国的政治制度不同,该周刊对

"我们"和"他们"或圈内和圈外成员的态度都是负面。对最积极正面或消极负面的文章的概念分析表明,不论七国集团内部或外部成员,无论中国或资本主义国家,最积极正面的主题主要人文、艺术、人类奇妙的发明或技术等,最消极负面的主题是战争、恐怖主义、疾病、灾害、犯罪等。

虽然八个国家的情感平均分和中位数都为负值,但它们之间存在明显的差异。日本情感得分最低,与其他7个国家有着显著区别。中国是意识形态与其他七国集团不同的社会主义国家,情感得分最高,是"最好的"、离中性或正面积极一侧最近,这一点与其他7个国家存在显著区别。

英国的几任内阁当中,梅杰内阁和布莱尔内阁情感得分相同,其他内阁之间的情感得分存在显著差异,卡梅伦执政期间英国主题文章得分最高,布朗内阁执政期间英国主题文章得分最低。在美国,克林顿、布什和奥巴马执政期间美国主题文章的情感得分存在显著区别,克林顿期间得分最高,布什期间得分最低。在德国,默克尔与施罗德期间的得分存在区别,默克尔和科尔以及科尔和施罗德之间得分没有区别。北京第一次举办夏季奥运会并没有改变《经济学家》杂志有关中国主题文章的态度,中国的经济实力(人均GDP)与有关中国主题文献的情感得分无关,但是从1991-2016年,该刊物发表的关于中国主题的文章数量与中国人均GDP之间存在比较显著的相关性。

4.5.2 十种经济学国际权威期刊有关国家文献情感

我们计算了10个国际经济学核心期刊有关中国和七国集团成员国的经济学论文摘要的情感。这8个国家的情感得分与上一节《经济学家》杂志的情况完全不同,从1978-2016年,核心期刊有关所有国家的情感均值和中值都稍微高于中性,属于正面或积极。除了日本之外,其他国家的情感得分区间大部分落在中性以上。另外一个显著特征是,与其他国家相比,美国和英国Q1和Q3之间的范围很小,数据当中有50%的情感得分的波动不大(图4.25)。

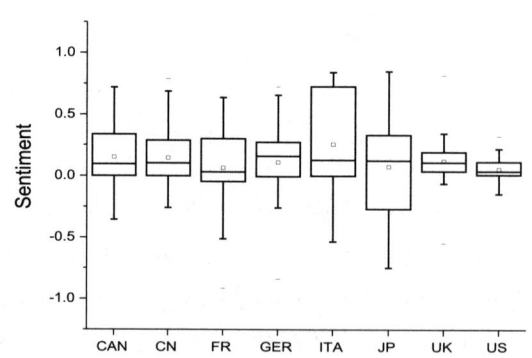

图4.25:1978-2016年十种经济学国际权威期刊关于8国经济学论文摘要的情感得分

表4.25是八国数据的正态性检验,其中N列数字指年的数量,例如,CAN行的N=34,指从1978-2016年期间,共有132篇加拿大主题论文(参见第二章)。这132篇文章分布在有34个年份中,这34个年份的论文平均情感分值为0.152,-0.356是34个值当中

的最小值,从 1978-2016 共 39 年,有的年份没有加拿大主题论文的数据。意大利和英国的数据不是正态分布,其他国家数据服从正态分布。我们进行了 Kruskal-Wallis 检验,检验结果是所有 8 个国家的情感得分的分布没有差别 (Total N =255; Statistic = 5.921; Sig. (2-sided test) = 0.549),也就是说,1978-2016 年间 10 个国际经济学核心期刊中,论文作者在有关 8 国主题文章中所表达的情感没有区别,无论七国集团成员国还是非成员国,无论圈内还是圈外,无论中国社会主义还是其他资本主义,国家之间的情感得分没有区别。

表 4.25:8 国经济学论文摘要情感得分的正态性检验

	N	Mean	Standard Deviation	Min	Median	Max	Shapiro–Wilk Normality test(a)	
							Statistic	P
CAN	34	0.152	0.267	−0.356	0.095	0.720	0.965	0.338
CN	36	0.145	0.273	−0.259	0.102	0.789	0.954	0.137
FR	25	0.065	0.340	−0.914	0.031	0.638	0.951	0.261
GER	29	0.110	0.387	−0.840	0.159	0.725	0.934	0.068
ITA	21	0.256	0.403	−0.534	0.128	0.844	0.896	0.029
JP	32	0.074	0.419	−0.748	0.123	0.851	0.971	0.517
UK	39	0.120	0.209	−0.547	0.109	0.818	0.843	0.000
US	39	0.055	0.092	−0.146	0.039	0.321	0.978	0.616

a: The significance level is 0.05

这个分析结果与上一节《经济学家》杂志 1991 – 2016 时间段的分析结果完全不同,表明经济学核心学术期刊中所使用的语言及表达的情感与《经济学家》杂志这个杂志所使用的语言和表达的情感完全不同。总的来说,高度专业的经济学论文摘要倾向于表达中性稍微偏正面或积极的态度,这基本符合学术英语的特点。经济学论文中同样存在一些极端的情况,表 4.26 是有关中国主题最正面或积极的 25 篇论文摘要的情感得分,我们使用论文摘要得分最高的两个关键词和该摘要得分最高的概念来说明论文主题,第 1 行是 2002 年的一篇论文,情感得分 0.97,属于最积极或者正面,第一关键词不平等分解,得分最高,最重要,第二关键词是不同的分解方式,得分 0.95,关联强度最强的概念是分解,得分 0.95,所以第 1 行主题是经济学当中的不平等分解问题;第 2 行是投资与经济增长;第三行是国有企业工会;第 4 行香港的国际贸易;第 5 行是有关博弈论方面的问题。可以看出,这些最正面积极的论文主题是关于中国经济范围内较为专业的技术讨论,包括技术转让、可持续发展、进出口、环境、双轨制、风险、医疗管理、金融、银行、土地、收入,垄断、经济数据、家庭经济学、线性规划、国际家具市场、经济改革、教育经济学、中国古代经济等。

表4-26：有关中国主题最正面积极的25篇论文摘要的情感得分

	Document	Senti-ment	Keyword 1	Score	Keyword 2	Score	Concept 1	Score
1	cn_2002_We examine inequality decompositions by income sour	0.97	inequality decompositions	0.97	different decomposition rules	0.95	Decomposition	0.95
2	cn_2012_The pace and scale of China's economic transformati	0.95	capita GDP	0.92	productivity growth	0.84	Investment	0.95
3	cn_1999_The article presents information about the book Ch	0.95	trade unions	0.90	state – owned enterprise sector	0.62	People's Republic of China	0.99
4	cn_1999_In this article the authors reduce the large discr	0.93	Hong Kong	0.96	international trade data	0.79	China	0.97
5	cn_1998_This article presents information on the book Beyo	0.93	Dali L. Yang	0.98	game – theoretic model usefull	0.91	Economics	0.96
6	cn_1998_This article presents information about the book C	0.89	technology transfer	0.95	Chinese Technology Transfer	0.81	Qing Dynasty	0.96
7	cn_1999_The article presents information on the book Resou	0.88	Western seminar participants	0.98	environmental accounting approaches	0.97	Sustainability	0.98
8	cn_1994_This article presents a reply to comments made by P	0.88	small country assumption	0.92	export demand	0.86	Economics	0.93
9	cn_1999_The article focuses on the book Enterprise Reform	0.87	Gary H. Jefferson	0.92	Chinese industry	0.90	Capitalism	0.97
10	cn_2000_This paper develops a simple model to analyze the d	0.86	dual – track approach	0.91	market liberalization	0.91	Economics	0.99
11	cn_1998_The article discusses the book Financing Health Ca	0.86	health care	0.98	efficient risk pooling	0.85	Health care	0.93

续表

	Document	Sentiment	Keyword 1	Score	Keyword 2	Score	Concept 1	Score
12	cn_1988_This article examines interactions between markets	0.86	state commercial planning	0.95	desirable efficiency	0.80	Agriculture	0.94
13	cn_1998_The article presents information about the book Ch	0.83	late imperial China	0.99	early modern Europe	0.97	Modern history	0.98
14	cn_1999_We examine strategic interactions between firms and	0.83	monetary incentives	1.00	strategic play	0.99	Semantics	0.90
15	cn_1996_The article focuses on two issues to assess the Chi	0.82	Chinese economic growth	0.91	economic reforms	0.62	Economics	0.97
16	cn_1999_The article presents the book Economic Development	0.82	Pacific Basin	0.97	David W. Roland – Holst	0.89	Investment	0.97
17	cn_1996_The article presents information on the book Hong	0.81	Hong Kong	0.97	newly industrializing economies	0.81	Hong Kong	0.95
18	cn_2007_This article estimates the returns to membership of	0.81	unique twins data	0.99	Chinese Communist Party	0.96	People's Republic of China	0.97
19	cn_2012_Parental involvement in marriage matchmaking may di	0.81	optimal spouse choice	0.91	best spouse candidate	0.79	Marriage	0.99
20	cn_2012_Research on industrial clusters has shifted in a pa	0.80	extrusion industry cluster	0.96	tri –polar analytical framework	0.90	Extrusion	0.88
21	cn_2002_We use household data from northeast China to exami	0.80	land tenure insecurity	0.95	expropriation risk	0.89	Scientific method	0.96
22	cn_1999_This article presents information regarding the boo	0.80	recent economic reforms	0.93	Qiang Ye	0.79	Economics	0.98

续表

	Document	Sentiment	Keyword 1	Score	Keyword 2	Score	Concept 1	Score
23	cn_2011_This article analyses technology upgrading in globa	0.79	Swedish-based home furnishing retailer	0.91	IKEAs technological support	0.83	Southeast Asia	0.91
24	cn_1980_A simple linear programming framework is used to si	0.79	simple linear programming	0.95	sizeable income loss	0.94	Cooperative	0.98
25	cn_1998_This article provides information about the book C	0.79	Higher Education Reform	0.99	reform agenda	0.72	Higher education	0.95

表 4.27 是有关中国主题最负面消极的 25 篇论文摘要的情感得分，第 1 行是粮食减产；第 2 行是农村家庭收入差距和不平等；第 3 行上山下乡对父母和家庭的影响；第 4 行不良信用对经济增长的影响；第 5 行是外汇汇率与账户结余。主要包括经济学领域的均衡、增长、外部性、收入、逃税、价格、世贸组织、贫困、歧视、供求关系等。可以看出，最负面消极的论文的主题是经济和社会问题的讨论，包括一些事故、灾难、失败、挫折等。

表 4-27：有关中国主题最负面消极的 25 篇论文摘要的情感得分

	Document	Sentiment	Keyword 1	Score	Keyword 2	Score	Concept 1	Score
1	cn_1999_The note estimates the loss of population and decom	−0.84	major political struggles	0.98	domestic food production	0.91	Food security	0.94
2	cn_2011_We estimate the relationship between village inequa	−0.84	higher inequality villages	0.99	subsequent income growth	0.85	Household income in the United States	0.94
3	cn_2010_We use survey data on twins in urban China among w	−0.79	forced mass rustication	0.95	higher parental transfers	0.89	Family	0.93
4	cn_2010_Over the last three decades Mexico has aggressivel	−0.78	poorly functioning credit	0.93	economic growth	0.89	Economics	0.97

续表

	Document	Sentiment	Keyword 1	Score	Keyword 2	Score	Concept 1	Score
5	cn_2009_This article is stimulated by current criticisms of	−0.77	Chinese exchange rate	0.97	account surplus	0.94	Inflation	0.95
6	cn_1989_This article focuses on the demand for the manufact	−0.74	non−zero price homogeneity	0.92	Hong Kong	0.81	Economy of the People's Republic of China	0.94
7	cn_1999_The article presents the book Market Liberalism A	−0.74	augmented market liberalism	0.92	Gordon C.K. Cheung	0.68	Economies	0.92
8	cn_2009_In this paper we address the issues of whether red	−0.70	evident significant trade−off	0.97	endowment deficit	0.93	Capital accumulation	0.93
9	cn_2005_The Great Leap Forward disaster characterized by a	−0.70	excessive grain procurement	0.91	Leap Forward disaster	0.89	China	0.97
10	cn_1999_This article presents information on the book The	−0.69	superpower rank	0.92	Geoffrey Murray	0.79	Population	0.93
11	cn_2016_We examine the impact of Chinese import competition	−0.66	Chinese import competition	0.91	new panel data	0.57	World Trade Organization	0.99
12	cn_1999_This article presents information on the book Labo	−0.65	State Enterprise Reform	0.98	social security reform	0.89	Public company	0.91
13	cn_2008_Economists have long argued that the sex imbalance	−0.64	female income	0.95	male income	0.94	Female	0.97
14	cn_1994_Revision of the urban social security system has re	−0.64	urban social security	0.94	high growth rate	0.89	Sociology	0.97
15	cn_1999_China's widened urban−rural divide arose from a soc	−0.64	socialist industrialization process	0.90	rural migrants	0.84	Human migration	0.96

续表

	Document	Sentiment	Keyword 1	Score	Keyword 2	Score	Concept 1	Score
16	cn_1999_The article discusses the book China in the 1990s	−0.63	China young offenders	0.93	new economic elites	0.91	People's Liberation Army	0.97
17	cn_2004_Tax evasion by its very nature is difficult to ob	−0.61	evasion gap	0.90	tax evasion	0.88	International trade	0.91
18	cn_1989_A dynastic cycle is a periodic alternation of socie	−0.58	dynastic cycle	0.91	despotic stationary state	0.88	United States Declaration of Independence	0.88
19	cn_2000_Analyzes the Chinese famine of 1959−61 by consideri	−0.48	Chinese famine	0.95	urban bias	0.90	Demography	0.95
20	cn_1999_Research indicates remarkable geographic difference	−0.47	poor people	0.92	China	0.74	Economic development	0.91
21	cn_2011_This paper examines the equilibrium price effects o	−0.46	equilibrium price effects	0.95	large-scale housing reform	0.85	Austrian School	0.91
22	cn_1998_The article focuses on the book Tigers Rice Silk	−0.42	Late Imperial South	0.98	Robert B. Marks	0.95	Natural environment	0.96
23	cn_1998_This paper argues that the common perceptions of th	−0.37	exogenous determining force	0.92	current rights arrangements	0.79	Scientific method	0.92
24	cn_1996_The article presents information about the book Th	−0.35	Richard L. Grant	0.99	World Trade Organization	0.86	European Union	0.97
25	cn_2008_This paper provides the first real-world evidence o	−0.34	Giffen behavior	0.94	extremely poor households	0.90	Poverty	0.92

总的来说,与《经济学家》杂志不同,十种经济学国际权威期刊的文章中关于八个国家的态度没有区别,大部分的情感得分属于偏正面或积极。对中国而言,最积极或最消极

的文章主要是比较专业的经济领域内的主题,没有人文、语言、艺术、外交、犯罪等方面的主题,这也说明《经济学家》杂志所涉及的主题除了政治、经济外,更加宽泛,或者说,《经济学家》杂志是以政治和经济为主的综合性刊物。

第五章 主题分析

5.1 主题模型的概念

随着互联网的快速普及以及网上数据的爆炸式增长,人们急需一种工具或技术来组织、搜索、理解和概括网上的大量文本或数据,以便快速获得文本的主题,提高信息利用的效率。当代的主题建模技术提供了解决这个问题的可能性。

主题建模是一种分析、归类、总结大量未标记文本的高效方法,它通过文本集合中的词汇分布来发现隐藏在文本当中的主题(Blei, 2012;Steyvers & Griffiths, 2007;McCallum, 2002)。一个主题是由一些经常共现的词汇组成,利用上下文线索,主题模型技术能够将相关的词连接起来,组合为一个主题。

从本质上讲,主题模型技术是研究和发现语料库中高概率共现词汇的一种方法,它广泛应用于计算语言学、文本挖掘、数据挖掘和机器学习领域(Grimmer & Stewart 2013)。在社会科学研究领域,它也具有很强的实用性(Jacobi, Van Atteveldt, & Welbers, 2016)。这种技术最早的应用是计算机科学中的信息检索系统,后来逐渐引入到其他研究领域(Meeks & Weingart, 2012)。更为准确地说,主题模型应该被称为"概率主题"模型,因为这类模型是建立在这样一个假设,即文档都包含一定的主题,而且文档与单词和主题的概率分布密切相关(Steyvers & Griffiths, 2007)。根据算法不同,有许多种主题模型,例如潜在语义分析LSA(Latent Semantic Analysis)、概率潜在语义分析PLSA(Probabilistic Latent Semantic Analysis)和层次狄利克雷过程(Hierarchical Dirichlet Processes)等,其中应用最为广泛的是隐含狄利克雷分布LDA (Latent Dirichlet Allocation),它最早是由David M. Blei等学者提出(Blei, Ng & Jordan, 2003)。根据谷歌学术的统计,这篇文章至2019年8月底,被引用27999次;它的作者Blei的署名单位是加州大学伯克利分校,Blei是美国著名人工智能科学家,LDA主题建模主要创立者;作者Ng是原斯坦福大学人工智能实验室主任,著名慕课平台Coursera创始人之一,美籍华裔,中文姓名吴恩达;作者Jordan是美国科学院、美国工程院、美国艺术与科学院院士,世界人工智能权威。

主题模型有两个基本假设。首先,文本的语义是由文本中共现的单词构建的,这些共现的单词可以被视为主题,因为经常出现在一起的词汇往往是关于同一主题(Blei, 2012)。一个词的词义取决于它与其他词的共现关系(Mohr & Bogdanov, 2013)。单词plate包含多种意义,其实际意义取决于在句中与它共同出现的是哪一些词,是dish、bowl还是lithosphere或tectonics。主题模型通过把一个词划分为不同的主题类别来解决一词多义的现象(Steyvers & Griffiths, 2007)。因此,在有关饮食或餐具的主题当中能够找到盘子,而在地质学的主题当中能够找到板块。

其次，主题模型假设一篇文档是在一个过程当中通过一个模型自动生成的(Blei, 2012)。一个语料库由 D 组成，D 中包含 d1、d2、di 等不同文档；每一篇文档由 n 个单词组成，整个语料库的词汇量是固定的 V；如果整个语料库的主题数量确定为 k 个，每篇文档都占有某一个主题 k 的一定比例，这个比例可能无穷小，但是始终存在这样的比例。根据 Gibbs 抽样，针对 D 中的每一篇文档 d，能够得到这篇文档对应到不同主题的概率 θ?d，就是说，能够得到文档主题概率分布。上文提到，一个主题是由一些共同出现的词组成，针对 k 中的每一个主题，能够得到该主题对应的不同单词的概率 βk，将一篇文档当中的每一个词都划分为属于某一个或某些个主题。联合考虑 θd 和 βk，计算每篇文档中的每一个词属于某个主题的概率，反复迭代一定次数，或使用变分贝叶斯得到最优解或 Gibbs 抽样达到收敛，就可得到 LDA 模型，所有词汇划分到了所有主题当中 (Steyvers & Griffiths, 2007)。可以看出，主题是中间部分，通过主题将词汇与主题和文档与主题联系起来。

例如：下面 5 篇文档组成一个语料库

D1: He had a toast, omelet and bacon for breakfast.
D2: She likes to eat toast and omelet.
D3: John got several cats and dogs yesterday.
D4: Cats and dogs are there.
D5: They feed toast and bacon to their cats.

将上面所有文档输入，LDA 模型将计算文档主题概率和词汇主题概率，得到如下形式的输出

Topic 1: 30% toast, 15% omelet, 15% bacon, 10% breakfast..
Topic 2: 40% cats, 30% dogs..
D1 and 2: 100% Topic 1
D3 and 4: 100% Topic 2
D5: 70% Topic 1, 30% Topic 2

对输出结果的解释是，把第 1 个主题视为为食物，其中 30%和 15%等指的是权重；第 2 个主题可以解释是动物的主题，这个主题中权重最大的内容是 cats，占 40%；文档 1 和文档 2 都是 100%，属于第 1 个主题的文档，文档 3 和文档 4 都是 100%属于第二个主题的文档，文档 5 有 70%是关于主题 1，30%是关于主题 2。

5.2 主题模型的应用

通过自动化的方式获取新闻主题的技术始于 20 世纪 90 年代美国的国防项目。美国 DARPA (The Defense Advanced Research Projects Agency, 国防高级研究计划局)资助的

主题检测和跟踪项目 TDT（Topic Detection and Tracking）就是其中之一（Allan et al.，1998）。在这种 TDT 技术中，主题被定义为"一个源事件或活动，以及所有与其直接相关的其他事件和活动"（Fiscus & Doddington，2002，p.5）。在 TDT 的应用中，新闻报道是通过事件以自动化的方式被发现和组织（Nallapati & Allan，2002）。克林顿–莱温斯基丑闻，长野冬奥会和 Karla Faye tucker 试验可以被视为主题（Cieri et al.，2000）。虽然 TDT 技术具有一定的应用，但它存在一些严重缺陷，比如自动语音识别错误和跨语言的输出错误等（Wayne，2000）。TDT 检测识别的错误率较高，没有实现大范围应用（Allan，Papka & Lavrenko，1998）。

在当前的大数据时代，地球上每时每刻产生的数据是非常惊人的，如何高效搜索、发现、提取、理解数据变得越来越困难。在目前这样一个信息爆炸的背景下，以自动化的方式准确、高效地识别和捕获文档主题变得极其重要（Bolelli，Ertekin & Giles，2009）。目前，研究人员已经开发了一些新的功能非常强大的主题建模算法，例如 LDA 或 LSA 等（Stevens et al.，2012）。与早期的 TDT 不同，现代新的主题建模技术具有快速、高效、准确的优点，被广泛地应用于信息检索和过滤、知识发现和内容分类（Nikolenko，Koltcov & Koltsova，2017；Schinas et al.，2015；Wei & Croft，2006）。在当前信息时代海量数据的情况下，主题模型最直接的应用是分析数字化文档，完成以下三个方面的任务，为读者或用户服务：

1) 快速发现隐藏在文档集合中所有文档的主题；
2) 根据发现的主题，将文档集合当中的所有文档进行分类；
3) 通过分类的文档，进行文档的快速检索和高度概括。

根据谷歌搜索趋势（图 5.1），从 2004 年 1 月至 2019 年 7 月，主题模型（topic model）和主题建模（topic modeling）的关键词在全球的搜索量持续上升，2016 年底和 2018 年中期分别达到了较高的搜索量，从 2004 年至今的 15 年以来，二者明显的大趋势是长期、持续向上。

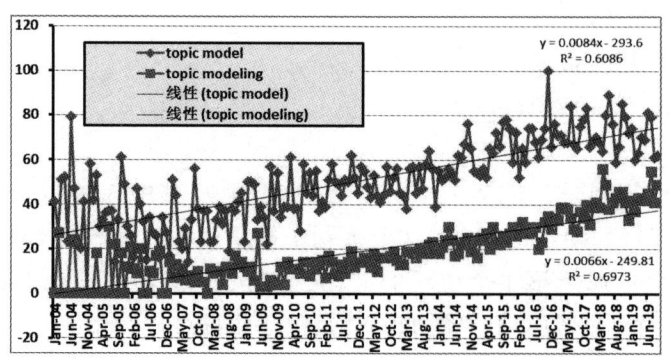

图 5.1：2004 年 1 月–2019 年 7 月 Google 对 topic model 和 topic modeling 的全球搜索量

通过观察有关主题建模研究的核心论文的数量，能够更加准确地判断这种技术的长期变化情况。以 topic model 为主题词，我们计算了 IEEE（电气和电子工程师协会）的文献数据库 IEEE Library (2019) 和 Web of Science(Wos)(2019)的数据,Wos 的数据包括 SCI 和SSCI,整个搜索时间段是 1990-2016 年。从图中可以看出(图 5.2),从 1990-2002 年,有关主题模型方面的论文数量较为平稳,变化不大。从 2002 年以后,研究论文数量急剧地快速增加,表明主题模型越来越引起研究人员的兴趣,在 IEEE 主办的约 30 多种专业核心刊物当中,2016 年发表的有关 topic model 的论文数量达到 600 多篇,是 2002 年的 5 倍多。Wos 2016 年记录了 3429 篇关于这方面的论文,而在 2002 年,仅仅有 626 篇这方面的文章记录。

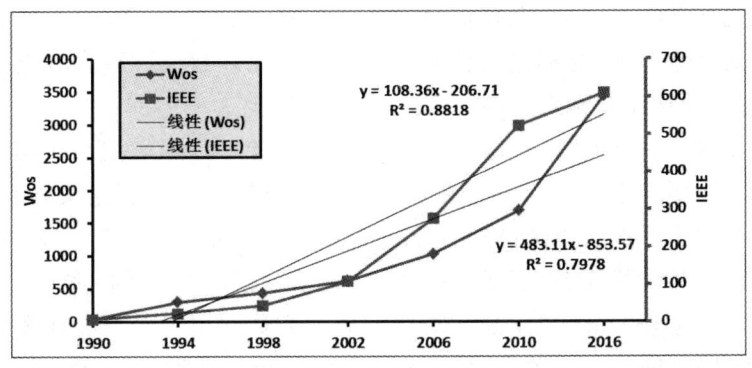

图 5.2:1990-2016 年 IEEE 和 Wos 有关 topic model 的论文数量

2016 年以后的 2017 和 2018 年两年,Wos 记录的有关主题模型方面的论文数量为 6438 篇,增长速度非常快。从 1990 年 1 月 1 日到 2018 年 12 月 31 日,Wos(包括 SCI 和 SSCI)总共记录了这方面的论文 38245 篇,这些论文所涉及的领域十分广泛,图 5.3 列出了论文数量权重最大的前 15 个领域,在传统的计算机系统、电子电器工程和人工智能领域占最大比重,分别是 6.27%、5.94%和 5.82%,在环境科学、计算机交叉学科应用、管理学、软件工程、教育学、公共卫生、医学、材料科学、图书馆学和经济学领域均有广泛应用,在传播学、商业、地理、神经科学、科学计量学领域,主题模型的研究也十分活跃。

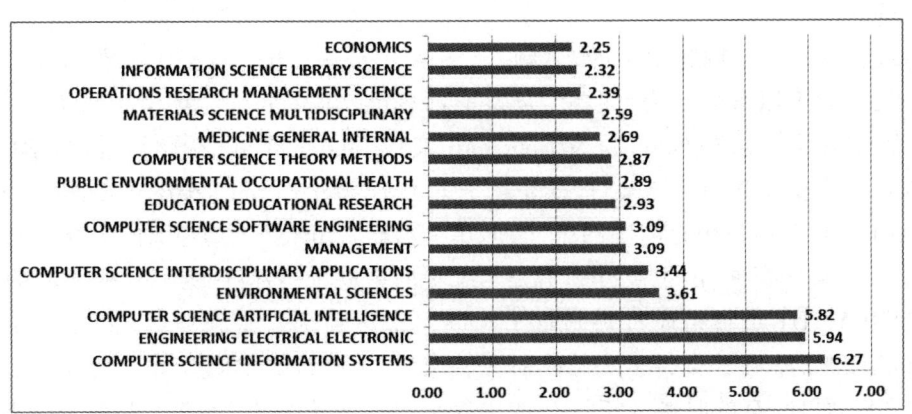

图 5.3:1990-2018 年 Wos 数据库中全部 38245 篇主题模型论文的
前 15 个研究和应用领域

例如,在传播学研究中,学者们高效使用主题模型来分析新闻报道,发现并绘制出了海量新闻所隐含的复杂主题和这些主题长期的变化趋势(Bonilla & Grimmer, 2013; DiMaggio, Nag & Blei, 2013; Evans, 2014; Jacobi, Van Atteveldt & Welbers, 2016; Newman et al., 2006; Puschmann & Scheffler, 2016)。通过主题建模技术来研究推义及其主题分类(Ghosh & Guha, 2013; Guo et al., 2016; Zhao et al., 2011)。主题模型被广泛用于传播学研究论文中的公众评论或博客中的概念、引文、公共议程、选举或投票行为(Elgesem, Feinerer & Steskal, 2016; Koltsova & Koltcov, 2013; Koltsova & Shcherbak, 2015; Rauchfleisch, 2017)。Wehrheim(2019)强调,由于主题建模具有客观性的特征,能够在短时间内处理大量文档,能够自动从海量文本中查找、识别主题或类别,能够以量化和可精确计算的方式呈现出来,能够进行比较简单和直观的观察,因此,在社会科学和人文科学中,它已成为一种功能非常强大而且高效的研究工具。

在科学计量学和文献学的研究中,主题建模也有广泛的应用。Griffiths 和 Steyver(2004)用它来识别历史上的科学研究热点并生成科学摘要。根据论文发表时间,研究人员利用主题模型构建了多层概念结构(Pruteanu-Malinici et al., 2010)。从1930年至2009年的图书馆和信息科学的3121篇博士论文中,研究人员利用主题模型,精确分析了近80年里主题的变化趋势(Sugimoto et al., 2011)。研究人员利用主题模型技术发现了生物学术语和生物学主题之间的复杂关系,使研究人员能够更加全面、深入地认识生物学(Wang et al., 2011)。主题建模技术也能够用于调查或鉴别作品的真实身份(Savoy, 2013)。主题建模还被用于干细胞的文献研究中,实现了系统化的比较分析(Wu, Zhang & An, 2013)。通过细致地分析科学出版物中的复杂主题描述词和主题与时间之间的关系(De Battisti, Ferrara & Salini, 2015),他们得出的结论是,基于不同描述词的主题能够影响主题与引文之间的关系。通过纳米科学领域20多年的大量专利和学术文献的主题研究(Qi et al., 2018),研究人员发现了语义层次和主题演化之间的长期变化趋势,证实了专利与学术论文之间是相互促进的关系。通过对1995年至2012年间发表的6000篇文章的主题建模分析,研究人员发现了转型经济和新兴经济之间的明显差异(Piepenbrink & Nurmammadov, 2015)。

应该注意的是,主题建模中的"主题"二字并没有一个被普遍接受的准确定义。在某些情况下,主题可以被理解为"问题"(issue)或"框架"(frame)等传播学中的术语,但这并不是准确的"主题"定义(Günther & Domahidi 2017; Maier et al., 2018)。传播学中的"问题"意味着争议和冲突,而"框架"指的是特别的类别(Maier et al., 2018)。虽然"主题"在上文的 DARPA TDT 项目中有明确的定义,但用"主题"去分类某些事件时,研究人员存在不同意见。针对某些事件,由于没有一个完全统一的主题分类标准,为了达到主题的一致性分类,DARPA TDT 项目组还特别制定了标准,来达到统一主题分类的目的(Fiscus & Doddington, 2002)。在社会科学和新闻研究领域,人工进行的主题分类并没有一个被普遍接受的标准,而且,有的时候人工进行的主题分类非常不可靠,因为在传播学领域,针对某些主题分类,记者、受众和编辑之间的标准存在巨大差异。例如,"对一个人来说是教育的主题,但对另一个人来说,这个主题可能是政治"(Edelstein, 1993, p.93)。因此,引用 Brown 和 Yule 的观点(1983, p.73),Günther 和 Domahidi(2017, p.3057)强调指出,社会科学或传播学中的"主题",没有准确的概念或清晰的界限,"主题"只能被粗略地解释为"人们所写或所说的东西"。

同样,由于主题分类的主观性,在主题模型的应用和解释中,用什么词或词组来准确标记主题或分类主题也极具挑战性。在主题建模中,主题完全是通过机器和算法、客观生成的词汇集合,如何用一个词或概念来标注或表示这个词汇集合,在学术界讨论非常热烈,研究人员提出了许多新的主题标记方法。比如基于模型、权重、感知图或维基百科的文章等新方法。其中最有趣的方法,是使用图像而不是词汇或文字来表达主题,方法是向 Google 发送主题关键词或词汇集合,并返回 Google 搜索到的这些关键词的图像(Aletras & Stevenson,2013),然后,按照 Google 对这些图像的排序,把高权重的图像反馈给读者或用户。这种方法与用文字语言来表达主题完全不同,它让读者自己查看表达主题的图像,让读者自己根据看到的图像,主观地给主题分类,它超越了世界各个国家和民族之间的语言界限,是一种很有前途、值得深入研究的标记主题的方法。

5.3 主题模型的生成过程

LDA 模型是主题建模当中使用最为广泛的方法,多种计算机编程语言都提供了对这种模型的支持,本文以 LDA 为例,简述该模型的创建过程。

设一个语料库 D 中,包含 n 篇文档,D 是文档集合,代表 D1、D2、D3...Dn,即

D = {D1,D2,D3…Dn}

在下面的表述中,i,j 都表示 1,2,3 …

如果 D 中的每篇文档都包含若干词汇,计算 D 中每篇文档的词汇数量后,得到总计 m 个词型,分别为 W1,W2…Wm,总词汇量是 V,下面是语料库的文档-词汇的矩阵(表 5.1):

表 5.1: 文档-词汇矩阵

	W1	W2	…	Wm
D1	5	3	…	12
D2	7	5	…	8
D3	6	8	…	11
…	…	…	…	…
Dn	2	12	…	15

LDA 模型按以下步骤创建:

1) LDA 需要事先指定将要产生的主题数量,这里指定语料库 D 将产生的主题数量为 k;
2) 随机给 D 中所有文档的每一个单词分配一个主题;
3) 计算每一篇文档的文档主题概率,T 表示主题,T1 表示主题 1,T2 表示主题 2,

Tk 是主题 k；按照以下方法得到所有文档的主题分布：

$P(T_i|D_j) = D_j$ 中属于 T_i 主题的词的数目/D_j 中总词汇量

计算后，得到如下形式的矩阵（表 5.2）：

表 5.2：文档–主题矩阵

	T1	T2	…	Tk
D1	$P(T_1|D_1)$	$P(T_2|D_1)$	…	$P(T_k|D_1)$
D2	$P(T_1|D_2)$	$P(T_2|D_2)$	…	$P(T_k|D_2)$
D3	$P(T_1|D_3)$	$P(T_2|D_3)$	…	$P(T_k|D_3)$
…	…	…	…	…
Dn	$P(T_1|D_n)$	$P(T_2|D_n)$	…	$P(T_k|D_n)$

4) 计算每一个主题的词汇分布，按以下方式得到：

$P(W_i|T_j) = T_j$ 主题中的 W_i 在 V 中的频率/T_j 中总词汇量

计算后，将产生如下形式的矩阵（表 5.3）：

表 5.3：主题–词汇矩阵

	W1	W2	…	Wn
T1	$P(W_1|T_1)$	$P(W_2|T_1)$	…	$P(W_n|T_1)$
T2	$P(W_1|T_2)$	$P(W_2|T_2)$	…	$P(W_n|T_2)$
T3	$P(W_1|T_3)$	$P(W_2|T_3)$	…	$P(W_n|T_3)$
…	…	…	…	…
Tk	$P(W_1|T_k)$	$P(W_2|T_k)$	…	$P(W_n|T_k)$

5) 针对 D 中的每一篇文档中的每一个词，产生文档与词汇的概率分布，通过下面方法得到：

$$P(W|D) = P(W|T) \cdot P(T|D)$$

也就是说，对于每一个词，计算它属于不同主题的概率分布，如计算 D_j 中的 W_i 属于主题 1 和主题 k 的方法是：

$P_1(W_i|D_j) = P(W_i|T_1) \cdot P(T_1|D_j)$

……

……

$P_k(W_i|D_j) = P(W_i|T_k) \cdot P(T_k|D_j)$

6) 遍历所有文档所有词，根据上面 5) 的结果，把每个词分配给概率最大值的主题，完成所有词汇对主题的分配，一次迭代完成。这一步中单词对主题的分配，可能与以前单词所属的主题不同，在进行下一次迭代时，就会影响到文档主题分布和主题词汇分布，进而影响到下一次的文档词汇分布 $P(W|D)$。

7) 重复上面步骤,迭代一定次数或使采样收敛,确定 Dirichlet 分布,通过 Dirichlet 分布参数,最后确定文档主题分布和主题词汇分布,模型训练完成。直观看,训练后的结果是图 5.4。

8)

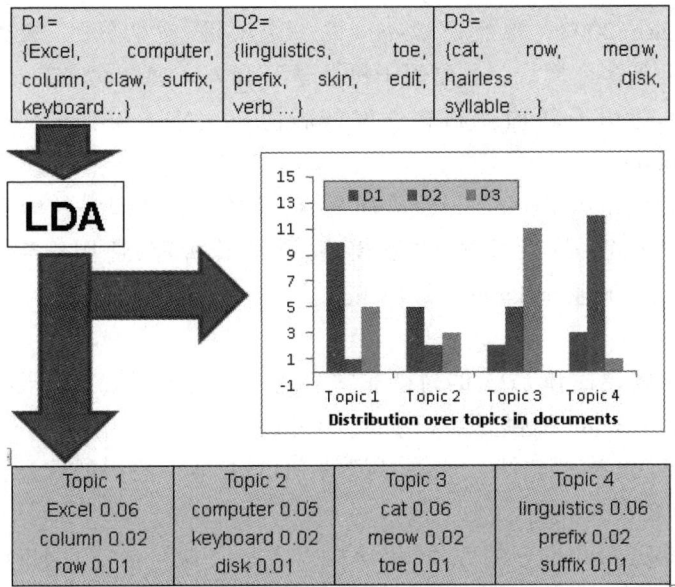

图 5.4：LDA 主题模型生成主题过程

自从 David M. Blei 等学者首次提出 LDA 主题模型(Blei, Ng & Jordan, 2003)以来,研究人员开发了一些 LDA 工具,以满足工业、商业以及生物学、经济学、历史等学科研究中的应用。目前使用最广泛、影响最大的工具或系统如下。

1) Mallet(MAchine Learning for LanguagE Toolkit)(McCallum,2002)是 2002 年发布的一个自然语言处理包,后来陆续加入了包括文档分类,聚类,主题建模和其他一些重要的文本挖掘模块。功能非常强大。它由前国际机器学习学会主席、计算机科学家 Andrew McCallum 领导开发,基于 Java 语言,适用于通用公共许可证(Common Public License 1.0)协议。后来有其他研究人员用其他语言比如 Python 翻译了 Mallet 的 LDA。

2) Gensim(Rehurek & Sojka,2010)是一个基于 Python 的多模块自然语言处理库,它的主要目标是从文档中自动提取语义或主题。其输入是纯文本文档的语料库。除了 LDA 外,Gensim 还提供多种语义分析、文档排序、相似性算法,用于发现和对比文档主题。它由RARE Technologies 公司开发,适用于 GNU 宽通用公共许可证协议(GNU Lesser General Public License)。

3) NLTK (Bird, Klein & Loper, 2009)：由宾夕法尼亚大学的 Bird 等研究人员开发,包括语法、语义、分类、聚类、LDA 等许多语言处理和人工智能的模块,基于 Python,适用于 Apache 2.0 协议。

4) Stanford Topic Modeling Toolbox (TMT)(Ramage et al.,2009)：由斯坦福大学开发，用 Scala 语言编写，供社会科学家或其他分析处理大量文本材料的人员使用，Stanford TMT 的输入可以是 Excel 或其他电子表格中的文本。TMT 中有多种算法，包括 LDA、Labeled LDA 等。

5) Scikit-learn(2007)：曾经是 Google 的一个项目，包括分类、聚类、LDA、回归、支持向量机等多个模块。主要用于机器学习和人工智能。该工具包基于 Python 和 C++ 等，适用于新伯克利软件发行版协议（New BSD, New Berkeley Software Distribution）。

6) SpaCy(2015)：由 Explosion 公司开发的工具包，能处理多种语言，主要功能包括命名实体识别、词性标注、主题模型、句法分析等，适用于麻省理工学院协议（MIT license），基于 Python 和 Cython。

研究人员对主题建模和 LDA 的讨论非常活跃，上述主要 LDA 开发团队均在全球最大的代码托管平台 GitHub 提供更新和帮助。另外还有一些单一用途的专业 LDA 工具，也在该平台发布了 LDA 技术文档，这些专门的 LDA 工具，使用的开发语言除了 Java 和 Python 外，还包括 R、C、C++ 等。

LDA 通过概率分布和推理的方式，快速检索大量文本并自动识别和组织隐藏在海量文本中的主题和关键词。与监督学习相比，这种非监督的学习方式更接近人工智能，对于非常复杂的系统或海量文本，研究人员靠人力寻找系统或文本内部的规律或主题是非常困难的，而且人类概括或组织的主题或关键词受主观因素影响或人为设定的主题或关键词分类标准的限制。由于 LDA 是机器自动搜索和组织主题和关键词，不受这些因素的影响，它更有可能从复杂的系统或文本中找到某种规律或相似性，并能验证、对比、和丰富以前人类对这些复杂系统或海量文本的认识。

LDA 主题模型也存在一些局限性，需要研究人员的不断努力，来解决理论和应用中的问题。到目前为止，它存在的几个主要问题如下。

1) 对于大规模文本，必须人为事先指定需要产生的主题个数。这个数字不是那么容易确定。根据数据量的大小、数据时间的跨度长短、文本内容的复杂度等，主题的个数可能设置在 5-30、30-50、50-80、甚至 80-150 区间内的某个数字，不同主题的个数就会产生不同的主题和关键词，就会影响对文本、主题和关键词的解释。目前这个问题已经有了一些探讨，在后面的一节，本文将使用研究人员新开发的技术来自动确定最优的主题个数。

2) 主题和主题之间的关系无法确定、也无法量化。如果产生 10 个主题，主题 1 和主题 2、主题 1 和主题 10 之间的关系无法确定，任意两个主题之间的关系也无法确定。第 1 个主题不一定是最重要的，最后一个主题也不一定是最不重要的，主题的排列顺序与主题的重要性没有关系。本文后面的章节采用成对对比的技术来解决这个问题。

3) 训练 LDA 模型的两个超参数无法确定,需要实践和经验;
4) 对于较短的文本,比如推文,LDA 精度不高,这是由 LDA 的统计推理决定的,推断的准确性取决于能够观察到的数据的多少,每篇推文的词汇数量较少,数据稀疏,能够观察到的数据较少,据此得到的推断参数不精确。

虽然存在上述局限性,但自从 LDA 出现以来,已经成为主题建模领域革命性的方法,而且新技术的不断出现,也解决了 LDA 自身存在的一些实际问题,LDA 模型的功能越来越强大,应用越来越广泛。

我们使用上述 Gensim 工具包,进行了 LDA 建模实验。首先,我们从英文维基百科下载了 7 万多篇文档(截止到 2019 年 9 月底,维基百科共有约 600 万篇英文文档),从中随机抽取了 1 万篇,分别迭代 500 次和 1000 次,以观察输出的模型,代码的核心部分如下(表 5.4):

表 5.4: Gensim 构建 LDA

1	…
2	import sys
3	import o
4	import random
5	import codecs
6	from nltk.corpus import stopwords
7	from nltk.stem.wordnet import WordNetLemmatizer
8	from gensim import corpora, models, similarities
9	import _pickle as cPickle
10	import string
11	from gensim.models.coherencemodel import CoherenceModel
12	from gensim.models.ldamodel import LdaModel as Lda
13	from gensim.parsing.preprocessing import preprocess_string, strip_punctuation, strip_numeric
14	…
15	…
16	sys.stdout = codecs.getwriter("utf-8")(sys.stdout.detach())
17	def Train(doc):
18	NoPuct=doc.translate(str.maketrans(´´, ´´, string.punctuation))
19	NoStop= " ".join([i for i in NoPuct.lower().split() if i not in stop])
20	Standard = " ".join(lemma.lemmatize(word, ´v´) for word in NoStop.split())
21	x = Standard.split()
22	y = [s for s in x if len(s) > 2]
23	return y

续表

24	wikifolder ="Folder containing wiki files"...
25	docPath = [os.path.join(wikifolder,p) for p in os.listdir(wikifolder)]
26	#Load into list
27	docAll = []
28	for path in docPath:
29	fp = codecs.open(path,´r´,encoding=´latin-1´)
30	docContent = fp.read()
31	docAll.append(docContent)
32	#Randomly sampling 10k
33	docTrain = random.sample(docAll, 10000)
34	with open(´10k_wiki.pkl´, ´wb´) as f:
35	cPickle.dump(docTrain, f)
36	docforTrain = docTrain[:]
37	#Load in stopword list
38	stop = set(stopwords.words(´english´))
39	#remove puctuation set,for back up use
40	exclude = set(string.punctuation)
41	#Load in lemmetizer
42	lemma = WordNetLemmatizer()
43	#Get docs for training
44	TrainDocs = [Train(doc) for doc in docforTrain]
45	#Building dictionary
46	dictionary = corpora.Dictionary(TrainDocs)
47	# Some special words,e.g. ancient English, customize this word list
48	newStop = set(´hath thee saith´.split())
49	labelStop = [dictionary.token2id[w] for w in newStop if w in dictionary.token2id]
50	dictionary.filter_tokens(labelStop)
51	# Building Document Term Matrix...
52	DTM = [dictionary.doc2bow(doc) for doc in TrainDocs]
53	with open(´10k_wiki_DTM.pkl´, ´wb´) as f:
54	cPickle.dump(DTM, f)
55	with open(´10k_wiki_dictionary.pkl´, ´wb´) as f:
56	cPickle.dump(dictionary, f)
57	#Building LDA model, 30 topics specified; 500 or 1000 iterations,
58	ldamodel = Lda (DTM, num_topics =30, id2word = dictionary, passes =50, iterations=500)

续表

59	# Save LDA
60	ldafile = open(´10k_wiki_lda_model.pkl´,´wb´)
61	cPickle.dump(ldamodel,ldafile)
62	ldafile.close( )
63	…
64	# Print topics
65	for i,j in enumerate(ldamodel.print_topics(num_topics=30, num_words=10)):
66	term = j[1].split("+")
67	print(term,"\n")
68	print("")
69	ldamodel.show_topics（num_topics =30, num_words =10, log =False, formatted = True）
70	print("")
71	lda_topics = ldamodel.show_topics（num_topics =30, num_words =10, log =False, formatted=True）
72	topics = []
73	filters = [lambda x: x.lower( ), strip_punctuation, strip_numeric]
74	for topic in lda_topics:
75	print(topic)
76	topics.append(preprocess_string(topic[1], filters))
77	print("")
78	for idx, topic in ldamodel.show_topics（num_topics =30, num_words =10, log =False, formatted=False）:
79	print(´Topic: {} \nWords: {}´.format(idx, ´´.join([w[0] for w in topic])))
80	print("")
81	LDAEva = CoherenceModel（model =ldamodel, texts =TrainDocs, dictionary = dictionary, coherence=´u_mass´）
82	print(LDAEva.get_coherence( ))
83	print(´\nPerplexity: ´, ldamodel.log_perplexity(DTM))
84	…

代码的执行过程是,第一,对输入的维基文档进行预处理,去除所有文档中的所有标点符号,去除 the、on、in 等停用词,我们使用著名计算机科学家 Gerard Salton 在 Cornell 大学构建 SMART 系统时使用的停用词表(Stopword list 2 1993),共计约 570 个,这个词表在信息检索系统中广泛使用。根据需要,可以指定需要删掉的词汇,比如,可定制去掉一些中古英语中的词汇等。同时,对输入文档中的词汇进行词形归并,此实验进行动词归并。第二,统计全部文档和词汇,构建词袋,向量表示所有词频,构造文档词汇矩阵。第三,设置 LDA 训练参数,此处指定生成 30 个主题,两种迭代。第四,训练。第五,迭代完成,生成

模型。第六,输出模型和模型参数。

对维基文档进行了两种迭代,生成两个模型,它们的模型评价参数分别是:

500 iterations
Coherence: −6.841935733779669
Perplexity: −12.160198412823856
1000 iterations
Coherence: −6.502938092183681
Perplexity: −12.14340225875169

其中,Perplexity(困惑度)指文档属于主题的不确定性,类似于熵的概念,困惑度低,模型好。Perplexity = exp^{ − (∑log(p(w))) / (N) },w 指文档中的每一个词,N 表示所有文档总词汇数;p(w)指文档中每个单词出现的概率,p(w)= ∑p(t|d)*p(w|t),t 指主题,d 指文档,p(t|d)表示一个文档中每个主题出现的概率,p(w|t) 一个主题中每个词出现的概率。但是有研究人员认为 Perplexity 不是一个非常精确的判断标准 (Kapadia, 2019; Kumar, 2018)。相对而言,一致性(Coherence)是一个更加有参考意义的指标(R?der, Both & Hinneburg, 2015),它表示一个主题中两个高权重词汇之间的语义相似性,这里使用的是 Umass 方法,指某两个高权词汇同时出现在同一主题中的程度,表示为:

$$C_{UMass}=\frac{2}{N\cdot(N-1)}\sum_{i=2}^{N}\sum_{j=2}^{i-1}\log\frac{P(w_i,w_j)+\varepsilon}{P(w_j)}$$

其中,N 表示所有文档总词汇数,P(Wi,Wj)指 Wi,Wj 同时出现在一个主题中的概率,P(Wj)是主题中 Wj 的概率,ε 是常数,避免出现 0 的对数。一致性越接近 0,模型越好。可以看出,上面 1000 次迭代的模型稍微好于 500 次迭代的模型,但不明显,两种模型接近。下面显示的是迭代 1000 次的模型输出的 30 个主题和每个主题的前 10 个关键词(表 5.5):

表 5.5:英文维基百科 1 万篇文章的 30 个主题和前 10 个关键词

T	1	2	3	4	5	6	7	8	9	10
0	0.031 species	0.028 live	0.024 family	0.022 plant	0.019 find	0.014 small	0.012 group	0.012 key	0.012 large	0.011 grow
1	0.029 show	0.029 series	0.026 television	0.017 network	0.014 radio	0.011 channel	0.010 disney	0.009 character	0.009 broadcast	0.009 program
2	0.021 data	0.019 car	0.019 information	0.016 brown	0.015 model	0.014 company	0.012 make	0.011 cat	0.010 iron	0.009 grand
3	0.028 church	0.022 roman	0.022 art	0.022 build	0.020 greek	0.018 style	0.017 ancient	0.017 god	0.014 paint	0.011 catholic

续表

T	1	2	3	4	5	6	7	8	9	10
4	0.024 force	0.019 computer	0.019 military	0.018 company	0.015 air	0.015 pakistan	0.015 program	0.013 system	0.012 make	0.011 design
5	0.019 body	0.014 fish	0.013 blood	0.013 disease	0.012 animals	0.010 division	0.009 medical	0.009 water	0.009 medicine	0.009 eye
6	0.015 cell	0.014 baseball	0.012 hall	0.011 basketball	0.010 host	0.009 college	0.008 biology	0.008 element	0.008 cells	0.008 ray
7	0.029 article	0.028 page	0.026 wikipedia	0.025 cite	0.020 web	0.012 user	0.010 simple	0.010 horse	0.010 max	0.010 talk
8	0.031 template	0.027 metal	0.018 link	0.015 list	0.015 text	0.013 gold	0.013 albums	0.011 number	0.011 ship	0.010 add
9	0.049 number	0.019 word	0.019 study	0.018 object	0.017 field	0.017 mean	0.016 term	0.012 refer	0.011 latin	0.010 form
10	0.042 book	0.034 write	0.016 work	0.015 publish	0.010 story	0.008 time	0.007 death	0.007 writer	0.006 die	0.006 english
11	0.115 football	0.087 team	0.068 national	0.068 play	0.060 player	0.033 association	0.026 japan	0.023 infobox	0.021 world	0.020 game
12	0.032 space	0.026 star	0.019 earth	0.017 sun	0.015 conference	0.011 universe	0.011 wave	0.011 make	0.010 planet	0.010 atom
13	0.037 germany	0.033 race	0.027 summer	0.025 german	0.022 international	0.019 right	0.015 olympic	0.014 women	0.014 sweden	0.013 olympics
14	0.046 river	0.021 west	0.021 sea	0.018 water	0.018 island	0.018 north	0.015 image	0.015 ocean	0.011 side	0.011 airport
15	0.050 british	0.027 london	0.023 india	0.020 station	0.019 australia	0.018 minister	0.018 rail	0.014 train	0.014 prime	0.013 line
16	0.042 league	0.028 club	0.027 win	0.024 season	0.023 chicago	0.023 hockey	0.020 play	0.019 ice	0.015 soviet	0.014 illinois
17	0.039 war	0.018 world	0.017 people	0.016 battle	0.015 china	0.015 empire	0.015 countries	0.013 fight	0.012 country	0.012 century

续表

T	1	2	3	4	5	6	7	8	9	10
18	0.025 color	0.022 white	0.018 green	0.016 point	0.015 red	0.014 black	0.014 beach	0.012 blue	0.011 wear	0.011 ring
19	0.050 light	0.039 request	0.025 push	0.022 user	0.017 wikipedia	0.016 particles	0.011 administration	0.011 matter	0.010 particle	0.009 truck
20	0.087 state	0.072 unite	0.022 president	0.019 party	0.016 american	0.014 house	0.012 serve	0.009 government	0.008 general	0.007 political
21	0.050 movie	0.033 american	0.029 bear	0.020 die	0.018 americans	0.016 play	0.014 age	0.014 star	0.011 marry	0.010 actor
22	0.065 city	0.045 county	0.037 state	0.028 town	0.023 south	0.022 people	0.022 district	0.021 unite	0.021 capital	0.018 area
23	0.169 france	0.074 commune	0.064 game	0.051 region	0.043 department	0.039 regions	0.037 departments	0.036 find	0.023 north	0.020 video
24	0.044 people	0.022 make	0.021 person	0.019 call	0.018 time	0.016 class	0.011 things	0.011 wikt	0.010 mean	0.010 kill
25	0.019 system	0.019 file	0.018 years	0.018 power	0.017 period	0.012 windows	0.012 italy	0.012 million	0.011 store	0.011 italian
26	0.051 language	0.019 english	0.016 languages	0.016 speak	0.015 people	0.015 group	0.013 bar	0.012 season	0.011 ireland	0.011 hurricane
27	0.036 university	0.032 school	0.023 england	0.019 award	0.017 college	0.016 hurricane	0.012 prize	0.012 king	0.012 storm	0.012 atlantic
28	0.052 music	0.042 album	0.034 song	0.034 release	0.031 band	0.029 record	0.023 rock	0.020 single	0.015 singer	0.012 unite
29	0.021 food	0.017 energy	0.016 make	0.014 eat	0.013 drug	0.013 gas	0.012 heat	0.010 drink	0.010 market	0.010 carolina

由于篇幅限制，这里只显示每个主题的前 10 个最高权重的关键词。很显然，第 0 个主题是生物学，这个主题的最高权重的关键词是 species，权重 0.031，第二高权重关键词是 live，因为在上述代码中进行了动词归并，这个 live 包含 lives 或 lived 等等，权重 0.028，进一步向后看关键词，发现它是关于植物科、植物物种或种群生长方面的主题；第 1 主题是传媒或娱乐方面的主题，LDA 模型不但把电视、广播自动分到这一类，而且将迪士尼、网络、娱乐节目中的人物并入这个主题，说明在维基百科中，这些关键词是高权重、

共同出现在上下文中,传媒与娱乐这种高强度的共现或相关性,不仅仅出现在具有人类明确命名或分类的传媒或娱乐类的维基百科的文章中,而且,它们也隐藏在维基百科数以万计的其他名称或类别的文档中。将传媒和娱乐归为一类主题,基本符合人类的直觉、认识和人工分类范围。同样,第 2 主题是汽车制造;第 3 主题是古希腊、罗马风格的建筑、绘画或艺术;第 4 主题是军事,有关空军、计算机软件或系统;第 5 是鱼类疾病;第 6 主题是分子生物学与体育或运动员的健康;第 7 是维基百科的编写、引用和讨论;第 8 是相册和艺术;第 9 是数学;第 10 是作品、作家生卒等。

我们使用的数据仅仅是维基百科总文档数的 1/600,设定生成的主题数是 30,如果更改主题数,产生的主题将不完全相同。

5.4《经济学家》杂志的主题

上节指出,在 LDA 中,语料库应该生成多少个主题是一个非常有挑战性的问题(Asuncion et al.,2009;Wallach,Mimno & Mccallum,2009)。如何确定主题的数量在学术界进行过许多讨论,但还没有一个被普遍接受的方法(De Battisti et al.,2015)。

为了选择最优的主题数量,我们使用了最新的 ldatuning 的 R 包(Nikita,2019)来测试关于中国、英国和美国三个国家语料库的主题数量。这个 R 包是基于一些重要的论文,包括 Arun Measure(Arun et al.,2010)和 Griffiths Measure(Griffiths & Steyvers,2004)。通过这个 R 包确定主题数量的最简单的方法是寻找度量的极值。图 5.5 显示,针对中国、英国和美国三国语料库,Arun 度量几乎重叠,它们三者的极值都出现在大约 15 到 25 之间,在 20 附近;对同样三个语料库,在 Griffiths 度量中,英国和美国的主题数变动趋势几乎重叠,它们的主题数极值约在 20 附近;中国的主题数基本与美国和英国的主题数在平行方向上波动,中国语料库的主题数极值大约在 15-25 之间,英国和美国语料库的主题数极值也是在 15-25 之间,大约 20 附近。在前文中提到的美国国防部 DARPA TDT 项目中,专家经过多次测试数据后,把 25 确定为最优的新闻事件数,因为 25 个事件能够覆盖大型新闻语料库的所有主题(Allan et al.,1998)。因此,根据上述实验结果并参考 DARPA TDT 项目专家对新闻主题数量的选择,同时为了方便对比,我们把《经济学家》杂志有关多个国家的语料库的主题数量都统一设置为 20。

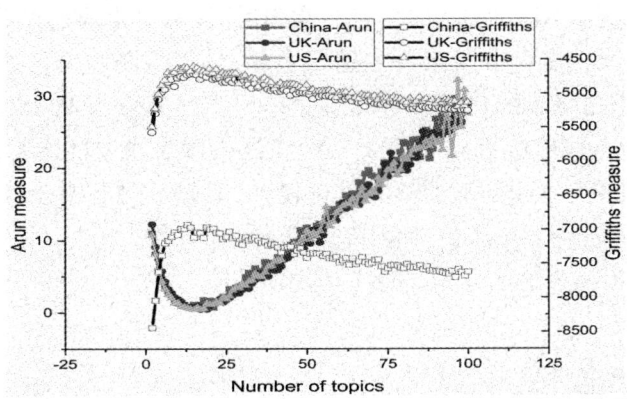

图 5.5: 根据 Arun measure 和 Grittiths measure 生成的最优主题数量

相对而言,Mallet 的 LDA 库开发的历史最长,功能更加强大,而且对模型的评价指标更为丰富。我们使用这个工具包进行 LDA 建模。针对《经济学家》杂志有关不同国家的语料库,统一使用下面的关键参数(表 5.6),这些关键参数值也是 Mallet 开发人员推荐使用的值:

表 5.6:Mallet LDA 模型设置的参数

Parameter	Value	Description
num-iterations	1000	总迭代次数 1000
optimize-interval	20	重新估计 dirichlet 超参数之前需要迭代多少次
alpha	5.0	总 alpha 值,超参数,控制文档中包含主题的数量;每个主题后面也有 alpha 值,但每个主题后面的 alpha 值是总 alpha 值的权重。如果总 alpha=1,每个文档只有一个主题;如果总 alpha > 1,每个文档包含多个主题;如果总 alpha < 1,每个文档包含较少数量的主题。
beta	0.01	超参数,控制主题中包含的词的多少。beta 越大,主题中包含的词越多;beta 越小,主题中包含的词越少。
num-topics	20	主题数

5.4.1 中国的主题

我们的《经济学家》杂志的文本数据的时间跨度是从 1991 年至 2016 年,共 26 年,内容是所有样本数据的英文全文文本。在这 26 年里,一些基于事件的热门话题可能在相对较短的时间内出现和消失。例如在一年或几年内,某个主题被热烈讨论,然后这个主题逐渐或快速消失。为了按年份观察一个主题长期的变化趋势,我们引入了主题变化波动曲线的回归线斜率,以便观察一个主题是长期的热点问题还是阶段性或者短暂性的热点问题。虽然回归线斜率不是一个完美指标,但它能以量化的方式对比各个主题的权重在较长的历史阶段是总体上升还是下降。主题权重的面积堆积图也能够非常直观地表现出各个主题所占的比重以及主题权重增大或缩小的历史阶段(图 5.6)。

为了便于对比,图 5.6 中的主题权重已经转为标准化的主题权重,即全部主题权重的总面积是 1,从下到上不同色彩或不同填充图案的区域,分别代表主题 0、主题 1、主题 2 ……主题 19 所占的面积。Mallet 的功能非常强大,能够对生成的模型进行多种诊断,能够进行主题、词汇、文档多种分析以及主题与主题之间、主题与词汇之间、主题与语料库之间、文档与语料库之间、词汇与语料库之间多种对比,非常有利于对主题的精确分析、判断和比较。与 Mallet 相比,目前世界上其他主题模型工具包能够实现的诊断功能都存在非常大的差距。Mallet 主题模型的诊断项目较多,下表只列出部分中国主题模型的诊断结果,该表以 Document_entropy(文档熵)降序排列(表 5.7):

第五章 主题分析

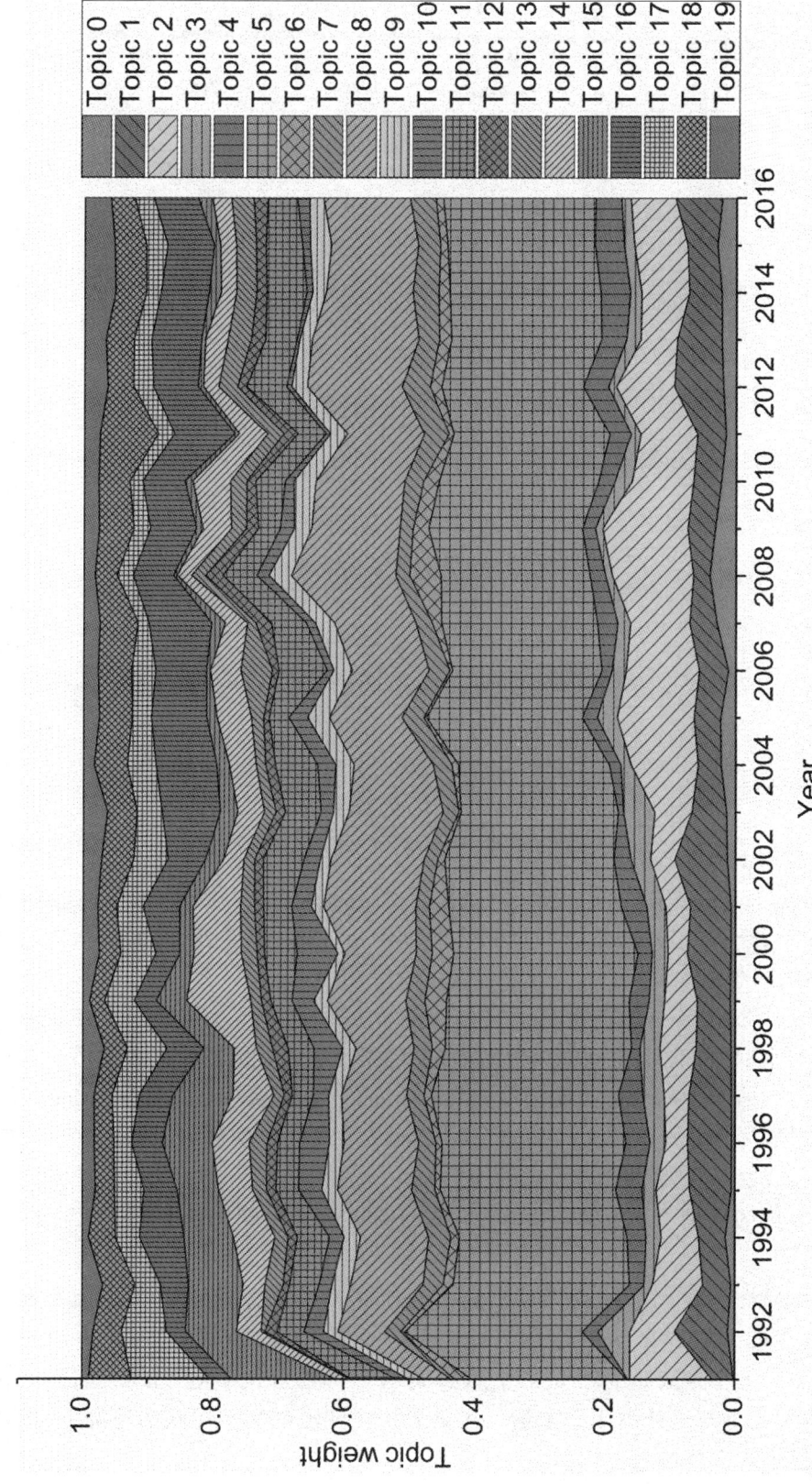

图 5.6:1991–2016 年《经济学家》周刊关于中国主题的权重堆积面积图

表 5.7: 中国主题模型诊断结果

Topic	Document_entropy	Coherence	Uniform_dist	Corpus_dist	Exclusivity
5	8.002	−138.496	3.706	0.845	0.299
8	7.739	−190.173	3.835	1.239	0.249
1	6.936	−228.628	4.155	1.889	0.522
11	6.920	−242.822	4.071	1.754	0.470
2	6.880	−205.099	4.319	1.345	0.444
17	6.802	−236.318	4.518	1.809	0.492
14	6.741	−253.451	4.435	1.828	0.451
16	6.719	−201.774	3.958	1.467	0.335
7	6.522	−348.373	3.429	2.292	0.402
18	6.497	−184.055	4.451	1.874	0.460
13	6.355	−351.518	3.787	2.671	0.662
9	6.300	−275.500	4.302	2.205	0.455
19	6.288	−277.771	4.014	2.347	0.598
4	6.190	−203.972	4.371	2.134	0.437
15	6.148	−237.783	5.133	2.429	0.504
3	6.065	−235.831	4.811	2.603	0.591
0	5.904	−292.396	4.207	2.622	0.636
10	5.854	−194.492	5.016	2.564	0.599
12	5.853	−428.966	3.845	3.043	0.722
6	5.658	−364.880	4.249	2.922	0.817

Document_entropy（文档熵）是鉴别主题一般性、特异性或普遍性的指标，高值意味着主题特异性低、普遍性高，高文档熵的主题即是指这个主题非常普遍，而且均匀地分布在语料库的所有文档中。

从表 5.7 可以看出，主题 5 是最高文档熵值的主题，从图 5.6 看出，主题 5 是在 1991-2016 整个时间段内面积最大、最稳定、最持久的主题，它是由机器在大量文档中自动发现的，这个主题的前 5 个高权重关键词是 china、china′s、chinese、years、full 和 time。因为这个 LDA 模型是在大量中国的文档基础上训练而成，它自动找到中国主题是最大权重的主题，这能够说明两个方面的问题：

第一，生成的模型可靠性高，模型产生的最高权重的主题完全符合人类主观认识或分类；

第二，特异性最低，中国主题必然普遍存在于有关中国的语料库中，模型发现的这个最高权重的主题又似乎没有意义，因为即使不需要训练，人类也知道有关中国的语料库中，中国必然是最高权重的主题。因此，这种 LDA 的非监督机器学习的最大优点，在于它能够在读者预先不知道或由于文本量巨大读者无法知道的文本主题的情况下，找到关键主题，它更接近人工智能。

Coherence(一致性)与前文 Gensim 的评价参数类似,是主题中高权重词汇共同出现的程度的诊断,越接近0,主题中的高权重词汇共现度越高。可以看出,主题 5 的一致性最高,即这个主题中的关键词经常共同出现在上下文中。Uniform_dist(均匀分布)是另一个表示主题特异性的指标,计算的是主题词汇分布与均匀分布之间的距离,距离越小,主题的特异性越低,距离越大,主题的普遍性越低、特异性越高。均匀分布最小的是主题 7,是关于中国文化艺术,主题 5 的值也非常低,是第二小的值。Corpus_dist(语料库分布)测量的是主题与语料库全部词汇的距离,值越大,主题特异性越强,值越小,表示主题与整个语料库越相似,主题 5 的值最小,说明这个主题与整个语料库总的主题最接近。Exclusivity(排斥性)指一个主题的高权词汇完全属于该主题而不属于其他主题的概率,一个主题的这个值越高,意味着属于该主题的词汇越不可能被分到其他主题,这个值越低,表示这个主题的词汇被分配到与其他主题的概率越高。主题 8 的排斥性最小,主题 5 的排斥性也非常低(第二最小值),意味着这些主题特异性低,主题的词汇不但能代表这两个主题,对整个语料库来说,也有一定的语料库的代表性,即具有一般性或普遍性的。

表 5.8 是各个主题、原始的未标准化的主题权重、主题的线性回归系数、对回归系数的检验以及主题中权重最大的前 11 个关键词。可以看出,主题 0、主题 4、主题 7、主题 8、主题 12、主题 13、主题 16 和主题 19 的长期趋势是上升,具有统计学意义,也就是说,从 1991—2016 年,虽然每年这些主题的权重彼此不同而且看似无规律的变化或波动,但总的趋势是它们的权重在不断上升,这些主题变得越来越重要,越来越突出。

与此相反,主题 5、主题 10、主题 15 和主题 17 所表现出来的长期趋势是下降,即这些主题的权重正在变得越来越小,与其他主题相比,它们正在变得越来越不重要,越来越不突出。

对于其他没有统计学意义的回归系数,说明它们的主题权重没有变化,就是说,从 1991—2016 年的总体趋势看,这些主题在《经济学家》杂志中既没有增强也没有减弱。

这里所说的主题权重的增加、减少或稳定不变,均是从长期的历史数据中统计、分析和推理而来,是总体的大趋势或大方向,不是指某个或某几个具体的年份变化。例如,某一年某个或某些事件的主题权重较高,成为热点主题,但第二年这些热点迅速消退或完全消失,并没有成为持续的、长期的、越来越重要的主题,在主题热点的趋势分析中,这个(些)快速消退的主题的研究意义有限。如果一个主题是 10 年以上持续地上升、下降或保持不变,基本能够反映出这个主题的长期特征以及与这个主题有关的政治、经济或社会演化。

表 5.8:中国 20 个主题权重、回归系数、回归系数检验以及主题的前 11 个高权重词汇

Topic	Topic weight	Regression coefficient	P-value[a]	Top words
0	0.069	0.00095	0.000	energy coal power oil steel environmental year pollution emissions industry demand
1	0.226	−0.00013	0.746	party communist political party's leaders power jiang mao deng reform economic

续表

Topic	Topic weight	Regression coefficient	P-valuea	Top words
2	0.265	0.00121	0.137	china's growth year economy china prices gdp yuan investment rate exports
3	0.075	−0.00046	0.095	japan north korea japanese nuclear south japan's russia china war korean
4	0.098	0.00060	0.037	china sea military america china's south chinese vietnam american islands defence
5	1.320	−0.00206	0.000	china china's chinese years full time text world country vol london
6	0.053	0.00005	0.872	tibet chinese dalai xinjiang lama tibetan uighurs tibetans ethnic religious police
7	0.136	0.00052	0.010	chinese art london british cultural history publication museum britain century tourists
8	0.654	0.00242	0.000	officials government chinese beijing china's official year public iss economist vol
9	0.093	0.00020	0.176	india china countries chinese asia india's oil indian africa trade asian
10	0.063	−0.00101	0.002	taiwan china taiwan's taiwanese mainland chen president kmt independence lee island
11	0.220	0.00034	0.293	city cities people urban workers rural local land government beijing year
12	0.062	0.00030	0.035	water river food dam project grain farmers yangzi people gorges aug
13	0.105	0.00072	0.002	internet online chinese film users book media films books news google
14	0.171	−0.00086	0.082	china america american trade chinese america's countries wto americans world united
15	0.099	−0.00397	0.000	hong kong kong's mainland british china britain patten government political people
16	0.200	0.00164	0.000	firms chinese china business market firm companies foreign company year billion
17	0.178	−0.00177	0.000	state government china's private state-owned enterprises system economy reform firms economic
18	0.131	0.00044	0.230	banks bank investors financial billion companies loans market capital shares money
19	0.110	0.00087	0.000	children people women health education parents university family students chinese school

a: The significance level is 0.05

例如,主题0(能源与环境)的长期趋势是向上,权重越来越大,它的前20个高权关键词是 energy(0.016)、coal(0.015)、power(0.014)、steel(0.014)、oil(0.014)、environmental(0.01)、year (0.009)、pollution (0.008)、emissions (0.008)、industry (0.007)、demand(0.007)、billion(0.007)、tonnes(0.007)、air(0.007)、biggest(0.006)、electricity(0.006)、carbon(0.006)、mining(0.006)。这些能源、煤炭、电力、石油、钢铁、环境、年代、污染、排放、工业和需求等关键词代表了长期以来这个中国主题的主要内容。这个主题并不是《经济学家》杂志某个或某些个文章的主题,而是分布在该刊物中的整个中国语料库中的一个主题。该主题是几十年来该刊物关注中国的一个热点问题,这些主题关键词的内在关系符合我们对中国经济、能源消费结构和环境问题的认识。根据前11个关键词和它们以权重为基础的前后排列顺序,这个能源与环境的主题至少表明并可以推导出以下四个方面的意义:

第一、 中国的能源消费主要来自电力、工业或钢铁行业的巨大需求。能源是人类赖以生存和发展的基础,是国民经济的基础,对经济发展和人民生活水平提高起着至关重要的作用。中国的经济发展与能源消费密不可分。我们以世界银行发布的中国1991–2016年的GDP数据 (World Bank – China GDP, 2018)和世界能源生产和消费领域权威的历史数据–BP世界能源统计回顾(BP Statistical Review of World Energy, 2019)为基础,进行了能源消费和经济发展的回归分析,表明《经济学家》杂志将能源作为中国的一个主题,与中国经济的增长密切相关(图5.7)。从图中可以看到,1991–2016年中国GDP与一次能源消费存在着极强的关联性,能源消费与GDP回归模型的拟合度较高,判定系数达到0.9以上,中国经济的增长高度依赖能源消费。1978、1991、2016、2018年中国的一次能源消费分别是397.07、718.62、3047.11 和 3273.47 百万吨油单位,同期美国的一次能源消费分别是1819.34、1919.26、2212.66 和 2300.64 百万吨油单位,中国在2009年已超过美国,成为世界最大的一次能源消费国。

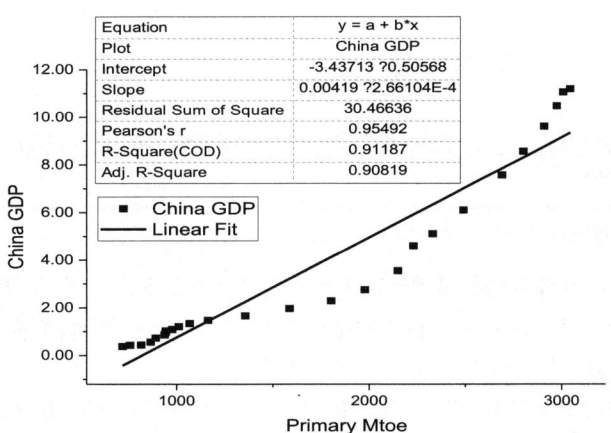

图 5.7:1991–2016 年中国 GDP 与一次能源消费的回归分析
(China GDP = Value * 1012,Primary Mtoe=Primary energy consumption, 一次能源消费;Mtoe = Million Tons of Oil Equivalent,百万吨油当量)

第二，　主题0中一次能源高权关键词排第二的是coal（0.015），排第五的是oil（0.014），说明煤炭在整个《经济学家》杂志的中国语料库中更突出，更能代表能源这个主题，该周刊涉及中国能源与环境的主题时，首先提到的和最多出现的词汇是煤炭，其次才是石油。煤炭和石油关键词权重排列顺序的先后区别实际反映了中国一次能源的储量、分布特点以及消费结构。众所周知，中国的煤炭资源比较丰富，2014年探明储量1145亿吨（BP Statistical Review of World Energy, 2014），居世界第三。但是石油资源贫乏，2017年探明储量256亿桶（BP Statistical Review of World Energy, 2017），排名居世界第十三位。美国煤炭探明储量是2373亿吨（BP Statistical Review of World Energy, 2014），居世界第一，美国石油探明储量392亿桶（BP Statistical Review of World Energy, 2017），据世界第十。但是美国与中国的能源消费结构完全不同，图5.8是中国、美国和日本三国煤炭和石油占一次能源消费的百分比。可以看出，从1965-2018年，中国的煤炭占比长期处于高位，1965年是87.03%，从2007年开始，比例开始缓慢下降，但下降幅度较小，2018年占比为58.25%，但仍然远远高于美国和日本的煤炭占比。中国的石油占比长期处于低位，1965年为8.44%，2018年为19.59%，而美国和日本2018年的石油占比分别为39.98%和40.16%。虽然美国的煤炭资源的储量排名居世界首位，但石油在一次能源消费中占主要地位，日本也是石油占能源消费的主要地位，中国则是煤炭占一次能源消费的完全主导的地位。《经济学家》杂志关于中国主题文献中的能源主题的关键词权重和排序，反映了中国能源储量的现实和能源消费的特点。

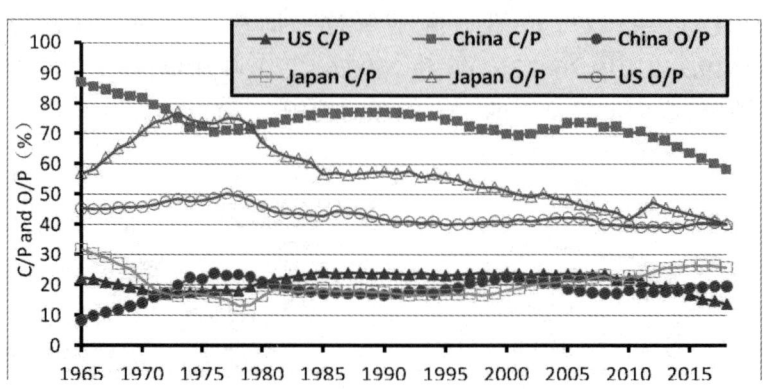

图5.8：1965-2018年中国、美国和日本的煤炭和石油占一次能源消费的百分比
（C/P：煤炭占一次能源消费的百分比，O/P：石油占一次能源消费的百分比）

第三，　主题0出现了环境、污染、排放、空气和炭等与能源消费密切相关的关键词，说明能源消费与环境污染在《经济学家》杂志中的能源这个主题下的共现率非常高。中国能源消费的大量增加推动GDP快速增长的同时，也产生了环境污染问题。由于中国煤炭比石油丰富，开采技术低，以煤炭为主导的

能源消费结构,必然加剧空气污染等问题。因为,与石油相比,煤炭不能充分燃烧,发热量低,能够产生更多的二氧化碳、废渣、废气,对环境或空气造成更多的污染。根据世界银行的二氧化碳排放量的统计(World Bank, CO_2 Emissions, 2019),中国的排放总量从1960年以后是非常缓慢地小幅度波动(图5.9),自改革开放后的1980年代开始,上升速度明显加快,尤其是从2001年以后,中国的排放量以非常快的速度持续上升,在2005年超过了美国,是世界最大的排放国家。2014年世界排放量最大的国家依次是中国、美国、印度、俄罗斯和日本。就人均排放量而言,2014年中国排放量为7.5吨,居世界第48位,美国居世界第11位,俄罗斯居第23位,日本第30位,印度居第158位。世界银行提供的俄罗斯的人均排放量的数据是从1992年开始。2014年,卡塔尔的人均排放量在全球最高,高达43.9吨。该国是全世界污染最严重国家之一,这与卡塔尔人口少、产业结构严重失衡、石油天然气资源丰富而且长期大量开采有密切关系。

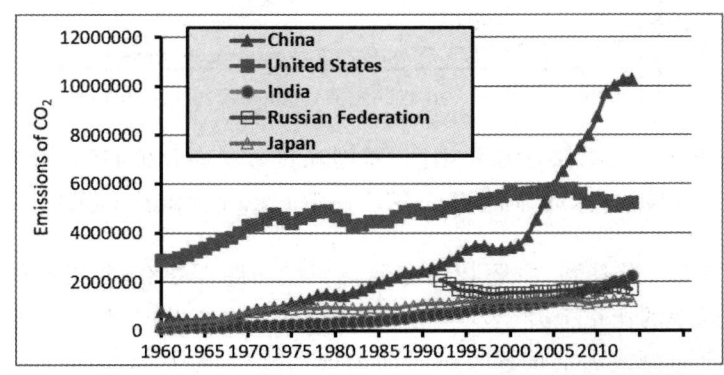

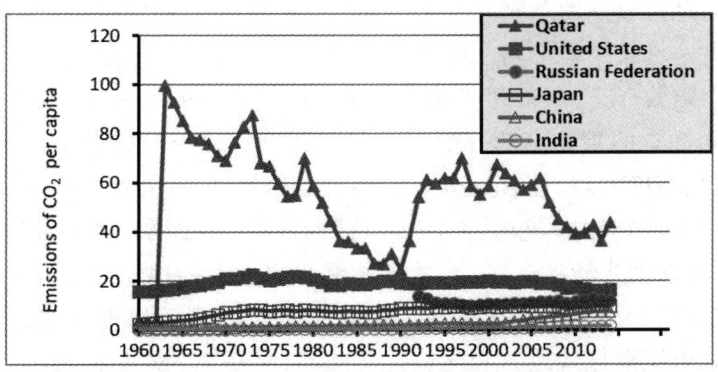

图5.9：上图,1960-2014年世界5个国家的二氧化碳排放量,单位:百万吨
下图:1960-2014年世界6个国家的人均二氧化碳排放量,单位:吨

第四，基于上述《经济学家》杂志主题0的能源和环境关键词权重排列顺序的分析以及与此有关的中国经济增长,结合世界银行GDP和BP世界能源统计中一次能源消费的数据,能够清晰勾勒出中国改革开放以来能源利用的效率。图5.10是1991-2016年以来中国、美国和日本的单位GDP能耗,可以

看到,1990 年代初期,中国的单位能耗是美国的 6 倍,日本的 15 倍。中国的单位能耗在持续大幅下降,到 2016 年,中国已经下降到 2.72,这是巨大的进步,令人惊叹。从图中可以看到,日本的能源效率一直很高,长期在 2 以下,甚至在 1 以下。虽然中国与美国、尤其是日本还有一定的差距,但中国节能降耗的效果非常显著,随着国家继续强化推进绿色低碳发展战略,将来的效果将更加显著。可以据此推测,如果中国达到美国 2016 年单位 GDP 能耗标准,以 2016 年中国一次能源消费的总量的测算,中国的 GDP 总量将达到 25 万亿,超过美国 2016 年的 18 万亿 GDP;如果达到日本 2016 年单位 GDP 能耗标准,2016 年中国 GDP 将达到 33 万亿。

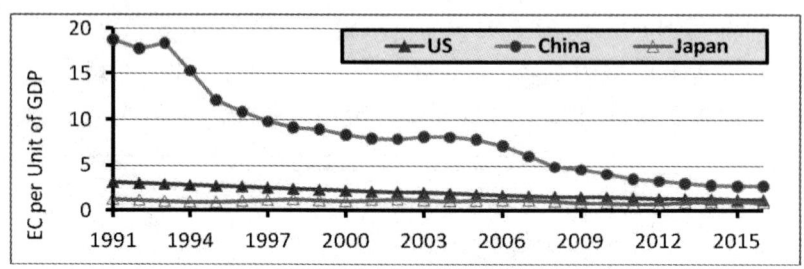

图 5.10:1991–2016 年中国、美国和日本三国单位 GDP 能耗
(单位:标准吨油/万元;EC = Energy consumption)

另外,从图 5.6 可以看到,主题 0 的能源与环境问题在 2001 年以后的面积明显开始增大,在整个主题中的比重上升,表明《经济学家》杂志在 2001 年以后更加关注中国的能源环境问题,这个主题或关键词越来越多地出现在该周刊中,这与图 5.9 中的 2001 年以后中国二氧化碳总排放量的急剧上升基本吻合。该刊物关于中国能源和环境问题直接反映了中国经济高速增长过程中存在能源消费结构特征和污染问题。

主题 1 是中国共产党、中国共产党的领导人以及中国的经济改革。LDA 将中国的改革与中国共产党和党的领袖自动分配到一个主题下,说明在整个中国主题文献数据集中,这些关键词是高度共现,而且是分布在整个数据集中。世界上许多经济学家试图解释为什么中国经济改革能够成功,为什么以前的苏联、东欧等一些社会主义国家改革失败,为什么中国能够创造经济奇迹。儒家文化和思思并不能使经济实现成功赶超,否则的话,有些受儒家文化影响的国家早在十六或十七世纪就会实现现代化或经济发展,中国成功的关键是采取了渐进式改革和比较优势战略(林毅夫,蔡昉 & 李周,2017)。新制度经济学创始人、诺贝尔经济学奖获得者 Ronald H. Coase 认为中国经济改革成功的关键是没有从社会主义经济的中心‐国有企业开始改革,而是从落后的、被边缘化的群体开始,由此促成了中国其他的一系列改革,并将私营企业带回到社会主义经济体制中,为中国向市场经济转型铺平了道路。这种边缘革命,使中国进入了现代市场经济 ("it was at the margins of the Chinese economy that a concatenation of revolutions brought private actors back to the economy, paving the way for a market transformation. China became capitalist with marginal revolutions.")(Coase & Wang, 2016, p.46)。在上一章有关情感分析中,吴敬琏等经济学家指出,中国在1950年代就彻底消灭了私有制,Coase 认为通过边缘革命将私有成分引入,促成了中国经济和社会的大变革,创造了中国奇迹。这里的边缘革命(marginal revolutions)是指农村家庭联产承包责任制、乡镇企业或个体户等。这种类似的关于中国经济成功原因的分析是从经济学家或经济学角度阐述的,没有论述国家稳定、国家政治领导等其他方面原因。

张五常(2009,p.37)对中国改革成功的总结是,是中国共产党领导与指挥了改革运动,中国改革成功的主要原因是"中国人民:刻苦、聪明、有耐力⋯ 我没有见过一个民族可以在那么恶劣的环境下那样拼搏"。中国改革成功更重要的因素是中国共产党的领导和中国人民的支持、中国政治领袖的领导能力、中国大量的人力资本和中国人民的勤劳(Chow,2004)。

无论什么经济条件、经济手段、经济政策、经济战略,都需要人去领导和实现。杜鲁门总统对他的经济顾问们说过一句经典的名言:希望有一个独臂经济学家 (one handed economist)(Eizenstat,1992),因为他的经济顾问们总是 on the one hand this 和 on the other hand that,他们提供的总是是含糊的、试验性、不明确的建议。虽然经济学家们这种语言风格是出于他们全盘考虑的结果,出于经济学的取舍权衡(trade-off),但总是需要决策者做出选择。

经济学家们对解决一个经济问题会给国家领导人提出完全不同,甚至截然相反的建议,这需要有大智慧的领导人作出最终的判断和决定。事实证明,是1978年以后的国家的决策彻底改变了中国的面貌,实现了中国经济的腾飞。

以下简述其他主题:

主题2 是关于中国的 GDP 或经济增长。GDP 是由消费、投资和出口三个要素构成。关键词显示,这一主题出现时,共现的高权词汇是价格、增长率、投资或出口等,这个主题是专门讨论中国的宏观经济增长和 GDP 要素。

主题3 关于中国和《经济学家》杂志出版物信息(无特异性)。

主题4 关于中国文化艺术。

主题5 是中国或中国政府主题,与《经济学家》杂志的期、卷相关的中国主题,该主题与主题3类似,特异性低、普遍性较高。

主题6 中印、中非贸易关系。

主题7 中国城市、企业工人、农村的土地问题。

主题8 河流、长江三峡水利工程和农民粮食问题。

主题9 中国互联网、传媒、电影、图书和谷歌。

主题10 中美经贸关系。

主题11 香港和内地。

主题12 中外公司和中国市场。

主题13 国有企业、私营企业、改制。

主题14 中国的银行、投资、金融、贷款、股票。

主题 15 中国的儿童、妇女、医疗、教育、家庭。

可以看到,以上的关键词基本能够代表不同的类别,虽然这些分类和关键词完全是由机器自动完成,但类别与类别之间的分界比较清晰,大多数主题的特异性较高,可解释性较强。这些不同的主题是《经济学家》杂志 1991-2016 年报道中国的主要内容,这些自动分类主题,虽然与人类智慧所分类的政治、经济、军事、外交、文化或社会等不完全相同,但它们所代表的内容基本可以归并到人类的主题分类当中。与人类分类相比,LDA 最大的优势在于快速、客观、量化、以含有权重的共现词表示主题。

从图 5.6 看出,每个主题在每一年的权重都不相同,为了清楚地观察到每一年较大权重的主题,我们对所有主题权重按年进行了分类和排序,由于每年都是主题 3 和主题 5 占最高权重,它们的特异性最低,我们筛选出每年权重第三高的主题和权重最低的主题,这两个主题即代表《经济学家》杂志一年中关于中国最重要的和最不重要的主题(表 5.9)。

表 5.9: 中国每年第三大权重主题和最小权重主题

Year	TopicIDholdingthird-largestweight	weight	TopicIDholdingsmallestweight	weight
1991	2	0.127	4	0.001
1992	15	0.078	13	0.006
1993	15	0.084	0	0.006
1994	15	0.076	19	0.009
1995	15	0.063	0	0.006
1996	15	0.076	0	0.005
1997	15	0.092	0	0.006
1998	17	0.061	0	0.006
1999	14	0.098	0	0.008
2000	14	0.072	0	0.007
2001	14	0.073	0	0.007
2002	1	0.080	6	0.011
2003	16	0.089	6	0.003
2004	2	0.104	6	0.010
2005	8	0.110	6	0.004
2006	2	0.113	6	0.004
2007	16	0.096	13	0.013
2008	2	0.126	15	0.006
2009	2	0.131	15	0.010
2010	2	0.096	15	0.012
2011	16	0.093	15	0.007

续表

Year	TopicIDholdingthird-largestweight	weight	TopicIDholdingsmallestweight	weight
2012	2	0.090	10	0.008
2013	16	0.077	10	0.004
2014	2	0.075	10	0.009
2015	2	0.083	15	0.010
2016	1	0.072	6	0.012

从表5.9可以清楚看到主题热点的生成、持续和热点消褪的时间变化。主题2（GDP或经济增长）在1991-2016年间有8年占据最突出位置，从2008年至2010年连续3年占据显著位置，说明中国宏观经济增长和GDP要素是该周刊对中国最感兴趣的主题。从1992年到1997年，香港与内地连续6年占据最显著的地位，说明在香港回归祖国之前，每年它都是一个热点主题，但是该主题在2008年至2016年间里，有5年是权重最低的主题。中外公司和中国市场有4年是最热门话题。能源与环境问题在1993-2001年8年间一直是权重最小的主题，但进入21世纪以后，它变得越来越重要。2002-2006年和2016年，民族和宗教问题的权重最小，是最少涉及的主题。

在上一节中提到，LDA主题模型的一个局限在于主题和主题之间的关系无法确定、也无法量化。我们的解决方法是，计算出每个主题在1991-2016年间每一年的主题权重，对所有主题权重的分布进行正态性检验，根据检验结果，对这些主题按年进行成对比较，生成一个两两对比矩阵。由于所有权重分布都是正态分布（Kolmogorov - Smirnov tests, 2-tailed, maximal p = 0.977, minimal p = 0.216），我们进行了Pearson Correlation tests。下表列出的是具有统计学意义而且具有较强相关性的主题（Coefficient < - 0.5; Coefficient > 0.5）（表5.10）。

表5.10：中国主题 Pearson Correlation testsa（不包括主题5和主题8）

Topic_0	Topic_15	Topic_16	Topic_17	Topic_9	Topic_2	Topic_12	
Coefficient	−0.655	0.610	−0.600	0.596	0.575	0.511	
P	0.0003	0.0009	0.0012	0.0013	0.0021	0.0077	
Topic_1	Topic_2	Topic_9		Topic_2	Topic_9	Topic_18	Topic_3
Coefficient	−0.695	−0.684		Coefficient	0.733	0.546	−0.537
P	<.0001	0.0001		P	<.0001	0.0039	0.0047
Topic_4	Topic_7	Topic_17		Topic_7	Topic_17	Topic_13	
Coefficient	0.635	−0.563		Coefficient	−0.616	0.603	
P	0.0005	0.0027		P	0.0008	0.0011	
Topic_10	Topic_16	Topic_18	Topic_14	Topic_11	Topic_14		
Coefficient	−0.543	−0.518	0.511	Coefficient	−0.515		
P	0.0042	0.0067	0.0077	P	0.0071		

续表

Topic_12	Topic_17			Topic_13	Topic_17	Topic_15	Topic_19
Coefficient	−0.511			Coefficient	−0.563	−0.559	0.533
P	0.0077			P	0.0027	0.003	0.0051
Topic_14	Topic_19			Topic_15	Topic_17	Topic_16	
Coefficient	−0.520			Coefficient	0.736	−0.639	
P	0.0065			P	<.0001	0.0004	
Topic_16	Topic_17						
Coefficient	−0.599						
P	0.0012						

a: The significance level is 0.05.

从表 5.10 能够看到，最强的关系是出现在香港和内地国有企业、私营企业、改制 (0.736)。它说明在经济改革过程中,香港与内地的主题与国有企业的私营化或重组的主题存在较强的关联性,也就是说,在整个 1991-2016 中国主题的文献中,香港和内地主题报道的数量越多,国有企业、私营企业和改制的主题就越频繁,但它们属于不同的两个主题,它们的主题关键词也没有任何共现性。在 Mallet LDA 模型中没有计算这种更深层的内在关系的功能,我们的这种方法扩展了 Mallet LDA,能够发现深层的主题之间的关系。

GDP 与经济增长与中印、中非贸易关系(0.733)之间有着密切的关系,表明如果中国 GDP 和经济增长的报道增加,中印和中非贸易的内容就会增加,虽然这两个主题是完全分散在不同时间的不同文档、不同文档的不同位置。

中国 GDP 或经济增长是《经济学家》杂志中关于中国的最大权重的主题。那么,是不是中国实际的 GDP 产值影响了该刊物有关中国 GDP 的主题权重呢？为了观察这两者之间的关系，我们将 1991-2016 年间中国经济增长的权重与中国和世界六个发达国家的 GDP 总量进行了对比(World Bank GDP – countries,2019)(图 5.11)。

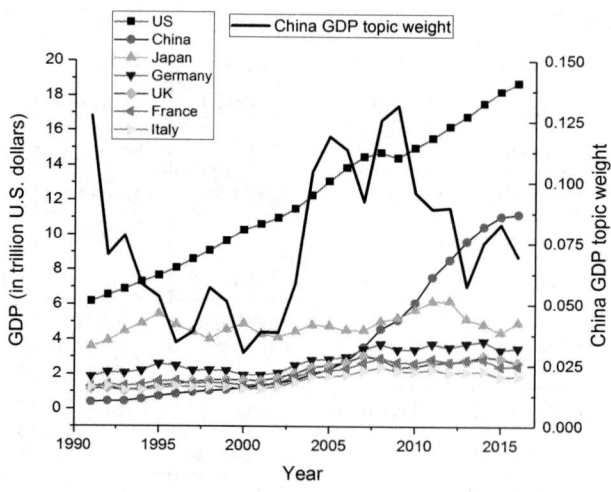

图 5.11: 1991-2016 年中国主题 2(GDP 或经济增长)的权重与七个国家的 GDP 总量

从图 5.11 能够看出，从 1991-2016 年，中国经济增长的权重并不是随着中国 GDP 总量的上升而上升，而是发生了剧烈的波动。从 1991 年的高点(0.127)持续下降到 2000 年的最低点(0.03)。2009 年升至最高点(0.131)，然后开始快速下降，到 2013 年大幅下降到另一个低点(0.057)。

从 2000 年开始，当中国 GDP 产值依次超过其意大利、法国等国家时，中国经济增长权重的波动方向大致与中国 GDP 产值相同。但是，当中国 GDP 总量超过日本成为第二大经济体并继续上升时，中国经济增长的权重反而急剧下降。1991-2016 年中国的 GDP 总量不是正态分布（Shapiro-Wilk normality test, statistic=0.805, p=0.00021）。检验证明，从 1991 年到 2016 年，《经济学家》杂志关于中国经济增长的权重与中国 GDP 总量之间没有关系(Spearman correlation test, rho=0.327, p=0.103)。

这个结果令人意外。因此，总体上看，中国 GDP 总量长期增长并没有持续增加中国经济增长的权重。从图 5.11 看出，只是当中国 GDP 超越别国时，主题 2 权重才会增加，一旦超越其他国家以后，中国经济增长权重反而快速下降。也就是说，中国 GDP 主题权重与 GDP 总量无关，而与中国的超越事件有关。发生中国 GDP 超越别国 GDP 事件时，中国经济增长的权重将增加，一旦超越其他国家成功，即使中国的 GDP 仍然在持续上升，但中国经济增长的权重将会下降。因此，可以预测，只有当中国 GDP 总量被日本或其他经济体再次超越或中国 GDP 超过美国时，中国经济增长的权重将会增加，否则该主题权重今后不会发生明显变化。

5.4.2 英国的主题

图 5.12 是 1991-2016 年之间英国各个主题的权重变化情况。显然，一个有趣的现象是，图 5.12 中没有一个主题的权重在某个时间彻底消失，所有主题并非是按照产生、成长、衰老和死亡的先后顺序来表现主题的生命周期。在整个时间段内，虽然整个时间跨度长达 26 年，有许多历史事件和人物成为该周刊的热点，然后逐渐或快速消褪，但这些事件或主题永久存在，只是权重变小。无论主题权重多么小，该主题始终保持有一定的权重，但永不消亡(图 5.12)。这可能与 gibbs 采样或非零概率有关。

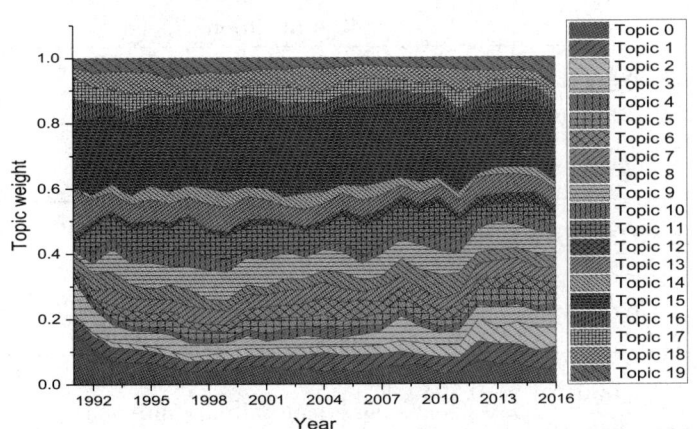

图 5.12：1991-2016 年英国的 20 个主题权重的堆积面积图

表 5.11 列出了英国 20 个主题的关键词。主题包括政党、政治领袖和伊拉克战争（主

题 11、主题 10 和主题 14)。一些社会问题也是它的主题,如妇女、儿童、就业、住房等(主题 1、主题 16),音乐和体育(主题 7),法律、犯罪或公共与私人医疗服务(主题 6、主题 18、主题 5、主题 17),经济、金融和商业(主题 0、主题 3、主题 8、主题 13),能源和气候变化(主题 12),计算机、互联网或信息技术(主题 2)和教育(主题 4)。主题 19 反映的是英国与欧盟之间的关系。在 20 个主题中,最大权重的六个主题是主题 15、主题 9、主题 11、主题 1、主题 18 和主题 7。

表 5.11:英国 20 个主题权重、回归系数、回归系数检验以及主题的前 10 个高权重词汇

Topic	Topic weight	Regression coefficient	P-value	Top words
0	0.102	−0.00168	0.015	banks bank financial firms investors market companies london big billion
1	0.165	0.00093	0.001	people work workers britain jobs social women children poor young
2	0.081	0.00215	0.000	technology data internet computer information make software system online systems
3	0.107	−0.00035	0.457	rates inflation economy year growth bank prices interest rate economic
4	0.047	0.00024	0.122	schools education art school students universities university children pupils teachers
5	0.057	0.00088	0.001	people disease drug food drugs human found science research cells
6	0.081	0.00073	0.018	police crime britain people home london prison church black officers
7	0.150	0.00030	0.209	london music year british football accountid full text info publication
8	0.125	0.00009	0.782	tax government billion pounds spending budget year public taxes pay
9	0.177	0.00071	0.130	book life london books pages author world man full publication
10	0.074	−0.00007	0.825	labour party vote scottish voters parties election government scotland lib
11	0.169	−0.00078	0.168	labour party blair prime minister tories tory government brown election
12	0.059	0.00070	0.000	oil energy gas power water electricity nuclear industry sea climate
13	0.129	−0.00152	0.002	business company companies firms market firm year british industry billion
14	0.069	−0.00016	0.594	british war iraq northern defence ireland ira american military america
15	0.951	−0.00066	0.102	time make years people good made long things hard put

续表

Topic	Topic weight	Regression coefficient	P-value	Top words
16	0.114	0.00003	0.901	london city local transport cities london's housing year building pounds
17	0.123	−0.00095	0.001	government health public services service private nhs money local national
18	0.150	−0.00067	0.052	law lord government court case legal report committee british publication
19	0.142	0.00009	0.814	britain european british europe countries britain's foreign union trade france

表 5.11 显示,主题 2、主题 12、主题 1、主题 5 和主题 6 的权重是长期上升趋势(P<0.05),尽管其回归系数值并不大。主题 17、主题 13 和主题 0 的权重是长期下降趋势(P<0.05)。总体上看,信息技术、新药研发、犯罪、能源和气候变化的主题权重是逐渐增加的。公共和私人医疗服务、商业、金融和银行业等主题权重是总体下降趋势。主题 11(政党和政治领袖)等其他主题并没有明显向上或向下趋势 (P>0.05)。相比之下,主题 2 的系数最大(0.00215),表明在《经济学家》杂志当中,英国主题 2 的计算机、互联网或信息技术的主题越来越受到该刊物的重视。

显然,与中国主题类似,英国的主题当中也有权重特别大、但解释性较弱的主题。从关键词来看,除了主题 15 之外,其他所有主题权重均值从 0.004 到 0.165 不等,这些主题的分界清晰。但主题 15 在整个时间段内的权重远远大于其他主题权重,一直在 0.196 以上波动。通过观察模型诊断结果,发现主题 15 有多项极值(表 5.12)。

表 5.12: 英国主题模型诊断结果

Topic ID	document_entropy (descending order)	coherence	uniform_dist	corpus_dist	exclusivity
15	9.212	−267.045	3.701	0.867	0.263
11	8.064	−189.507	4.883	1.505	0.537
9	8.051	−189.609	3.561	1.619	0.308
1	8.039	−280.225	4.753	1.429	0.314
7	7.968	−311.536	3.805	1.856	0.263
18	7.915	−272.655	4.460	1.626	0.377
19	7.901	−300.398	5.060	1.682	0.545
17	7.772	−287.628	4.920	1.573	0.445
8	7.767	−238.380	5.245	1.597	0.489
13	7.758	−253.018	4.479	1.390	0.327
16	7.638	−330.820	4.515	1.713	0.463
3	7.518	−189.324	4.969	1.465	0.434

续表

0	7.510	−189.575	4.688	1.448	0.421
6	7.439	−303.821	4.416	1.975	0.443
10	7.359	−215.895	5.296	2.011	0.595
2	7.234	−292.052	3.908	1.832	0.491
14	7.204	−271.566	4.639	2.028	0.603
12	7.011	−276.422	4.571	2.146	0.672
5	6.984	−212.386	4.087	2.074	0.423
4	6.905	−354.518	4.876	2.505	0.651

如表5.12所示，主题15在document_entropy（文档熵）中具有最高值，Coherence（一致性）的极值为−354.518（主题4）和−189.324（主题3），主题15（−267.045）的一致性在20个主题的一致性度量的升序中排名为第12位。主题15的uniform_dist（均匀分布）的值（3.701）非常小，表明此主题特异性非常弱。主题15也是corpus_dist（语料库分布）中最小值（0.867）的主题，表明它是一个普遍性非常高、非常含糊的主题。另外，主题15的Exclusivity（排斥性）最低（0.263），说明它的普遍性高。因此，尽管主题15在20个主题中的权重最大，但它很含糊、特异性较低、普遍性或者一般性较高。

表5.13是每年第二大权重和最小权重的主题。从1991年到1993年，主题0（金融）连续三年是最热门的话题，但1994年最热门的话题变为政党和政治领袖（主题11）或法律（主题18），即1994年后最热门的话题与金融、市场或经济无关，而是与政党和政治领袖有关。主题11（政党和政治领袖）有10年，而且是从2005年到2010年连续6年是英国最热门主题。2015年的主题2（计算机、互联网或信息技术）和2016年的主题19（英国与欧盟的关系）成为最热门的主题。相对而言，主题4（教育）、主题10（苏格兰政治或公投）是20个话题中谈论最少的主题。虽然主题12（能源与气候变化）在2005年以前有5年是权重最低的主题，但是2005年之后它的权重越来越大，这个主题越来越重要。2016年，谈论最少的是主题17（公共和私人医疗服务）。

表5.13：1991−2016年英国第二大权重和最小权重主题

Year	Topic ID holding second largest weight	weight	Topic ID holding smallest weight	weight
1991	0	0.165	14	0.004
1992	0	0.106	5	0.006
1993	0	0.071	2	0.014
1994	11	0.074	4	0.014
1995	9	0.080	2	0.012
1996	11	0.083	4	0.014
1997	11	0.099	12	0.008
1998	9	0.090	12	0.014
1999	9	0.087	4	0.012

续表

Year	Topic ID holding second largest weight	weight	Topic ID holding smallest weight	weight
2000	9	0.085	10	0.019
2001	11	0.089	12	0.015
2002	9	0.081	10	0.010
2003	18	0.072	12	0.012
2004	18	0.069	10	0.015
2005	11	0.085	12	0.019
2006	11	0.095	10	0.020
2007	11	0.079	4	0.017
2008	11	0.082	10	0.021
2009	11	0.083	10	0.020
2010	11	0.094	4	0.019
2011	18	0.070	5	0.019
2012	9	0.072	14	0.012
2013	9	0.086	10	0.018
2014	9	0.073	4	0.015
2015	2	0.072	4	0.015
2016	19	0.089	17	0.022

与中国的主题类似，英国的主题也是非常广泛，不仅仅涉及经济，还包含政治、科技、社会、医疗等许多方面。经过检验，发现英国的主题权重按年份服从正态分布(Kolmogorov–Smirnov tests, 2-tailed, maximal $p = 0.982$（主题18），minimal $p = 0.160$（主题13）），我们使用 Pearson Correlation tests 分析来评估主题之间的关系。表5.14列出了具有统计学意义而且具有较强相关性的主题(Coefficient < -0.5; Coefficient > 0.5)，为了便于观察，表中每一行的系数值按正或者负相关性从大到小排序。

表5.14：英国主题 Pearson Correlation testsa（不包括主题15）

Topic_0	Topic_3	Topic_13	Topic_9	Topic_16	Topic_14	Topic_6	Topic_7
Coefficient	0.789	0.773	−0.697	0.650	−0.610	−0.608	−0.512
p	<.0001	<.0001	<.0001	0.0003	0.0009	0.001	0.0074
Topic_1	Topic_2	Topic_12	Topic_11				
Coefficient	0.677	0.605	−0.575				
p	0.0001	0.0011	0.0021				
Topic_2	Topic_12	Topic_17	Topic_5	Topic_11	Topic_18		
Coefficient	0.757	−0.610	0.606	−0.515	−0.500		
p	<.0001	0.0009	0.001	0.0071	0.0093		

续表

Topic_3	Topic_9	Topic_14	Topic_6	Topic_16			
Coefficient	−0.705	−0.643	−0.584	0.580			
p	<.0001	0.0004	0.0017	0.0019			
Topic_4	Topic_6	Topic_13		Topic_5	Topic_17		
Coefficient	0.772	−0.512		Coefficient	−0.650		
p	<.0001	0.0075		p	0.0003		
Topic_6	Topic_13			Topic_7	Topic_9	Topic_17	
Coefficient	−0.547			Coefficient	0.744	−0.536	
p	0.0038			p	<.0001	0.0047	
Topic_9	Topic_17	Topic_14		Topic_10	Topic_16		
Coefficient	−0.565	0.519		Coefficient	−0.537		
p	0.0026	0.0066		p	0.0047		
Topic_11	Topic_16	Topic_12	Topic_14	Topic_12	Topic_18		
Coefficient	−0.648	−0.535	0.509	Coefficient	−0.667		
p	0.0003	0.0048	0.0079	p	0.0002		
Topic_13	Topic_16			Topic_14	Topic_16	Topic_16	Topic_18
Coefficient	0.618			Coefficient	−0.527	Coefficient	−0.565
p	0.0008			p	0.0057	p	0.0026

表 5.14 显示,主题 0 与主题 3、主题 0 与主题 13、主题 2 与主题 12、主题 4 与主题 6 之间的正相关系数均大于 0.75,在金融、经济增长和通货膨胀之间、在金融、商业和市场之间、在技术与能源和气候变化之间以及教育和犯罪之间存在着较强的关联性。经济增长和通货膨胀与伊拉克战争(主题 3 和主题 14)、药物与公共和私人医疗(主题 5 和主题 17)之间的负相关最强。首相和伦敦(主题 11 和主题 16),能源、气候变化和法律(主题 12 和主题 18)也存在着中等强度以上的负相关性。表 5.14 中的其他主题之间,都存在着中等或高等强度的正或负相关性。

前文提到,对主题的分类存在一定的主观性。对于同一主题,有的编辑认为是教育,而读者可能认为是政治。因为 LDA 是一个自动生成过程,输出主题或主题的高权重词汇是直接的、客观的、定量的、可对比的。而且 LDA 模型自动生成的主题是潜在分布在语料库的所有文档中。基于这种生成过程而产生的主题与人类编撰的主题可能不完全相同,人类编撰的主题依赖于人的因素或完全主观的判断。例如 Newsweek(《新闻周刊》)的主题有美国、世界、商业、科技、文化、体育、健康等非常广泛的主题,而且《新闻周刊》也会随时人为改变主题的名称或增加或减少主题。尽管 LDA 自动生成的主题与人类编写、归类的主题不完全相同,但对 LDA 生成的英国主题而言,除了主题 15 之外,生成的所有其他主题都比较具体、可解释性较高。但是对于 LDA,必须选择一个词或词组作为标签来标记自动生成的主题,这是需要改进的,因为选择一个什么样的标签是完全主观性的。

5.4.3 美国的主题

作为世界上最大的经济体和超级大国,美国主题与中国主题有较大区别,也与英国不尽相同(表 5.15)。

主题 0 关于经济增长;

主题 1 关于城市;

主题 2 电影、传媒与娱乐;

主题 3 教育;

主题 4 太空技术;

主题 5 美国与世界,主题不明确,无特异性;

主题 6 伊拉克战争;

主题 7 黑人和白人的种族或社会问题;

主题 8 投资;

主题 9 公司;

主题 10 政党和政治领袖;

主题 11 能源;

主题 12 法律;

主题 13 互联网与信息技术;

主题 14 美中贸易关系;

主题 15 犯罪;

主题 16 《经济学家》杂志图书与刊物出版信息,该主题可解释性较低;

主题 17 税收;

主题 18 药物研发、细胞、基因;

主题 19 金融信贷。

其中,权重最大的六个主题是主题 5、主题 16、主题 1、主题 10、主题 9 和主题 12。

表 5.15:美国 20 个主题权重、回归系数、回归系数检验以及主题的前 10 个高权重词汇

Topic	Topic weight	Regression coefficient	P-value	Top words
0	0.104	−0.00038	0.283	prices growth economy rates year america´s inflation rate economic interest
1	0.142	0.00005	0.856	city state year local water states people years land cities
2	0.053	−0.00057	0.000	television film music media year cable news films games time
3	0.105	0.00080	0.001	workers schools people school university work jobs education children students
4	0.061	0.00017	0.271	space technology light science system made called earth small years
5	0.745	−0.00044	0.072	time make america people good america´s world hard change long

续表

Topic	Topic weight	Regression coefficient	P-value	Top words
6	0.082	0.00041	0.421	american war iraq america military security americans iran america's bush
7	0.065	0.00023	0.149	black white blacks south america religious americans church marriage women
8	0.079	−0.00078	0.031	firms investors companies shares firm funds business market investment company
9	0.131	−0.00262	0.000	business companies firms market company year billion american big firm
10	0.134	0.00210	0.000	republican republicans clinton democrats bush party house democratic president voters
11	0.049	0.00016	0.399	oil car energy cars power gas ford fuel industry electricity
12	0.129	0.00072	0.011	court law case legal federal justice supreme lawyers states state
13	0.074	0.00006	0.759	internet software technology microsoft online computer companies data firms firm
14	0.090	−0.00096	0.000	trade america china american countries north foreign chinese japan united
15	0.069	0.00017	0.420	police city states crime year united california people state mayor
16	0.182	0.00009	0.822	book american books life london economist full info publication accountid
17	0.117	0.00059	0.114	tax government budget health billion spending year federal reform taxes
18	0.048	0.00056	0.002	drug drugs cells people patients medical genes human research disease
19	0.059	−0.00037	0.419	banks bank financial credit capital billion debt loans banking market

The significance level is 0.05.

虽然英美使用的语言相同、文化非常接近，而且它们是世界当代和近代史上关系最密切的两个军事和经济盟国，但与英国相比，美国出现了一些完全不同的主题。例如电影、传媒与娱乐(主题2)、空间技术(主题4)、黑人和白人的种族或社会问题(主题7)以及美国与中国的贸易关系(主题14)。这些特有的主题及其权重表明它们是《经济学家》杂志中重要议题或特殊关注点。例如，主题14在20个主题权重倒排序中列第十，美国与世界第二和第三大经济体中国和日本的贸易是《经济学家》杂志中的重要主题。

可以看出，在表5.15中，长期来看，主题10(政党和政治领袖)、主题3(教育)、主题18(药物研发、细胞、基因)和主题12(法律)的权重呈上升趋势；主题2(电影、传媒与娱乐)、主题9(公司)、主题14(美国与中国的贸易关系)和主题8(投资)的权重呈下降趋势。美国

第五章　主题分析

主题与英国主题的对比显示,美国的药物研发的与英国类似,上升趋势明显。美国政党和政治领袖的主题权重呈上升趋势,而英国政党和政治领袖的主题权重在整个1991-2006年间并没有显著变化(p = 0.168)(表5.11)。

与中国和英国的主题权重类似,美国也有一个主题一直占有最大权重(主题5),与其他主题权重相比,这个主题在整个1991-2016年期间表现出了极大的差异(图5.13)。主题5的模型诊断结果中也多次出现极值。在美国的20个主题中,主题5的corpus_dist(语料库分布)和exclusivity(排斥性)分别是0.805和0.166,是所有主题中最小的。它的document_entropy(文档熵)在所有主题中最大(9.757),uniform_dist(均匀分布)的值第二小(3.963),coherence(一致性)在主题中排在第六位(-266.706)。从模型的诊断结果分析,主题5没有特异性、一般性或普遍性较高,它的主题含糊,可解释性最弱。

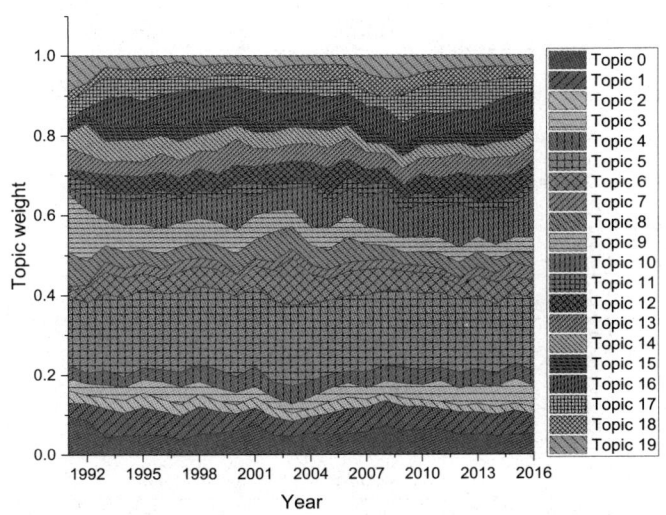

图5.13:1991-2016年美国的20个主题权重的堆积面积图

图5.13显示的一个特征是主题6(伊拉克战争)在2002-2003年间的权重面积较大,是2003年除了主题5之外最大权重的主题(主题6在2003年的权重 = 0.119)。进一步分析每年第二高权重的主题发现了一个非常有趣的现象。尽管伊拉克战争于2003年爆发,但主题6已成为2002年第二大权重主题(表5.16)。显然,这个主题权重在2002年达到高值与议程设置有密切关系,与2002年美国国会投票通过伊拉克战争决议有密切关系,说明投票等政治活动对《经济学家》杂志议程的设置有极大的影响。主题6权重从2005年开始逐渐下降。表5.16还表明,在20个主题中,主题2(电影、传媒与娱乐)和主题11(能源)长期以来属于最不重要的主题。

表5.16:1991-2016年美国第二大权重和最小权重主题

Year	Topic ID holding second largest weight	weight	Topic ID holding smallest weight	weight
1991	9	0.148	7	0.008
1992	9	0.130	7	0.008
1993	1	0.071	11	0.021

续表

Year	Topic ID holding second largest weight	weight	Topic ID holding smallest weight	weight
1994	16	0.070	11	0.016
1995	1	0.069	11	0.016
1996	10	0.084	11	0.014
1997	16	0.085	19	0.014
1998	16	0.080	11	0.016
1999	16	0.078	11	0.015
2000	10	0.095	19	0.020
2001	16	0.080	7	0.019
2002	6	0.077	11	0.012
2003	6	0.119	11	0.018
2004	10	0.099	11	0.014
2005	12	0.069	11	0.019
2006	10	0.065	7	0.022
2007	10	0.070	2	0.021
2008	10	0.100	2	0.018
2009	17	0.069	7	0.017
2010	10	0.082	2	0.016
2011	17	0.079	7	0.014
2012	10	0.109	2	0.016
2013	17	0.071	2	0.020
2014	10	0.087	2	0.019
2015	10	0.077	2	0.018
2016	10	0.124	11	0.017

仔细观察表5.16中的主题10(政党和政治领袖)出现的年代,并将这个主题的权重波动轨迹按照年代的顺序独立绘制出来后,能够发现一个更有趣的现象(图5.14),即这个主题权重的运动轨迹明显表现出物理学中的波的传播特征。它是沿时间方向运动、并具有重复周期的波。如果用波作为时间函数来解释这种波动,我们发现它具有这样一些波的特性(表5.17)。波峰每4年出现一次,它们分别出现在1996年、2000年、2004年、2008年、2012年和2016年。显然,波峰年份正好与美国总统选举年份对应,主题10的权重波动变化直接反映了现实世界中的政治事件对《经济学家》杂志的直接影响,真实世界的政治事件极大地影响了该刊物的议程设置。

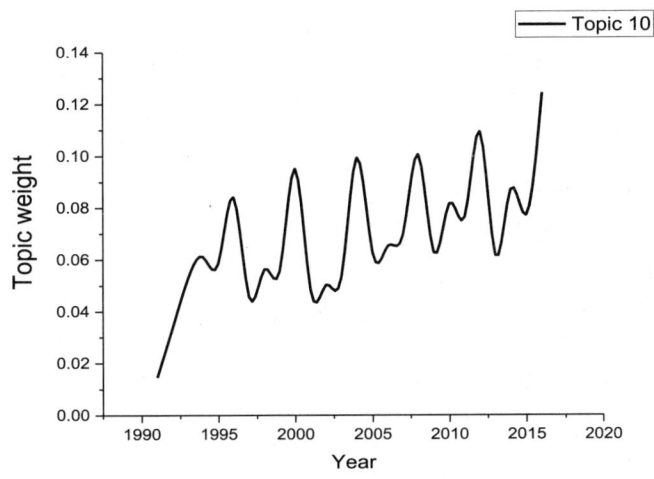

图 5.14：1991–2016 年美国主题 10（政党和政治领袖）权重波动

表 5.17: 主题 10 的权重波动特性

Wave parameter（波参数）	value
Frequency（频率）	0,25
Wavelength（波长）	4
Speed（速度）	1
Period（周期）	4
Amplitude（振幅）	0.055
Mean line（权重函数方程）	w = 0.002104t + 0.0404　（w=topic weight, t=time）

表 5.18 列出的是在 P<0.05 时所有中等或高等强度的正相关或负相关的主题（Coefficient > 0.5 or Coefficient < − 0.5）。从表中可以看到，大多数主题之间存在中度或高度正相关或负相关。主题 0（经济增长）和主题 19（金融信贷）的相关性最高（Coefficient = 0.8）。第二高强度正相关的主题是主题 7（黑人和白人的种族或社会问题）和主题 15（犯罪）（Coefficient = 0.723）。这两个相关的主题也是公众关注的焦点。最高强度的负相关是主题 14（美国与中国、美国与日本的贸易关系）和主题 18（药物研发、细胞、基因）（−0.779）、主题 12（法律）和主题 19（金融信贷）（− 0.769）、主题 0（经济增长）和主题 12（法律）（− 0.739）。主题 0（经济增长）与主题 7（黑人和白人的种族或社会问题）之间也存在着很强的负相关关系（−0.723）。

表 5.18：美国主题 Pearson Correlation testsa（不包括主题 5）

Topic_0	Topic_19	Topic_12	Topic_7	Topic_15	Topic_16	Topic_11	Topic_9
Coefficient	0.800	−0.739	−0.723	−0.683	−0.673	0.649	0.646
P	<.0001	<.0001	<.0001	0.0001	0.0002	0.0003	0.0004

续表

Topic_1	Topic_8	Topic_15		Topic_2	Topic_10		
Coefficient	−0.628	0.607		Coefficient	−0.576		
P	0.0006	0.001		P	0.0021		
Topic_3	Topic_8	Topic_15					
Coefficient	−0.540	0.535					
P	0.0044	0.0049					
Topic_7	Topic_15	Topic_19	Topic_16	Topic_11	Topic_12	Topic_9	Topic_8
Coefficient	0.723	−0.669	0.660	−0.617	0.585	−0.552	−0.525
P	<.0001	0.0002	0.0002	0.0008	0.0017	0.0034	0.0058
Topic_8	Topic_15	Topic_9	Topic_16				
Coefficient	−0.668	0.643	−0.503				
P	0.0002	0.0004	0.0088				
Topic_9	Topic_10	Topic_12	Topic_18	Topic_14	Topic_16	Topic_19	
Coefficient	−0.675	−0.646	−0.617	0.589	−0.582	0.572	
P	0.0002	0.0004	0.0008	0.0016	0.0018	0.0023	
Topic_10	Topic_14			Topic_11	Topic_19	Topic_16	
Coefficient	−0.511			Coefficient	0.664	−0.639	
P	0.0076			P	0.0002	0.0004	
Topic_12	Topic_19	Topic_15	Topic_16	Topic_14	Topic_18		
Coefficient	−0.769	0.526	0.505	Coefficient	−0.779		
P	<.0001	0.0058	0.0085	P	<.0001		
Topic_15	Topic_16	Topic_19		Topic_16	Topic_19		
Coefficient	0.591	−0.546		Coefficient	−0.793		

a: The significance level is 0.05.

美国主题之间的相关性分析说明经济增长主题与金融信贷主题之间的密切关系,这种关系是潜在地分布于美国整个语料库的所有文档中。以《经济学家》杂志的 LDA 模型来看,美国的经济增长的主题权重更主要的是依赖于银行的信贷或金融政策的主题权重变化。种族问题与犯罪主题权重之间的密切关系说明种族问题是美国社会犯罪的一个重要因素。金融信贷与法律之间权重的负相关说明银行或金融行业的欺诈行为与美国的法律监管主题权重之间的跷跷板效应。同样,法律监管主题权重会影响到美国经济增长的主题权重,种族问题的主题权重也会影响美国经济增长方面的主题权重。

美中贸易主题权重也会影响到美国医疗行业和生命科学研究方面的主题权重,这是从《经济学家》杂志的报道主题权重的分析中发现的,即如果美国与中国贸易方面的主题权重增加,美国的药物研发或生命科学研究的主题权重就会减少。我们知道,中美贸易战中,美国对华封锁的产品主要涉及半导体、电子、通信或医疗器械生产等行业的尖端或高端产品,与中国制造2025的产业密切相关,很少涉及中国对美出口的药品或原料药。中国的反制商品主要是农产品、化工材料等。在现实的中美贸易中,涉及许许多多种类的产品,中国产品、尤其是医药的出口对美国医药和生命科学研究的实际影响还有待观察。中国的医药企业主要生产中成药和仿制药(generic drugs,指药物学指标和疗效与专利药或品牌药相同,以有效化学成分命名,在专利药的专利失去保护后进入市场,价格低于原来的专利药,也叫通用名药物),创新药物研发能力与美国、日本等发达国家相比存在较大的差距(伍琳 & 陈永法,2017)。作为世界主要仿制药、原料药生产和出口国,中国药企多数是排放废水、废气、废渣的高污染企业,以环境污染为代价,为世界包括美国提供了重要的原料。美国以此生产成品药、品牌药或专利药,为本国使用,或将成品药或专利药再出口到中国或世界其他国家。特朗普的经济顾问Cohn反对对中国实施贸易制裁,他对特朗普说,"如果你是中国人,你想消灭我们,就别再向我们出口抗生素了……美国不生产抗生素。美国使用的96.6%的抗生素是从中国进口。"

Rosemary Gibson在美中经济安全审议委员会的听证会上特别强调地指出,美国最后一个青霉素发酵厂已经于2004关闭。中国制药公司形成一个卡特尔,联合起来以低于市场的价格在全球销售产品,使欧美、印度等生产商停业。中国药品的影响是世界范围的,包括美国和欧洲,为避免对中国的依赖,美国应该把印度视为另一个主要的仿制药供应国,虽然印度是世界仿制药巨头,但在印度药企生产中所必需的活性成分或化学中间体中,也有80%从中国进口。如果中国对药品及其关键成分和原料的出口关上大门,美国的医院、军队医院和诊所将在数月内甚至数天内瘫痪,中国国内生产并在美国销售的仿制药包括:抗生素,抗抑郁药,避孕药,儿童和成人癌症治疗的化疗药物,治疗老年痴呆症、艾滋病病毒/艾滋病、糖尿病、帕金森病和癫痫的药物等。

或许Woodward和Gibson对中国药品在美国的作用有所夸大,但在经济全球化的今天,世界各国之间的依赖性越来越高。在这个主题分析中,中美贸易关系与美国药物研发和生命科学研究主题权重之间的此消彼长,暗示着中美贸易的主题对美国医疗和生命科学研究主题的相互排斥、相互对立的关系,虽然1991-2016年间存在的这种对立关系可能不是《经济学家》杂志人为或有意安排的结果,但它反映了这26年间该刊物对这两类主题报道的显著区别。

5.4.4 日本的主题

从日本LDA主题模型的诊断结果可以看出(表5.19),主题1的Document_entropy(文档熵)是最大值(7.896),Coherence(一致性)最大(-82.628),unform_dist(均匀分布)值较小(3.640),corpus_dist(语料库分布)值最小(0.824),Exclusivity(排斥性)的值排序位于中间(0.513)。因此,主题1特异性最低、一般性或普遍性较高,它的可解释性最弱。

表 5.19: 日本主题模型诊断结果(以 Document_entropy 的值降序排列)

Topic	Document_entropy	Coherence	Uniform_dist	Corpus_dist	Exclusivity
1	7.896	−82.628	3.640	0.824	0.513
12	7.051	−225.968	4.076	1.233	0.218

续表

Topic	Document_entropy	Coherence	Uniform_dist	Corpus_dist	Exclusivity
8	6.714	−167.755	4.282	1.343	0.484
11	6.659	−183.267	4.308	1.811	0.751
15	6.457	−167.069	4.679	1.818	0.514
19	6.455	−181.036	4.460	1.675	0.431
9	6.442	−349.215	3.675	2.358	0.489
18	6.259	−238.552	4.290	2.116	0.460
13	6.259	−311.918	3.227	2.378	0.454
7	6.219	−202.266	4.445	2.188	0.588
16	6.218	−313.318	3.791	2.564	0.561
2	6.101	−248.375	4.048	2.367	0.559
5	6.083	−234.365	4.627	2.182	0.376
3	6.014	−220.327	4.188	2.279	0.496
0	5.784	−316.806	4.032	2.502	0.511
6	5.711	−197.837	4.400	2.198	0.495
14	5.710	−263.227	3.965	2.372	0.568
4	5.490	−621.891	3.483	3.319	0.726
17	5.465	−348.986	3.458	2.570	0.568
10	5.284	−314.106	3.843	3.066	0.764

图5.15的堆积面积图显示，主题1的权重在整个1991—2016年间持续保持最大值，它每年的权重都是最大，该主题以最大权重分布于整个日本主题文献中。

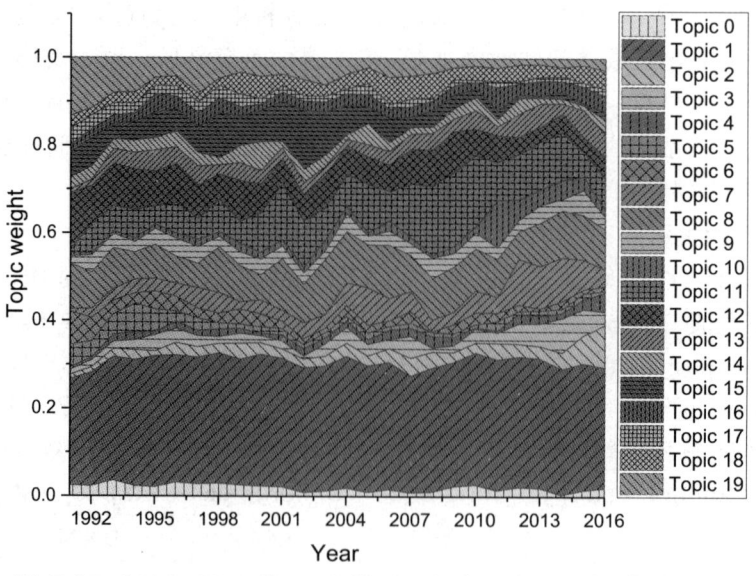

图5.15：1991—2016年日本的20个主题权重的堆积面积图

表 5.20 是日本 20 个主题权重、回归系数、回归系数检验以及主题的前 10 个高权重词汇，它们是：

主题 0 关于日本钢铁和医药；

主题 1 日本，普遍性最高、特异性最低的主题；

主题 2 日本劳动力和人口；

主题 3 日美军事安全；

主题 4;日本文化；

主题 5 日美贸易；

主题 6 日本汽车；

主题 7 日本、中国、南(北)朝鲜；

主题 8 经济增长；

主题 9 日本政府官员和丑闻；

主题 10 福岛核电站和东京电力公司；

主题 11 政党和政治领袖；

主题 12 日本公司海外市场；

主题 13 日本和战争；

主题 14 日本通信或互联网；

主题 15 金融信贷；

主题 16 东京土地、城建和地震；

主题 17 计算机、机器人、芯片；

主题 18 公司和股东；

主题 19 投资、股票市场。

表 5.20: 日本 20 个主题权重、回归系数、回归系数检验以及主题的前 10 个高权重词汇

Topic	Topic weight	Regression coefficient	P-value	Top words
0	0.068	−0.00056	0.004	year stores sales steel billion market prices products japanese drugs
1	1.311	0.00055	0.120	japan japan's japanese full economist publication vol london info text
2	0.109	0.00155	0.000	workers people women young work jobs japanese labour children population
3	0.085	0.00125	0.002	japan japan's america security american war defence military japanese constitution
4	0.050	0.00049	0.021	rice farmers food fish water sep oct sake baseball gold
5	0.096	−0.00160	0.000	trade american america japanese japan america's foreign americans imports countries
6	0.065	−0.00142	0.000	car cars japanese toyota makers year market sales nissan production
7	0.114	0.00217	0.001	china japan korea south japanese chinese north asia china's countries

续表

Topic	Topic weight	Regression coefficient	P-value	Top words
8	0.238	0.00073	0.163	economy japan's yen year growth rates bank japan prices economic
9	0.125	0.00022	0.354	ministry police law government japan's court scandal public officials system
10	0.039	0.00139	0.008	nuclear power energy plant reactors fuel fukushima tepco plants electricity
11	0.186	0.00275	0.005	party ldp minister prime koizumi government democratic election political liberal
12	0.336	−0.00212	0.000	japanese firms japan companies japan's america big business foreign market
13	0.115	0.00069	0.046	japanese war world japan life book people emperor century english
14	0.064	−0.00051	0.139	sony software internet business billion digital company market mobile computer
15	0.142	−0.00246	0.002	banks bank loans financial bad trillion government finance credit billion
16	0.107	0.00036	0.135	tokyo local building land earthquake government people city construction prefecture
17	0.057	−0.00090	0.000	technology computer system research hdtv work systems make robots chip
18	0.109	0.00063	0.052	companies firms company business corporate firm shareholders japanese billion managers
19	0.145	−0.00322	0.000	investors market japanese shares securities bonds year companies billion stockmarket

The significance level is 0.05.

从表5.20能够看到，除了主题1之外，1991—2012年间最重要的六个主题是主题12、主题8、主题11、主题19、主题15和主题9。即《经济学家》杂志最关注的是日本经济，其次是政治。另外，主题中涉及日本的一些在世界上有较强竞争力的行业，比如机器人、汽车、芯片、钢铁、医药的生产或制造等。国际贸易关系是世界第一大经济体美国和第三大经济体日本的关系。主题3是日美之间的军事关系，在第10个关键词之后还包括美军事基地Okinawa（冲绳）等，该主题关键词还提到了宪法，即修宪是该主题的一个重要内容。主题2涉及的是日本严重的劳动力短缺问题。主题13（日本和战争）权重1991年以后由大变小，但是从大约2004年以后，又开始逐渐增大，增大的权重持续到2016年，这可能与日本政治气候或日本军国主义死灰复燃有关。很明显，主题4指的是日本特色文化或娱乐活动，包括稻田画、美食、日本金鱼、棒球等，其中的九月和十月关键词与观赏稻田画的时间或旅游季节有关，后面紧接着的关键词还包括日本的sumo（相扑）、pachinko（弹子房）和sushi（寿司）等。日本与东北亚几个邻国的关系也是一个重要主题。

每年第一大权重主题是日本（主题1），对于整个日本主题文献而言，主题1的可解释性较低，没有意义。观察每年第二大权重的主题，我们能够发现当年《经济学家》杂志认为日本最重要的事件。表 5.21 是 1991-2016 年间日本第二大权重和最小权重主题。

表 5.21：1991-2016 年日本第二大权重和最小权重主题

Year	Topic ID holding second largest weight	weight	Topic ID holding smallest weight	weight
1991	19	0.133	4	0.005
1992	19	0.114	10	0.005
1993	12	0.097	10	0.006
1994	12	0.091	10	0.009
1995	12	0.079	4	0.007
1996	12	0.088	10	0.011
1997	19	0.081	4	0.012
1998	8	0.104	10	0.010
1999	12	0.093	5	0.010
2000	11	0.090	4	0.006
2001	11	0.128	4	0.014
2002	15	0.134	3	0.007
2003	8	0.126	6	0.010
2004	8	0.117	5	0.011
2005	11	0.111	10	0.007
2006	8	0.122	5	0.008
2007	11	0.121	0	0.009
2008	11	0.159	6	0.002
2009	11	0.168	5	0.008
2010	11	0.161	4	0.003
2011	10	0.108	4	0.004
2012	7	0.105	5	0.006
2013	11	0.108	6	0.005
2014	11	0.108	0	0.004
2015	8	0.102	15	0.003
2016	2	0.097	5	0.005

The significance level is 0.05.

从表 5.21 可以看出，进入 21 世纪前，每年最重要的主题主要是经济，但进入 21 世纪之后，主题 11 政党和政治领袖占据了多个年份的最重要主题，即《经济学家》杂志最关注的主题不仅仅是经济，也越来越多地关注日本政治。很明显，主题 10（福岛核电站和东京电力公司）成为 2011 年最重要主题，这与当年福岛核泄漏事故密切相关。2014-2016 三年最不重要的主题是主题 0、主题 15 和主题 5。根据表 5.20 中的回归系数，从 1991-2016，主题 0、主题 5、主题 12、主题 15、主题 19 的权重呈下降趋势，主题 1、主题 2、主题 4、主题 7、主题 10、主题 11、主题 13 的权重呈上升趋势。

5.4.5 德国的主题

表 5.22 是德国的 LDA 主题模型的诊断结果，图 5.16 是 1991-2016 年主题权重堆积面积图，可以看到，主题 11 的权重面积在整个 1991-2016 年间持续保持最大值，它每年的权重都很大，该主题以最大权重分布于整个德国语料库中。主题 11 和主题 10 的 Document_entropy（文档熵）是极值和第二大值，主题 11 的 Coherence（一致性）较大，从大到小排第三位；主题 11 的 unform_dist（均匀分布）值较小，从小到大排第四位，主题 10 排第五；主题 11 和主题 10 的 corpus_dist（语料库分布）的值最小或极小；主题 11 的 Exclusivity（排斥性）的值从小到大排第五位，主题 10 排第二。图 5.16 显示主题 11 和主题 10 在整个 1991-2016 年间持续、而且均匀保持最大面积。因此，主题 11 和主题 10 特异性较低、一般性或普遍性较高。

表 5.22: 德国主题模型诊断结果（以 Document_entropy 的值降序排列）

Topic	Document_entropy	Coherence	Uniform_dist	Corpus_dist	Exclusivity
11	7.637	−167.510	3.492	1.006	0.412
10	7.614	−204.296	3.741	1.168	0.329
19	6.587	−172.917	4.275	1.432	0.484
0	6.508	−246.754	4.336	2.046	0.296
17	6.440	−165.831	4.473	1.760	0.505
14	6.222	−174.003	4.248	1.727	0.350
9	6.213	−222.022	4.519	2.025	0.519
1	6.107	−173.589	4.349	1.804	0.494
13	6.069	−146.772	4.588	1.965	0.647
2	6.016	−290.642	4.173	2.479	0.565
6	5.831	−342.647	3.446	2.750	0.725
16	5.810	−307.598	3.967	2.533	0.680
7	5.731	−262.792	4.066	2.393	0.492
8	5.709	−254.879	4.194	2.804	0.601
3	5.648	−208.428	4.092	2.097	0.466
5	5.604	−304.355	3.113	2.646	0.410
15	5.318	−279.040	4.220	2.575	0.560
4	5.115	−289.233	4.035	2.941	0.598
12	5.016	−236.925	4.490	3.086	0.609
18	4.952	−372.511	3.279	3.017	0.535

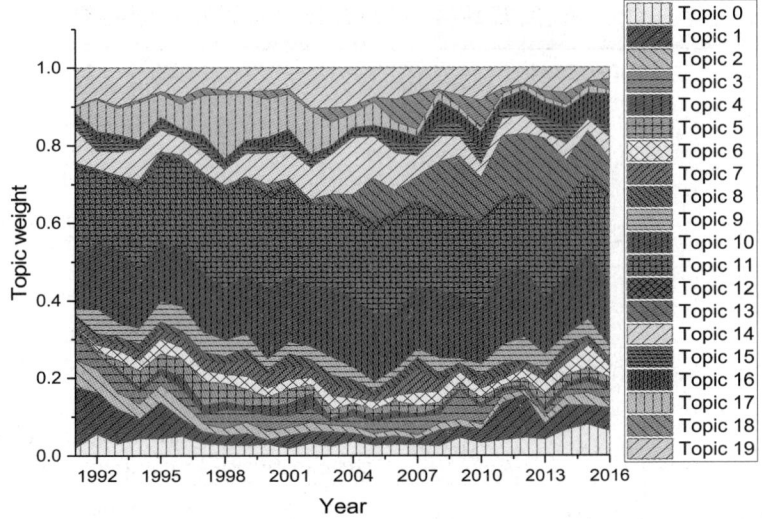

图 5.16:1991—2016 年德国的 20 个主题权重的堆积面积图

表 5.23 是德国 20 个主题权重、回归系数、回归系数检验以及主题的前 10 个高权重词汇,主题分别如下。

主题 0 德国与俄罗斯和欧洲的关系;

主题 1 德国的经济和中央银行;

主题 2 东柏林和西柏林、合并;

主题 3 德国汽车工业和市场;

主题 4 德国传媒;

主题 5 图书和电影;

主题 6 犹太人、战争、纳粹、大屠杀;

主题 7 通信公司;

主题 8 国防和美国以及北约的军事合作;

主题 9 德国与欧盟和英法的关系;

主题 10 德国以及《经济学家》杂志的出版信息,主题的普遍性较高,没有解释意义;

主题 11 《经济学家》杂志出版以及账户信息,主题的普遍性较高,没有解释意义;

主题 12 外汇、股票以及期货市场;

主题 13 默克尔、联合政府、选举;

主题 14 银行以及投资公司;

主题 15 能源;

主题 16 妇女、儿童、难民和教育;

主题 17 社会民主党以及政治领袖;

主题 18 科技和研究;

主题 19 工人、劳动和税收。

表 5.23: 德国 20 个主题权重、回归系数、回归系数检验以及主题的前 10 个高权重词汇

Topic	Topic weight	Regression coefficient	P-value	Top words
0	0.194	0.001	0.030	germany german germans germany´s europe russia world east country european
1	0.133	−0.001	0.221	rates euro interest growth bundesbank year central economy bank inflation
2	0.110	−0.001	0.000	east eastern berlin west western city german unification germany states
3	0.089	−0.001	0.065	car cars company billion market bmw year sales industry firm
4	0.044	0.000	0.366	media kirch bertelsmann television group german business company digital biggest
5	0.077	−0.001	0.082	book german books berlin film pages life author english man
6	0.089	0.000	0.101	jews war jewish art nazi hitler holocaust history nazis museum
7	0.082	0.000	0.282	business company telekom firms firm siemens deutsche companies software services
8	0.071	0.000	0.792	defence foreign war nato military american fischer germany security troops
9	0.142	0.000	0.326	european france french europe germany countries union europe´s britain france´s
10	0.888	0.000	0.433	german germany´s government germany full economist publication text vol info
11	1.122	0.000	0.337	years full time accountid london iss text made info economist
12	0.038	0.000	0.221	trading exchange frankfurt exchanges deutsche futures stock london contracts shares
13	0.107	0.007	0.000	merkel party mrs coalition spd cdu election chancellor angela merkel´s
14	0.154	−0.001	0.196	bank banks deutsche german companies billion investment capital firms shares
15	0.057	0.000	0.312	energy power electricity companies nuclear billion industry plants firms company
16	0.091	0.002	0.000	germany german children women refugees germans school people education schools
17	0.180	−0.004	0.000	democrats social party schroder kohl christian chancellor election coalition germany´s
18	0.037	0.001	0.070	technology light science called university research researchers water fuel cells

续表

Topic	Topic weight	Regression coefficient	P-value	Top words
19	0.253	−0.001	0.011	germany germany´s workers labour tax jobs german economy government firms

The significance level is 0.05.

与前面几个国家的主题相比，德国从1991—2016年间权重有明显上升或下降的主题较少（表5.23）。权重逐渐增大的主题只有主题0、主题13和主题16，权重逐渐减小的主题是主题2、主题17和主题19。经济方面涉及的是宏观经济增长、金融和投资，政治上最重要的高权关键词是默克尔，其次是联合政府、政治选举、社会民主党以及几位前任首相；德国汽车是一个重要主题；外交与军事合作主要涉及的组织和国家是北约和欧洲国家如英国、法国、德国和俄罗斯；

图5.16显示，主题6（犹太人、战争、纳粹、大屠杀）是有关德国的一个长期主题，在1991—2016年间，该主题每年的权重变化很小，是一个非常稳定、持久的主题，在上一节有关日本主题的分析当中，日本和战争也是《经济学家》杂志的一个重要主题。战争给受害国人民留下了巨大的伤痛，这个长期稳定的主题说明该刊物和世界人民都无法忘记那段惨绝人寰的历史。从1991年开始，主题1（德国的经济和中央银行）的权重越来越小，但到2007年之后，它的权重突然增大，增大后的权重一直保持到2016年，很明显这与2008年金融危机有关。大约在2003年以前，主题13（默克尔、联合政府、选举）的主题权重非常小，而主题17（社会民主党以及政治领袖）的权重则很大，但在2003年以后，主题13的权重持续增大，主题17的权重变得越来越小，这种反差基本与默克尔成功竞选担任德国基督教民主联盟主席以及德国总理的时间相对应，说明政治事件对《经济学家》杂志议程设置或主题权重的影响。主题8（国防和美国以及北约的军事合作）和主题9（德国与欧盟和英法的关系）的权重比较稳定，20多年来基本没有大的波动。主题2（东柏林和西柏林、合并）的权重在1990年代相对较大，之后逐渐缩小。主题4（德国传媒）的高权关键词包括德国著名传媒集团Kirch、国际传媒巨头bertelsmann集团以及数字媒体等。

5.4.6 法国的主题

表5.24是法国的LDA主题模型的诊断结果，图5.17是法国1991—2016年主题权重堆积面积图。很显然，主题13的权重面积在整个1991—2016年间非常突出，该主题以最大权重分布于整个法国语料库中。主题13的Document_entropy（文档熵）是极大值，它的Coherence（一致性）也是最大；主题13的unform_dist（均匀分布）值较小，从小到大排第四位，它的corpus_dist（语料库分布）的值最小；主题13的Exclusivity（排斥性）的值从小到大排第十五位，这个值较大。虽然主题13的Exclusivity（排斥性）的值较大，综合考虑其他诊断结果，主题13的特异性较低、一般性或普遍性较高。

表 5.24: 法国主题模型诊断结果（以 Document_entropy 的值降序排列）

Topic	Document_entropy	Coherence	Uniform_dist	Corpus_dist	Exclusivity
13	7.616	−100.004	3.540	0.787	0.589
4	6.648	−245.596	3.855	1.717	0.308
3	6.505	−167.779	4.335	1.741	0.449
0	6.456	−187.540	4.285	1.654	0.481
17	6.302	−315.376	3.803	2.188	0.426
11	6.209	−219.841	4.347	1.916	0.432
6	6.197	−167.794	4.215	1.844	0.503
9	6.078	−263.853	3.809	2.186	0.511
16	6.074	−255.690	3.063	2.157	0.501
19	5.935	−281.048	3.700	2.219	0.481
1	5.864	−201.877	4.249	2.265	0.468
12	5.724	−202.605	4.132	2.120	0.382
10	5.578	−266.737	3.916	2.498	0.481
7	5.518	−187.833	4.576	2.454	0.537
15	5.487	−222.520	4.281	2.103	0.585
8	5.396	−572.078	3.452	3.156	0.743
14	5.212	−318.033	3.994	2.635	0.596
5	5.135	−492.671	3.319	3.164	0.687
18	5.020	−397.326	3.590	3.125	0.715
2	4.898	−336.371	4.030	3.015	0.737

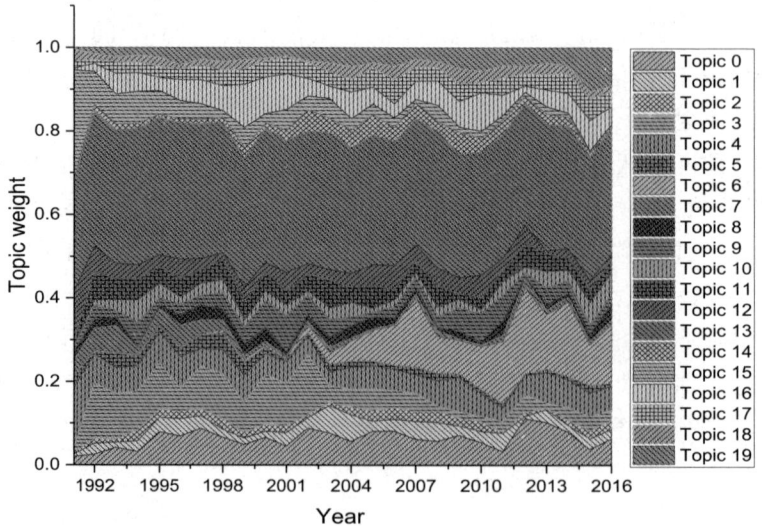

图 5.17：1991–2016 年法国的 20 个主题权重的堆积面积图

表 5.25 是法国 20 个主题权重、回归系数、回归系数检验以及主题的前 10 个高权重词汇，主题分别如下。

主题 0 法国税制改革与就业；

主题 1 法美军事合作与北约；

主题 2 航空和英吉利海峡隧道；

主题 3 希拉克和法国政治；

主题 4 法国、美国和英国的公司与市场；

主题 5 文化以及美国电影和音乐的影响；

主题 6 萨科齐、奥朗德以及法国政党；

主题 7 金融；

主题 8 美食和旅游；

主题 9 法律与腐败；

主题 10 法国与非洲以及阿尔及利亚战争；

主题 11 与欧盟及德国和英国的关系；

主题 12 工商业和大公司；

主题 13《经济学家》杂志出版信息，主题的普遍性较高，没有解释意义；

主题 14 传媒以及奢侈品品牌；

主题 15 银行与信贷；

主题 16 艺术与图书；

主题 17 法语和英语；

主题 18 核电；

主题 19 法国的穆斯林，妇女和儿童。

表 5.25: 法国 20 个主题权重、回归系数、回归系数检验以及主题的前 10 个高权重词汇

Topic	Topic weight	Regression coefficient	P-value	Top words
0	0.220	0.001	0.065	government france france tax reform year workers public jobs billion
1	0.108	0.000	0.617	france america american defence military french war nato americans france
2	0.043	0.000	0.734	airbus boeing aircraft air airlines tunnel eurotunnel trains company passengers
3	0.217	−0.004	0.000	chirac minister president party prime election jospin presidential france socialist
4	0.270	−0.001	0.087	market america britain european firms american british year companies costs
5	0.049	−0.001	0.003	film films american music made hollywood cinema opera cultural theatre
6	0.139	0.007	0.000	sarkozy hollande party socialist president nicolas sarkozy left minister french

续表

Topic	Topic weight	Regression coefficient	P-value	Top words
7	0.070	−0.001	0.001	currency rates euro franc monetary bank interest economic central single
8	0.061	0.000	0.653	farmers food champagne wine farm year aug cap restaurant farming
9	0.138	0.000	0.800	minister president court political affair case public corruption investigation france
10	0.068	0.000	0.217	french france africa african government war soldiers president algeria attacks
11	0.163	0.000	0.181	european europe germany france german french countries union britain british
12	0.079	−0.001	0.028	company firm firms business companies billion french government industry renault
13	1.410	−0.001	0.029	french france full london economist text publication iss accountid vol
14	0.049	0.001	0.151	euro business company firm group disney media vivendi lvmh bouygues
15	0.074	−0.004	0.000	bank credit banks billion lyonnais ffr french shares banking bank
16	0.138	0.000	0.475	paris life book art books pages work world love author
17	0.168	0.001	0.001	french france france elite state language world english students school
18	0.040	0.000	0.325	nuclear edf energy electricity power area found reactors tests edf
19	0.125	0.002	0.000	france french muslim national people women police france children young

The significance level is 0.05.

表5.25显示，除主题13之外，法国最大权重前6个主题依次是主题4、主题0、主题3、主题17、主题11和主题6。1991—2016年间权重有明显上升的主题是主题6、主题17和主题19,总体上权重有下降趋势的主题是主题3、主题5、主题7、主题12和主题15。除了涉及经济主题之外，政治主题涉及了最近20多年来法国的政治领袖和党派；与其他国家和组织的关系包括德国、英国、美国以及北约。

法国特有的主题包括主题2(航空和英吉利海峡隧道)，高权关键词暗示空中客车和波音公司之间的竞争以及连接英法两国重要隧道；主题8(美食和旅游)是法国特色文化，高权关键词包括法国著名葡萄酒产区香槟区、著名葡萄酒品牌以及葡萄采收时间。阿尔及利亚曾经是法国面积最大殖民地，并有许多法国人移民到了阿尔及利亚，阿尔及利亚1962年独立，两国的关系非常复杂，主题10(法国与非洲以及阿尔及利亚战争)是一个重要主题。主题14(传媒以及奢侈品品牌)的关键词涉及法国传媒巨头、世界知名奢侈品牌以及厂商。主题17(法语和英语)是关于两种语言。我们知道，法国为了保护法语和法国文化,在 1990 年代曾经出台法律,禁止在大学使用英语,在广告和商业环境下也禁止使用英语,但随着互联网的普及、经济全球化的加速以及美国文化的影响,英语和各民族间语言的融合日益频繁,法国受到英语的影响越来越大,直到今日,在法国使用英语仍然是一个热点话题。主题 18(核电)的高权关键词是发电、反应堆和世界知名核工业集团areva。法国的核能技术世界领先,是利用核能最成功的国家。主题 19(法国的穆斯林,妇女和儿童)明显是关于法国的穆斯林和其他一些种族或社会问题。

另外图 5.17 显示,主题 6(萨科齐、奥朗德以及法国政党)的权重自大约 2003 年起开始快速增大,在这之前它的权重非常小,这与萨科齐任内政部长并成功竞选法国总统的时间相吻合,2003 年至 2016 年该主题权重的持续增大的面积也说明《经济学家》杂志对奥朗德总统或其他领导人和政党的持续关注。与此相反,从 2004 年以后,主题 3(希拉克和法国政治)的权重逐渐缩小,2007 年开始快速缩小,这种权重的变化反应了法国希拉克时代的结束,反映了政权或政治领导人的更迭,政治事件直接影响着《经济学家》杂志的的主题权重。

5.4.7 加拿大的主题

加拿大的 LDA 主题模型的诊断结果显示主题 12 的 Document_entropy(文档熵)是极大值(表 5.26),它的 Coherence(一致性)也是极值;它的 unform_dist(均匀分布)值偏小,从小到大排第六位,它的 corpus_dist(语料库分布)的值最小;主题 12 的 Exclusivity(排斥性)的值从小到大排第十五位,相对而言,排斥性较大。观察加拿大 1991–2016 年主题权重堆积面积图(图 5.18),发现主题 12 持续占非常大的权重,而且这个高权主题均匀分布在加拿大整个阶段的语料库中,可以判断该主题的一般性或普遍性非常高,但是特异性较低。

表 5.26: 加拿大主题模型诊断结果(以 Document_entropy 的值降序排列)

Topic	Document_entropy	Coherence	Uniform_dist	Corpus_dist	Exclusivity
12	6.675	−114.702	3.478	1.010	0.702
3	6.245	−329.775	3.185	1.714	0.449
16	5.748	−218.094	3.858	1.730	0.483
13	5.647	−178.120	4.039	1.928	0.684
0	5.629	−207.154	4.125	2.030	0.567
5	5.597	−275.175	4.362	2.178	0.500
11	5.504	−325.885	3.556	2.538	0.595
4	5.156	−265.588	3.572	2.398	0.488
10	5.068	−283.660	3.574	2.451	0.627
1	4.866	−308.571	3.492	2.732	0.552
2	4.810	−400.396	3.465	2.997	0.781
18	4.763	−180.190	3.959	2.251	0.636
9	4.738	−187.089	4.117	2.154	0.574

续表

Topic	Document_entropy	Coherence	Uniform_dist	Corpus_dist	Exclusivity
14	4.693	−267.789	3.769	2.564	0.681
7	4.658	−211.932	3.740	2.440	0.547
6	4.259	−320.421	3.086	2.837	0.591
8	4.149	−473.284	3.250	3.422	0.714
19	4.041	−506.106	3.378	3.265	0.780
17	3.891	−453.981	3.534	3.250	0.724
15	3.649	−336.618	3.730	3.276	0.821

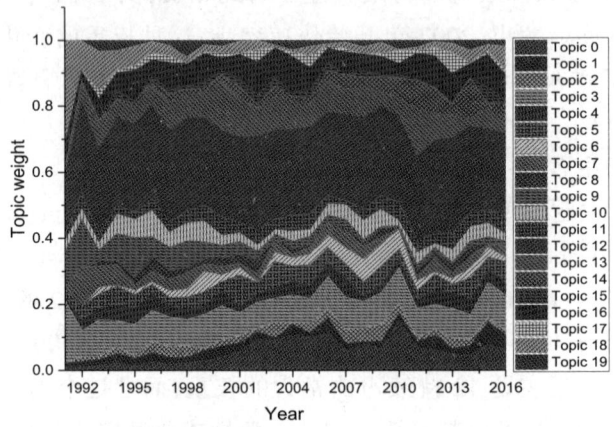

图 5.18：1991—2016 年加拿大的 20 个主题权重的堆积面积图

表 5.27 是加拿大 20 个主题权重、回归系数、回归系数检验以及主题的前 10 个高权重词汇，主题分别如下。

主题 0 加拿大政治领袖；

主题 1 移民；

主题 2 军事和阿富汗战争；

主题 3 加拿大和美国的关系；

主题 4 工业和市场；

主题 5 加拿大和美国边境贸易；

主题 6 生物学研究；

主题 7 银行和投资；

主题 8 传媒巨头；

主题 9 魁北克、公投、法语；

主题 10 不列颠哥伦比亚以及土著民族的文化；

主题 11 法律；

主题 12《经济学家》杂志账号和出版信息，主题的普遍性较高，没有解释意义；

主题 13 政党和选举；

主题 14 能源；

主题 15 医疗；

主题 16 经济与税收；

主题 17 计算机与通信技术；

主题 18 北美自由贸易协议、墨西哥、美国；

主题 19 电影及娱乐。

表 5.27: 加拿大 20 个主题权重、回归系数、回归系数检验以及主题的前 10 个高权重词汇

Topic	Topic weight	Regression coefficient	P-value	Top words
0	0.225	0.003	0.001	minister harper prime government martin canada liberal canada canadians chretien
1	0.101	0.001	0.049	immigrants canada immigration schools children university canadians countries people workers
2	0.098	0.000	0.298	police troops defence forces security military afghanistan war general armed
3	0.657	−0.001	0.260	world people good make business countries time america means power
4	0.134	0.000	0.494	company market billion companies business firm industry firms biggest sales
5	0.246	0.000	0.464	states canada united american canadian border canadians americans north america
6	0.048	0.001	0.041	science cells species technology researchers colleagues test university light found
7	0.088	−0.001	0.049	banks bank canadian companies investors market financial firms company assets
8	0.045	0.000	0.942	black books canadian hollinger lord newspapers newspaper daily television short
9	0.125	−0.004	0.000	quebec canada federal quebec referendum french quebeckers government bouchard provinces
10	0.128	−0.001	0.191	british water land columbia canada north government salmon aboriginal inuit
11	0.185	0.001	0.064	court law government rights bill case commission legal supreme canada
12	1.469	0.000	0.594	years economist full london accountid vol publication iss text time
13	0.242	0.000	0.940	party liberals election leader conservatives seats liberal vote minister conservative
14	0.099	0.003	0.000	oil energy sands alberta tar gas mining emissions pipeline power
15	0.040	0.000	0.619	health drug doctors drugs care medical patients cancer dying die
16	0.321	0.001	0.380	government billion year canada federal economy canada provinces tax provincial

续表

Topic	Topic weight	Regression coefficient	P-value	Top words
17	0.034	0.000	0.235	blackberry software data computer rim e-mail mobile firm ford information
18	0.108	-0.004	0.012	trade nafta mexico american agreement united states america countries north
19	0.056	0.000	0.939	film players films music hockey games festival team league american

The significance level is 0.05.

表 5.27 显示,从 1991—2016 年,除了主题 12 之外,加拿大最大权重的 6 个主题依次是主题 3、主题 16、主题 5、主题 13、主题 0 和主题 11。26 年来总体权重趋势有明显上升的主题是主题 0、主题 1、主题 6 和主题 14,总体上权重有下降趋势的主题是主题 7、主题 9 和主题 18。除了涉及经济主题之外,政治主题涉及了历史上多位加拿大总理、政党和选举等。尤其自 1998 年 Chretien(克雷蒂安)任内以后,主题 0 的权重快速增大,变大后的权重面积基本保持到 2016 年。主题 1(移民)是加拿大一个长期、持久的主题,高权重关键词涉及学校、儿童、大学、劳动力等等与移民有关的条件和政策,该主题的变化趋势是权重越来越大。主题 3(加拿大和美国的关系)长期占有较大权重,该主题稳定、持久。主题 8(传媒巨头)的高权关键词包含 black、hollinger、lord 等,明显是指加拿大传媒业的 Lord Black,他曾是包括 Hollinger 在内的多家国际大公司老板,曾掌管 the Daily Telegraph(英国每日电讯报)、Chicago Sun-Times(芝加哥太阳报)等世界上百家报纸,他也是著名传记作家,出版了一些书籍。

主题 9(魁北克、公投、法语)的民族主义或独立问题在 1990 年代初期的权重非常大,但 1995 年独立公投失败后,该主题权重开始逐渐减小,进入 21 世纪以后,权重变得更小。主题 10(不列颠哥伦比亚以及土著民族的文化)是一个长期、稳定的主题,高权重关键词包括加拿大水域的三文鱼、土著依努依特人等,随后紧接的关键词还有 fish、indian、arctic、people 等。主题 14(能源)的权重大约在 2005 年以后逐渐增大,高权重关键词包括 oil、sands、alberta、mining 等,很明显,这是指加拿大 alberta 的全球最大的油砂矿开采,它也涉及排放和污染问题,该主题在 2005 年以前的权重非常小,前后对比明显。主题 18(北美自由贸易协议、墨西哥、美国)在 1990 年代初期北美自由贸易协议刚刚生效后的权重较大,但大约在 1996 年以后,该主题的权重逐渐变小,与 1990 年代初期对比差别较大。特朗普在 2018 年表示,美国要退出北美自由贸易协议(Restuccia, Palmer & Behsudi, 2018)。主题 19(电影及娱乐)的高权关键词包含有世界排名第一的加拿大冰球运动以及加拿大多个国际著名电影节。

5.4.8 意大利的主题

意大利的 LDA 主题模型的诊断结果显示主题 10、主题 1 和主题 3 的 Document_entropy(文档熵)是最大三个值(表 5.28),主题 8 最小;主题 10 的 Coherence(一致性)是极值;主题 3 和主题 1 的 unform_dist(均匀分布)值偏小,从小到大分别排第三位和第七位；主题10和主题1的corpus_dist（语料库分布）的值较小，从小到大分别排第一位和第二位；主题1和主题3的Exclusivity（排斥性）都存在极值，从小到大排序为第一位和第二位，排斥性都较小。再观察意大利1991–2016年主题权重堆积面积图（图5.19），发现主题10和主题3持续占非常大的权重，它们高权重的面积均匀分布在整个1991–2016年间的语料库中，可以判断该主题10和主题3的一般性或普遍性非常高，但是特异性较低，相对而言，可解释性较低。

表5.28：意大利主题模型诊断结果（以Document_entropy的值降序排列）

Topic	Document_entropy	Coherence	Uniform_dist	Corpus_dist	Exclusivity
10	7.099	−139.452	3.659	1.150	0.444
1	6.917	−249.043	3.461	1.196	0.357
3	6.243	−275.763	3.308	2.107	0.368
15	6.239	−140.465	4.170	1.562	0.469
7	6.069	−225.021	4.106	1.869	0.469
9	5.703	−230.571	4.016	2.251	0.577
17	5.663	−313.406	3.618	2.591	0.554
19	5.585	−201.880	4.058	2.167	0.538
16	5.568	−222.184	4.052	2.215	0.607
5	5.438	−197.805	4.008	1.954	0.546
12	5.326	−205.602	3.944	2.040	0.443
13	5.265	−235.139	4.268	2.604	0.548
0	5.247	−354.144	3.392	2.816	0.499
2	5.137	−244.696	3.935	2.592	0.744
11	4.947	−259.955	3.572	2.360	0.505
6	4.417	−233.746	3.354	3.168	0.756
18	4.393	−182.499	4.182	2.516	0.565
4	4.378	−501.000	3.308	3.413	0.693
14	4.370	−430.298	3.264	3.547	0.742
8	4.316	−426.685	3.441	3.673	0.748

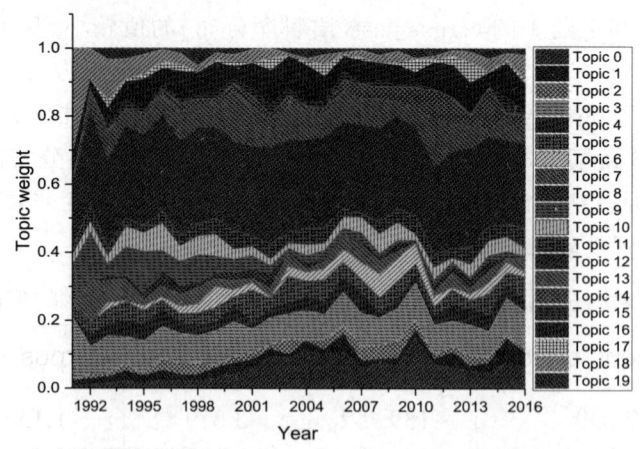

图 5.19：1991—2016 年意大利的 20 个主题权重的堆积面积图

表 5.29 是意大利 20 个主题权重、回归系数、回归系数检验以及主题的前 10 个高权重词汇，主题分别如下。

主题 0 意大利与梵蒂冈以及移民；

主题 1 意大利与欧洲关系；

主题 2 黑手党与西西里；

主题 3《经济学家》杂志帐号和出版信息，主题的普遍性较高，特异性低；

主题 4 足球运动、科学研究；

主题 5 银行；

主题 6 艺术和艺术家；

主题 7 税收和预算；

主题 8 电影、歌剧、音乐；

主题 9 意大利总理；

主题 10 意大利和《经济学家》杂志账号和出版信息，主题的普遍性较高，没有解释意义；

主题 11 商业、时尚、产品市场；

主题 12 通信公司；

主题 13 贝卢斯科尼与传媒；

主题 14 图书、美食；

主题 15 政党与选举；

主题 16 贝卢斯科尼和审判；

主题 17 意大利城市；

主题 18 菲亚特汽车；

主题 19 欧元、债务和经济增长。

表 5.29: 意大利 20 个主题权重、回归系数、回归系数检验以及主题的前 10 个高权重词汇

Topic	Topic weight	Regression coefficient	P-value	Top words
0	0.086	0.001	0.038	italy europe european italians pope war church vatican migrants immigrants
1	0.933	−0.001	0.070	italy years make italian past europe italians european world good
2	0.093	−0.001	0.095	mafia police corruption palermo sicily sicilian crime andreotti magistrates politicians
3	0.277	0.001	0.143	life young man family full economist london accountid info years
4	0.039	0.001	0.011	football science matter players colleagues earthquake clubs technology l'aquila brain
5	0.119	−0.001	0.347	bank banks italian italy's billion mediobanca banca banking shareholders parmalat
6	0.037	0.000	0.230	art exhibition museum painting venice show works museums artists artist
7	0.234	0.001	0.018	italy's government tax year billion budget economy public minister gdp
8	0.035	0.000	0.295	film opera festival films venice year music theatre director cinema
9	0.135	−0.001	0.107	prodi left minister prime prodi's romano berlusconi centre-left d'alema italy's
10	1.172	0.001	0.076	italian italy's accountid full text london publication economist vol iss
11	0.087	0.000	0.941	firms italian business market firm company sales fashion products production
12	0.110	−0.002	0.002	billion lire company telecom italia firm companies firms business olivetti
13	0.100	−0.001	0.940	berlusconi television media berlusconi's business rai fininvest mediaset silvio prime
14	0.036	0.000	0.000	pages book books food pounds leonardo fiction ovid published literary
15	0.319	0.001	0.619	party government berlusconi election minister parties prime italy's political parliament
16	0.167	0.001	0.380	berlusconi minister court prime berlusconi's judges law trial magistrates case
17	0.141	0.000	0.235	south north city local naples rome mayor northern region people
18	0.050	0.000	0.012	fiat car fiat's cars agnelli year business billion group company
19	0.150	0.000	0.939	european italy euro debt interest government countries markets growth rates

The significance level is 0.05.

表 5.29 显示,从 1991-2016 年,除了普遍性最高的主题 10 和主题 1 之外,总体上意大利最大权重的 6 个主题依次是主题 15、主题 3、主题 7、主题 16、主题 19 和主题 17。总体权重趋势明显逐渐增大的主题包括主题 0、主题 4、主题 7、主题 14 和主题 18,总体上权重逐渐下降的主题只有主题 12。从回归系数上看,其他主题的权重没有明显增加或减少。

与意大利宏观经济有关的主题是主题 5、主题 7、主题 11 和主题 19,其中主题 5(银行)的高权关键词包括了意大利著名的银行如米兰投资银行(mediobanca)、意大利央行以及全球最大的乳制品集团之一意大利的 parmalat 生产商等。与政治有关的主题包括主题 9(意大利总理)和主题 15(政党与选举)等。

有趣的是意大利总理贝卢斯科尼有四次被 LDA 自动分到不同主题的高权关键词里,属于四个不同类别的主题。贝卢斯科尼在主题 9(意大利总理)中是意大利总理之一,属于政治人物,关键词中的另一个总理是 Romano Prodi(罗马诺·普罗迪)。主题 13(贝卢斯科尼与传媒)中的贝卢斯科尼与意大利传媒密切相关,关键词中的 Mediaset 是意大利最大的广播公司,由贝卢斯科尼创办,关键词 RAI 是 Radiotelevi-sione Italiana(意大利广播电视公司)的缩写,Fininvest 是著名的意大利 AC 米兰的母公司,也是贝卢斯科尼的传媒公司关键词中的 Silvio 是贝卢斯科尼的名字。所以,在这个主题里,贝卢斯科尼又属于传媒业巨头。主题 15(政党与选举)中的贝卢斯科尼属于意大利政治,是政治主题;主题 16(贝卢斯科尼和审判)属于法律,由于他被指控行贿等多项罪名,被判入狱。

主题 18(菲亚特汽车)是世界著名品牌,高权关键词当中的 Agnelli 是菲亚特汽车的首席执行官,也是意大利尤文图斯足球俱乐部主席。

意大利独特的主题还有主题 2(黑手党与西西里),关键词当中的 Palermo 是西西里的首府,Andreotti 是涉嫌与黑手党有联系而被免职的前意大利总理。意大利特有的主题还有主题 6(艺术和艺术家),关键词有展览、绘画、威尼斯和博物馆等。

主题 4(足球运动、科学研究),LDA 自动将这它们分到了一个主题下面,而且足球是这个主题的最高权关键词,前 10 个关键词中,有足球队员和俱乐部,也有科学研究机构,研究对象有物质、地震、大脑等物理学或生命科学范畴的内容。可以把这个主题看作两个主题,一个是足球或体育,另一个是科研。

5.5 十种经济学国际权威期刊的主题

我们使用主题数量评价工具包 ldatuning R(Nikita,2019)对十种经济学国际权威期刊有关中国主题的语料库和有关美国主题的语料库进行了试验,中国语料库的主题数量的范围大约在 7~11 之间,美国语料库主题数量的范围大约在 10~15 之间。相对而言,十种经济学国际权威期刊有关中国语料库的数据量比美国的数据量小,我们选择 10 作为这两个语料库的主题数量。除了主题数量外,这两个语料库的 LDA 模型训练参数与前面《经济学家》杂志的参数相同,生成的两个语料库的 LDA 模型诊断项目也与《经济学家》杂志的模型诊断项目相同,即使用文档熵、一致性、均匀分布、语料库分布和排斥性来分析 LDA 模型以及主题的普遍性和特异性。

5.5.1 中国的主题

经济学核心期刊关于中国的 LDA 主题模型的诊断结果显示主题 1、主题 3 和主题 0 的 Document_entropy（文档熵）是最大三个值（表 5.30），主题 8 最小；主题 1、主题 2 和主题 4 的 Coherence（一致性）是最大三个值,最接近 0,一致性最高；主题 6、主题 8 和主题 0 的 unform_dist（均匀分布）值最小；主题 1、主题 0 和主题 3 的 corpus_dist（语料库分布）的值较少,从小到大分别排第一位、第二位和第三位；主题 0、主题 4 和主题 2 的 Exclusivity（排斥性）存在极值,从小到大排序为第一位、第二位和第三位,排斥性最低。从 1978–2016 年主题权重堆积面积图（图 5.20）可以看到主题 1 和主题 0 持续占较大的权重。因此,主题 1 和主题 0 的一般性或普遍性最高,与其他主题相比,它们的特异性最低,广泛地分布在整个数据中,最能代表整个文本的主题。

表 5.30: 经济学核心期刊关于中国主题模型诊断结果
（以 Document_entropy 的值降序排列）

Topic	Document_entropy	Coherence	Uniform_dist	Corpus_dist	Exclusivity
1	4.810	−271.295	2.730	0.983	0.631
3	4.359	−360.849	2.509	1.430	0.626
0	4.298	−366.279	2.400	1.305	0.476
8	3.915	−493.613	2.344	1.940	0.627
4	3.845	−329.587	2.602	1.762	0.567
6	3.574	−462.957	2.256	2.108	0.651
7	3.562	−455.760	2.463	2.015	0.638
5	3.209	−469.589	2.482	2.352	0.641
9	3.206	−418.327	2.665	2.283	0.664
2	2.888	−275.961	2.579	2.255	0.615

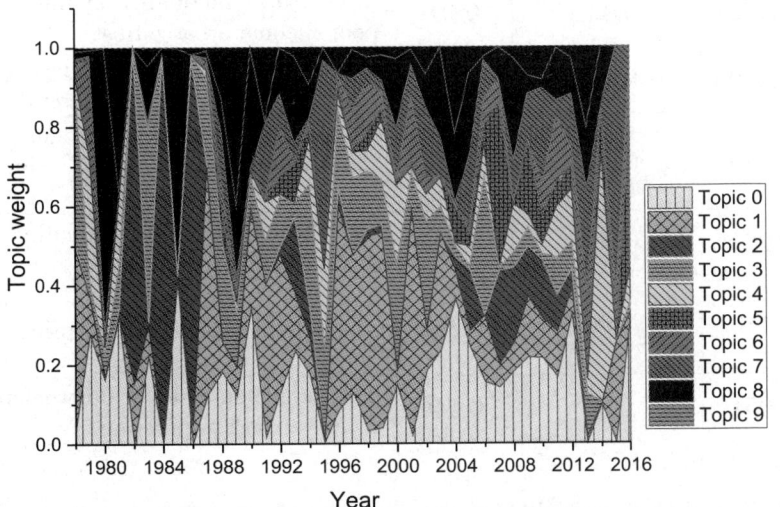

图 5.20：1978–2016 年十种经济学国际权威期刊关于中国 10 个主题权重的堆积面积图

表5.31是十种经济学国际权威期刊关于中国的10个主题权重、回归系数、回归系数检验以及主题的前10个高权重词汇,主题分别如下。

主题0 中国经济增长率、生产力、国家政策;
主题1 关于中国经济、发展的书籍或论文;
主题2 中国或上海与美国在经济学教育或研究方面的交流;
主题3 改革、国有企业改革、市场经济、农村、转型;
主题4 城乡收入差距、劳动力转移、民工潮、贫穷、收入、城市;
主题5 资源、会计、政策、家庭、父母、子女;
主题6 中国、欧洲、技术、现代工业、创新;
主题7 公司、市场、产品质量、出口、石油、风险、价格;
主题8 农民家庭收入、农业、粮食、生产、价格;
主题9 香港、需求、价格、出口、妇女、人口;

表5.31: 十种经济学国际权威期刊关于中国的10个主题权重、回归系数、回归系数检验以及主题的前10个高权重词汇

Topic	Topic weight	Regression coefficient	P-value	Top words
0	0.184	0.000	0.778	growth china china's chinese percent economic countries productivity policies rate
1	0.341	−0.002	0.521	china book economic article china's development information chinese presents papers
2	0.046	−0.005	0.135	chinese u.s shanghai university economics research education committee international exchange
3	0.192	−0.003	0.092	reform enterprises reforms state market economy economic rural transition enterprise
4	0.102	0.002	0.191	urban rural inequality migration labor china poor income areas cities
5	0.049	0.004	0.004	accounting resource policy party family effects problem analysis parents children
6	0.073	0.002	0.101	european technology technological modern industrial innovation chinese europe countries knowledge
7	0.083	0.005	0.008	firms markets higher quality find export model oil risk prices
8	0.110	−0.002	0.350	income agricultural grain evidence effects production behavior price framework households
9	0.051	−0.001	0.546	hong kong demand price women tax exports results export population

The significance level is 0.05.

在上面的模型诊断结果中,特异性最低的两个主题是主题1和主题0,主题3的特异性也较低。从主题1的高权关键词可以看出,这些词都是研究中国经济的学术论文或著

作的第一句话里的词汇,诸如(The) paper(s)/ article / book presents...China's economic... development / information...等,LDA 模型在训练前的预处理步骤中,去掉了 the 等,所以没有这类停用词,即这个文献库库是关于中国经济主题的数据集。主题 0 的中国经济增长率,生产力和国家政策的内容广泛分布于整个语料库,即这十个经济学核心刊物有关中国主题的论文中讨论最广泛的内容是增长,从图 5.20 看到,从 2000–2010 年大约 10 年,主题 0 的权重持续保持较大面积,这一段时间也正是中国 GDP 总量超过意大利、法国、英国、德国和日本的阶段,经济学家们关注的不是税收、劳动力或投资,而是增长,是快速增长的中国宏观经济。

主题 2 在整个 1978–2016 年期间权重始终较小,从 1978–2016 这 39 年里,绝大多数年份是最小权重主题。与主题 0 类似,主题 3 是中国文献数据中一个非常普遍的主题,高权关键词代表了这些论文的主题,它们也正是中国经济改革的最重要的内容,1978 年以后的中国改革开放历史,经历过农村改革、国企改革、初步建立社会主义市场经济等多个阶段,这些关键词反映了中国的改革之路。主题 4(城乡收入差距、劳动力转移、民工潮、贫穷、收入、城市)是分析中国经济改革过程当中出现的一些现象,这些现象是中国特有的问题。例如,图 5.20 显示,主题 4 的权重大约在 1996 年以后快速增加,然后缩小,2006 年又开始增大,然后缩小,2013 年又增大,经历了几次波动。城乡之间的收入差别是中国长时间存在的一种现象,有其深层次的历史原因。为了达到西方发达国家的工业化水平,新中国成立后优先发展的是重工业,采取牺牲农业,以农业支持工业,以农村支援城市的发展战略,因为如果一个国家的重工业比重越大,其工业化水平就越高,即霍夫曼系数(林毅夫,蔡昉 & 李周,2014),这种战略使中国农村发展始终落后城市。改革开放初期在农村开展的家庭联产承包责任制,提高了农民的收入,缩小了城乡居民之间收入的差距(Khan., Griffin & Riskin, 1999),但是到了 1990 年代中后期,城乡劳动者的收入差别扩大到改革前的水平,世界上大多数国家的城乡收入之比为 1.5:1,但是中国的城乡居民收入差别高达 6:1(吴敬琏., 2018),引起大量民工潮或劳动力转移。如何减少城乡居民收入之间的差别,至今仍是一个讨论的热点话题,主题 4 反映了中国改革进程当中的一些突出的问题。

主题 5 是关于经济学中的资源会计、人力资源会计的主题。主题 8 是中国农业。主题 9 涉及香港经济、人口。只有主题 5 和 主题 7 的权重回归系数有统计学意义,总体上,它们的趋势是逐渐增大,其他主题的权重波动性较大,回归系数无统计学意义。

这十个经济学核心刊物的主题与《经济学家》杂志的主题相比,有以下三个特点:

1) 主题面狭窄,完全是经济学专业内容,包括经济改革、生产力、农业、工业、出口、劳动力等方面的主题,主题没有《经济学家》杂志宽泛,没有政治领袖、政党、选举、外交、军事、科技、传媒、文化、娱乐、社会等方面的主题;

2) 主题 0、主题 1 和主题 3 的权重基本持久、稳定。除了这几个主题外,其他主题权重的阶段性、波动性较明显;这与中国经济改革的内容、经济改革的进程、国家经济和社会状况发生变化的速度有密切关系。另外,它可能与十种经济学国际权威期刊关于中国主题文献的数据量也有关系,这十个核心刊物关于中国的文献约有 300 多篇,数量虽然远远高于有关日本、德国、法国等国的文献数量,但比有关美国的文献数量少许多,美国有3000多篇。

3) 在专业核心经济学期刊中,经济学家最感兴趣的中国主题是中国宏观经济的增长。

5.5.2 美国的主题

十种经济学国际权威期刊关于美国的LDA主题模型的诊断结果显示,主题4、主题1和主题2的Document_entropy(文档熵)是最大三个值(表5.32),主题8和主题0最小;主题7和主题0的Coherence(一致性)是极值;主题1和主题4的unform_dist(均匀分布)值偏小,从小到大分别排第一位和第二位;主题4和主题1的corpus_dist(语料库分布)的值较小,从小到大分别排第一位和第二位;主题1和主题4的Exclusivity(排斥性)都存在极值,从小到大排序为第一位和第二位位,排斥性最小。1978-2016年美国主题权重堆积面积图(图5.21)显示,主题4和主题1权重面积较大,而且长期均匀分布在整个1991-2016年间的语料库中,因此,可以判断主题4和主题1的一般性或普遍性较高,最能代表整个美国语料库,但是它们的特异性最低。

表5.32: 经济学核心期刊关于美国主题模型诊断结果

(以Document_entropy的值降序排列)

Topic	Document_entropy	Coherence	Uniform_dist	Corpus_dist	Exclusivity
4	7.643	−413.160	2.917	0.934	0.497
1	7.481	−459.835	2.603	1.030	0.359
2	7.194	−392.144	3.355	1.211	0.542
7	6.972	−363.461	3.340	1.521	0.515
9	6.806	−440.139	3.206	1.416	0.599
3	6.713	−440.786	2.969	1.772	0.543
5	6.704	−403.076	3.534	1.560	0.584
6	6.674	−378.809	3.377	1.706	0.621
0	6.402	−365.552	3.145	1.839	0.617
8	6.335	−475.523	3.332	1.952	0.675

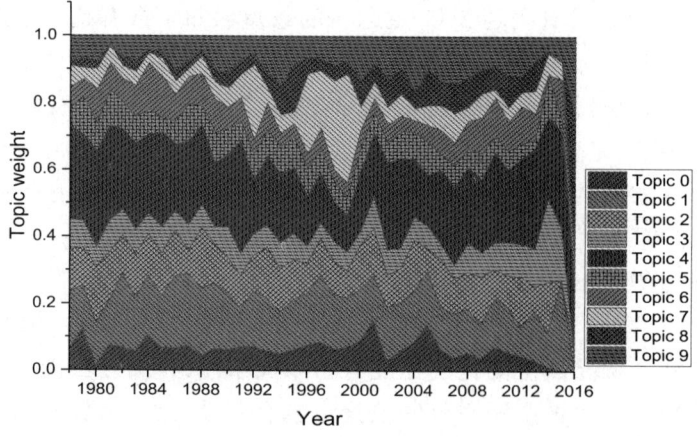

图5.21:1978-2016年经济学核心期刊关于美国的10个主题权重的堆积面积图

表 5.33 是美国 10 个主题权重、回归系数、回归系数检验以及主题的前 10 个高权重词汇,主题分如下。

主题 0 经济学、美国、学生、研究、文章、大学;

主题 1 美国经济政策、政府、制度;

主题 2 劳动力、增长、工资、生产力、失业、就业;

主题 3 工业、公司、成本、贸易、价格、市场;

主题 4 模型、数据、论文、实验结果、价格、经验主义、证据、效应、分析;

主题 5 税收、收入、资本、政府、投资;

主题 6 金融政策、利率、金融市场、外汇市场;

主题 7 图书、文章、经济;

主题 8 医疗、保险、儿童、福利;

主题 9 妇女、收入、劳动力、贫困、数据、黑人、差别、人口。

表 5.33: 经济学核心期刊关于美国的 10 个主题权重、回归系数、回归系数检验以及主题的前 10 个高权重词汇

Topic	Topic weight	Regression coefficient	P–value	Top words
0	0.095	−0.001	0.036	economics economic american students article association research university economists presents
1	0.346	−0.001	0.020	policy economic u.s public article government federal system political state
2	0.229	−0.001	0.020	labor growth wage productivity workers unemployment u.s employment percent rate
3	0.126	0.001	0.147	industry firms costs trade u.s prices market price cost industries
4	0.437	−0.001	0.385	model data paper results price empirical models evidence effects analysis
5	0.130	−0.001	0.005	tax income capital government social taxes security spending investment u.s
6	0.121	0.000	0.876	policy rates monetary inflation interest financial money market rate exchange
7	0.171	0.000	0.968	book article u.s economic states united presents information trade american
8	0.085	0.003	0.003	health insurance care program children coverage medical programs child welfare
9	0.140	0.002	0.001	women earnings labor poverty data black income differences men population

The significance level is 0.05.

表 5.33 的回归系数显示,从 1991–2016 年,主题 8 和主题 9 的权重的长期趋势是逐渐增大,主题 0、主题 1、主题 2 和主题 5 的权重趋势是逐渐减小。与十种经济学国际权威期刊关于中国的主题相比,美国主题有以下几个方面不同:

1) 美国主题涉及的经济学领域非常广泛,几乎涉及了经济学的所有领域,中国的主题相对单一,主题面狭窄,中国主题主要集中在经济增长、农业和对中国特有经济现象的解释和分析。

2) 美国 LDA 模型分析结果显示,主题 4(模型)是最普遍、最有代表性的主题。从它关键词可以看出,有关美国的经济研究普遍采用的是数据采集,并通过数学方法或构造模型、分析模型和实验等经验主义的手段,阐释理论或解释现象。从主题 4 的高权重关键词排列顺序能够判断,美国经济主题的论文是模型和数据的结合,没有模型、数据和实验的论文,较难进入这十个核心期刊。从 1890-2012 年 100 多年的时间里,model 作为词干,在经济学论文题目中出现的频率发生了惊人的变化,大约 1880 年代现代经济学刊物诞生,在 1890-1899 年间,model 出现在经济学核心刊物论文题目中的频率是 0,但是到了 2000-2012 年,它在核心经济学论文题目中出现的频率高达 11,648,已变成频率最高的词汇(Guo et al., 2015),现代经济学核心期刊论文主要通过数学模型来模拟、分析复杂经济现象,阐述经济理论并解决实际问题。

3) 劳动力、就业市场的主题(主题 2)和税收(主题 5)的主题权重总体上是下降的,而医疗和福利(主题 8)以及妇女和黑人收入(主题 9)的权重在上升,这反映了 1978-2016 年间美国经济学研究热点的变化,也说明了美国经济和社会的变化,传统经济学中的劳动力和税收方面研究的权重在减少,而确保生活质量提高的医疗和福利的主题、容易引起社会矛盾或冲突的贫富差距、妇女和黑人的低收入的主题和美国的贫困问题的主题变得越来越重要。

4) 中国收入不平等的主题是城乡居民收入的不平等,是城乡之间的差别,美国收入的不平等的主题是男女之间收入的不平等,是性别之间的收入不平等,是性别之间的差别,而且,美国收入不平等还包括黑人与白人之间的收入不平等,这又是种族之间的差别。美国的收入不平等是由于对人的歧视或不公而造成的收入不平等,中国的城乡居民收入不平等,是由于地域性或组织结构性失衡而造成的收入不平等。

在十种经济学国际权威期刊有关美国主题的论文作者中,几乎全部是美国或英国经济学家,论文作者的署名单位几乎都是美国或英国大学。在十种经济学国际权威期刊有关中国主题的论文作者中,绝大部分是美国经济学家或美籍华人经济学家,他们的论文署名单位所在国几乎都是美国。在这些期刊有关中国主题的论文作者中,有极少数是中国经济学家,比如林毅夫、钱颖一等,他们的作者署名单位所在国或城市是中国或北京。

第六章　科学计量学分析

6.1 科学计量学的概念

科学计量学(Scientometrics)是对科学、科学传播和科学政策进行定量研究的一门科学(Hess, 1997)。它是一门跨学科的科学,使用自然科学以及社会或行为科学的方法,包括统计学、数学、社交网络、心理调查和访谈等方法,与语言学、科学哲学、计算机科学、信息科学等相关领域有着密切的联系(Van Raan, 1997)。

科学计量学与文献计量学(bibliometrics)有许多重叠的研究内容。科学技术最直接和有形的产出就是科学文献(比如论文、专利等),文献计量学主要研究的是这些科学文献本身,而科学计量学不仅仅定量研究和分析文献产出,还研究著作或论文的作者、社会组织结构、科学研究的管理、科学技术在国民经济和政府政策中的作用等。因此,科学计量学的研究范围更加广泛,它包括与科学、科学传播和科学政策有关的所有定量的研究(Wilson, 2001)。

1969年,Nalimov和Mulchenko首次使用了科学计量学这一术语,同一年,Pritchard首次提出用文献计量学这个概念来定义在定量研究图书目录或科学传播时所使用的数学方法(Hood & Wilson, 2001)。

对出版物进行系统地统计最早始于1900年代的心理学领域(Godin, 2006),但文献计量学的三位奠基人 D. de Solla Price、E. Garfield 和 R.K. Merton. 并不是来自心理学领域,而是分别来自科学史、信息科学和社会学的研究领域。最初,文献计量学主要用于记录、描述和建模科学知识的生产、应用和传播,并优化图书的借阅和流通、改进数据库和扩展信息服务。在此背景下,整个20世纪,文献计量学发现并研究了下面三个重要定律。

Lotka Law(洛特卡定律)(Lotka, 1926).:它揭示的是作者人数与作者所发表论文数量的关系。人口学家Lotka为了确定科学家或学者对科学进步所作的贡献,他以化学和物理两学科的科学家为研究对象,首先对化学文摘上的6000多位作者的著作进行了统计分析;又对1000多位物理学家的著作进行了统计,以确定作者数量和论文数量之间的关系,他发现两个学科的作者人数和论文的数量之间的关系基本上都是直线关系,通过对斜率的计算,他提出了著名的科学生产力倒平方律,即Lotka定律,它表示发表n篇论文的作者数量约等于发表1篇论文数的$1/n^2$,如:发表2篇论文的作者数量约为发表1篇论文的作者数量的1/4,发表5篇论文的作者数量约为发表1篇论文的作者数量的1/25,而发表1篇论文的作者的数量约占所有作者数量的60%。这一定律统计的是物理和化学两个学科,而且计算的都是第一作者人数。

Bradford's law (布拉德福定律)(Bradford, 1934):它是由英国著名数学家 B.C.

Bradford 于 1930 年代提出。B.C.Bradford 在英国伦敦科学博物馆工作,1934 年在 Engineering 杂志发表了这个著名的文献分布理论。它的定义是如果科学期刊按其登载某个学科论文数量的大小,以递减顺序排列,可以把期刊分为专门面对这个学科的核心区、相关区和非相关区,各个区的文章数量相等,此时核心区、相关区,非相关区期刊数量之间的关系是 $1:n:n^2$。这个理论对后来的科学计量学的发展产生了极其重要的推动作用,美国语言学家、化学家 E Garfield 受这一理论的影响,在 Science 杂志提出了他的引文分析的思想(Garfield, 1955;Garfield, 1972)。在 1950 年代以及以后,E.Garfield 陆续建立了《科学引文索引》(Science Citation Index,SCI)、《社会科学引文索引》(Social Sciences Citation Index,SSCI)、收录期刊科技会议录索引(Index to Scientific & Technical Proceedings,ISTP)等,对学术评价产生了巨大影响,引文理论也推动产生了 Google 搜索引擎著名的 PageRank 排名算法(Gallagher, 2017)。

Zipf's Law(齐普夫定律)(Zipf, 1949):它由美国语言学家 Zipf 在研究后现代文学的奠基者之一、意识流大师 James Joyce 的小说 Ulysses 时提出的,该定律描述的是作品中词频与词频序号之间的关系,即在一个相对较长的文本中,如果单词出现的频率按递减的顺序排列,则单词的排名乘以其频率等于常数,这个关系的方程是 $RF=C$,其中 R 是一个词的排名,F 是这个词出现的频率,C 是常数。它表示在英语单词中,只有极少数词汇被经常使用,而绝大多数单词很少使用。这一定律在科学计量学中的文献标注、文献检索、向量空间模型、情报管理等方面有许多新的扩展和深入的研究,在心理学、经济学、社会学等许多领域也有广泛的应用。

D. de Solla Price(1963)是物理学家,科学计量学的创始人之一,他的重要贡献是用新的科学体系发展了文献计量法。基于科学计量学的研究基础,他首次系统化地使用现代科学的分析方法来研究科学文献,提出了共同引用概念,并通过模型来研究引用网络节点之间的关系,为使用现代技术评价科学以及科学研究政策奠定了基础。他的经典著作 Little Science, Big Science(de Solla Price,1976)(《小科学,大科学》)影响极其广泛。他的主要贡献还包括:科学文献的半衰期、科学的指数增长以及 Price 定律等。

Robert K. Merton 从社会学的角度研究、分析科学和科学传播,他是科学社会学创始人,也为科学计量学做出了重要贡献。他最有名的思想是科学家及科学文献产出的马太效应(Merton, 1968),著名的科学家与不著名的科学家相比,即使他们的工作相似,著名的科学家能获得更多的声誉和资源;他提出的科学规范论影响较大(Merton, 1942),比如 universalism(普遍主义,科学标准是相同的,不因为种族、性别、国别等的不同而有区别)、communism(公有性,科学家应该放弃知识产权,把科学发现公布于众,以获得荣誉或声望,公众可以学习和利用这些科学发现,科学发现为公众所有)。他也提出了科学计量学中的一些重要概念,比如 multiples(多种发现)(Merton, 1961)。他的科学传播理论也有较大影响。比如,他认为科学的传播不仅仅与人的认知过程有关,还与科学家在学术界担任的职位有关(Merton, 1988)。

由于现在信息技术的快速发展以及大型文献数据库的日益完善,科学计量学早已突破了三大定律的研究。尤其是 20 世纪 90 年代以后,它的研究出现了一些新的趋势。比如,研究层次越来越多样化,包括国家、机构、团体、研究小组甚至单个学者或科学家;越来越多地使用数学、计算机科学、经济学、计量经济学、社会学的模型或方法;自动化趋势越来越明显,利用大型网络数据库,结合编程语言,能够快速、自动完成目标任务的检索和分析;当代互联网的发展也产生一些与科学计量学研究内容相同或相近的指标分析,比如 webometrics(网络信息计量)、patentometrics(专利计量)、altmetrics(替代计量)等。

6.2 研究内容

从科学计量学的定义可以看出,它所研究的范围极其广泛,涉及科学、科学传播和科学管理的方方面面,包括科学研究人员或人群的科研产出、研究人员的国内外合作、研究项目、专利、科学研究基金、科学展览馆的数量和参观人数、专业或学科的变化趋势以及招生的人数等许许多多与科学和科学传播有关的内容。本文主题是西方经济学家对中国改革开放以来的认知,所研究的内容包括改革开放以来有关中国主题文献以及这些中国主题文献的施引文献的情况,对于中国主题文献和这些主题文献的施引文献,主要涉及以下几个方面。

1.作者

1978 年改革开放以来,在国际经济学核心期刊上的有关中国经济和经济改革主题文章以及施引文献的作者、分布、产出情况,研究领域是什么,施引文献作者之间的引文关系是什么,谁是高影响力文章的作者,他们被引用的频次是什么。

2.机构

关于中国经济和改革主题文章和施引文献的作者署名国家和机构是什么,作为作者的机构或组织,联合国、世界银行、国外大学、学院、研究中心或经济研究所的分布情况。

3.国家、政府或机构的资金支持

有关中国经济主题文献或这些主题文献的施引文献获得了什么国家、政府或机构的什么资金的支持,获得支持的文章的比例占多少,中国国家自然科学基金和社会科学基金对中国主题文献和施引文献的支持情况如何。

4.科学合作

在科学研究中,日益频繁和紧密的交流是自上个世纪以来的大趋势,互联网的快速发展进一步促进了科学研究当中的相互合作,在有关中国经济和经济改革的文章和施引文献当中,作者之间的合作、机构之间的合作、国家之间的合作有什么特征。

6.3 研究方法

科学计量学采用的是定量研究的方法,主要采用计算的方法。它的主要任务之一是量化研究国家、学科、组织或个人的学术成果、科学发展趋势以及科学活动和管理,并进行对比或评估,为研究者、管理者或决策者服务。本文使用的方法包括以下几个方面:

1.统计学的方法

对有关中国经济和经济改革的主题文章、刊物、作者以及作者机构、国家、文章基金进行统计,对文章被引频次、施引量、引施作者、国家等进行统计和分析。在所获得的统计数据的基础上,进行回归分析或假设检验等统计学分析。

2.数学和计算机科学的方法

科学计量学的基本的方法是数学方法。由于有关中国主题的文章数据量较大、数据的跨度时间较长,需要使用编程语言对数据进行过滤、分类、抽取、聚类等,并以图表模型或量化的方式说明变量之间的关系。

3.社会学的方法

文章作者、作者所属机构或国家可以被看做社交网络当中的一个节点,节点之间的连线可以被看作它们之间的关系。节点和连线的集合构成了一个社会网络。我们使用社会网络中的几个中心度对网络和节点进行分析,这些中心度或网络属性是社会网络研究中最重要的内容((Bonacich, 2007; Borgatti, 2005; Freeman, 1977, 1979)。节点点度(Degree centrality, C_D)指节点的连线数量;接近中心度(Closeness centrality, C_c)是一个节点到网络中其他所有节点的平均最短路径;节点的中介中心度(Betweenness centrality, C_B)指经过这个点的测地线占所有测对线的比例;对于一个节点,它的本征矢量中心度(Eigenvector centrality, C_E)指它与其他高本征矢量中心度的节点的连接程度,它们的表达式如下:

1) C_D(点度)

$C_D(i)$=degree of i,

其中 i 是网络的一个节点,

2) C_c(接近中心度)

$C_D(i)=(n-1)/[\sum_{j\in U} d(i,j)]$,

其中 d(i,j)是 i 和 j 之间的距离,U 是所有节点的集合,n 是所有节点的数目。

3) CB(中介中心度)

$C_B(i)=[\sum x<y\, g_{xy}(i)/g_{xy}]/[(n-1)(n-2)/2]$,

其中 gxy 是 x 和 y 之间最短路径的数目,gxy(i)是 x 和 y 之间通过 i 的最短路径数目,n 是所有节点。

4) C_E(本征矢量中心度)

$C_E(i)=\lambda^{-1}\sum_{jj\neq i} A_{ij} C_E(j)$,

其中 Ai,j 是邻接矩阵,λ 是常数。

另外,还使用密度(两个节点之间实际连线数目与所有节点之间理论连线数目之比,density)、网络直径(最长的两个节点之间的距离, diameter)、点度中心势(网络实际点度与相同规模网络的理论最大点度之比, Network all degree centralization)、平均点度(网络所有节点的平均点度, average degree)等来描述或对比网络或网络属性。watts 和 strogatz (1998)科学家们提出小世界网络的概念,它是高度聚集、具有小路径长度的网络。在社会网络分析中,小世界效应是一个有趣的现象(Newman, 2001),我们也将分析网络是否具有小世界特征。

6.4 数据库

进行科学研究的数据库类型较多,有文摘数据库、全文数据库等,科学计量学对文献影响力的研究经常涉及引文统计和分析,目前世界上最重要的英文多学科综合引文数据库是下面三个超大规模数据库。

1) Web of Science（Wos）：它最早由 E. Garfield 创建,原属于汤森路透(Thomson Reuters)集团,现在由 Clarivate 公司发行,它收录的学科范围较广,有期刊论文、综述、会议录等多种文献资源。
2) Scopus(SCO)：它是 Wos 的主要竞争对手,由 Elsevier 赞助,Scopus 涵盖的期刊数量比 Wos 多,尤其是社会科学和人文学科方面,收录的数量较大。
3) Google Scholar(GS)：它是 Google 开发的学术研究搜索引擎,比 Wos 和 SCO 数据库收录的范围更加广泛,但数据质量稍差。

截止当前,这三个综合引文数据库的特点和收录的内容对比如下表(表 6.1):

表 6.1：国际三大综合引文数据库的对比

	Wos	SCO	GS
学科	科学引文索引 社会科学引文索引 艺术与人文引文索引	医学 自然科学 社会科学 生命科学	所有学科
来源和数量	1.2 万种同行评审期刊 1,300 种开源期刊 3 万多本电子书 200 多万化学混合物记录 10 万篇会议录	2 万多种种同行评审期刊 360 多种商业杂志 4,200 种开源期刊 超过 10 万本电子书 700 多万篇会议论文 2,700 多万专利记录	谷歌图书 博士论文 同行评审文章 专利 案例法 商业杂志 幻灯片 灰色文献 通讯 课程大纲
时间跨度	收录的有些刊物的最早出版年代是 1900 年	收录的有些刊物的最早出版年代是 1820s 年代	收录的有些出版物的最早出版年代是 1660s 年代
更新周期	每周	每天	

续表

	Wos	SCO	GS
优点	按学科、关键词、作者、年代、出版物等多种方式检索	开源期刊多	数据量最大
	引文分析的最佳选择	涵盖不同语言出版物	免费
	最早使用引文分析	人文和社会科学出版物收录较多	能检索到更多的作者和作品
缺点	收录社会科学和艺术与人文领域的出版物少于SCO	1970年以前的文献检索	搜索准确性低
		结果不完整	能够使用的检索功能有限

除了上面三个超大型综合数据库之外，还有一些专业的数据库还提供了搜索专业文献的数据源。比如 MathSciNet，Chemical Abstract Service（化学）、PubMed（医学）、INSPEC（物理学、电子工程、电子学、计算机科学及信息技术领域）、BIOSIS（生物学）和 RePEC（经济学），等等。一些预印本文献数据库的规模也越来越大，比如 arXiv.org。有很多关于数据库对比方面的研究，Falagas et al.(2008) 对比了 SCO、Wos、PubMed 和 GS 等数据库所覆盖学科的范围和实用性。Norris and Oppenheim (2007) 比较了 Wos，SCO，GS 和 CSA Illumina（剑桥科学文摘），并分析了这些数据库收录的社会科学文献，他们发现 SCO 在这四个数据库中覆盖的社会科学最为广泛，并建议可以将其用作 Wos 的替代品，来评估社会科学领域内学者的贡献。Archambault et al.(2009) 使用宏观层面的科学计量指标，从地理和排名的角度比较了 Wos 和 SCO 的搜素结果，对比了两个数据库中以国家为单位的论文数量和引用次数以及它们的排名，发现它们具有高度相关性。

相对而言，Wos 开发的历史最长，影响范围更广，认可度更高，我们使用这个数据库采集在中国改革开放以来有关中国经济和改革主题的文章和引文等信息，进行对比和分析。

6.5 中国主题文章的科学计量学研究

在 Wos 数据库检索中国主题，检索时间跨度为 1978-2016，使用 Wos 的社会科学引文索引(SSCI)，使用 Wos 的 Economics 类别，分三种方式分别检索。

第一， 检索十种经济学国际权威期刊中有关中国主题的文章；

第二， 检索 SSCI 中所有有关中国主题的文章；

第三， 在第二个检索的基础上，搜素所有不包括 People's Republic of China 为作者机构或地址的文章，Wos 的文章作者来源国是将中国大陆与香港和台湾分别记录的，即所有不包括 People's Republic of China 为作者机构或地址的文章中，包括来自美国、英国、德国等其他国家的文章，也包括来自香港和台湾的文章。本文以作者署名机构或地址来分辨来自不同国家的文章，不考虑作者的国籍，有些文章可能是中国国籍的学者撰写，但署名机构或地址是外国,有些文章可能是美籍华人经济学家撰写,署名机构或地址是外国。

6.5.1 十种经济学国际权威期刊的中国主题文献

1. 作者

在 1978~2016 年,十种经济学国际权威期刊共发表中国主题的文章 238 篇。发文量总的趋势是递增(图 6.1)。1978 年中国的 GDP 总量是 1495 亿,排在美国、日本、德国、法国、英国、意大利、加拿大等七国集团所有成员国之后,也在巴西之后(World Bank GDP – countries, 2019)。1988 年中国的 GDP 总量达到 3123 亿元,排名仍然在七国集团成员国和巴西之后。从 1992 年开始,中国 GDP 总量开始超越巴西和其他七国集团成员国。在 1978~1988 年 10 年时间里,中国主题的文章数量基本没有变化,三次波峰年分别是 1999、2006 和 2011 年。但也出现了两次发文量的下降或波谷,分别是 2004 年和 2007 年。

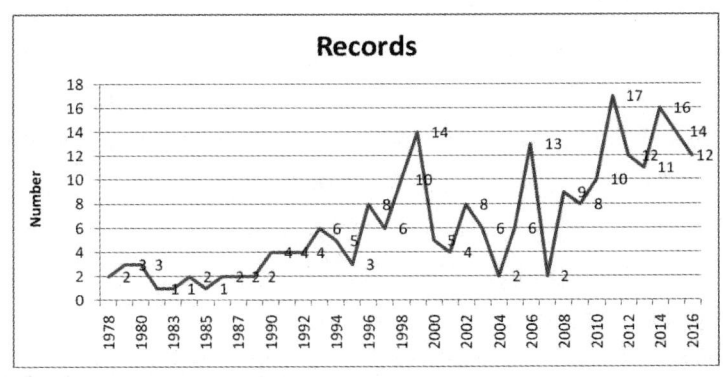

图 6.1:1978−2016 年十种经济学国际权威期刊的中国主题文章数量

同一篇文章可能涉及不同的研究领域,238 篇文章涉及一个共同的研究领域是 Business Economics(商业经济学)。根据美国经济学会(American Economic Association, AEA)发布的《经济文献杂志》的标准分类系统(Journal of Economic Literature Classification System)(JEL Code, 2018),Business Economics 与 Business Administration、Marketing、Accounting、Personnel Economics 同属一个类别,属于应用微观经济学,主要研究内容包括产品,消费者需求分析、评估和预测,成本与产出分析,商品价格或企业经营战略,公司预算和资产管理的规划和决策等。在 238 篇中,有 22 篇(9.244%)还涉及 GEOGRAPHY(地理),2 篇(0.840%)涉及 MATHEMATICAL METHODS IN SOCIAL SCIENCES(社会科学的数学方法),2 篇(0.840%)涉及 MATHEMATICS(数学)。

Wos 的文献类型有多种,这 238 篇文章中,ARTICLE(期刊论文)占 72.27%,BOOK REVIEW(书评)占 23.95%,PROCEEDINGS PAPER(会议论文)占 13.87%,EDITORIAL MATERIAL(社评)占 1.26%,REVIEW(综述)占 1.26%,CORRECTION(更正)占 0.84%,NOTE(注释)占 0.42%。

从发文量的作者排序可以看出(表 6.2),中国经济学家钱颖一排名第一。他的文章主要发表在《美国经济评论》(American Economic Review,AER)、《政治经济学期刊》(Journal of Political Economy,JPE)和《经济学季刊》(Quarterly Journal of Economics,QJE)等经济学顶尖刊物。

钱颖一认为,经济总量与一个国家的综合国力有关,经济总量大的国家,在国际事务中的说话分量就不同,这个国家更有可能改变游戏规则。他的核心观点是,市场经济、民主政治、法治社会是中国改革要达到的目标。如果中国增长速度为8%,美国是3%,中美两国通货膨胀率相同,人民币每年相对于美元升值2%,大约到2025年,中国的经济总量将接近美国的经济总量。但是要冷静认识自己,因为与发达国家相比,中国的人均GDP非常低,排名非常靠后,人均GDP要达到发达国家的水平,还需要很长的时间(钱颖一,2018)。

表 6.2 显示,产出第二的是 BRANDT,他是多伦多大学经济学家,国际著名中国经济问题专家,主要研究中国和越南的经济和产业升级。他的中国主题文章主要发表在 AER 和 JPE 等经济学顶尖期刊。他在2008年编著的 China's Great Economic Transformation(中国经济大转型)(Brandt & Rawski,2008)影响较大,书中全面阐述并分析了中国的经济改革背景、过程、改革的成就、改革成功的原因以及改革中的问题,Perkins 等经济学家在该书中预测,如果中国政治稳定,而且能够有效应对医疗、健康和环境问题,中国经济将保持持续增长。他们的预测是,中国经济在2008年以后的20年仍将继续快速增长,估计每年实际平均增长为6%~8%,虽然这个增长率远远低于1978-2005年间平均每年9.5%的实际增长,但20年保持6%~8%的增长将使中国经济的绝对规模和相对规模都大幅增加,也会大幅提高15亿中国人民的生活水平。

表 6.2:十种经济学国际权威期刊中有关中国主题文章的作者的产出(前 10 名)

Authors	Records	%of 238	Full Names, Affiliations
QIAN YY	7	2.941	钱颖一,清华大学经济学家
BRANDT L	6	2.521	LOREN BRANDT,多伦多大学经济学家
HANSON GH	5	2.101	GORDON H. HANSON,加州大学经济学家
JONES ME	5	2.101	ME JONES,伦敦大学经济学家
LI HB	5	2.101	李宏彬,清华大学经济学家
ROLAND G	5	2.101	GERARD ROLAND,加州大学经济学家
YANG DT	5	2.101	Dennis Tao Yang(中文名,杨涛),弗吉尼亚大学经济学家
QIAN N	4	1.681	Nancy Qian(中文名,钱楠筠),耶鲁大学经济学家
RAWSKI TG	4	1.681	Thomas G. Rawski,匹兹堡大学经济学家
ROZELLE S	4	1.681	Scott Rozelle(中文名,罗思高),斯坦福大学经济学家

与中国主题的238篇文章相比,从1978~2016年,在这十种经济学国际权威期刊当中,有关七国集团成员国的主题文章数量分别是,关于日本主题的文章共165篇,有关德国主题文章136篇,有关法国主题文章90篇,有关意大利主题文章52篇,有关加拿大主题文章91篇,有关英国主题文章506篇,有关美国主题文章1802篇(图6.2)。另外,有关印度和巴西两国主题文章的数量分别是232篇和43篇。

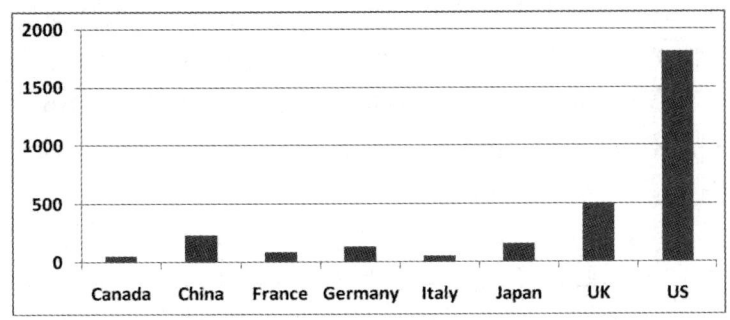

图6.2:1978-2016年十种经济学国际权威期刊有关八国主题文章数量

日本的经济实力在1967年超越了英国,GDP总量达1237亿元(World Bank GDP – countries,2019),成为世界第二大经济体,后被德国超越。1972年日本又超越德国。从1972-2009年,日本一直是世界上第二大经济强国。虽然日本的经济实力在将近40年的时间里,持续保持世界第二,并在2010-2016年经济实力仍居世界前列(世界第三大经济体),但在1978-2016年,有关日本主题的文章数量与英国和美国有较大区别。美、英两国主题的文章数量明显多于七国集团其他成员国,这可能与Wos选择刊物的标准有关,与现代经济学的起源国家或区域有关,与学术出版物使用的语言有关,与英美两国传统的紧密关系有关,与经济学家关注的各国经济现象或问题有关,也与美国在全球的经济地位有关,这个问题需要另外探讨。

令人意外的是,印度主题文章数量在1990年以前的十个经济学核心刊物上的记录为零,但是自2001年以后,数量增长速度明显加快(图6.3),截止2016年,总数与中国接近。印度主题文章的研究领域比中国广泛,除商业经济学、数学、地理外,还涉及医疗卫生、生态学、人口学、社会学、心理学、教育、公共管理、家庭、法律、妇女问题等41个领域。同样作为新兴经济体,印度的经济发展越来越引起经济学家的关注。

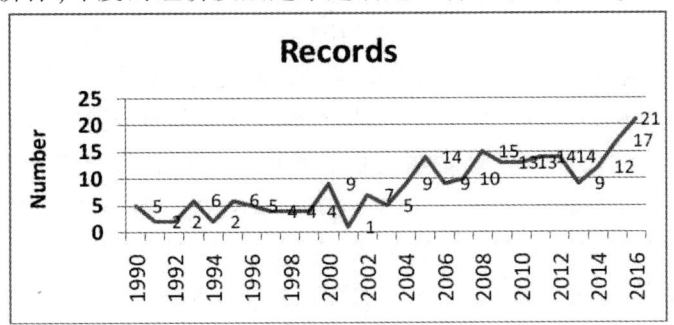

图6.3:1978-2016年十种经济学国际权威期刊有关印度主题文章数量
(1990年以前的文章数量为零)

图6.4是1978-2016年十个经济学家核心期刊关于中国、日本和美国三国主题文章被引用的频率。对于三个国家的主题文章而言,一个共同的突出特点是从1994年以后被引频率快速增加,尤其是从2005年以后,被引的频率爆炸式增长。

前文提到,科学计量学的定律决定了核心期刊的数量,与全球总的期刊数量相比,Wos收录的期刊数量是非常有限的。虽然每年有增加和删减,Wos收录的刊物数量总体上是逐渐增加的,但文章被引频率的增加量远远大于期刊数量的增加量。例如,Wos在2008年收录的经济学刊物大约有250种,2016年收录约336种,增加了34%。2008年在十个经济学核心刊物发表的中国主题文章的总被引频次是473,2016年这十个经济学核心刊物发表的中国主题文章的总被引频次是1402,增长了196%。文章被引频率的增长可能与互联网技术的应用和普及密切相关,1995年以后互联网开始在世界范围内逐渐推广、应用和普及,进入了Web 1.0时代,1995年以后三个国家的主题文章被引的频率明显高于1994年以前主要通过纸质书籍和期刊传播知识和信息的时代。2005年以后进入的Web 2.0时代以及移动互联网的兴起,使信息和知识传播的范围更广泛,传播的速度更快,被引频次的快速增加,使施引文献更快、更广地发展原有的研究或理论,加快了科学的传播和进步。

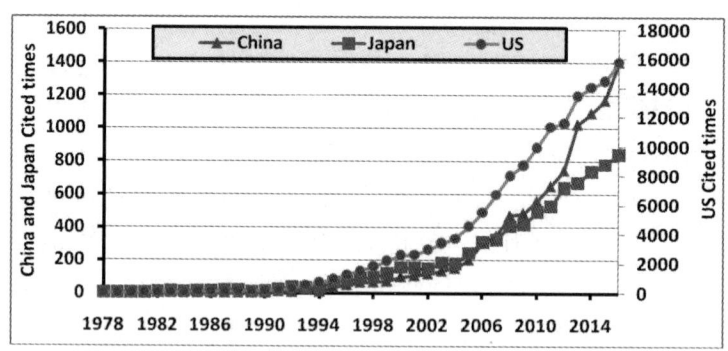

图6.4: 1978-2016年十种经济学国际权威期刊
关于中国、日本和美国三国主题文章被引频率

图6.4的第二个特点是,美国主题文章被引频率远远高于中国和日本主题文章的被引频率。1996年,中、日、美主题文献总被引频率分别是49、73和1238,中美相差25倍,2007年中国主题文章被引频率超过日本,三国主题文章总被引频率分别是347、325和6735,2016年三国主题文献总被引分别是1402、843和15764,中美相差降到了11倍。以1996年Web 1.0为起点,对中国主题文章被引频率进行非线性回归分析的结果显示,方程拟合优度较高(图6.5),变量之间的关系具有极显著的统计学意义(Anova,F=1702.96,$p < 0.001$)。经过实验发现,美国主题文章总被引频率的线性模型拟合度较高(slope= 767.41,intercept=-1.53246E6; Adjusted R-Square = 0.95;Anova,F= 370.15, $p < 0.001$)。估计大约到2031年,中国主题文章被引频率能够到达美国2016年的总被引频率,2035年中国主题文章被引频率将超过2035年美国文章被引频率。经济学文章从投稿到最后带有刊号、页码的正式出版需要经过的时间长短不一,短则1年,长则2年或者更长的时间。例如,著名的金融学杂志Journal of Financial Economics(金融经济学杂志),2018年

的出版信息显示,除去编辑联系审稿人、审稿人审稿并写出审稿意见之外的时间,从编辑决定接受稿件到最后带有刊号、页码的正式出版平均至少需要 57.9 周的时间(Journal Insights, 2019)。其他高影响力的刊物可能需要更长的时间进行审稿和最终正式出版。假设从投稿到有刊号和页码的正式发表按照平均一年计算,如果核心期刊真实反映的都是当前现实经济问题或经济现象,如果没有其他影响学术交流的特别重大的国际事件发生,2034 年中国经济问题的重要性可能超过美国经济问题的重要性。这个预测模型是基于当前引文记录和引文方式以及统计模型做出的推断,如果条件发生较大改变,模型不成立。

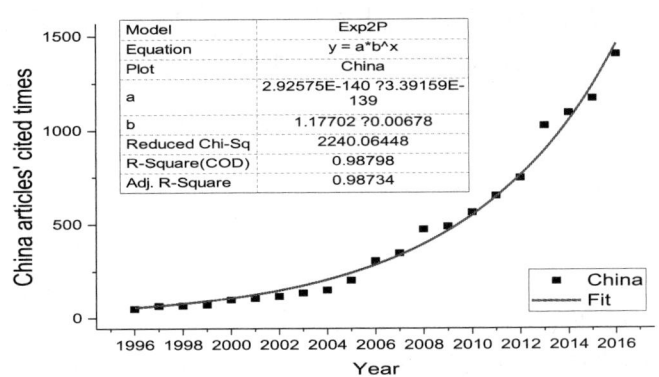

图 6.5:十种经济学国际权威期刊关于中国主题被引频率的回归模型

表 6.3 是被引频率最高的 10 篇文章,表中的被引数包括提前出版、但还没有分配期号、卷号或页码的施引文献,即 Early Access articles。被引最多的是 Misallocation and manufacturing TFP in China and India(MMT)。

由于自然科学和社会科学学科之间的差异、文献半衰期和 Price 指数的较大区别,社会科学中高影响力的文章的被引用频率远低于自然科学,尤其低于生物或化学等知识更新非常快的学科。上述这篇被引最多的 MMT 文章是以中国和印度为例,阐述了资源配置与全要素生产率之间的关系,作者使用制造业的微观数据对比了中国、印度与美国之间存在的资源分配失调,研究了中国和印度小范围行业内工厂之间的劳动力和资本边际产品与美国存在的巨大差距。作者认为,如果重新分配资本和劳动力并使边际产品达到美国的水平,中国和印度的制造业全要素生产率将分别增加 30%~50% 和 40%~60%。这篇文章发表在 QJE,QJE 在 1886 年由 Harvard 大学创办, 是最早的现代经济学英文期刊(Stigler et al. 1995)。这篇文章的第一作者和通讯作者是经济学家 Chang-Tai Hsieh,中文名谢长泰,Chicago 大学著名的 Booth 商学院教授,这个商学院曾经至少有六个经济学家获得过诺贝尔经济学奖,谢长泰也是台湾"中央研究院"院士,他与清华大学的钱颖一教授获得 2008 年孙冶方经济科学奖。

被引第二高的是 Top incomes in the long run of history,作者认为高收入人群只占人口的一小部分,但他们的总收入和已缴税款却占很大一部分。总人口的人均经济增长和基尼系数对高收入人群敏感。作者通过实证方法说明,在过去 30 年里,中国、英语国家和印度高收入人群大幅增加,而欧洲大陆国家和日本的高收入人群没有增加。收入增长的部分原因是工资收入的快速增加。与过去相比,工资收入在高收入中所占比例更大。第一作者和通讯作者 Anthony B. Atkinson 是 Oxford 大学经济学家,公共经济学研究领域的先驱,全球研究财富和收入不平等的权威,收入不公平指数阿特金森指数发明人。早在 1990 年代,上海三联书店就曾出版过他的经济学著作(汉译本)。这篇文章发表在 JOURNAL OF ECONOMIC LITERATURE(经济学文献杂志),该刊物是美国经济学会会刊,经济学领域最有影响的刊物之一,主要发表综述,著名的经济学文献分类系统由该刊物编写出版。

表 6.3:十个经经济学核心期刊中被引频次最高的 10 篇中国主题文章
(被引频率截止到 2019 年 10 月)

	Title, Author, Journal, Volume, Issue, Pages, Date	Total Cited Times
1	Misallocation and manufacturing TFP in China and India By: Hsieh, Chang-Tai; Klenow, Peter J. QUARTERLY JOURNAL OF ECONOMICS Volume: 124 Issue: 4 Pages: 1403-1448 Published: NOV 2009	772
2	Top incomes in the long run of history By: Atkinson, Anthony B.; Piketty, Thomas; Saez, Emmanuel JOURNAL OF ECONOMIC LITERATURE Volume: 49 Issue: 1 Pages: 3-71 Published: MAR 2011	584
3	Rural reforms and agricultural growth in China By: LIN, JYF AMERICAN ECONOMIC REVIEW Volume: 82 Issue: 1 Pages: 34-51 Published: MAR 1992	547
4	The Fundamental institutions of China´s reforms and development By: Xu, Chenggang JOURNAL OF ECONOMIC LITERATURE Volume: 49 Issue: 4 Pages: 1076-1151 Published: DEC 2011	488
5	The China syndrome: local labor market effects of import competition in the United States By: Autor, David H.; Dorn, David; Hanson, Gordon H. AMERICAN ECONOMIC REVIEW Volume: 103 Issue: 6 Pages: 2121-2168 Published: OCT 2013	459
6	The razor´s edge: Distortions and incremental reform in the People´s Republic of China By: Young, A QUARTERLY JOURNAL OF ECONOMICS Volume: 115 Issue: 4 Pages: 1091-1135 Published: NOV 2000	312
7	Federalism and the soft budget constraint By: Qian, YY; Roland, G AMERICAN ECONOMIC REVIEW Volume: 88 Issue: 5 Pages: 1143-1162 Published: DEC 1998	311

表格

	Title, Author, Journal, Volume, Issue, Pages, Date	Total Cited Times
8	The central role of entrepreneurs in transition economies By: McMillan, J; Woodruff, C JOURNAL OF ECONOMIC PERSPECTIVES Volume: 16 Issue: 3 Pages: 153-170 Published: SUM 2002	310
9	Capital formation and economic-growth in China By: CHOW, GC QUARTERLY JOURNAL OF ECONOMICS Volume: 108 Issue: 3 Pages: 809-842 Published: AUG 1993	266
10	Reform without losers: An interpretation of China's dual-track approach to transition By: Lau, LJ; Qian, YY; Roland, G JOURNAL OF POLITICAL ECONOMY Volume: 108 Issue: 1 Pages: 120-143 Published: FEB 2000	264

被引第三高的是 Rural reforms and agricultural growth in China，作者认为中国在 1978-1984 年间的农业增长是面向市场改革的结果。作者使用 28 个省级面板数据评估了中国改革开放初期取消集体所有制、实行价格调整以及其他改革对农业增长的贡献。在 1978-1984 年间，中国取消了集体所有制，提高了全要素生产率。非集体化在农业增长中占大约一半的贡献。国家粮食牌价的调整也促进了农业增长。作者还分析了 1984 年以后中国农业增长放缓的原因。作者在文中所述的取消集体所有制，采取的新的农作制度指的是家庭联产承包责任制（Household responsibility system，该期第 34 页），具有划时代的意义，家庭联产承包责任制以及随后进行的一系列改革，彻底改变了中国农村和整个中国的面貌。

该篇文章作者林毅夫，曾担任世界银行高级副行长、首席经济学家，是首位出任该职位的发展中国家经济学家。

被引第四高的是 The Fundamental institutions of China's reforms and development，作者认为中国经济改革创造了经济奇迹，也为减贫做出了重要贡献，中国的地方政府在改革中起了重要作用，中国改革的过程就是地方政府分权的过程。作者许成钢，曾任伦敦政治经济学院、香港大学、清华大学经管学院教授，2012 年，他因这篇文章获第十五届孙冶方经济科学奖。他这篇文章的作者署名单位是香港大学。

表 6.3 中的第五至第十篇文章的作者署名机构均为美国或英国大学，钱颖一（Qian, YY）的两篇文章署名单位分别是 Stanford 大学和 University of Maryland。第九篇作者全名 Gregory C. Chow（中文姓名，邹至庄），美籍华裔，国际著名计量经济学权威，美国经济学会美中学术交流委员会主席，他的文章署名单位是 Princeton 大学。被引最高的前十篇文章的作者均为国外经济学家或曾在英美留学的中国经济学家。除了林毅夫的文章之外，前十篇文章作者署名单位主要是美国机构。

2.机构

对1978~2016年十种经济学国际权威期刊有关中国主题文献的作者署名国的统计和分析发现,以美国为作者署名国的文献比例最大,由于文献作者的真实国籍无法——核对,从文献作者署名国来看,美国是对中国经济主题最感兴趣的国家,共有158篇作者所属国家记录,比例高达全部文献的66.4%。表6.4列出了238篇文章中占比最高的前20个国家和地区(Wos的统计包括多国合作完成的论文,一篇文章若有A、B、C三个国家合作完成,三个国家分别统计一篇)。可以看出,英国、加拿大、瑞典、澳大利亚、法国、新加坡、德国、荷兰等排名居前,署名中国的文献占14.7%,排第3位。

表6.4:238篇中国经济主题文献中占比最大的作者署名国家和地区

No	Countries/Regions	records	% of 238
1	USA	158	66.387
2	ENGLAND	36	15.126
3	PEOPLES R CHINA	35	14.706
4	CANADA	21	8.824
5	SWEDEN	6	2.521
6	AUSTRALIA	5	2.101
7	FRANCE	4	1.681
8	SINGAPORE	4	1.681
9	GERMANY	3	1.261
10	NETHERLANDS	3	1.261
11	SPAIN	3	1.261
12	SWITZERLAND	3	1.261
13	BELGIUM	2	0.84
14	FINLAND	2	0.84
15	ISRAEL	2	0.84
16	ITALY	2	0.84
17	SOUTH KOREA	2	0.84
18	ARGENTINA	1	0.42

由于文章作者的署名机构的写法并不统一,有的作者使用不一致的名称代表同一个机构,有的作者使用不同的简写形式代表同一个大学或研究机构。Wos对作者所属机构进行了归并和全称转换,但还没有达到绝对精确。我们研究发现,对中国主题最感兴趣的研究单位几乎全部是世界和中国的知名大学、智库或机构,表6.4是238篇文献中作者署名单位占比最大的前30个大学或科研机构,包括多所大学的University of California

System(加州大学系统)有 35 篇论文发表了中国主题文献,占比最高,约 14.71%。占比第二高的是 NATIONAL BUREAU OF ECONOMIC RESEARCH(NBER,美国国家经济研究局),这是一个民间的、非盈利性、非党派性的(private, non-profit, non-partisan)科学研究机构,创立于 1920 年,北美大学的 1400 多位经济学教授是该机构的研究人员(NBER,2019),该机构总部位于马萨诸塞州剑桥,现任主席是 MIT 著名经济学家 James Poterba。NBER 的研究人员专注于四种类型的实证研究:开发新的统计测量方法,估计经济行为的量化模型,评估公共政策对美国经济的影响,预测可替代政策或建议的影响(Halton,2019)。NBER 有 32 位经济学家获得诺贝尔经济学奖,包括近 100 年来最有影响的经济学家 Milton Friedman、Robert E. Lucas、Paul Krugman 等,NBER 有 13 位经济学家曾担任美国总统经济顾问委员会主席,该机构的科研经费主要来自政府机构、私人基金会、投资收入以及个人和公司的捐款(NBER,2019;Halton,2019)。NBER 是对美国政策最有影响的智库之一(INOMICS Team,2017)。美国和中国经济学研究领域对该机构的工作论文库较为熟悉,其中一个原因是许多 NBER 的工作论文最终都正式发表在经济学顶尖刊物上,产生了较大影响。

表 6.4:有关中国主题的 238 篇文献的前 30 个科研机构

No	Organizations-Enhanced	records	% of 238
1	UNIVERSITY OF CALIFORNIA SYSTEM	35	14.706
2	NATIONAL BUREAU OF ECONOMIC RESEARCH (NBER)	26	10.924
3	UNIVERSITY OF LONDON	18	7.563
4	STANFORD UNIVERSITY	17	7.143
5	HARVARD UNIVERSITY	16	6.723
6	THE WORLD BANK	14	5.882
7	UNIVERSITY OF TORONTO	13	5.462
8	LONDON SCHOOL ECONOMICS POLITICAL SCIENCE	12	5.042
9	UNIVERSITY OF CALIFORNIA BERKELEY	11	4.622
10	TSINGHUA UNIVERSITY	9	3.782
11	UNIVERSITY OF CALIFORNIA SAN DIEGO	9	3.782
12	COLUMBIA UNIVERSITY	8	3.361
13	FEDERAL RESERVE SYSTEM USA	8	3.361
14	CHINESE UNIVERSITY OF HONG KONG	7	2.941
15	PEKING UNIVERSITY	7	2.941
16	UNIVERSITY OF CALIFORNIA DAVIS	7	2.941
17	YALE UNIVERSITY	7	2.941
18	CENTRE FOR ECONOMIC POLICY RESEARCH UK	6	2.521
19	INTERNATIONAL MONETARY FUND	6	2.521
20	NEW YORK UNIVERSITY	6	2.521

续表

No	Organizations-Enhanced	records	% of 238
21	UNIVERSITY OF CHICAGO	6	2.521
22	UNIVERSITY OF HONG KONG	6	2.521
23	UNIVERSITY OF MICHIGAN	6	2.521
24	UNIVERSITY OF MICHIGAN SYSTEM	6	2.521
25	UNIVERSITY OF MINNESOTA SYSTEM	6	2.521
26	UNIVERSITY OF MINNESOTA TWIN CITIES	6	2.521
27	MASSACHUSETTS INSTITUTE OF TECHNOLOGY MIT	5	2.101
28	UNIVERSITY OF CALIFORNIA LOS ANGELES	5	2.101
29	UNIVERSITY OF LONDON SCHOOL ORIENTAL AFRICAN STUDIES SOAS	5	2.101
30	BROOKINGS INSTITUTION	4	1.681

表6.4中排名前10的美国或英国大学还包括伦敦大学、斯坦福大学、哈佛大学、多伦多大学、伦敦政治经济学院、加州大学伯克利分校等。前30名中的中国大学或科研机构包括：列第10位的清华大学,列第14位的香港中文大学,北京大学列第15位,香港大学第22位。前30名中重要的国际组织还包括列第6位的世界银行,列第13位的美联储；列第18位的是CENTRE FOR ECONOMIC POLICY RESEARCH UK（经济政策研究中心），它的总部设在英国,由1000多位经济学家组成。国际货币基金组织列第19位。位列第30的是布鲁金斯学会(Brookings Institution)，总部位于华盛顿,是影响美国对内、对外政策最重要智库之一,成立于1916年,该机构曾影响美国立法,促成了美国预算局,该机构还曾协助Franklin D.Roosevelt解决美国大萧条时期的失业问题。二战后,该机构在制定欧洲复苏计划(马歇尔计划)中发挥了关键作用,并多次影响美国国会制定的预算、税收等法案和美国对外政策(Bondarenko,2019)。它在世界有多个研究中心,2006年在北京与清华大学合作，创建了布鲁金斯-清华公共政策研究中心（BROOKINGS-TSINGHUA CENTER FOR PUBLIC POLICY），该中心聚焦中国,重点研究中美关系、中国经济转型、社会转型、城市化、能源和世界气候变化等,该中心现任主任是中国环境政策著名专家、清华大学公管学院教授齐晔(清华大学公共管理学院,2019)。

3.国家、政府或机构的资金支持

对238篇中国主题文献资助单位的对比发现,有27篇(11.34%)的文章标注了资助单位,有211篇文章(88.66%)的文献没有资助信息。27篇含有资助单位的文献中共出现了31个资助单位。表6.5是全部238篇文献的资助单位。可以看到,这些文献的主要资助单位是政府或国际组织。列第1项的是ECONOMIC SOCIAL RESEARCH COUNCIL (ESRC,经济与社会研究委员会)，它是UK Research and Innovation(UKRI,英国研究与创新学会)的一个研究机构,UKRI领导、管理大约十个世界级的研究机构,全部资金由英国商务、能源与工业战略部(Department for Business, Energy and Industrial Strategy)支持,每年获得资助金额 60 亿英镑（UKRI Councils，2019；UK Research and Innovation，2019）。ESRC 也是英国最大的经济与社会问题研究资助机构，有多种资助类型，最常见的是 Research Grants 形式，金额在 35 万–100 万英镑，ESRC 每年资助大约 4000 名研究人员（ESRC，2019；ESRC Research Grants，2019）。

表 6.5：238 篇文献的全部资助单位

No	Funding Agencies	records	% of 238
1	ECONOMIC SOCIAL RESEARCH COUNCIL (ESRC)	6	2.521
2	NATIONAL INSTITUTES OF HEALTH NIH USA	3	1.261
3	NIH NATIONAL INSTITUTE ON AGING NIA	3	1.261
4	UNITED STATES DEPARTMENT OF HEALTH HUMAN SERVICES	3	1.261
5	NATIONAL NATURAL SCIENCE FOUNDATION OF CHINA	2	0.84
6	NATIONAL SCIENCE FOUNDATION NSF	2	0.84
7	AUSTRALIAN RESEARCH COUNCIL	1	0.42
8	BANQUE DE FRANCE	1	0.42
9	CANADA'S SOCIAL SCIENCES AND HUMANITIES RESEARCH COUNCIL SSHRC	1	0.42
10	CANADIAN INSTITUTE FOR ADVANCED RESEARCH CIFAR	1	0.42
11	CENTER FOR APPLIED FINANCIAL ECONOMICS AT USC	1	0.42
12	EUROPEAN RESEARCH COUNCIL ERC	1	0.42
13	EUROPEAN UNION EU	1	0.42
14	FOUNDATION FOR RESEARCH IN SCIENCE AND THE HUMANITIES AT THE UNIVERSITY OF ZURICH	1	0.42
15	FRENCH NATIONAL RESEARCH AGENCY ANR	1	0.42
16	HARVARD ACADEMY SCHOLARS PROGRAM	1	0.42
17	HONG KONG RESEARCH GRANTS COUNCIL	1	0.42
18	JAN WALLANDER AND TOM HEDELIUS FOUNDATION	1	0.42
19	MINISTRY OF EDUCATION CULTURE SPORTS SCIENCE AND TECHNOLOGY JAPAN MEXT	1	0.42
20	NETHERLANDS ORGANIZATION FOR SCIENTIFIC RESEARCH NWO	1	0.42

续表

No	Funding Agencies	records	% of 238
21	PRIVATE ENTERPRISE DEVELOPMENT IN LOW INCOME COUNTRIES GRANT BY THE CENTRE FOR ECONOMIC POLICY RESEARCH HARVARD BUSINESS SCHOOL	1	0.42
22	RAGNAR SODERBERG FOUNDATION	1	0.42
23	SOCIAL SECURITY ADMINISTRATION	1	0.42
24	STIFTELSEN RIKSBANKENS JUBILEUMSFOND THROUGH THE PROJECT THE CHALLENGE OF GLOBALIZATION	1	0.42
25	STRATEGIC RESEARCH PROGRAM ON ECONOMIC DEVELOPMENT	1	0.42
26	SWEDISH RESEARCH COUNCIL	1	0.42
27	SWEDISH RETAIL AND WHOLESALE DEVELOPMENT COUNCIL	1	0.42
28	TSINGHUA UNIVERSITY CHINA DATA CENTER	1	0.42
29	VINNOVA	1	0.42
30	WORLD BANK S MULTI DONOR TRADE TRUST FUND	1	0.42
31	WORLD BANK S MULTIDONOR TRUST FUND FOR TRADE AND DEVELOPMENT	1	0.42

列第2和第3位的资助都是来自NATIONAL INSTITUTES OF HEALTH(NIH,美国国立卫生研究院),它是世界著名生物医学研究与资助机构,成立于1887年,位于马里兰州贝塞斯达(Bethesda),它不仅资助生命科学的研究而且资助与行为科学有关的基础研究,每年资助金额总计320亿美元(NIH Grants,2019)。第4位UNITED STATES DEPARTMENT OF HEALTH HUMAN SERVICES(美国健康及人类服务部)是美国联邦政府最大的卫生保障机构,也是美国最大科研资助机构。

第6是著名的NATIONAL SCIENCE FOUNDATION(NSF,美国国家科学基金会),这个基金会是美国独立的联邦机构,成立于1950。2019年NSF预算81亿美元,该基金会主席及董事由美国总统任命,并经过参议院批准,其战略使命是支持除医学之外的所有基础科学和工程领域的研究,使美国在天文学、地质学、动物学等所有领域保持领先地位。除了资助传统领域的研究外,NSF还支持"高风险、高回报"的许多创新研究与合作项目,这类项目虽然现在看起来像科幻小说,但公众将来会认为它们是必不可少的研究。NSF的任务是确定并资助前沿性的科学和工程技术研究,这不是"自上而下"而是"自下而上"的过程,NSF密切跟踪美国和世界各地的研究,并与研究机构保持密切联系,以确定不断变化的研究方向,严密监视最有可能取得突破性进展的领域,并选择最优秀的科研人员在该领域进行研究。

中国国家自然科学基金列第5位,占0.84%。31个资助单位中,除中国国家自然科学基金外,中国的资助单位还有列在第17位的香港研究基金会(HONG KONG RESEARCH GRANTS COUNCIL)和列在第28位的清华大学中国经济社会数据中心(TSINGHUA UNIVERSITY CHINA DATA CENTER)。

在31个资助单位中,没有发现中国国家社会科学基金。

第7澳大利亚研究委员会(AUSTRALIAN RESEARCH COUNCIL)是澳大利亚政府的研究资助机构;第8法兰西银行(BANQUE DE FRANCE);第9加拿大社会科学与艺术委员会(CANADA'S SOCIAL SCIENCES AND HUMANITIES RESEARCH COUNCIL)是加拿大政府的科学研究资助机构;第10加拿大高等研究院(CANADIAN INSTITUTE FOR ADVANCED RESEARCH)是由私人、公司、魁北克省、不列颠哥伦比亚省和阿尔伯塔省以及加拿大政府共同提供资金支持的多学科研究机构(CIFAR,2019)。第11为美国南加州大学应用金融经济学中心,是一个集金融、计量经济学、国际宏观经济学多专业为一体的研究机构。

第12项EUROPEAN RESEARCH COUNCIL(欧洲研究理事会)创建于2007年,是欧盟支持的欧洲最大的研究资助机构之一,2014-2020研究资助预算达到130亿欧元,自2007年以来,该机构资助了9000多个项目,获得资助的研究人员获得了多个奖项,其中包括6项诺贝尔奖、4项菲尔兹奖和5项沃尔夫奖等,平均每个获得资助的项目成员人数为6人,以培育新一代的优秀研究人才(ERC facts and figures,2019)。

第13和14项分别是欧盟和苏黎世大学科学与人文研究基金。第15项FRENCH NATIONAL RESEARCH AGENCY(法文,AGENCE NATIONALE DE LA RECHERCHE,ANR,法国国家研究署),2005年成立,2014年资助5.54亿欧元,自2005年以来,共资助了13000多个项目,其中包括1256个与外国同行共同资助的国际项目(ANR key figures,2019)。

第16项是哈佛大学的资助项目,第18项是1961年瑞典银行家创立的基金会,该基金会以银行家名字命名,主要资助在经济地理、商业经济学、国民经济和计量经济学领域的科学研究(Stiftelsernas ?ndam?l,2019)。第19项是由日本文部科学省资助,第20项的资助单位是荷兰国家科学研究组织。第21项哈佛大学商学院,22项瑞典私人基金会,23项美国国家社会安全管理委员会,24项是瑞典央行研究基金,25项是世界银行经济发展战略研究项目,26和27项是来自瑞典的研究资助,29项(VINNOVA)是瑞典国家资助机构——瑞典创新局,第30和31项均是来自世界银行的资助。

从表6.5看出,有关中国主题文献的资助机构主要是国家、政府的资金,以美国、英国的资助最多,欧盟以及其他发达国家如日本、法国、澳大利亚、瑞典、荷兰、加拿大以及世界银行等国际组织也是资助国或资助机构。

4.科学合作

自1950年代开始,经济学研究的国际间的合作逐渐增多,尤其是1990年代之后,这种合作关系更加紧密(Guo & Zhang,2019)。通过对Wos记录中关于作者和作者地址域的数据进行分类、解析和归并后发现,在1978-2016年十种经济学国际权威期刊有关中国主题 238 篇文献中,美国是最活跃的合作研究中国主题的国家(图 6.6)。

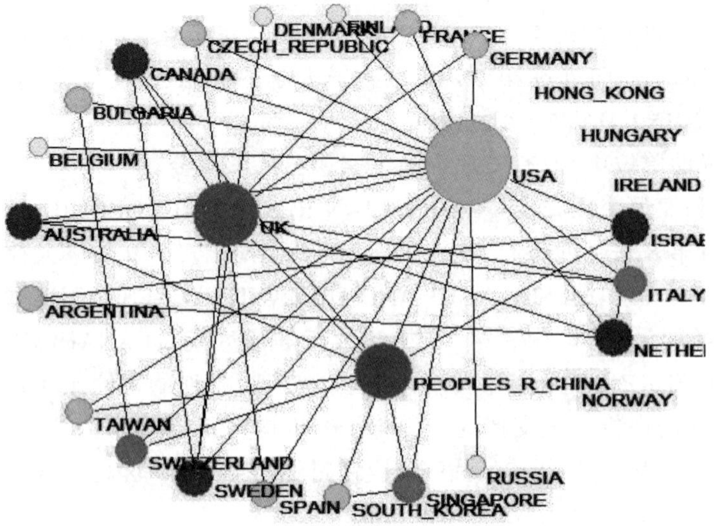

图 6.6:1978-2016 年 238 篇中国主题文献的国际合作网络

虽然只有 238 篇文献,从图中可以看到主要国家间的合作强度。英国、中国、澳大利亚、加拿大、以色列、荷兰等也是科学研究合作的积极参与者,中国大陆与美国、英国、加拿大、澳大利亚、新加坡、韩国、瑞士等国家或地区存在合作关系。匈牙利、挪威等国家或地区没有国家或地区间合作。

表 6.6 是图 6.6 国际合作网络最基本的属性以及网络特征,其中的密度完全取决于网络的总节点数和连线数,即国家或地区总数以及它们之间实际存在的合作关系,随着网络节点和合作关系数量的变化,密度值波动较大,对于相同节点数量的不同网络,密度值的对比最有意义。对于任何一个合作网络,平均点度是描述合作强度更加有效的属性,该属性(3.26)说明该网络合作强度适中,虽然与自然科学学科中合作的平均点度相比偏小,但已表现出了明显的合作趋势。该网络的点度中心势较大,表明该网络中心性较强,网络集中于焦点的趋势非常明显,该合作网络的直径是 4,表明它是一个高度聚集的"小世界"网络。

表 6.6:1978-2016 年 238 篇中国主题文献的国际合作网络属性和特征

Network Property	Parameter
Vertices	27
Edges	44
Density	0.12535613
Average Degree	3.25925926
Diameter	4
Network All Degree Centralization	0.65384615

表 6.7 是经过计算后的 238 篇中国主题文献的所有节点的基本中心度的值，除了点度之外，其他中心度使用的是标准化数据。对所有国家基本中心度的数据进行的相关性分析发现，点度与接近中心度、点度与本征矢量中心度、接近中心度与本征矢量中心度之间存在极强的相关性，中介中心度与接近中心度、中介中心度与本征矢量中心度、点度与中介中心度之间关联强度稍弱，接近中心度与点度关联性非常明显，它说明在这个网络当中，通过接近中心度可基本推出国家之间的合作强度。同时，在这个合作网络中，节点的四个重要中心度存在高度正相关性，证实了研究人员关于"小世界"网络的重要特征。表 6.8 是国家合作网络节点中心度关联性矩阵。

表 6.7：238 篇中国主题文献作者署名国家合作网络节点的中心度

ID/Country	Degree-centrality	Betweenness-centrality	Closeness-centrality	Eigenvector-centrality
1 "ARGENTINA"	2	0	0.312345679	0.058139
10 "GERMANY"	2	0	0.416460905	0.14875286
11 "HONG_KONG"	0	0	0	0
12 "HUNGARY"	0	0	0	0
13 "IRELAND"	0	0	0	0
14 "ISRAEL"	4	0.032051282	0.457091238	0.177762677
15 "ITALY"	3	0	0.425925926	0.1857711
16 "NETHERLANDS"	4	0.032307692	0.446208113	0.18641362
17 "NORWAY"	0	0	0	0
18 "PEOPLES_R_CHINA"	9	0.08	0.520576132	0.334907634
19 "RUSSIA"	1	0	0.407407407	0.085254215
2 "AUSTRALIA"	4	0.001794872	0.446208113	0.231877068
20 "SINGAPORE"	3	0.014358974	0.43583118	0.151107761
21 "SOUTH_KOREA"	2	0	0.334656085	0.077590347
22 "SPAIN"	2	0	0.416460905	0.14875286
23 "SWEDEN"	4	0.064615385	0.446208113	0.190760107
24 "SWITZERLAND"	3	0.002564103	0.43583118	0.156315289
25 "TAIWAN"	2	0	0.425925926	0.138720803
26 "UK"	11	0.088717949	0.567901235	0.397747658
27 "USA"	19	0.467692308	0.74962963	0.53402231
3 "BELGIUM"	1	0	0.407407407	0.085254215
4 "BULGARIA"	2	0	0.416460905	0.110209321
5 "CANADA"	4	0.003589744	0.457091238	0.232673545
6 "CZECH_REPUBLIC"	2	0	0.416460905	0.14875286
7 "DENMARK"	1	0	0.297472075	0.030454096

续表

ID/Country	Degree-centrality	Betweenness-centrality	Closeness-centrality	Eigenvector-centrality
8 "FINLAND"	1	0	0.407407407	0.085254215
9 "FRANCE"	2	0	0.416460905	0.14875286

表6.8:238篇中国主题文献合作国家节点中心度的相关性(N=27,Sig= 2-tailed)

			Degree centrality	Between centrality	Closeness centrality	Eigenvector centrality
Spearman´s rho	Degree centrality	Correlation Coefficient	1	.861**	.962**	.959**
	Between centrality	Correlation Coefficient	.861**	1	.856**	.823**
	Closeness centrality	Correlation Coefficient	.962**	.856**	1	.977**
	Eigenvector centrality	Correlation Coefficient	.959**	.823**	.977**	1

**. Correlation is significant at the 0.01 level (2-tailed).

全部238篇文章中,由两个或两个以上国家合作完成的文献数量为59篇,占全部文献的24.79%。其中两个国家的合作是合作的主要形式。图6.7是合作国家数量的比例,中国主题文献的合作只有三种形式,两国合作占比高达78%,四国合作仅仅占全部合作的3%。这是经济学国际合作研究中国主题的重要特征,它可能与自然科学研究的国家合作存在较大差异。也就是说,中国经济学主题文章主要是单独一个国家完成和发表的,一个国家发表的中国主题文章占75.21%,而在合作完成的文章中,两国间的合作产出的效率最高,合作国家数量越多,产出效率越低。

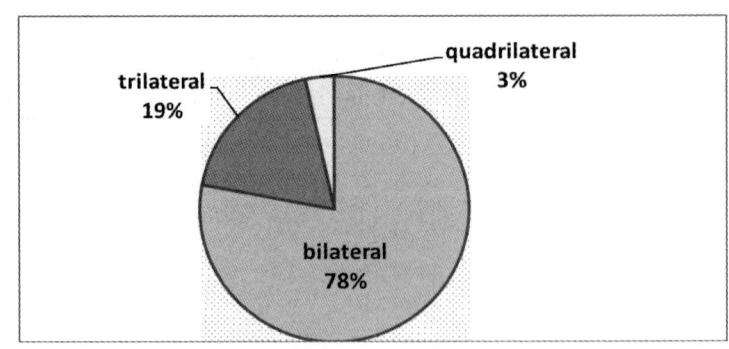

图6.7:238篇中国主题文章中59篇合作文献的合作国家比例

表6.9是全部两个国家合作完成的中国主题文献。美国是最重要的合作国家,它与另一国的合作占两国合作总数的绝大部分。中美之间的合作产出占全部两国合作产出的最

大比例（26.09%），美国与加拿大、美国与英国的合作产出分别占合作产出的10.87%、8.70%。此外，英国与其他国家的合作也比较活跃，它与西班牙、中国、瑞典、法国、德国等也有合作。在两国合作中，中国与瑞士、中国与加拿大也有合作。

表6.9：中国主题文献的两国之间合作

No	Country 1	Country 2	Paper output	% of all bilateral collaborations
1	SINGAPORE	SOUTH_KOREA	1	2.17
2	DENMARK	SWEDEN	1	2.17
3	PEOPLES_R_CHINA	SWITZERLAND	1	2.17
4	FRANCE	UK	1	2.17
5	GERMANY	UK	1	2.17
6	SWEDEN	UK	1	2.17
7	AUSTRALIA	USA	1	2.17
8	FINLAND	USA	1	2.17
9	FRANCE	USA	1	2.17
10	GERMANY	USA	1	2.17
11	ITALY	USA	1	2.17
12	RUSSIA	USA	1	2.17
13	SINGAPORE	USA	1	2.17
14	SPAIN	USA	1	2.17
15	CANADA	PEOPLES_R_CHINA	2	4.35
16	PEOPLES_R_CHINA	UK	2	4.35
17	SPAIN	UK	2	4.35
18	BELGIUM	USA	2	4.35
19	UK	USA	4	8.70
20	CANADA	USA	5	10.87
21	PEOPLES_R_CHINA	USA	12	26.09

图6.8是238篇文章中所有作者之间的合作网络，表6.10是图6.8作者合作网络基本的属性以及网络特征。网络密度值与238篇文章国家合作网络密度值相比小了许多。由于作者合作网络的节点数比国家合作网络大了十多倍，虽然连线数值比国家合作网络高，但密度仅为0.0049。与国家之间合作网络相比，作者合作网络的平均点度仅仅约一半（1.649）。总体来说，238篇文章中作者之间的平均合作强度非常低。作者合作网络的点度中心势显示，作者合作网络的焦点不集中，缺少或没有网络中心性，无中心趋势。作者合作网络仍然是一个"小世界"网络，该网络中最远的两个作者节点是编号60的

Ebenstein, A 和编号 243 的 Rosenzweig, MR。

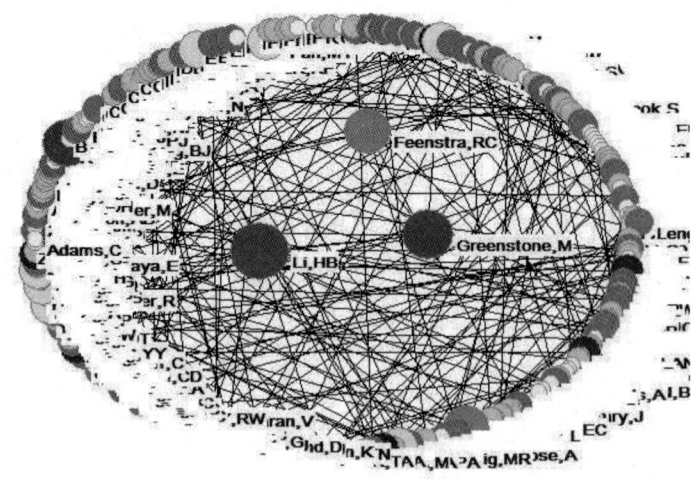

图 6.8: 238 文献的作者合作网路

表 6.10:1978-2016 年 238 篇中国主题文献作者之间合作网络属性和特征

Network Property	Parameter
Vertices	336
Edges	277
Density	0.00492182
Average Degree	1.64880952
Diameter	4
Network All Degree Centralization	0.02808115

表 6.11 是按点度降序排列的前 30 个作者节点的中心度度量值，编号第 1 的清华大学经济学家李宏彬合作数量最多，最为活跃，他与如下这些作者进行了合作：

Almond, D < == > Li, HB
Chen, YY < == > Li, HB
Greenstone, M < == > Li, HB
Li, HB < == > Li, L
Li, HB < == > Liu, PW
Li, HB < == > Ma, N
Li, HB < == > Rosenzweig, M
Li, HB < == > Shi, XZ

Li，HB < == > Wu，BZ
Li，HB < == > Xiong，YY
Li，HB < == > Zhang，JS

第二活跃的合作研究者是美国经济学领域较有影响的经济学家 Michael Greenstone，他是芝加哥大学哈里斯教授、贝克·弗里德曼经济研究所所长，曾担任奥巴马总统经济顾问委员会（Council of Economic Advisers）首席经济学家，并担任能源部长顾问委员会（Secretary of Energy´s Advisory Board）成员，主要研究气候变化和环境污染对世界的生产和生活造成的影响（Ebenstein et al.，2015）。与他合作完成中国主题论文的研究人员包括：Almond，D < == > Greenstone，M；Chen，YY < == > Greenstone，M；Ebenstein，A < == > Greenstone，M；Fan，MY < == > Greenstone，M；Greenstone，M < == > He，GJ；Greenstone，M < == > Jack，BK；Greenstone，M < == > Li，HB；Greenstone，M < == > Yin，P 和 Greenstone，M < == > Zhou，MG。表 6.11 中列第五项的是清华大学经济学家钱颖一。

表 6.11：238 篇中国主题文献作者合作网络节点的中心度（前 30 个）

No	Vertices	Degree-centrality	Betweenness-centrality	Closeness-centrality	Eigenvector-centrality
1	170 "Li,HB"	11	0.001841	0.040714	0.280077
2	90 "Greenstone,M"	9	0.001376	0.036352	0.454417
3	26 "Brandt,L"	8	0.000554	0.026786	0
4	71 "Feenstra,RC"	7	0.000590	0.025183	0
5	228 "Qian,YY"	7	0.000295	0.02381	0
6	60 "Ebenstein,A"	5	0.000000	0.024826	0.342945
7	70 "Fan,MY"	5	0.000000	0.024826	0.342945
8	105 "He,GJ"	5	0.000000	0.024826	0.342945
9	241 "Roland,G"	5	0.000063	0.019481	0
10	320 "Yin,P"	5	0.000000	0.024826	0.342945
11	325 "Zhang,JS"	5	0.000322	0.02751	0.103006
12	329 "Zhou,MG"	5	0.000000	0.024826	0.342945
13	104 "Hanson,GH"	4	0.000375	0.020461	0
14	177 "Lin,GCS"	4	0.000054	0.014881	0
15	199 "MCMILLAN,J"	4	0.000054	0.014881	0
16	227 "Qian,N"	4	0.000107	0.014881	0
17	244 "Rozelle,S"	4	0.000071	0.014881	0
18	308 "Wu,BZ"	4	0.000018	0.026099	0.098868
19	333 "Zhuravskaya,E"	4	0.000125	0.017857	0
20	3 "Almond,D"	3	0.000000	0.029937	0.169824

续表

No	Vertices	Degree-centrality	Betweenness-centrality	Closeness-centrality	Eigenvector-centrality
21	7 "Arnold,JM"	3	0.000000	0.011905	0
22	12 "Autor,DH"	3	0.000000	0.014234	0
23	20 "Bohnet,I"	3	0.000000	0.011905	0
24	30 "Buckley,PJ"	3	0.000000	0.011905	0
25	36 "Chen,YY"	3	0.000000	0.029937	0.169824
26	43 "Cooper,BJ"	3	0.000000	0.011905	0
27	53 "deJanvry,A"	3	0.000000	0.011905	0
28	57 "Djankov,S"	3	0.000000	0.016484	0
29	58 "Dorn,D"	3	0.000000	0.014234	0
30	63 "El-Gohari,A"	3	0.000000	0.011905	0

表6.12是作者合作网络节点中心度相关性分析结果。可以看出,作者合作网络的节点和连线数量远远大于国家合作网络的节点和连线数量,但节点各个中心度的之间的相关性不完全相同。只有点度与接近中心度之间存在极强的关联性,点度与中介中心度、点度与本征矢量中心度、中介中心度与接近中心度、接近中心度与本征矢量中心度之间存在正相关性,但强度弱。中介中心度与本征矢量中心度之间的相关性非常弱。因此,就这个作者合作网络而言,接近中心度是判断作者合作强度的可靠的参考指标。

表6.12:238篇中国主题文献合作作者节点中心度的相关性检验
(N=336,Sig= 2-tailed)

			Degree centrality	Between centrality	Closeness centrality	Eigenvector centrality
Spearman´s rho	Degree centrality	Correlation Coefficient	1.000	.385**	.938**	.300**
	Between centrality	Correlation Coefficient	.385**	1.000	.349**	.136*
	Closeness centrality	Correlation Coefficient	.938**	.349**	1.000	.404**
	Eigenvector centrality	Correlation Coefficient	.300**	.136*	.404**	1.000

**. Correlation is significant at the 0.01 level (2-tailed).*. Correlation is significant at the 0.05 level (2-tailed).

在238篇文章中,由两个或两个以上作者合作完成的文章数为128篇,占53.78%,即合作产出的数量占到全部产出的一半以上,这是中国主题文献作者数量的一个特征。在全部合作产出的文献中,两个作者之间的合作产出占全部合作产出的58%。图6.9显示238篇中国主题文章中128篇合作文献的合作人数比例,三个作者的合作产出占全部合作产出的27%,没有五个作者的合作,六个作者的合作产出占全部合作产出的1%。与合作国家数量的占比类似,合作人数越多,产出越低,两个作者的合作产出的效率最高。

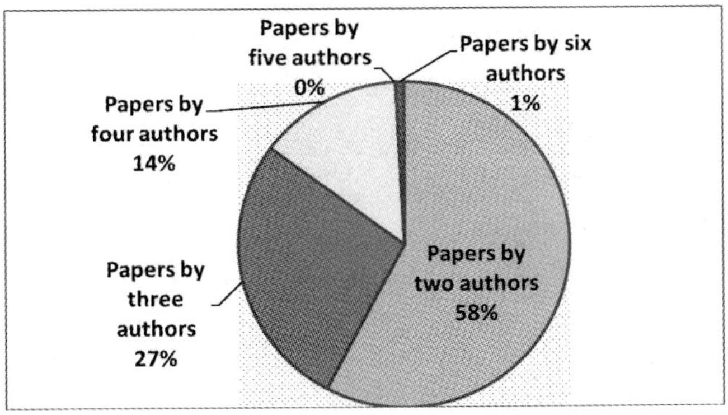

图 6.9:238 篇中国主题文章中 128 篇合作文献的作者合作人数比例

对于 238 篇中国主题文献,两人合作占全部合作的一半以上,但是令人意外的是,几乎所有的两人合作仅仅产生了一篇论文,也就是说,绝大多数的两人合作仅仅合作一次。表 6.13 是中国主题文献的全部两个作者之间的合作,表中前三项是两次或两次以上的合作,第一项的两个作者(Adams,C;Arora,V)均为国际货币基金组织经济学家,他们合作发表的文章均为中国经济体制改革方面的内容,三篇都发表在著名的 The Economic Journal(英国《经济杂志》),该刊物是英国皇家经济学会会刊,是历史最悠久的经济学刊物之一,有 120 多年,宏观经济学之父、二十世纪最有影响的经济学家约翰·梅纳德·凯恩斯(John Maynard Keynes)曾连续 32 年(1912-1944)担任该刊物主编。第二项 Kehoe,TJ 和 Ruhl,KJ 分别是美联储和纽约大学经济学家,两篇文章是关于世界和中国国际贸易和经济增长的关系,分别发表在 JOURNAL OF ECONOMIC LITERATURE 和 JOURNAL OF POLITICAL ECONOMY。第三项 Ezcurra,R 和 Rodriguez-Pose,A 分别是西班牙纳瓦拉国立大学(Public University of Navarra)和伦敦政治经济学院(The London School of Economics and Political Science)经济学教授,两篇文章是关于财政分权与区域经济发展之间的关系,两篇文章都发表在 JOURNAL OF ECONOMIC GEOGRAPHY(经济地理杂志),该刊物由牛津大学出版,是经济地理方面的核心期刊。

表 6.13 中有许多看似中国人的姓名,这些作者的真实国籍无法一一确定,但从表中可以看出,从 1978-2016 年近 40 年的时间里,在经济学核心期刊上发表的 238 篇中国主题文献中,绝大多数的两人合作只有一次。

表 6.13: 238 篇中国主题文献的全部两人之间的合作

No	Author 1	Author 2	Paper output	% of all bilateral collaborations
1	Adams,C	Arora,V	3	4.054
2	Kehoe,TJ	Ruhl,KJ	2	2.703
3	Ezcurra,R	Rodriguez-Pose,A	2	2.703
4	Wang,F	Zuo,XJ	1	1.351

续表

No	Author 1	Author 2	Paper output	% of all bilateral collaborations
5	Persson,P	Zhuravskaya,E	1	1.351
6	Brandt,L	Zhu,XD	1	1.351
7	Kahn,ME	Zheng,SQ	1	1.351
8	Wei,SJ	Zhang,XB	1	1.351
9	Rosenzweig,MR	Zhang,JS	1	1.351
10	Xiong,W	Yu,JL	1	1.351
11	Ge,SQ	Yang,DT	1	1.351
12	Li,W	Yang,DT	1	1.351
13	McElroy,M	Yang,DT	1	1.351
14	McMillan,J	Woodruff,C	1	1.351
15	Hsieh,CT	Woo,KT	1	1.351
16	Auffhammer,M	Wolfram,CD	1	1.351
17	Fisman,R	Wei,SJ	1	1.351
18	Fisman,R	Wang,YX	1	1.351
19	Li,DD	Wang,YJ	1	1.351
20	Lin,GCS	Wang,CC	1	1.351
21	Shorrocks,A	Wan,GH	1	1.351
22	Karreman,B	vanderKnaap,B	1	1.351
23	Cai,HB	Treisman,D	1	1.351
24	Cukierman,A	Tommasi,M	1	1.351
25	Kee,HL	Tang,HW	1	1.351
26	Greif,A	Tabellini,G	1	1.351
27	Holmes,TJ	Stevens,JJ	1	1.351
28	Katayama,RS	Skoufias,E	1	1.351
29	HOLTON,RH	SICULAR,T	1	1.351
30	Morduch,J	Sicular,T	1	1.351
31	Keller,W	Shiue,CH	1	1.351
32	Buera,FJ	Shin,Y	1	1.351
33	Kuhn,P	Shen,K	1	1.351
34	KACHELMEIER,SJ	SHEHATA,M	1	1.351
35	Pierce,JR	Schott,PK	1	1.351
36	Lee,CK	Saxenian,A	1	1.351
37	Li,G	Rozelle,S	1	1.351

续表

No	Author 1	Author 2	Paper output	% of all bilateral collaborations
38	Qian,YY	Roland,G	1	1.351
39	Anderson,S	Ray,D	1	1.351
40	JEFFERSON,GH	RAWSKI,TG	1	1.351
41	Jalan,J	Ravallion,M	1	1.351
42	Prasad,ES	Rajan,RG	1	1.351
43	Che,JH	Qian,YY	1	1.351
44	Jin,HH	Qian,YY	1	1.351
45	Lin,CCS	Png,I	1	1.351
46	Alston,JM	Pardey,PG	1	1.351
47	Borensztein,E	Ostry,JD	1	1.351
48	Bolton,GE	Ockenfels,A	1	1.351
49	Laibson,D	Mollerstrom,J	1	1.351
50	Jensen,RT	Miller,NH	1	1.351
51	Fratzscher,M	Mehl,A	1	1.351
52	Lin,MJ	Luoh,MC	1	1.351
53	Kato,TK	Long,C	1	1.351
54	Bathelt,H	Li,PF	1	1.351
55	Coe,NM	Lee,YS	1	1.351
56	Goldstein,M	Lardy,N	1	1.351
57	Bai,Y	Kung,JKS	1	1.351
58	Hsieh,CT	Klenow,PJ	1	1.351
59	Bai,Y	Jia,RX	1	1.351
60	Greenstone,M	Jack,BK	1	1.351
61	Alvstam,CG	Ivarsson,I	1	1.351
62	Brandt,L	Hosios,AJ	1	1.351
63	Au,CC	Henderson,JV	1	1.351
64	Feenstra,RC	Hanson,GH	1	1.351
65	Eggleston,KN	Fuchs,VR	1	1.351
66	Bronnenberg,BJ	Ellickson,PB	1	1.351
67	Campos,NF	Coricelli,F	1	1.351
68	Bosworth,B	Collins,SM	1	1.351
69	Benjamin,D	Brandt,L	1	1.351
70	Baily,MN	Bosworth,BP	1	1.351

6.5.2 十种经济学国际权威期刊的中国主题文献的施引文献

前文提到,从1978—2016年,十种经济学国际权威期刊共发表了238篇有关中国主题的文章,那么这238篇文献的施引文献的作者、机构是什么,哪些国家、政府或机构的资金支持了这些施引文献,施引文献是否与被引文献的科学合作的情况相同,这些是这一节讨论的问题。

对于某个研究领域的某个研究问题,通过观察被引文献的施引文献以及施引文献的一些特征,能够系统了解某个学科所研究问题的历史,构建完整的知识体系,也能跟踪科学研究的前沿,评估被引文献的学术影响力。被引文献的学术影响力包括这些被引文献的施引文献有哪些作者,施引文献在什么刊物上发表,施引文献的机构、作者署名国家是什么,什么资金支持了这些施引文献的写作和发表,施引文献的作者之间以及作者署名国家间的合作情况是什么,被引刊物的被引频率的情况是什么。

经过统计分析,截止2019年10月,上节中十种经济学国际权威期刊中的238篇有关中国主题文献的施引文献总计9657篇,本节的9657篇文献就是指对238篇文献中研究问题的更全面、更深入的探索和发展。

1. 作者

图6.10是截止2019年10月的9657篇文献的时间分布。很明显,从1980—1990年间,文献数量非常少,总共只有4篇施引文献。从1991—2003年,施引文献在100以内。从2004—2012,施引文献在100—450之间波动。从2013年开始,施引文献数量急剧上升,2018年高达1373篇。施引文献数量的总体趋势非常明显,2005年以后增长逐渐加快,2013年以后数量激增,有几种可能来解释这一现象,下面这些主要因素相互组合,共同促成了2013年以后施引文献数量的爆炸式增长:

1) 与互联网、尤其是Web 2.0的快速发展有密切关系;
2) 与2013年以前发表的中国主题文献的数量——即被引文献的数量的增长有关系;
3) 与SSCI数据库中经济学刊物的数量变化有关系;
4) 与中国经济的发展以及经济地位在国际上的大幅提高有关系;
5) 与研究中国主题的研究人员的数量有关。

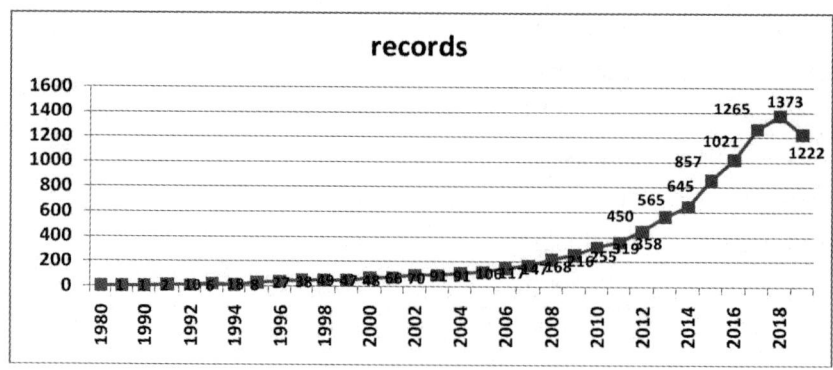

图6.10: 9657篇施引文献的出版时间分布

同一篇文章可能同时属于不同的研究领域,9657篇文章的最主要的研究领域与上一节238篇文章的最多的研究领域相同,集中在Business Economics（商业经济学）,占74.423%,环境科学(生态学)大约占10%。但9657篇施引文献的研范围更加广泛,总共涉及98个领域。表6.14是前20个领域,涉及环境科学、发展经济学、政府法律、公共管理、地理、国际关系、农业、区域研究、社会学、社会科学的数学方法、人口学、工程等许多方面。

表 6.14: 9657篇施引文献的研究领域(前20个)

No	Research Areas	records	% of 9657
1	BUSINESS ECONOMICS	7187	74.423
2	ENVIRONMENTAL SCIENCES ECOLOGY	924	9.568
3	DEVELOPMENT STUDIES	617	6.389
4	GOVERNMENT LAW	531	5.499
5	PUBLIC ADMINISTRATION	436	4.515
6	GEOGRAPHY	434	4.494
7	INTERNATIONAL RELATIONS	363	3.759
8	SOCIAL SCIENCES OTHER TOPICS	312	3.231
9	AGRICULTURE	277	2.868
10	URBAN STUDIES	257	2.661
11	AREA STUDIES	249	2.578
12	SCIENCE TECHNOLOGY OTHER TOPICS	243	2.516
13	SOCIOLOGY	207	2.144
14	MATHEMATICAL METHODS IN SOCIAL SCIENCES	190	1.967
15	DEMOGRAPHY	148	1.533
16	ENGINEERING	120	1.243
17	MATHEMATICS	110	1.139
18	PSYCHOLOGY	109	1.129
19	PUBLIC ENVIRONMENTAL OCCUPATIONAL HEALTH	107	1.108
20	ENERGY FUELS	98	1.015

9657篇文献的类型主要是ARTICLE,占95.53%,会议论文占3.38%,综述占2.52%,其余为"更正"等类型。9657篇文献总共有13535个作者,其中9850个作者只发表了1篇文章,即有72.77%的作者只有1篇文章,大多数作者的产出是非常低的,只有少数作者的产出非常大,这是科学计量学中发现的作者数量与文献产出之间的一个非常重要的现象。图6.11清楚地刻画了这样一种关系,这种幂函数的关系是经济学文献的作者数量与

产出量的重要特征,在其他学科当中,很可能同样存在这种类似的关系。

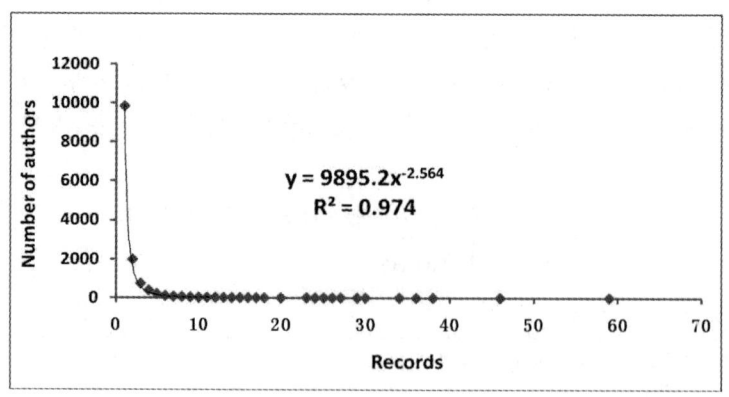

图 6.11:9657 篇文献作者数量与产出量之间的关系

9657 篇文献作者中,产出最高的是 Scott Rozelle(中文名,罗思高,斯坦福大学经济学家),发表了 59 篇文章,占全部文献的 0.611%;产出第二高的是黄季焜,他是北京大学中国农业政策研究中心主任、教授,发表 46 篇,占 0.476%;北京大学国家发展研究院经济学教授张晓波发表 36 篇,占 0.373%。表 6.15 是产出量最高的前 20 个作者,从表中能够看到,虽然作者国籍没有全部核实确认,但作者几乎全部是类似中国人姓名的英文拼写,这与被引 238 篇文献的作者分布完全不同,即位居原来 238 篇文献高产作者前列的主要是外国或华裔作者,少数是中国作者,而位于施引文献高产作者前列的可能主要是中国作者。也就是说,关注 238 篇文献的作者可能主要来自中国,主要是中国作者在深入发展主要由外国作者或华裔提出的关于中国主题的理论或研究。

表 6.15:9657 篇施引文献的作者产出(前 20 名)

No	Authors	records	% of 9657
1	ROZELLE S	59	0.611
2	HUANG JK	46	0.476
3	ZHANG XB	36	0.373
4	HE CF	34	0.352
5	ZHANG J	34	0.352
6	LI J	30	0.311
7	LU Y	29	0.3
8	ZHANG JS	27	0.28
9	ZHANG L	26	0.269
10	ZHANG Y	26	0.269
11	LI HB	25	0.259

续表

No	Authors	records	% of 9657
12	ZHOU Y	25	0.259
13	KUMAR RR	24	0.249
14	RODRIGUEZ-POSE A	24	0.249
15	DEININGER K	23	0.238
16	LI Y	23	0.238
17	TAO ZG	23	0.238
18	WAN GH	23	0.238
19	WANG J	23	0.238
20	BRANDT L	20	0.207

9657篇施引文献是对238篇中国主题文献引用，表6.3中曾列出十个经济学核心期刊中被引频次最高的10篇中国主题文章，我们以这个表中被引最高的前四篇论文为例，对它们的施引文献进行引文网络对比，以观察四个网络的属性和特征，引文网络中的被引频率与表6.3中的被引频率有些区别，因为表6.3中的被引频率是截止到2019年10的被引统计，包含了Early Access articles，这些文章还没有被分配期号、卷号和页码。引文网络图中的引文关系表示的是已经被分配期号、卷号等的施引文献、被引文献或者出版物之间的关系。表6.16是四篇论文的所有施引文献和施引文献的参考文献所构成的网络属性，图6.12是四篇文章的施引文献和施引文献的参考文献的网络图。

表6.16：十种经济学国际权威期刊被引最多的四篇文章的施引文献以及施引文献的参考文献网络属性

Network Property	Hsieh, Chang-Tai(Net 1)	Atkinson, Anthony B (Net 2)	Lin,JYF(Net 3)	Xu, Chenggang (Net 4)
Vertices	22089	21272	15384	19919
Edges	34780	28003	20842	26705
Density	0.00014257	0.00012378	0.00017615	0.00013462
Average Degree	3.1490787	2.6328507	2.70969839	2.68135951
Diameter	4	4	4	4
Network All Degree Centralization	0.03191392	0.02202112	0.02791043	0.02110457

从表 6.16 可以看到，Hsieh Chang-Tai(Net 1)文章的全部施引文献以及施引文献的参考文献组成了 22089 个节点的庞大网络(Net 1)，它在四个网络中的节点和连线最多，它的网络密度小于 Net 3。与其他三个网络相比，Net 1 平均点度最高，说明该网络中共被引文献最多，它的点度中心势最大，说明与其他三个网络相比，它的网络中心性最强，网络集中于焦点的趋势最明显。四个网络的直径都是 4，说明虽然网络的节点数巨大，但它们都是高度聚集的"小世界"网络。四个网络中，Net 3 的节点数量和连线数量最少，说明引用林毅夫这篇文章的所有施引文献中的参考文献最少，Net 3 的网络中心性较强，平均点度高于 Net 2 和 Net 4。

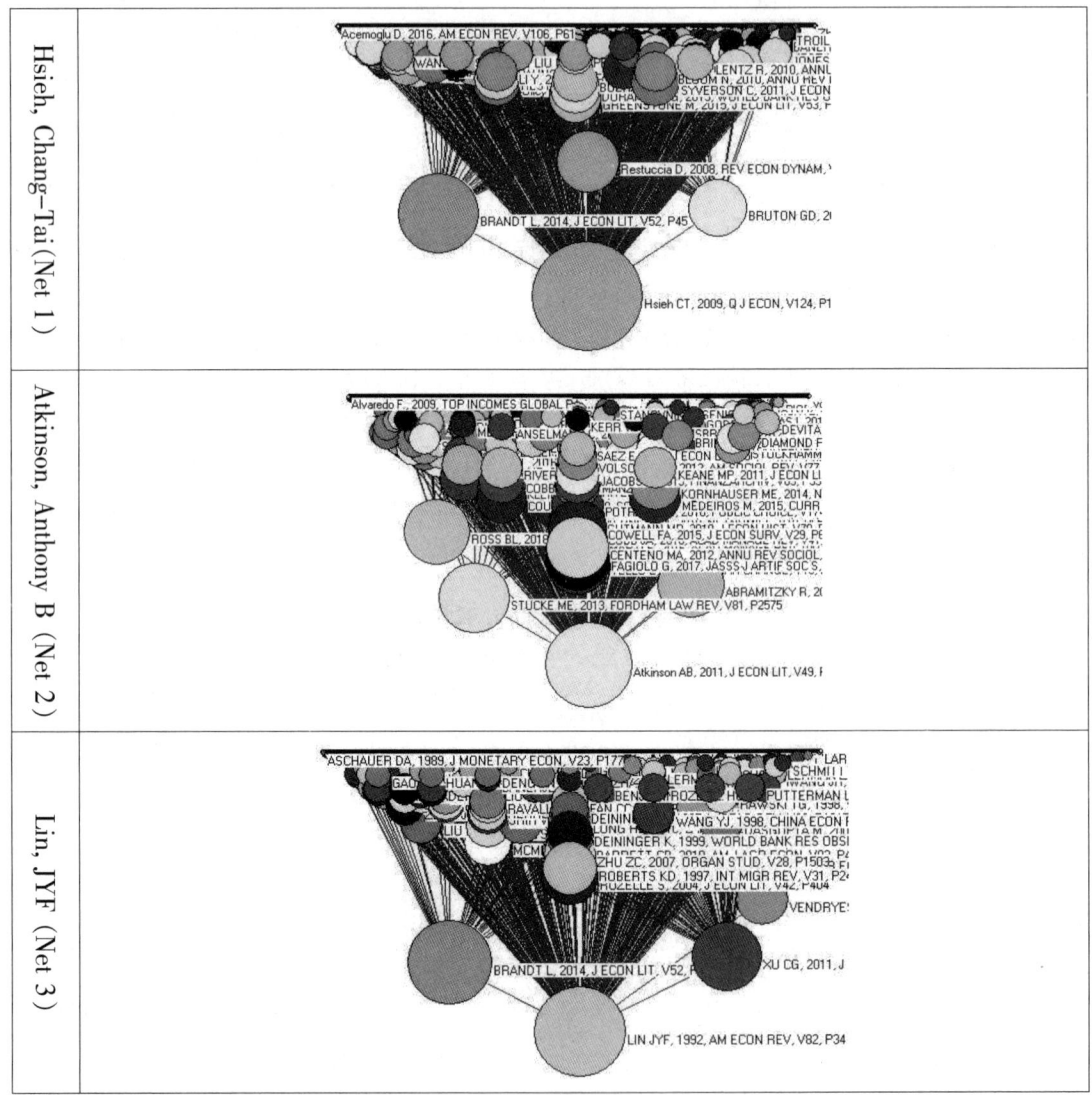

续表

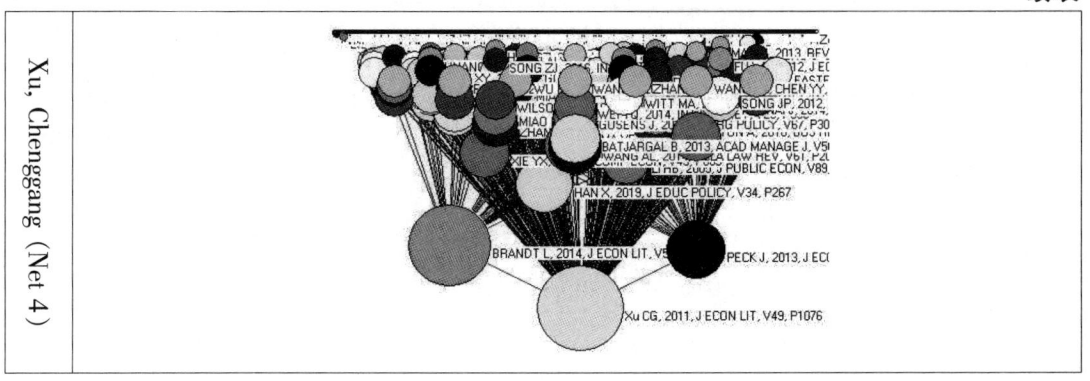

图 6.12：四篇文章的施引文献和施引文献的参考文献的网络图

在图 6.12 中，网络的节点大小表示被引的强弱，同一网络中不同颜色的节点表示不同的节点分类。为便于观察，我们在每个节点标签处突出显示了节点内容，即节点所代表的文章作者、发表的刊物、卷号和文章起始页码，其中刊物名称使用 WoS 统一规定的刊物名称简写，例如 Net 3 中被引最多的文章是最下面节点最大的 LIN JYF，1992，AM ECON REV，V82，P34，它表示 LIN JYF（林毅夫）在 1992 年 AMERICAN ECONOMIC REVIEW（美国经济评论）第 82 卷（Volume 82）从第 34 页（Page 34）开始的论文，即 Rural reforms and agricultural growth in China。

社会网络分析的一项重要任务是确定网络中各个节点中心度的相互关系，从而深入认识网络的特征（Bolland，1988；Freeman，1979）。上面 Net 1（Hsieh，Chang-Tai；谢长泰）中共有 22089 个节点，表 6.17 是 Net 1 的前 20 个节点的中心度（以 Degree centrality 降序排列），表 6.18 是 Net 3（Lin，JYF；林毅夫）的前 20 个节点的中心度。为节约空间，节点标签只显示序号和作者姓名的部分内容。其中，Degree centrality 的度量使用非标准化的数据，其他三个均为标准化中心度。

表 6.17：Net 1（Hsieh，Chang-Tai；谢长泰）的前 20 个节点的中心度
（以 Degree centrality 降序排列）

ID / Vertices	Degree centrality (Non-normalized)	Closeness centrality (Normalized)	Betweenness centrality (Normalized)	Eigenvector centrality (Normalized)
26 "Hsieh CT, 2009, Q J ECON, V124, P1403"	708	0.508144	0.818914	0.406985
18616 "BRANDT L, 2014, J ECON LIT, V52, P45"	382	0.340901	0.030668	0.032174
198 "Restuccia D, 2008, REV ECON DYNAM, V11, P707"	225	0.295492	0.025639	0.166918

续表

ID / Vertices	Degree centrality (Non-normalized)	Closeness centrality (Normalized)	Betweenness centrality (Normalized)	Eigenvector centrality (Normalized)
16135 "BRUTON GD, 2015, ACAD MANAGE PERSPECT, V29, P92"	191	0.338903	0.014829	0.023401
15699 "GREENSTONE M, 2015, J ECON LIT, V53, P5"	160	0.338581	0.012961	0.020330
11741 "CARPENTER JN, 2017, ANNU REV FINANC ECON, V9, P233"	153	0.338508	0.011579	0.021392
462 "Melitz MJ, 2003, ECONOMETRICA, V71, P1695"	146	0.284361	0.013067	0.108807
10675 "POSNER EA, 2017, J LEGAL ANAL, V9, P51"	145	0.338425	0.011829	0.026111
16220 "DURANTON G, 2015, WORLD BANK RES OBSER, V30, P39"	143	0.338404	0.008819	0.035870
39 "Olley GS, 1996, ECONOMETRICA, V64, P1263"	127	0.280468	0.009261	0.095369
21484 "SYVERSON C, 2011, J ECON LIT, V49, P326"	127	0.338239	0.005892	0.057969
16591 "BUERA FJ, 2015, ANNU REV ECON, V7, P409"	122	0.338187	0.005617	0.060023
10909 "GONI E, 2017, EUR ECON REV, V94, P126"	117	0.338135	0.007102	0.032039
10699 "RESTUCCIA D, 2017, J ECON PERSPECT, V31, P151"	116	0.338125	0.003631	0.091069
20728 "HAYAKAWA K, 2012, J ECON SURV, V26, P332"	116	0.338125	0.007033	0.034408
8824 "CARD D, 2018, J LABOR ECON, V36, PS13"	114	0.338104	0.006623	0.029264
4483 "WEI GY, 2019, J ECON SURV, V33, P25"	113	0.338094	0.008122	0.031020
7076 "MOKYR J, 2018, EXPLOR ECON HIST, V69, P13"	113	0.338094	0.009258	0.018481
8270 "GHIRONI F, 2018, OXFORD REV ECON POL, V34, P195"	109	0.338052	0.007673	0.032099
18774 "STORESLETTEN K, 2014, ANNU REV ECON, V6, P333"	109	0.338052	0.006717	0.034945

表 6.18：Net 3（LIN,JYF；林毅夫）的前 20 个节点的中心度
（以 Degree centrality 降序排列）

ID / Vertices	Degree centrality (Non-normalized)	Closeness centrality (Normalized)	Betweenness centrality (Normalized)	Eigenvector centrality (Normalized)
20 "LIN JYF, 1992, AM ECON REV, V82, P34	432	0.858358	0.507121	0.542835
7353 "BRANDT L, 2014, J ECON LIT, V52, P45	382	0.043453	0.342194	0.082930
9398 "XU CG, 2011, J ECON LIT, V49, P1076	251	0.023594	0.340211	0.081738
580 "GUREL B, 2019, J PEASANT STUD, V46, P1021	189	0.021443	0.339281	0.037732
12734 "ROZELLE S, 2004, J ECON LIT, V42, P404	174	0.016303	0.339057	0.080780
14812 "ROBERTS KD, 1997, INT MIGR REV, V31, P249	162	0.018482	0.338877	0.038279
10998 "SWINNEN JFM, 2009, ANNU REV RESOUR ECON, V1, P33	149	0.013853	0.338683	0.048499
11565 "ZHU ZC, 2007, ORGAN STUD, V28, P1503	143	0.015669	0.338594	0.036586
6500 "VENDRYES T, 2014, J ECON SURV, V28, P971	141	0.012161	0.338564	0.067202
3959 "WU J, 2017, TECHNOL FORECAST SOC, V121, P238	139	0.014401	0.338534	0.038730
4850 "MENG GF, 2016, J ECON ISSUES, V50, P667	136	0.011978	0.338490	0.059544
10181 "BARRETT CB, 2010, AM J AGR ECON, V92, P447	134	0.012882	0.338460	0.038503
320 "MCMILLAN J, 1989, J POLIT ECON, V97, P781	126	0.028491	0.298832	0.210864
1776 "HAN HY, 2018, SUSTAINABILITY –BASEL, V10, ARTN 4591	126	0.014843	0.338341	0.028548
4289 "ALBERTS JF, 2017, FOOD CONTROL, V73, P101	125	0.015993	0.338326	0.025595
12337 "ZHU JM, 2005, URBAN STUD, V42, P1369	118	0.013238	0.338222	0.031804
5114 "ELERT N, 2016, SMALL BUS ECON, V47, P95	117	0.013173	0.338207	0.039962

续表

ID / Vertices	Degree centrality (Non-normalized)	Closeness centrality (Normalized)	Betweenness centrality (Normalized)	Eigenvector centrality (Normalized)
14092 "DEININGER K, 1999, WORLD BANK RES OBSER, V14, P247	115	0.010665	0.338751	0.045843
4946 "MIAO LJ, 2016, INT J ENV RES PUB HE, V13, ARTN 847	110	0.012232	0.338103	0.036415
3764 "ZHONG TY, 2017, ENVIRON PLAN C-POLIT, V35, P1075	106	0.012834	0.338043	0.026537

表6.17和表6.18中的非标准化的Degree centrality即为它们在各自网络中被施引文献引用的频率。该频率不包含没有卷号或页码的Early Access articles的引用。通过对表6.17和表6.18以及图6.12的观察，可以发现利用社会网络进行科学计量学分析的另一个优点，即通过定位、排序和分类高中心度节点的作者、发表时间、刊物名称和文章内容，能够快速发现一个主题的历史演化过程并构建这个主题的知识体系，能够快速发现科学研究的热点和趋势。

以Net 1和Net 3为例，对网络节点的四个重要中心度进行的相关系分析显示（表6.19，表6.20），Net 1节点的点度与中介中心度具有极强的关联性，点度与接近中心度、点度与本征矢量中心度、接近中心度与中介中心度、中介中心度与本征矢量中心度、接近中心度与本征矢量中心度之间存在较强的相关性。

表6.19：Net 1（Hsieh, Chang-Tai；谢长泰）网络节点中心度的相关性系数
（N=22089, Sig= 2-tailed）

			Degree centrality	Between centrality	Closeness centrality	Eigenvector centrality
Spearman's rho	Degree centrality	Correlation Coefficient	1.000	.950**	.612**	.688**
	Between centrality	Correlation Coefficient	.950**	1.000	.618**	.652**
	Closeness centrality	Correlation Coefficient	.612**	.618**	1.000	.505**
	Eigenvector centrality	Correlation Coefficient	.688**	.652**	.505**	1.000

**. Correlation is significant at the 0.01 level (2-tailed).

在表6.20中，网络节点的点度与中介中心度存在非常强的关联性，点度与接近中心度、点度与本征矢量中心度、接近中心度与中介中心度、中介中心度与本征矢量中心度、接近中心度与本征矢量中心度之间具有较强的相关性。

表6.19和表6.20的检验结果说明，在这种"小世界"网络中，节点的四个重要中心度

是一种高度正相关的关系(Bolland,1988；Faust,1997；Rothenberg et al.,1995；Valente,Coronges,Lakon,& Costenbader,2008)，两个检验结果都显示节点的点度与中介中心度存在非常强的关联性,而点度与其他中心度存在较强的相关性,这是经济学中有关中国主题论文的施引文献引文网络的一个非常突出的特征,它说明对经济学中参考文献的中介中心度的测量就能基本推出引文网络中文章被引用的程度。其他学科的引文网络特征和网络中心度之间的关系可能与经济学中国主题的引文网络属性存在较大差异,需要另外分析和验证。

表 6.20：Net 3（LIN,JYF；林毅夫）引文节点中心度的相关性系数
(N=15384,Sig= 2-tailed)

			Degree centrality	Betweenness centrality	Closeness centrality	Eigenvector centrality
Spearman's rho	Degree centrality	Correlation Coefficient	1	.997**	.510**	.620**
	Betweenness centrality	Correlation Coefficient	.997**	1	.514**	.618**
	Closeness centrality	Correlation Coefficient	.510**	.514**	1	.655**
	Eigenvector centrality	Correlation Coefficient	.620**	.618**	.655**	1

**. Correlation is significant at the 0.01 level (2-tailed).

2.机构

截止 2019 年 10 月,9657 篇施引文献的作者署名国以美国最多,共有 3900 篇署名美国作者的文章引用了十种经济学国际权威期刊中有关中国主题的 238 篇文献,占比高达全部施引文献的 40.39%。美国是对中国经济主题最感兴趣的国家。表 6.21 列出了前 20 个对中国经济主题最感兴趣的国家和地区（Wos 统计包含多国合作论文）。中国占 29.76%,列第二位。从表中可以看出,其他发达工业国如英国、德国、澳大利亚、加拿大、法国、意大利、荷兰等国对中国主题文章引用也较多,印度排在第 19 位。

表 6.21：9657 篇施引文献对 238 篇中国经济主题文章最感兴趣的前 20 个国家和地区

No	Countries/Regions	records	% of 9657
1	USA	3900	40.385
2	PEOPLES R CHINA	2874	29.761
3	ENGLAND	1171	12.126
4	GERMANY	712	7.373
5	AUSTRALIA	486	5.033
6	CANADA	486	5.033
7	FRANCE	378	3.914
8	ITALY	340	3.521

续表

No	Countries/Regions	records	% of 9657
9	NETHERLANDS	323	3.345
10	SPAIN	287	2.972
11	JAPAN	231	2.392
12	SINGAPORE	216	2.237
13	SWEDEN	177	1.833
14	SWITZERLAND	171	1.771
15	SOUTH KOREA	151	1.564
16	BELGIUM	134	1.388
17	TAIWAN	127	1.315
18	AUSTRIA	102	1.056
19	INDIA	101	1.046
20	DENMARK	96	0.994

通过对9657篇施引文献的来源出版物分析，发现对238篇中国主题文章引用最多的刊物是CHINA ECONOMIC REVIEW(CER,中国经济评论)，约占3.6%。1980年代留学美国和加拿大的一些中国学者和学生在美国创建 The Chinese Economists Society，该学会于1990年创刊了CER，现在该刊物由Elsevier出版，发表关于中国以及世界经济的原创研究文章，重点关注中国经济体制改革、政策等方面的定量和分析性的研究以及中国和其他国家经济发展的对比研究。CER在2018年的影响因子为2.1，在SSCI的363个经济学刊物影响因子排名中位列第90。CER的现任主编是北京大学国家发展研究院经济学教授张晓波。9657篇文献的其他主要的来源出版物包括JOURNAL OF COMPARATIVE ECONOMICS、JOURNAL OF DEVELOPMENT ECONOMICS、AMERICAN ECONOMIC REVIEW、WORLD DEVELOPMENT、JOURNAL OF INTERNATIONAL ECONOMICS。

表6.22是9657篇施引文献前20个来源出版物，可以看出，来源出版物主要是比较经济学、发展经济学、区域经济学、中国以及世界经济对比、新兴经济体、经济转型以及可持续发展等方面的刊物。在前20个刊物中，在国际上最有影响的刊物只有美国经济学会的AMERICAN ECONOMIC REVIEW(美国经济评论)，经济学权威期刊的另外"四大金刚"没有出现。

表6.22：9657篇施引文献的前20个来源出版物

No	Source Titles	records	% of 9657
1	CHINA ECONOMIC REVIEW	346	3.583
2	JOURNAL OF COMPARATIVE ECONOMICS	199	2.061
3	JOURNAL OF DEVELOPMENT ECONOMICS	169	1.75
4	AMERICAN ECONOMIC REVIEW	141	1.46
5	WORLD DEVELOPMENT	137	1.419

续表

No	Source Titles	records	% of 9657
6	JOURNAL OF INTERNATIONAL ECONOMICS	127	1.315
7	SUSTAINABILITY	94	0.973
8	WORLD ECONOMY	92	0.953
9	ECONOMICS OF TRANSITION	72	0.746
10	EUROPEAN ECONOMIC REVIEW	72	0.746
11	JOURNAL OF DEVELOPMENT STUDIES	70	0.725
12	APPLIED ECONOMICS	68	0.704
13	EMERGING MARKETS FINANCE AND TRADE	68	0.704
14	REGIONAL STUDIES	68	0.704
15	CHINA WORLD ECONOMY	66	0.683
16	JOURNAL OF ECONOMIC BEHAVIOR ORGANIZATION	66	0.683
17	JOURNAL OF PUBLIC ECONOMICS	63	0.652
18	CHINA AGRICULTURAL ECONOMIC REVIEW	62	0.642
19	ECONOMIC MODELLING	60	0.621
20	REVIEW OF ECONOMICS AND STATISTICS	60	0.621

前面提到，9657篇文章作者署名国家最多的是美国，与被引文献的情况类似，施引文献作者的署名机构的写法也并不统一，同一个机构有多个写法，有的作者使用不同的简写形式代表同一个研究机构。通过对作者所属机构的合并和机构全称转换后发现，与238篇被引文献的署名国家的情况相似，在施引文献中对中国主题最感兴趣的研究机构绝大部分仍然是美、英和中国知名大学或科研机构。

表6.23是9657篇施引文献中作者署名单位占比最大的前30个大学或科研机构，列第一的仍然是University of California System（加州大学系统），有427篇论文引用了中国主题文献，占4.422%。NATIONAL BUREAU OF ECONOMIC RESEARCH（NBER，美国国家经济研究局）列第二，占4.173%。

此外，北京大学、伦敦大学、世界银行、中国人民大学、伦敦政治经济学院、哈佛大学、清华大学、香港中文大学、斯坦福大学、中国科学院等也是引用中国主题文献较多的机构。PENNSYLVANIA COMMONWEALTH SYSTEM OF HIGHER EDUCATION PCSHE（宾夕法尼亚联邦高等教育系统），前文出现过的CENTRE FOR ECONOMIC POLICY RESEARCH（英国经济政策研究中心）、FEDERAL RESERVE SYSTEM（美联储）等分别是英美重要经济研究和金融监管机构。总部位于德国、由1300名经济学家组成的德国智库IZA INSTITUTE LABOR ECONOMICS（IZA劳动经济学会）、位于德国慕尼黑的另一个德国智库IFO INSTITUT（德国经济信息研究学会）等也是施引文献较多的署名机构。

表 6.23：9657 篇施引文献的前 30 个科研机构

No	Organizations	records	% of 9657
1	UNIVERSITY OF CALIFORNIA SYSTEM	427	4.422
2	NATIONAL BUREAU OF ECONOMIC RESEARCH	403	4.173
3	PEKING UNIVERSITY	352	3.645
4	UNIVERSITY OF LONDON	327	3.386
5	THE WORLD BANK	273	2.827
6	RENMIN UNIVERSITY OF CHINA	209	2.164
7	LONDON SCHOOL ECONOMICS POLITICAL SCIENCE	201	2.081
8	HARVARD UNIVERSITY	191	1.978
9	TSINGHUA UNIVERSITY	185	1.916
10	CHINESE UNIVERSITY OF HONG KONG	170	1.76
11	STANFORD UNIVERSITY	162	1.678
12	CHINESE ACADEMY OF SCIENCES	157	1.626
13	NATIONAL UNIVERSITY OF SINGAPORE	149	1.543
14	ZHEJIANG UNIVERSITY	148	1.533
15	FUDAN UNIVERSITY	139	1.439
16	UNIVERSITY OF CALIFORNIA BERKELEY	133	1.377
17	UNIVERSITY OF OXFORD	132	1.367
18	CENTRAL UNIVERSITY OF FINANCE ECONOMICS	131	1.357
19	CENTRE FOR ECONOMIC POLICY RESEARCH UK	129	1.336
20	UNIVERSITY OF HONG KONG	129	1.336
21	FEDERAL RESERVE SYSTEM USA	126	1.305
22	IZA INSTITUTE LABOR ECONOMICS	120	1.243
23	MASSACHUSETTS INSTITUTE OF TECHNOLOGY MIT	108	1.118
24	COLUMBIA UNIVERSITY	105	1.087
25	HONG KONG UNIVERSITY OF SCIENCE TECHNOLOGY	105	1.087
26	IFO INSTITUT	102	1.056
27	PENNSYLVANIA COMMONWEALTH SYSTEM OF HIGHER EDUCATION PCSHE	100	1.036
28	UNIVERSITY OF CHICAGO	100	1.036
29	UNIVERSITY SYSTEM OF MARYLAND	96	0.994
30	UNIVERSITY OF CALIFORNIA LOS ANGELES	93	0.963

3. 国家、政府或机构的资金支持

在 9657 篇施引文献中,有 3316 篇(34.33%)的文献提供了资助单位信息,约 65.67% 的文献没有资助信息。在全部标注资助信息的 3316 篇文献中,共出现了 3312 个资助单位。NATIONAL NATURAL SCIENCE FOUNDATION OF CHINA(中国国家自然科学基金)资助了大约 9.1%的论文产出,占比最高,远远大于其他资助单位的比例。NATIONAL SCIENCE FOUNDATION NSF(美国国家科学基金会)资助了约 1.5%的施引文献。

表 6.24 列出了前 30 个资助单位。在中国的资助单位中,FUNDAMENTAL RESEARCH FUNDS FOR THE CENTRAL UNIVERSITIES(中央高校基本科研业务费专项资金)占 1.5%,高于 CHINA POSTDOCTORAL SCIENCE FOUNDATION(中国博士后科学基金)的 0.52%,也高于 CHINA SCHOLARSHIP COUNCIL(中国国家留学基金)的 0.46%,高于 CHINESE ACADEMY OF SCIENCES(中国科学院)的 0.28%和 PROGRAM FOR NEW CENTURY EXCELLENT TALENTS IN UNIVERSITY(教育部新世纪优秀人才支持计划)的 0.25%。SHANGHAI PUJIANG PROGRAM(上海市浦江人才计划资助)占 0.25%。

表 6.24: 9657 篇施引文献的前 30 个资助单位

No	Funding Agencies	records	% of 9657
1	NATIONAL NATURAL SCIENCE FOUNDATION OF CHINA	876	9.071
2	NATIONAL SCIENCE FOUNDATION NSF	147	1.522
3	FUNDAMENTAL RESEARCH FUNDS FOR THE CENTRAL UNIVERSITIES	144	1.491
4	ECONOMIC SOCIAL RESEARCH COUNCIL ESRC	139	1.439
5	NATIONAL INSTITUTES OF HEALTH NIH USA	115	1.191
6	UNITED STATES DEPARTMENT OF HEALTH HUMAN SERVICES	115	1.191
7	NATIONAL SOCIAL SCIENCE FOUNDATION OF CHINA	107	1.108
8	MINISTRY OF EDUCATION CULTURE SPORTS SCIENCE AND TECHNOLOGY JAPAN MEXT	76	0.787
9	MINISTRY OF EDUCATION CHINA	67	0.694
10	GERMAN RESEARCH FOUNDATION DFG	61	0.632
11	JAPAN SOCIETY FOR THE PROMOTION OF SCIENCE	60	0.621
12	HONG KONG RESEARCH GRANTS COUNCIL	57	0.59
13	EUROPEAN RESEARCH COUNCIL ERC	55	0.57
14	CHINA POSTDOCTORAL SCIENCE FOUNDATION	50	0.518
15	EUROPEAN UNION EU	48	0.497
16	NIH EUNICE KENNEDY SHRIVER NATIONAL INSTITUTE OF CHILD HEALTH HUMAN DEVELOPMENT NICHD	48	0.497
17	CHINA SCHOLARSHIP COUNCIL	44	0.456
18	AUSTRALIAN RESEARCH COUNCIL	43	0.445

续表

No	Funding Agencies	records	% of 9657
19	SOCIAL SCIENCES AND HUMANITIES RESEARCH COUNCIL OF CANADA SSHRC	39	0.404
20	NATIONAL SOCIAL SCIENCE FUND OF CHINA	35	0.362
21	SWEDISH RESEARCH COUNCIL	30	0.311
22	NIH NATIONAL INSTITUTE ON AGING NIA	29	0.3
23	WORLD BANK	28	0.29
24	CHINESE ACADEMY OF SCIENCES	27	0.28
25	GRANTS IN AID FOR SCIENTIFIC RESEARCH KAKENHI	27	0.28
26	SPANISH MINISTRY OF ECONOMY AND COMPETITIVENESS	27	0.28
27	SWISS NATIONAL SCIENCE FOUNDATION SNSF	26	0.269
28	PROGRAM FOR NEW CENTURY EXCELLENT TALENTS IN UNIVERSITY NCET	24	0.249
29	SHANGHAI PUJIANG PROGRAM	24	0.249
30	ALFRED P SLOAN FOUNDATION	23	0.238

与238篇文献资助单位类似，表6.24的第4项ECONOMIC SOCIAL RESEARCH COUNCIL（ESRC，英国经济与社会研究理事会）和第5项NATIONAL INSTITUTES OF HEALTH(NIH,美国国立卫生研究院)分别是英美两个重要研究资助机构。表6.24中的第16项和第22项也是NIH资助项目。第6项是美国政府最大研究资助机构UNITED STATES DEPARTMENT OF HEALTH HUMAN SERVICES(美国健康及人类服务部)。第8项（MINISTRY OF EDUCATION CULTURE SPORTS SCIENCE AND TECHNOLOGY JAPAN MEXT）、第11项(JAPAN SOCIETY FOR THE PROMOTION OF SCIENCE)和第25项(GRANTS IN AID FOR SCIENTIFIC RESEARCH KAKENHI)是日本政府资助机构。第13和第15项是欧洲机构。第23项是世界银行。

前30项中也出现了德国、欧洲、澳大利亚、瑞典、西班牙、瑞士等国家或地区政府资助机构。第30项ALFRED P SLOAN FOUNDATION是著名的美国私人基金会艾尔弗雷德·P·斯隆基金会(斯隆基金)，由前通用汽车公司董事长、总裁艾尔弗雷德·P·斯隆创建，它不但资助自然科学和社会科学的研究,而且资助戏剧、音乐、电影和书籍等人文和艺术领域的创作或出版。

研究发现，在提供资助单位信息的论文中，标注NATIONAL NATURAL SCIENCE FOUNDATION OF CHINA(中国国家自然科学基金)的名称基本统一,有极少数中国作者在国家自然科学基金的名称中使用FUND代替FOUNDATION。

但是中国作者使用中国国家社会科学基金的英文名称非常混乱，没有完全统一、规范的表述。这种混乱为精确统计资金支持单位造成了很大困难,对基金和科研产出的总结和项目的评估和规划极为不便。我们经过仔细核对有单位资助的3312篇文献的资助单位信息,发现与中国国家社会科学基金有关的名称有下面52种(表6.25)。如果将表6.25中的全部文献进行合并计算,中国国家社会科学基金资助的文献约占全部施引文献的2.45%,应该排在国家自然科学基金资助文献数量之后,位列第二位。虽然位列第二位,中国国家社科基金资助的文献数量仍然与中国国家自然科学基金资助文献数量相差6.65个百分点。

表6.25: 与中国国家社会科学基金有关的不同名称和被资助文献的数量和占比

No	Funding Agencies	records	% of 9657
1	NATIONAL SOCIAL SCIENCE FOUNDATION OF CHINA	107	1.108
2	NATIONAL SOCIAL SCIENCE FUND OF CHINA	35	0.362
3	NATIONAL SOCIAL SCIENCE FOUNDATION	18	0.186
4	SOCIAL SCIENCE FOUNDATION OF CHINA	8	0.083
5	CHINA NATIONAL SOCIAL SCIENCE FUND	7	0.072
6	NATIONAL PLANNING OFFICE OF PHILOSOPHY AND SOCIAL SCIENCE OF CHINA	4	0.041
7	NATIONAL SOCIAL SCIENCE FUND	4	0.041
8	MAJOR PROGRAM OF THE NATIONAL SOCIAL SCIENCE FOUNDATION OF CHINA	3	0.031
9	CHINA′S SOCIAL SCIENCE FOUNDATION	2	0.021
10	CHINA SOCIAL SCIENCE FUND	2	0.021
11	CHINESE FOUNDATION OF SOCIAL SCIENCES	2	0.021
12	KEY PROJECT OF NATIONAL SOCIAL SCIENCE FUND	2	0.021
13	MAJOR PROJECT OF NATIONAL SOCIAL SCIENCE FOUNDATION OF CHINA	2	0.021
14	NATIONAL SOCIAL SCIENCE FOUNDATION OF CHINA NSSFC	2	0.021
15	NATIONAL SOCIAL SCIENCE FUNDS	2	0.021
16	NATIONAL SOCIAL SCIENCES FOUNDATION OF CHINA	2	0.021
17	CHINA NATIONAL PHILOSOPHY AND SOCIAL SCIENCE FUND PROJECT	1	0.01
18	CHINA NATIONAL SOCIAL SCIENCE FOUNDATION	1	0.01
19	CHINA′S NATIONAL SOCIAL SCIENCE FOUNDATION	1	0.01
20	CHINA′S NATIONAL SOCIAL SCIENCE FUNDING	1	0.01

续表

No	Funding Agencies	records	% of 9657
21	CHINA'S NATIONAL SOCIAL SCIENCE FUNDS	1	0.01
22	CHINA'S NATIONAL SOCIAL SCIENCE GRANT	1	0.01
23	CHINA'S NATIONAL SOCIAL SCIENCES FOUNDATION	1	0.01
24	CHINESE NATIONAL SOCIAL SCIENCE FUNDING	1	0.01
25	CHINESE NATIONAL SOCIAL SCIENCES FUND	1	0.01
26	CHINESE SOCIAL FUNDS	1	0.01
27	CHINESE SOCIAL SCIENCE FUND	1	0.01
28	CHINESE SOCIAL SCIENCES FOUNDATION	1	0.01
29	KEY PROJECT OF NATIONAL PHILOSOPHY AND SOCIAL SCIENCE FOUNDATION OF CHINA	1	0.01
30	KEY PROJECTS OF THE NATIONAL SOCIAL SCIENCE FUND OF CHINA	1	0.01
31	KEY RESEARCH PROJECT OF THE NATIONAL SOCIAL SCIENCE FOUNDATION	1	0.01
32	MAJOR PROGRAM OF THE NATIONAL SOCIAL SCIENCE FUND OF CHINA	1	0.01
33	MAJOR PROJECT OF THE NATIONAL SOCIAL SCIENCE FOUNDATION	1	0.01
34	MAJOR PROJECTS OF NATIONAL SOCIAL SCIENCE FUND OF CHINA	1	0.01
35	MAJOR PROJECTS OF THE NATIONAL SOCIAL SCIENCE FOUNDATION OF CHINA	1	0.01
36	NATIONAL FOUNDATION FOR PHILOSOPHY AND SOCIAL SCIENCE RESEARCH CHINA	1	0.01
37	NATIONAL FOUNDATION OF SOCIAL SCIENCES OF CHINA	1	0.01
38	NATIONAL FUND OF SOCIAL SCIENCES OF CHINA	1	0.01
39	NATIONAL MAJOR SOCIAL SCIENCE FOUNDATION OF CHINA	1	0.01

续表

No	Funding Agencies	records	% of 9657
40	NATIONAL PHILOSOPHY AND SOCIAL SCIENCE FUND OF CHINA	1	0.01
41	NATIONAL PLANNING OFFICE OF PHILOSOPHY AND SOCIAL SCIENCE	1	0.01
42	NATIONAL SOCIAL SCIENCE FOUNDATION OF CHINA SSFC	1	0.01
43	NATIONAL SOCIAL SCIENCE FUND CHINA	1	0.01
44	NATIONAL SOCIAL SCIENCE FUND FUNDAMENTAL PROJECT	1	0.01
45	NATIONAL SOCIAL SCIENCE FUND MAJOR PROJECTS	1	0.01
46	NATIONAL SOCIAL SCIENCE FUND PROJECT	1	0.01
47	NATIONAL SOCIAL SCIENCE FUND PROJECTS IN CHINA	1	0.01
48	NATIONAL SOCIAL SCIENCE KEY PROJECT FUND	1	0.01
49	NATIONAL SOCIAL SCIENCE OF CHINA	1	0.01
50	NATIONAL SOCIAL SCIENCE PROJECT	1	0.01
51	NATIONAL SOCIAL SCIENCES FUND	1	0.01
52	NATIONAL SOCIAL SCIENCES FUND PROJECT	1	0.01

在早期的网上论文提交系统上，没有独立的资助单位名称和基金编号数据字段，为解析基金名称和编号带来一定的困难。目前国际上的论文提交系统基本都设置有专门的基金名称和编号的数据框或窗口，非常便于系统的统计和分析。但是如果作者对基金名称没有全国统一和规范的写法，将为科学计量学的统计和分析造成极大不便甚至错误。

与上述中国国家社会科学基金名称混乱的问题类似，在3312个资助单位中有关教育部人文社科基金项目的英文名称、各省市基金项目的英文名称等也非常混乱，需要统一和规范的译名。

4.科学合作

对9657篇施引文献的所有记录进行合并、解析、抽取等数据处理后，构造了一个国家间合作网络图（图6.13），表6.26是这个合作网络的基本属性和特征。与238篇原文献的网络属性和特征相比，施引文献合作网络的节点数增加了约4倍，国家之间的合作关系数量是原文献合作网络的17倍，但密度却小于原文献合作网路，施引文献合作网络的平均点度远远大于原文献合作网，大约是原来的4倍，说明施引文献的国家间的整体合作强度非常大，该网络的点度中心势与原文献合作网络的值非常接近，说明施引文献合作网络中心性强,网络的中心型特征明显,而且施引文献国家合作图也是一个"小世界"网络。

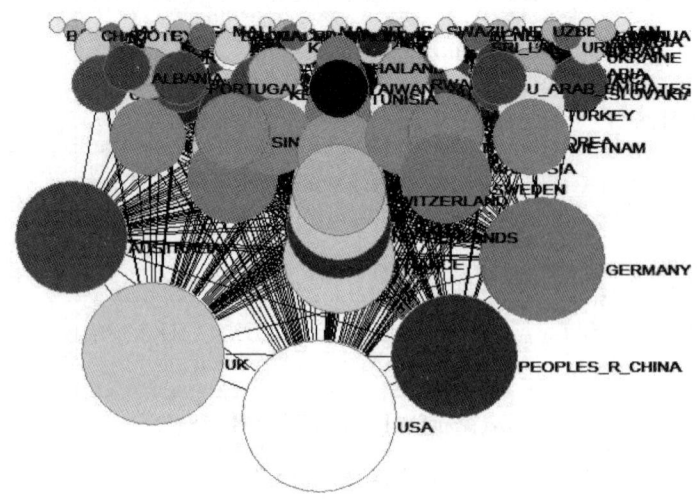

图 6.13:9657 篇施引文献的国际合作网络

表 6.26:9657 篇施引文献的国际合作网络属性和特征

Network Property	Parameter
Vertices	120
Edges	772
Density	0.10812325
Average Degree	12.86666667
Diameter	4
Network All Degree Centralization	0.62498220

表 6.27 是以点度降序排列的前 30 个节点基本中心度,美国的点度值最高,与其合作国家数量非常大,将近是法国合作国家数量两倍,法国的差距非常明显。英国的合作国家数量也非常高,中国、德国、澳大利亚、意大利等国的合作效率也较高。中心度的检验发现,点度与接近中心度、点度与本征矢量中心度、接近中心度与本征矢量中心度之间有非常强的相关性,点度与中介中心度、中介中心度与接近中心度、中介中心度与本征矢量中心度之间存在较强的关联性。尤其是点度与本征矢量中心度之间的关系,说明本征矢量中心度可作为这个合作网络国家之间合作强度的重要观测指标。总的来说,9657 篇施引文献国家之间的合作网络节点的基本中心度之间存在高强度正相关性,符合科研人员以前的研究结论(Bolland, 1988;Faust, 1997;Rothenberg et al., 1995;Valente, Coronges, Lakon, & Costenbader, 2008),表 6.28 是国家合作网络节点中心度相关性矩阵。

表 6.27：9657 篇施引文献合作国家网络前 30 个节点的中心度
（按点度中心度降序排列）

No	ID/Country	Degree-centrality	Betweenness-centrality	Closeness-centrality	Eigenvector-centrality
1	116 "USA"	86	0.2889162	0.7693662	0.2643194
2	113 "UK"	76	0.1860664	0.7140523	0.2589023
3	81 "PEOPLES_R_CHINA"	58	0.0511711	0.6388889	0.2357847
4	38 "GERMANY"	57	0.0792960	0.6278736	0.2259811
5	4 "AUSTRALIA"	48	0.0331576	0.6002747	0.2107433
6	50 "ITALY"	45	0.0404855	0.5873656	0.1921056
7	37 "FRANCE"	44	0.0190351	0.5873656	0.2065028
8	74 "NETHERLANDS"	39	0.0143524	0.5719895	0.1856442
9	21 "CANADA"	38	0.0389692	0.5690104	0.1675076
10	98 "SPAIN"	36	0.0313189	0.5602564	0.1626145
11	10 "BELGIUM"	34	0.0148419	0.5602564	0.1723614
12	103 "SWITZERLAND"	32	0.0057210	0.5489950	0.1674570
13	45 "INDIA"	31	0.0056550	0.5408416	0.1574052
14	52 "JAPAN"	30	0.0207502	0.5408416	0.1537258
15	102 "SWEDEN"	30	0.0083117	0.5408416	0.1530842
16	30 "DENMARK"	29	0.0095023	0.5381773	0.1556773
17	5 "AUSTRIA"	26	0.0029243	0.5277778	0.1475856
18	64 "MALAYSIA"	26	0.0077178	0.5329268	0.1295807
19	95 "SLOVENIA"	25	0.0106694	0.5227273	0.1164741
20	36 "FINLAND"	24	0.0036622	0.5227273	0.1373571
21	78 "NORWAY"	24	0.0027547	0.5227273	0.1327602
22	29 "CZECH_REPUBLIC"	22	0.0069882	0.5153302	0.1153419
23	84 "POLAND"	22	0.0090413	0.5177725	0.1197946
24	96 "SOUTH_AFRICA"	22	0.0080863	0.5177725	0.1211575
25	119 "VIETNAM"	22	0.0029039	0.5177725	0.1190627
26	93 "SINGAPORE"	21	0.0038408	0.5153302	0.1233191
27	97 "SOUTH_KOREA"	21	0.0069274	0.5129108	0.1095823
28	48 "IRELAND"	18	0.0069887	0.5081395	0.1018999
29	80 "PAKISTAN"	18	0.0028056	0.4965909	0.0926948
30	75 "NEW_ZEALAND"	17	0.0005608	0.5011468	0.1020644

表 6.28：9657 篇施引文献合作国家节点中心度相关性矩阵
(N=120,Sig= 2-tailed)

			Degree centrality	Between centrality	Closeness centrality	Eigenvector centrality
Spearman´s rho	Degree centrality	Correlation Coefficient	1	.897**	.960**	.991**
	Between centrality	Correlation Coefficient	.897**	1	.866**	.869**
	Closeness centrality	Correlation Coefficient	.960**	.866**	1	.979**
	Eigenvector centrality	Correlation Coefficient	.991**	.869**	.979**	1

**. Correlation is significant at the 0.01 level (2-tailed).

  图 6.13 中合作网络中美国、英国、中国、德国、澳大利亚、意大利、法国等国家在合作网络图中扮演着关键合作国的角色。对这个合作网络的稳定性检验发现,如果去除这些关键的节点,构造新的合作国家网络图,网络基本属性和特征将发生彻底的变化。图 6.14 中的 A 图为原合作国家网络图(节点点度无向量化),其合作网络的原来属性和特征未变(表 6.26)。图 6.14 中的 B 图是去除美国等节点后生成的新的合作网络图。虽然新的网络图中的节点仅仅减少了 7 个,但是网络基本属相和特征发生了根本变化。新图的合作关系数量还不及原来合作数量的一半,网络密度下降了约四成,平均合作关系数量大幅下降,网络直径增大,新的网络中心性骤降,比原来合作网络下降了一半以上。新旧网络的对比可以证明,美国、英国、中国等国家在 9756 篇施引文献的国家合作中起着决定性的作用。

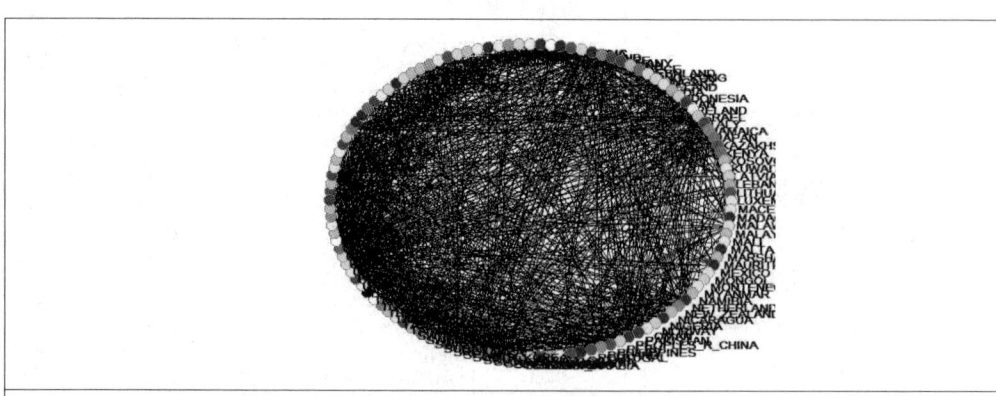

A：9657 篇施引文献全部合作国家网络关系图(节点点度无向量化)

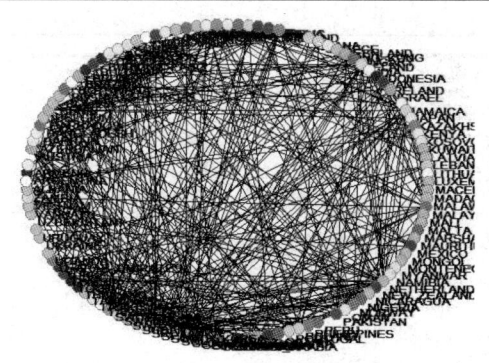

B:9657篇施引文献中去除了美国、英国、中国、德国、澳大利亚、意大利、法国等节点的合作国家网络关系图(节点点度无向量化)。Vertices=113，Edges=379,Density=0.05989254，Average Degree = 6.70796460,Network All Degree Centralization = 0.22989060,Diameter=5

图 6.14: 9657 篇施引文献全部合作国家网络关系图与部分合作国家网络关系图

在 9657 篇文章中，由两个或两个以上国家合作完成的文章占全部论文的 34.42%。在合作论文中，仍然是以两国之间合作占全部合作形式的最大比例，达到 78.43%。图 6.15 是 9657 篇施引文献中合作文献的合作国家数量所占比例。由 6 个国家合作完成的论文占全部合作论文比例非常小，仅为 0.24%，由七个或七个以上国家合作完成的论文占全部合作论文的 0.12%。与 238 篇中国主题文章国家和合作情况相同，合作国家越多，合作产出效率越低,国家之间的最高效的合作形式是两个国家之间的合作。

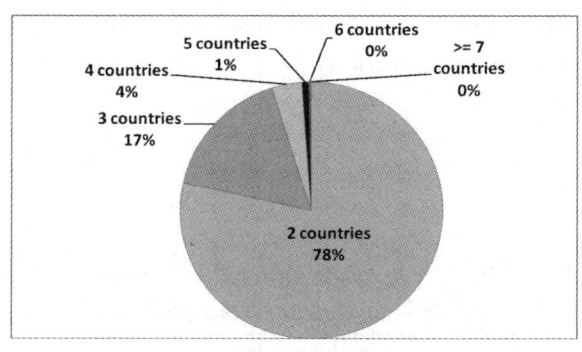

图 6.15：9657 篇施引文献中合作文献的合作国家数量所占比例

两个国家之间的合作是主要的合作形式,表 6.29 是论文产出最多的两个国家和三个国家之间的合作。在两个国家的合作当中,中美是最活跃、产出最高的两个合作国家,论文产出占全部两国合作产出的 22.78%。英国和美国、中国和英国、澳大利亚和中国、加拿大和美国、加拿大和中国、德国与美国分别是合作产出大于全部两国合作产出 2% 的合作国家,从表中可以看到,美国是两国合作中最重要的合作国家。在三个国家的合作中,澳大利亚与中国和美国的合作效率最高,它们的合作论文产出占全部三国合作论文产出的 3.77%。加拿大–中国–美国、德国–英国–美国、德国–中国–美国、中国–英国–美国也是三国合作论文产出较高的合作国家。

表 6.29：9657 篇施引文献中产出最多的两个国家和三个国家之间的合作

Rank	Country 1	Country 2	% of bilateral collaborations
1	PEOPLES_R_CHINA	USA	22.778
2	UK	USA	4.655
3	PEOPLES_R_CHINA	UK	4.502
4	AUSTRALIA	PEOPLES_R_CHINA	3.319
5	CANADA	USA	3.129
6	CANADA	PEOPLES_R_CHINA	2.518
7	GERMANY	USA	2.404
8	PEOPLES_R_CHINA	SINGAPORE	1.870
9	NETHERLANDS	PEOPLES_R_CHINA	1.526
10	FRANCE	USA	1.374
11	AUSTRALIA	USA	1.259
12	SPAIN	UK	1.221
13	JAPAN	PEOPLES_R_CHINA	1.183
14	GERMANY	PEOPLES_R_CHINA	1.106
15	GERMANY	UK	1.106
16	SOUTH_KOREA	USA	1.106
17	FRANCE	UK	0.992
18	ITALY	USA	0.954
19	SPAIN	USA	0.954
20	NETHERLANDS	USA	0.801

Rank	Country 1	Country 2	Country 3	% of trilateral collaborations
1	AUSTRALIA	PEOPLES_R_CHINA	USA	3.770
2	CANADA	PEOPLES_R_CHINA	USA	3.770
3	GERMANY	UK	USA	2.873
4	GERMANY	PEOPLES_R_CHINA	USA	2.693
5	PEOPLES_R_CHINA	UK	USA	2.334
6	NETHERLANDS	PEOPLES_R_CHINA	USA	1.616
7	FRANCE	UK	USA	1.616
8	PEOPLES_R_CHINA	SINGAPORE	USA	1.436
9	GERMANY	ITALY	UK	1.257
10	CANADA	PEOPLES_R_CHINA	UK	1.077

基于上述统计和分析,可以得出以下关于中国主题文献的施引文献的合作国家的结论:

1) 与中国合作的最活跃的、科研产出效率最高的国家均为工业化水平较高的发达资本主义国家;
2) 七国集团成员国、澳大利亚、荷兰等均出现在两国合作或三国合作产出最高的国家行列;
3) 世界主要工业发达国家科研人员与中国共同深入发展或完善了原文献中关于中国经济现象或经济理论的分析或探讨;
4) 对于中国经济问题的研究和讨论,中国科研人员与世界,尤其是与工业发达国家研究人员的合作与交流非常密切;
5) 合作最活跃、合作产出最高的国家也是独立产出文献最多的国家,表现出了非常明显的马太效应((Merton,1968)。

图 6.16 是 9657 篇施引文献的作者合作网路,由于节点与合作关系较多,图中对节点仅仅进行了聚类,没有使用节点的向量化表示,这样便于观察整个网络。表 6.30 是该合作网络的基本属性和特征。与表 6.10 的 238 篇中国主题文献的原合作网络相比,节点与合作关系数量剧增,分别是原网络的 43 倍和 81 倍,但密度大幅下降,仅为原网络的 1/23。平均点度增加了约 1.8 倍,网络的中心性仅为原来的 1/7,网络直径是原来的 5 倍,增加到 22,已经完全失去了小世界网络的特征。图 6.16 中最远的两个作者之间的距离是 Basco,Sergi(编号 675)和 Sette,Enrico(编号 10512)。

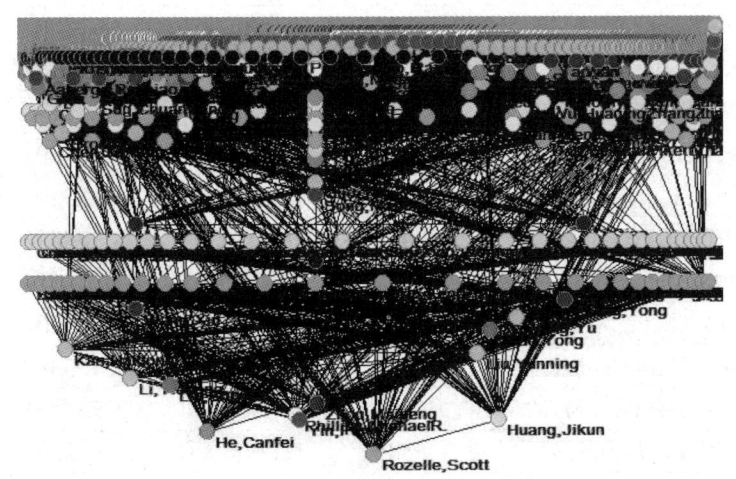

图 6.16:9657 篇施引文献的作者合作网络鱼眼视图(Fisheye View)

表 6.30：9657 篇施引文献作者之间合作网络属性和特征

Network Property	Parameter
Vertices	14535
Edges	22550
Density	0.00021349
Average Degree	3.10285518
Diameter	22
Network All Degree Centralization	0.00425937

通过图 6.16 的鱼眼视图，能够清楚观察到同类节点的密集度和高中心度节点，与 9657 篇施引文献的国家合作所分析的结果非常类似，作者合作网络表现出了同样明显的马太效应。图 6.16 与表 6.15 相比，很明显，施引文献中合作最活跃、合作关系最多的研究人员斯坦福大学经济学家 Rozelle,Scott（中文名，罗思高）、北京大学中国农业政策研究中心主任 Huang,Jikun（黄季焜）、北京大学城市与环境学院教授、院长 He,Canfei（贺灿飞）等也是论文产出量最高的研究人员。表 6.31 是施引文献作者合作网络节点中心度。

表 6.31：9657 篇施引文献作者合作网络节点的中心度（前 20 个）

No	ID/Vertices	Degree-centrality	Betweenness-centrality	Closeness-centrality	Eigenvector-centrality
1	10050 "Rozelle,Scott"	65	0.0149601	0.0506024	0.0000167
2	4956 "Huang,Jikun"	63	0.0069401	0.0486090	0.0000000
3	4498 "He,Canfei"	61	0.0125054	0.0492966	0.0000000
4	13580 "Yin,Peng"	48	0.0014364	0.0379113	0.1628608
5	9263 "Phillips,MichaelR."	46	0.0003091	0.0352438	0.1605282
6	14330 "Zhou,Maigeng"	44	0.0006661	0.0378863	0.1623842
7	7131 "Liu,Shiwei"	43	0.0003028	0.0354447	0.1600527
8	14198 "Zhao,Yong"	43	0.0008163	0.0358246	0.1600530
9	5601 "Kan,Haidong"	42	0.0000209	0.0353293	0.1618680
10	6785 "Li,Yichong"	42	0.0000209	0.0353293	0.1618680
11	7222 "Liu,Yunning"	42	0.0000209	0.0353293	0.1618680
12	12598 "Wang,Yu"	42	0.0011263	0.0374581	0.1599198
13	12544 "Wang,Xin"	39	0.0029450	0.0419202	0.0000078
14	14090 "Zhang,Yong"	39	0.0002319	0.0365394	0.0000078
15	627 "Barber,RyanM."	38	0.0000000	0.0352351	0.1594722
16	1787 "Chen,Wanqing"	38	0.0000000	0.0352351	0.1594722
17	2098 "Coates,MatthewM."	38	0.0000000	0.0352351	0.1594722
18	2655 "Dicker,Daniel"	38	0.0000000	0.0352351	0.1594722
19	3504 "Fraser,Maya"	38	0.0000000	0.0352351	0.1594722
20	3979 "Gonzalez-Medina,Diego"	38	0.0000000	0.0352351	0.1594722

表 6.32 是对施引文献作者合作网络节点中心度相关性检验矩阵。这个网络的节点中心度的相关性非常特别,尤其是节点的本征矢量中心度与前面多个网络的这种矢量中心度存在很大区别。在这个作者合作网络中,只有点度与接近中心度之间存在较强的关联性,点度与中介中心度、中介中心度与接近中心度之间只存在中等程度的相关性,而本征矢量中心度与点度之间、本征矢量中心度与中介中心度之间、本征矢量中心度与接近中心度之间不存在关联性,说明这个网络内具有高本征矢量中心度的节点数量较少或绝大多数节点的本征矢量中心度的值为 0,节点的本征矢量中心度无参考意义。因此,这个作者合作网络的节点的四个基本中心度之间并不存在高度的正相关性,这是该网络的特别性。

表 6.32:9657 篇施引文献作者合作网路节点中心度的相关性检验
(N=14535, Sig= 2-tailed)

			Degree centrality	Betweenness centrality	Closeness centrality	Eigenvector centrality
Spearman´s rho	Degree centrality	Correlation Coefficient	1	.478**	.804**	.164**
	Between centrality	Correlation Coefficient	.478**	1	.404**	.091**
	Closeness centrality	Correlation Coefficient	.804**	.404**	1	.197**
	Eigenvector centrality	Correlation Coefficient	.164**	.091**	.197**	1

**. Correlation is significant at the 0.01 level (2-tailed).

在 9657 篇施引文献中,由两个或两个以上作者合作完成的文章数为 6448 篇,占 66.77%,与原 238 篇文献相似,合作产出的数量占到全部产出的一半以上。在全部合作产出的文献中,两个作者之间的合作产出占全部合作产出的 47.64%。图 6.17 显示了全部合作文献的合作人数所占的比例,三个作者的合作产出占全部合作产出的 33.39%,由 8 个或 8 个以上作者合作完成的文章数为 84 篇,占 1.3%。与原文献的作者合作数量的占比以及前面施引文献合作国家数量的占比的结论相同,合作人数越多,产出越低,两个作者的合作产出的效率最高。

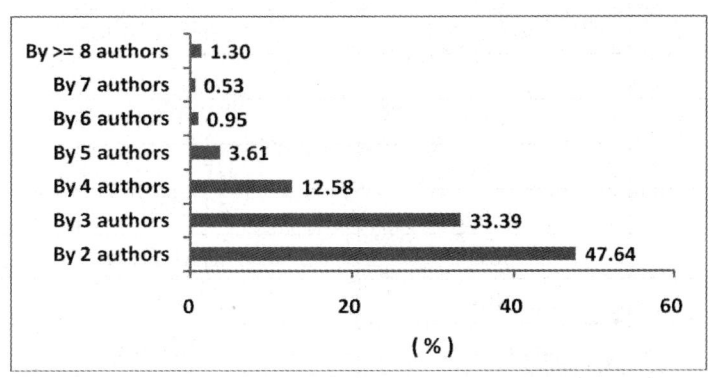

图 6.17:9657 篇施引文献中合作文献的合作人数所占比例

表 6.33：9657 篇施引文献中产出最多的两个作者和三个作者之间的合作

No	Author 1	Author 2		% of bilateral collaborations
1	He,Qichun	Sun,Meng		0.23
2	Du,Xuejun	Huang,Zhonghua		0.20
3	Ezcurra,Roberto	Rodriguez-Pose,Andres		0.20
4	Li,Lixing	Wu,Xiaoyu		0.20
5	He,Canfei	Zhu,Shengjun		0.16
6	Berkowitz,D	DeJong,DN		0.13
7	Bonatti,Luigi	Fracasso,Andrea		0.13
8	Conyon,MartinJ.	He,Lerong		0.13
9	Feng,Xunan	Johansson,AndersC.		0.13
10	Hanousek,Jan	Kocenda,Evzen		0.13
No	Author 1	Author 2	Author 3	% of trilateral collaborations
1	Autor,DavidH.	Dorn,David	Hanson,GordonH.	0.14
2	Guo,Di	Guo,Yan	Jiang,Kun	0.14
3	Chuah,Swee-Hoon	Hoffmann,Robert	Larner,Jeremy	0.14
4	Armour,Philip	Burkhauser,RichardV.	Larrimore,Jeff	0.14
5	Buera,FranciscoJ.	Kaboski,JosephP.	Shin,Yongseok	0.14
6	Ding,Sai	Jiang,Wei	Sun,Puyang	0.14
7	Bai,Chong-En	Lu,Jiangyong	Tao,Zhigang	0.14
8	Du,Julan	Lu,Yi	Tao,Zhigang	0.14
9	Zhang,AM	Zhang,YM	Zhao,R	0.14
10	He,Canfei	Zhou,Yi	Zhu,Shengjun	0.14

　　表 6.33 是 9657 篇施引文献中产出最多的前 10 篇两个作者和三个作者之间的合作，两人合作中列第一项的是中央财经大学中国经济与管理研究院何其春教授与北京师范大学经济与工商管理学院孙萌博士，二人合作 7 篇，占全部两个作者合作产出数量的 0.23%，浙江科技学院经济与管理学院杜雪君教授与浙江工业大学经贸管理学院黄忠华博士合作产出 6 篇，占 0.2%，第三项 Ezcurra, Roberto 和 Rodriguez-Pose, Andres 是西班牙纳瓦拉国立大学(Public University of Navarra)和伦敦政治经济学院(The London School of Economics and Political Science)两位研究人员，他们合作产出 6 篇，占全部两人合作产出的 0.2%，这两位研究人员也曾是 238 篇原文献中的非常活跃的合作研究者。第四项是北京大学国家发展研究院李力行教授与中央财经大学中国公共财政与政策研究院吴晓瑜教授，二人合作 6 篇，占全部两人合作产出的 0.2%，第五项是北京大学城市与环境学院教授、院长贺灿飞与朱晟君博士合作产出 5 篇，占 0.16%，第六项是美国匹兹堡大学经济系两位教授 Berkowitz, Daniel 和 DeJong, David N.，他们合作产出 4 篇，占 0.13%。从第 7

项到第10项都是合作产出4篇,占0.13%。

在三个作者的合作中,麻省理工学院 Autor,David H. 教授、苏黎世大学经济学院 Dorn, David 教授和加州大学圣地亚哥分校全球政策与战略学院的 Hanson,Gordon H 教授合作完成3篇,占全部三个作者合作产出论文数量的0.14%,第二项北京大学经济学院郭研博士与北京大学中国经济研究中心和诺丁汉大学的两位研究人员的合作数量也是3篇,占0.14%,第三项皇家墨尔本理工大学的 Chuah,Swee-Hoon 和 Hoffmann,Robert 与诺丁汉大学商学院的 Larner, Jeremy 合作完成3篇,占0.14%,从第四项至第十项的三个作者合作都是分别产出3篇,占0.14%。从表中可以看出,前10个三人合作中,中国人之间的合作占6个,有关中国主题文献的三人合作中,产出高的是中国人之间的合作。

6.5.3.SSCI 数据库中的全部中国经济主题文献

前面两节是关于 SSCI 数据库中十个最有影响力的经济学刊物中关于中国主题文献和这些主题文献的施引文献的作者、出版物、资助或科学合作的情况。本节简要讨论SSCI 数据库中 Economics 类别下所有1978-2016年出版的有关中国主题的文献作者、刊物、合作等情况。也就是说,中国主题文献的来源不再局限于10个最有影响的经济学刊物,而是将检索范围扩大到整个 Economics 类别下的所有刊物。观察和分析这些更广泛来源的刊物中有关中国主题的作者、论文资助等情况。

1.中国经济主题文献数量与被引频率的关系

从1978-2016年,全部 SSCI 数据库中 Economics 类别下共有12212篇中国主题文档,这些文档被引的频次与其他经济学的文献被引频次的研究存在非常高的相似性(Guo et al., 2015; Guo & Zhang,2019),即绝大部分文献被引的频次较低,有59.3%的文献被引频率在10次以下。

表6.34是全部文献被引频率分段的情况,大约1/5(20.02%)的文献被引次数为零,被引501次或501次以上的文献只有11篇,仅仅占全部文献的0.09%。这是文献数量与文献被引频次之间一个非常重要的结论,即高被引文献的数量非常有限,绝大多数(90.17%)文献被引频率在50或50以下。

表 6.34:12212篇文献的分段被引频率和所占比重

Ranges of times cited	Number of papers	% of 12212
0	2446	20.029
1–10	4805	39.347
11–50	3760	30.789
51–100	786	6.436
101–200	309	2.530
201–300	65	0.532
301–400	23	0.188
401–500	7	0.057
501–600	4	0.033

续表

Ranges of times cited	Number of papers	% of 12212
601–700	1	0.008
701–800	2	0.016
801–900	1	0.008
901–1000	1	0.008
1001–1100	2	0.016
Total	12212	100

对文献数量和文献的被引频率进行建模后发现,它们之间的关系具有典型的非线性特征,逆模型拟合效果较好,模型比较显著。表 6.35 是文献数量与被引频次模型诊断结果,图 6.18 是二者的关系。

表 6.35: 文献数量与被引频率的关系模型诊断

Dependent Variable: Times cited					
Equation	Model Summary				Parameter Estimates
	R Square	F	df1	df2	Sig.	b1
Inverse	0.745	793.485	1	271	0	346.007

The independent variable is Number of articles.

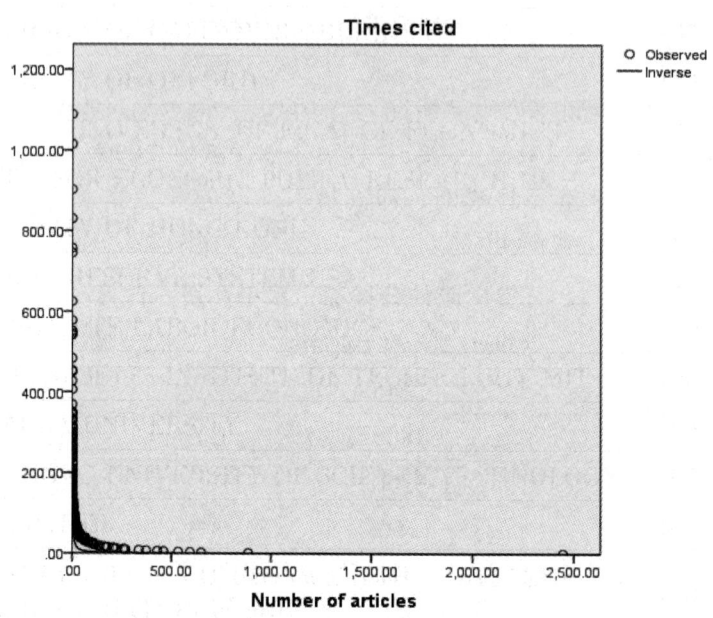

图 6.18: 文献数量与被引频率关系

表 6.36 是 12212 篇文献中被引频率最高的前 10 篇文献(不包括上节表 6.3 中的十个经经济学核心期刊的被引最高论文)。第一篇发表在著名的金融经济学杂志,通讯作者

Franklin Allen 是世界排名第一商学院 The Wharton School of the University of Pennsylvania(宾夕法尼亚大学沃顿商学院)经济学家,第二和第三作者署名单位是商科在世界排名居前的 Boston College,文章认为中国的法律和金融体系虽然都不健全,但中国是全世界经济增长最快的国家之一。中国的法律和金融机制不够完善,在中国,私营部门的经济增长比其他部门快得多,而且私营部门的经济增长占全部经济增长的主要部分。第二篇文章作者来自酒店管理排名居世界前列的澳大利亚 Griffith University 商学院,作者分析了中国两个时间阶段的储蓄和投资的关系,认为在中国的固定汇率制度期间,储蓄和投资的相关性达到顶点,得出的结论是中国在固定汇率期间,储蓄和投资密切相关,这篇文章发表在应用经济学杂志。第三篇文章作者是来自美国斯坦福大学的经济学家 Barry R. Weingast,他是美国科学院和美国艺术与科学院院士。文章认为繁荣的市场不仅需要一个适当的经济体系,而且需要有一个可靠的政治基础去约束和限制国家没收财富的能力,就是说,需要一个有限的政府,而且这个政府承诺国家尊重经济和政治权利。这篇文章研究了西方发达国家是如何产生有限政府的,着重探讨了联邦制对保护英、美市场所起到的重要作用,作者特别强调,联邦制对18世纪英国和19世纪及20世纪初美国经济的快速崛起起着至关重要的作用。文章指出,中国式的中央政府与地方政府的联邦制是过去15年来中国经济奇迹的基础。这篇文章发表在牛津大学出版社出版的法律经济学与组织。

表 6.36: 12212 篇中国主题文献中被引频率最高的前 10 篇文献

Rank	Paper titles, authors, publications
1	Law, finance, and economic growth in China 作者: Allen, F; Qian, J; Qian, MJJOURNAL OF FINANCIAL ECONOMICS 卷: 77 期: 1 页: 57–116 出版年: JUL 2005
2	The saving and investment nexus for China: evidence from cointegration tests 作者: Narayan, PKAPPLIED ECONOMICS 卷: 37 期: 17 页: 1979–1990 出版年: SEP 20 2005
3	THE ECONOMIC –ROLE OF POLITICAL –INSTITUTIONS – MARKET – PRESERVING FEDERALISM AND ECONOMIC –DEVELOPMENT 作者: WEINGAST, BRJOURNAL OF LAW ECONOMICS & ORGANIZATION 卷: 11 期: 1 页: 1–31 出版年: APR 1995
4	Politically connected CEOs, corporate governance, and Post –IPO performance of China´s 5newly partially privatized firms 作者: Fan, Joseph P. H.; Wong, T. J.; Zhang, TianyuJOURNAL OF FINANCIAL ECONOMICS 卷: 84 期: 4 页: 330–357 出版年: MAY 2007
5	Political turnover and economic performance: the incentive role of personnel control in China 作者: Li, HB; Zhou, LAJOURNAL OF PUBLIC ECONOMICS 卷: 89 期: 9–10 页: 1743–1762 出版年: SEP 2005
6	Energy consumption, carbon emissions, and economic growth in China 作者: Zhang, Xing-Ping; Cheng, Xiao-MeiECOLOGICAL ECONOMICS 卷: 68 期: 10 页: 2706–2712 出版年: AUG 15 2009

续表

Rank	Paper titles, authors, publications
7	Total-factor energy efficiency of regions in China 作者: Hu, Jin-Li; Wang, Shih-Chuan ENERGY POLICY 卷: 34 期: 17 页: 3206-3217 出版年: NOV 2006
8	Energy consumption and GDP: causality relationship in G-7 countries and emerging markets 作者: Soytas, U; Sari, R ENERGY ECONOMICS 卷: 25 期: 1 页: 33-37 出版年: JAN 2003
9	Political connections, financing and firm performance: Evidence from Chinese private firms 作者: Li, Hongbin; Meng, Lingsheng; Wang, Qian; Zhou, Li-An JOURNAL OF PUBLIC ECONOMICS 卷: 87 期: 2 页: 283-299 出版年: OCT 2008
10	Environment Kuznets curve for CO2 emissions: A cointegration analysis for China 作者: Jalil, Abdul; Mahmud, Syed F. ENERGY POLICY 卷: 37 期: 12 页: 5167-5172 出版年: DEC 2009

第四篇,通过对中国790家私营企业的分析,作者发现近27%的首席执行官是前政府官员或现任政府官员。根据上市后三年的股票回报率,有政治关系的CEO的公司比没有政治关系的CEO的公司表现相差近18%,而且有政治关系的CEO的公司上市后三年的盈利增长、销售增长和销售回报率也较低。首席执行官政治关系的负面影响也在股票回报中表现明显。作者认为,由政治关系密切的首席执行官领导的公司更有可能任命其他官僚进入董事会,而不是任命具有相关专业背景的董事。通讯和第一作者Joseph Fan是香港中文大学教授、金融领域的研究专家,这篇文章发表在金融经济学杂志。

第五篇的通讯作者是中国经济学家李宏彬,他这篇文章的署名单位是香港中文大学,第二作者周黎安是北京大学光华管理学院教授。文章分析了中国改革开放时期人事管理的激励作用。作者分析1979-1995年中国省级领导干部换届数据后,发现省级领导干部晋升的可能性随经济绩效的提高而增加,而离职的可能性随经济绩效的提高而降低。省级领导的更替与其任期内的平均表现比其年度表现更为重要。作者认为,中国是利用人事管理来获得理想的经济结果,这一研究结论对政府官员的政治激励在促进地方经济增长中所起的作用提供了一些基本证据。这篇文章发表在公共经济学杂志杂志。

第六篇至第十篇是发表在生态经济学、能源经济学或发展经济学刊物上的中国主题文献。第六篇作者运用经济增长、能源利用、碳排放等多变量模型,研究了中国经济增长、能源消费和碳排放之间的格兰杰(Granger)相关性,通讯作者是华北电力大学张兴平教授。第七篇作者是台湾交通大学(National Chiao Tung University)管理学院院长胡均立教授,文章使用能源效率指标,对中国29个行政区域1995-2002年的能源效率进行了分析,作者运用数据包络分析(Data Envelopment Analysis, DEA)方法,在分析中国各地区在特定年份的目标能源投入后,认为中国中部地区的能源效率最差,能源消费总量调整超过全国的一半。除西部地区外,中国区域的全要素能源效率指数(TFEE)总体上有所改善。

第八篇文章认为能源消费与收入的因果关系是能源经济学研究的热点,作者研究了能源消费与GDP的时间序列特征,并在中国以外的十大新兴市场和七国集团进行了验证,发现阿根廷存在双向因果关系,意大利和韩国存在从GDP到能源消费的因果关系,土耳其、法国、德国和日本从能源消费到GDP的因果关系。因此,针对某些国家,节能可能会对经济增长造成负面影响。通讯作者是美国德州理工大学经济学博士、能源经济学杂志副主编、土耳其经济学家Ugur Soytas。

第九篇通讯作者是前面提到的中国经济学家李宏彬,他的署名单位香港中文大学和清华大学,其他作者的署名单位包括美国University of Maryland大学经济系和著名的北京大学光华管理学院。文章研究了中国民营企业与执政党的关系在民营企业经营中所起的作用。通过对民营企业的全国性调查,作者发现在人力资本等相关变量被控制的情况下,民营企业家的党籍与企业绩效有正向影响。而且,入党有助于私营企业家从银行或其他国家机构获得贷款,使他们对法律制度更有信心。在市场制度不健全、法律保护较弱的地区,党员对企业绩效的影响更为重要。

第十篇作者考察了中国碳排放与能源消费、收入和对外贸易之间的长期关系,检验了二氧化碳排放量与人均实际国内生产总值之间的环境库兹涅茨曲线(Environment Kuznets curve, EKC)关系。作者采用自回归分布滞后(Auto regressive distributed lag, ARDL)方法进行实证分析。在样本期内,收入与二氧化碳排放之间存在二次关系。格兰杰因果关系检验的结果表明,二氧化碳排放与经济增长存在关系,作者认为,从长远来看,碳排放主要取决于收入和能源消耗多少。作者强调,贸易对二氧化碳排放的影响是积极的。通讯作者是土耳其Abdul Jalil教授,署名单位是武汉大学。

很明显,表6.36中的文章主要发表在2009年以前,表中大约一半的高被引文章讨论的是能源消耗与经济增长之间的关系,它们主要发表在SSCI中的非经济学理论刊物上。相对而言,这类刊物影响力与上节238中国主题文献被引最高的十篇文章所发表的刊物影响力有一些差距。以2006年JCR(Journal Citation Report)为例,在SSCI数据库的经济学178个刊物的影响因子中,JOURNAL OF FINANCIAL ECONOMICS排第8,ECOLOGICAL ECONOMICS排名第34位,JOURNAL OF PUBLIC ECONOMICS排第40位,ENERGY ECONOMICS排名第97位,即在12212篇文献中被引最高的十篇文章的来源出版物中,除了JOURNAL OF FINANCIAL ECONOMICS之外,其他不属于经济学最权威的刊物。但是SSCI的经济学刊物的国际化程度普遍较高,无论刊物影响力高低,刊物中对中国经济主题的讨论都会加强全球读者、工商业领袖、研究人员、尤其是发达工业国的研究人员对中国的认识和了解。这类刊物较高的国际化表现在以下几个方面:

第一, 编委国际化,编委多来自美国、英国、德国等发达国家的高校或科研机构;
第二, 作者国际化,刊物的文章作者不限于某一个国家或某些国家,而是全球化;
第三, 语言国际化,以统一的英语为载体,刊物内容以及编委、作者、审稿、刊物出版、发行等均以共同语言进行交流和传播,传播速度快、范围广;
第四, 运作国际化,依托国际出版巨头Elsevier、Wiley、Springer等在全球的网络和统一的程序和规则,出版物能够更加快速、准确地向用户传播信息。

2.中国主题文献的来源出版物

对12212篇中国主题文献的来源出版物的分析发现,总共涉及385个出版物,这个数量接近2018年SSCI经济类中全部的索引出版物数量。表6.37是发表中国经济主题文献最多的前20个来源出版物。Energy Policy占比高达9%,该刊物由Elsevier出版,它发文量如此之大有以下几个原因:

1) Engergy Policy所涉及的能源问题最广泛,涵盖全球、区域、国家、或地区的所有能源问题;
2) SSCI中的大多数经济学刊物为季刊,而Energy Policy为月刊;
3) 多数经济学刊物每期发表的文章数非常有限,通常每期发表10篇左右,少数刊物发表10-20篇。Energy Policy每期发表文章较多,以2019年10月期为例,它总计发表了高达60多篇文章;
4) 相对而言,Energy Policy的文章比较短。

表6.37:12212篇中国经济主题文献来源最多的前20个来源出版物

No	Source Titles	records	% of 12212
1	ENERGY POLICY	1110	9.089
2	CHINA ECONOMIC REVIEW	888	7.272
3	VALUE IN HEALTH	519	4.25
4	CHINA & WORLD ECONOMY	424	3.472
5	JOURNAL OF COMPARATIVE ECONOMICS	325	2.661
6	WORLD DEVELOPMENT	307	2.514
7	CHINA AGRICULTURAL ECONOMIC REVIEW	241	1.973
8	ENERGY ECONOMICS	228	1.867
9	APPLIED ECONOMICS	223	1.826
10	EMERGING MARKETS FINANCE AND TRADE	202	1.654
11	WORLD ECONOMY	194	1.589
12	ECONOMIC MODELLING	186	1.523
13	PROBLEMS OF COMMUNISM	182	1.49
14	ECOLOGICAL ECONOMICS	174	1.425
15	ASIAN ECONOMIC PAPERS	160	1.31
16	ECONOMIC DEVELOPMENT AND CULTURAL CHANGE	155	1.269
17	APPLIED ECONOMICS LETTERS	148	1.212
18	JOURNAL OF DEVELOPMENT STUDIES	145	1.187
19	JOURNAL OF WORLD TRADE	128	1.048
20	JOURNAL OF DEVELOPMENT ECONOMICS	126	1.032

表6.37中的第二项是前文提到的中国经济评论。第三项VALUE IN HEALTH(健康价值)包含药物经济学、健康经济学以及对临床、经济和患者报告的结果所进行的分析和研究,目的是为医疗决策者和研究人员提供有价值信息和健康政策,出版商为Elsevier。第四项China & World Economy(中国与世界经济)是由中国社会科学院主管、世界经济与政治研究所主办的学术期刊,创刊于1993年,是国内创刊最早的经济类英文学术刊物,主要发表中国和世界经济的研究,它在2018年JCR有关365个经济学刊物影响因子排名中,位列218位,该刊物现任执行主编是中国社会科学院世界经济与政治研究所冯晓明。

第13项的刊物PROBLEMS OF COMMUNISM(共产主义问题)较特别,是研究俄罗斯、中国的专业学术刊物,这个名称是它1992年以前的刊名,现在已经改名为PROBLEMS OF POST-COMMUNISM。它由著名的Taylor & Francis Group学术出版集团出版发行,除了重点研究俄罗斯和中国政治和经济之外,该刊物主题还涉及东欧、中欧、中亚、拉丁美洲和东南亚的经济、政治、安全和国际发展趋势,中国经济只是该刊物所讨论的许多研究领域中的一个,现任主编Dmitry Gorenburg是哈佛大学政治学教授,是著名的美国海军与海军陆战队研究中心(Center for Naval Analyses,CNA)俄罗斯问题专家。

CNA经费完全由美国政府支持,它由多个分部组成,除军事行动评估部、系统与战术和军力发展部、海军陆战队研究部、自动化与人工智能中心等军事研究部门之外,还专门设有中国和印度-太平洋安全事务部(China and Indo-Pacific Security Affairs division,CIP),该部的主要任务是分析中国和印度在全球秩序中的新角色。CIP有40多名具有专业知识并通晓亚洲语言的专家,专为美国国防部和其他机构提供及时、高质量的政治、军事等方面的深度分析,帮助他们与印度-太平洋地区的盟友合作,应对竞争对手。CIP是华盛顿最大的研究中国和印度-太平洋军事和安全事务的非政府研究机构,它的两个主要研究项目是:

1) 中国研究,最近20多年来,CIP一直进行着与中国有关的大国竞争研究,为美国政府提供帮助;
2) 印度-太平洋安全事务,这个项目重点分析与东北亚、东南亚、南亚和大洋洲有关的问题。为确保政府、赞助商和公众能够获得可靠的分析,CIP聘请了世界各地大学、政府和私营部门等多方面的权威专家进行专题研究,并与整个大中华地区(Greater China region)的相关机构保持着非常密切的联系(CNA,2019)。

表6.37中从第五项至最后一项主要是发展经济学、比较经济学、世界经济对比、新兴市场、能源经济学等方面的刊物。改革开放以来,中国创造了经济奇迹,从落后的农业国,摆脱了贫困,实现工业化和现代化,这正是发展经济学、比较经济学的主要研究内容,也就是说,这些刊物的经济学主题完全符合中国改革开放以来所经历的经济发展或社会发展中的现象、历史或取得的成就。

与前文提到的12212篇文献被引最高的文章来源出版物类似,表6.37中的刊物的影响因子稍低,没有高影响力刊物。

与前文十种经济学国际权威期刊的 238 篇文献以及 238 篇文献的施引文献的作者署名国家有一个显著区别是,12212 篇文献中署名中国的比例位列第一,高达 42.738%,署名美国的比例位列第二。表 6.38 是 12212 篇文献中前 20 名占比最高的论文署名国/地区。从表中可以看到,位居前列的仍然是发达工业国,印度列第 20 位。中国的台湾和香港在 Wos 中单列。结合表 6.37 和表 6.38,说明在 SSCI 数据库中全部 1978-2016 年中国经济主题文献的作者署名国中,大约 42% 是中国,主要发表在发展经济学等刊物,刊物的影响力中等或偏低,最关心中国经济主题的外国是美国、英国、澳大利亚、日本、加拿大、德国、法国和荷兰等。

表 6.38:12212 篇文献中前 20 名占比最高的论文署名国/地区

No	Countries/Regions	records	% of 12212
1	PEOPLES R CHINA	5218	42.728
2	USA	3979	32.583
3	ENGLAND	1100	9.008
4	AUSTRALIA	877	7.181
5	JAPAN	485	3.972
6	CANADA	459	3.759
7	GERMANY	433	3.546
8	TAIWAN	386	3.161
9	FRANCE	333	2.727
10	NETHERLANDS	282	2.309
11	SINGAPORE	277	2.268
12	SOUTH KOREA	232	1.9
13	ITALY	161	1.318
14	SWEDEN	150	1.228
15	SPAIN	138	1.13
16	BELGIUM	116	0.95
17	SWITZERLAND	116	0.95
18	MALAYSIA	99	0.811
19	NEW ZEALAND	97	0.794
20	INDIA	88	0.721

12212 篇文献来自 4198 个机构,北京大学占比 4.07%,位列第一,列第二位的是中国科学院,占 3.218%,第三是清华大学,占 2.347%。表 6.39 是前 20 个科研机构或大学,中国的大学或机构占了一半以上,中国人民大学第四,复旦大学第六,香港中文大学第九,中央财经大学第十,中国社会科学院位列第十二。国外的研究机构或大学是第四位的世界银行,第七位的斯坦福大学,第八位的澳大利亚国立大学,第十一位新加坡国立大学,

位列第十六位的哈佛大学等。

表 6.39：12212 篇文献中占比最高的前 20 个科研机构

No	Organizations	records	% of 12212
1	PEKING UNIV	497	4.07
2	CHINESE ACAD SCI	393	3.218
3	TSINGHUA UNIV	311	2.547
4	RENMIN UNIV CHINA	284	2.326
5	WORLD BANK	281	2.301
6	FUDAN UNIV	244	1.998
7	STANFORD UNIV	243	1.99
8	AUSTRALIAN NATL UNIV	202	1.654
9	CHINESE UNIV HONG KONG	193	1.58
10	CENT UNIV FINANCE ECON	181	1.482
11	NATL UNIV SINGAPORE	171	1.4
12	CHINESE ACAD SOCIAL SCI	170	1.392
13	XIAMEN UNIV	167	1.368
14	ZHEJIANG UNIV	162	1.327
15	UNIV CALIF DAVIS	148	1.212
16	HARVARD UNIV	143	1.171
17	UNIV HONG KONG	138	1.13
18	UNIV CALIF BERKELEY	137	1.122
19	BEIJING NORMAL UNIV	135	1.105
20	UNIV NOTTINGHAM	127	1.04

3. 国家、政府或机构的资金支持

在 12212 篇文献中，有 9931 篇没有资助信息，约占 81.322%。有 2281 篇文章提供了资助单位信息，占全部文献的 18.678%。在提供资助信息的文献中总共出现了 2271 个资助单位名称。有的情况下，同一个资助基金同时资助产出了多篇文章。中国国家自然科学基金资助了 916 篇，占全部文献的 7.5%，列第一位。中央高校基本科研业务费专项资金资助了全部文献的 1.449%。其余的资助都没有达到全部文献的 1%。表 6.40 是 12212 篇文献的前 20 个资助单位名称。表中第三项是中国教育部的资助，第四项是中国国家社会科学基金。如前文所述，中国作者在 SSCI 数据库中使用的中国国家社会科学基金的英文名称并不统一，可能存在多种译法，这里的国家社会科学基金所支持的文献数量可能高于表中的数据。表 6.40 中的许多基金名称与前文所述的资助单位名称相同，例如第五项为前文提到的英国经济与社会研究委员会，第六项为教育部新世纪优秀人才支持计划，第七项国家基础研究发展规划项目基金，第十项是日本文部科学省资助，第十二项美国国立卫生研究院，第十四项美国国家科学基金等。第十七项很可能类似第三项，中国教育部的支持。包括中国国家社会科学基金在内中国资助机构的名称没有规范、统一,容易造成统计错误。而国外的资助单位,尤其是美国、英国、日本、德国等国家政府的资助单位名称统一,统计方便、准确。

表 6.40：12212 篇文献的前 20 个资助单位名称

No	Funding Agencies	records	% of 12212
1	NATIONAL NATURAL SCIENCE FOUNDATION OF CHINA	916	7.501
2	FUNDAMENTAL RESEARCH FUNDS FOR THE CENTRAL UNIVERSITIES	177	1.449
3	MINISTRY OF EDUCATION CHINA	114	0.934
4	NATIONAL SOCIAL SCIENCE FOUNDATION OF CHINA	99	0.811
5	ECONOMIC SOCIAL RESEARCH COUNCIL ESRC	95	0.778
6	PROGRAM FOR NEW CENTURY EXCELLENT TALENTS IN UNIVERSITY NCET	67	0.549
7	NATIONAL BASIC RESEARCH PROGRAM OF CHINA	56	0.459
8	CHINA POSTDOCTORAL SCIENCE FOUNDATION	54	0.442
9	CHINESE ACADEMY OF SCIENCES	54	0.442
10	MINISTRY OF EDUCATION CULTURE SPORTS SCIENCE AND TECHNOLOGY JAPAN MEXT	52	0.426
11	CHINA SCHOLARSHIP COUNCIL	49	0.401
12	NATIONAL INSTITUTES OF HEALTH NIH USA	47	0.385
13	UNITED STATES DEPARTMENT OF HEALTH HUMAN SERVICES	47	0.385
14	NATIONAL SCIENCE FOUNDATION NSF	40	0.328
15	AUSTRALIAN RESEARCH COUNCIL	38	0.311
16	JAPAN SOCIETY FOR THE PROMOTION OF SCIENCE	34	0.278
17	MINISTRY OF EDUCATION	34	0.278
18	MINISTRY OF SCIENCE AND TECHNOLOGY CHINA	29	0.237
19	BEIJING NATURAL SCIENCE FOUNDATION	27	0.221
20	RENMIN UNIVERSITY OF CHINA	27	0.221

从表 6.40 看出,12212 篇文献的前 20 项资助单位主要是来自中国政府的资金,第 20 项是中国人民大学的资金,国外的资助主要是来自英国、美国、日本和澳大利亚政府的资金。

4.科学合作

12212 篇文献的国家合作网络是一个"小世界"网络,图 6.19 是国家合作网络图,表 6.41 是国际合作合作网络的基本属性和特征。为了便于观察,我们对图中的节点进行了向量处理,尺寸较大的节点属于合作强度高的国家。可以看出,节点合作关系的最密集区域出现在图的左侧和左下方,合作节点图是以节点标签的首字母顺序按照顺时针方向在圆形轨道上排列,很明显,最密集区域在首写字母 S – Z 之间,是 US 和 UK 的区域。

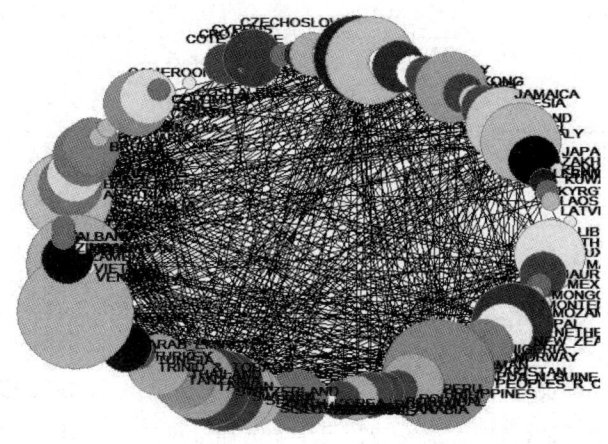

图 6.19:12212 篇中国主题文献的国际合作网络

表 6.41:12212 篇中国主题文献的国际合作网络基本属性和特征

Network Property	Parameter
Vertices	103
Edges	576
Density	0.10965163
Average Degree	11.18446602
Diameter	4
Network All Degree Centralization	0.55804698

表 6.42 是 12212 篇文献以点度降序排列的前 30 个节点基本中心度。虽然是关于中国主题的文献,美国还是合作最活跃、合作效果最好的国家,英国、澳大利亚、德国、法国、荷兰、西班牙、瑞典、日本等也是比较活跃的合作国家。韩国、马来西亚、印度的合作关系多于加拿大和中国台湾。巴西、挪威、巴基斯坦高于芬兰、新西兰和孟加拉国。

表 6.42:12212 篇中国主题文献合作国家网络前 30 个节点的中心度
(按点度中心度降序排列)

No	ID/Country(Region)	Degree-centrality	Betweenness-centrality	Closeness-centrality	Eigenvector-centrality
1	97 "USA"	67	0.226988	0.713225	0.270052
2	69 "PEOPLES_R_CHINA"	61	0.150711	0.678990	0.263997
3	94 "UK"	50	0.084342	0.619517	0.244232

续表

No	ID/Country (Region)	Degree-centrality	Betweenness-centrality	Closeness-centrality	Eigenvector-centrality
4	4 "AUSTRALIA"	40	0.034130	0.573472	0.220284
5	31 "GERMANY"	40	0.030865	0.577373	0.223910
6	30 "FRANCE"	37	0.041890	0.562078	0.200742
7	62 "NETHERLANDS"	33	0.011303	0.547573	0.201327
8	84 "SPAIN"	33	0.064506	0.544063	0.179547
9	85 "SWEDEN"	33	0.036760	0.551128	0.184401
10	44 "JAPAN"	32	0.012933	0.537176	0.197630
11	42 "ITALY"	29	0.026443	0.527166	0.176941
12	86 "SWITZERLAND"	28	0.015347	0.523912	0.181711
13	83 "SOUTH_KOREA"	27	0.009931	0.517523	0.172742
14	55 "MALAYSIA"	26	0.026886	0.508226	0.157999
15	37 "INDIA"	25	0.007997	0.514387	0.157552
16	14 "CANADA"	22	0.007814	0.505201	0.146068
17	87 "TAIWAN"	21	0.002108	0.502212	0.152254
18	5 "AUSTRIA"	20	0.005850	0.493452	0.130777
19	8 "BELGIUM"	20	0.001353	0.496338	0.148289
20	79 "SINGAPORE"	20	0.002205	0.484993	0.137700
21	71 "PHILIPPINES"	19	0.005560	0.482237	0.131805
22	82 "SOUTH_AFRICA"	19	0.003939	0.490600	0.121697
23	89 "THAILAND"	19	0.001991	0.487780	0.131718
24	23 "DENMARK"	18	0.002565	0.479513	0.128538
25	9 "BRAZIL"	17	0.007657	0.487780	0.099315
26	65 "NORWAY"	17	0.006188	0.484993	0.116130
27	67 "PAKISTAN"	17	0.021914	0.484993	0.101017
28	29 "FINLAND"	16	0.006414	0.474155	0.099758
29	63 "NEW_ZEALAND"	16	0.001080	0.482237	0.120610
30	6 "BANGLADESH"	15	0.000611	0.466339	0.107585

表6.43的中心度相关矩阵显示，接近中心度与本征矢量中心度之间、点度与接近中心度之间、点度与本征矢量中心度之间具有极强的相关性，点度与中介中心度之间、中介中心度与接近中心度之间、中介中心度与本征矢量中心度之间存在非常强的关联性。通过观察节点本征矢量中心度，就可以推出网络节点的合作强度。12212篇文献的国家之间的合作网络节点的基本中心度之间存在高强度正相关性。

表 6.43：12212 篇中国主题文献合作国家节点中心度相关性矩阵
(N=103, Sig= 2-tailed)

			Degree centrality	Between centrality	Closeness centrality	Eigenvector centrality
Spearman's rho	Degree centrality	Correlation Coefficient	1	.888**	.977**	.989**
	Between centrality	Correlation Coefficient	.888**	1	.861**	.858**
	Closeness centrality	Correlation Coefficient	.977**	.861**	1	.987**
	Eigenvector centrality	Correlation Coefficient	.989**	.858**	.987**	1

**. Correlation is significant at the 0.01 level (2-tailed).

　　为了更进一步观察美国和中国在有关中国主题文献的合作网络中所扮演的角色，我们分别构造了缺少美国和缺少中国节点的两个合作图，以便对比两个新的合作网络。图 6.21 中的 A 是去掉美国后的合作网络，B 是去掉中国节点后的合作网络。从图 A 和 B 的合作关系数量、密度、平均点度、点度中心势的对比可以明显发现，包含美国的合作网络的中心性更强，密度更大，平均合作国家数量更多，美国在有关中国主题文献的合作中所扮演的角色更加突出、更加重要。

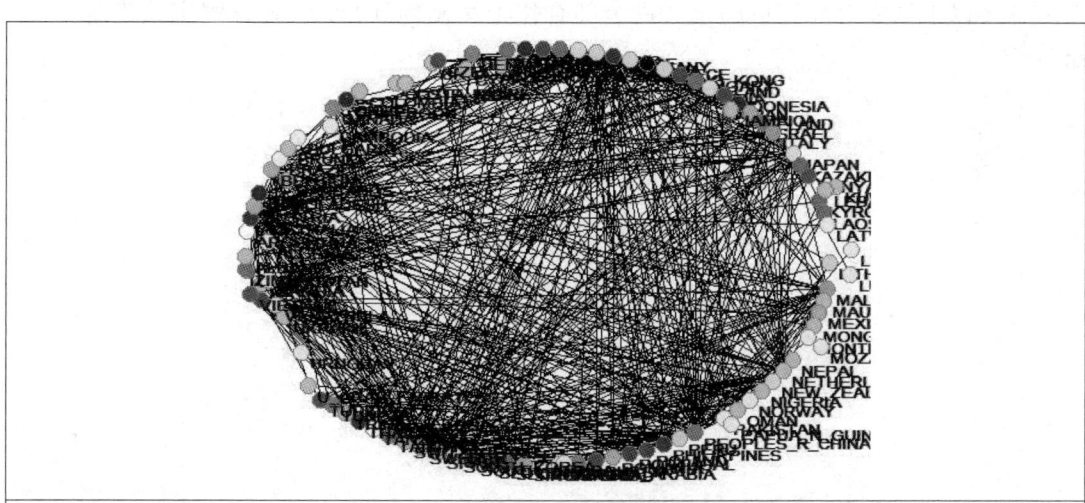

A：12212 篇中国主题文献中去除美国节点的合作国家网络关系图（节点点度无向量化）。网络基本属性和特征：Vertices = 102, Edges = 509, Density = 0.09881576, Average Degree = 9.98039216, Network All Degree Centralization = 0.50514851, Diameter = 4

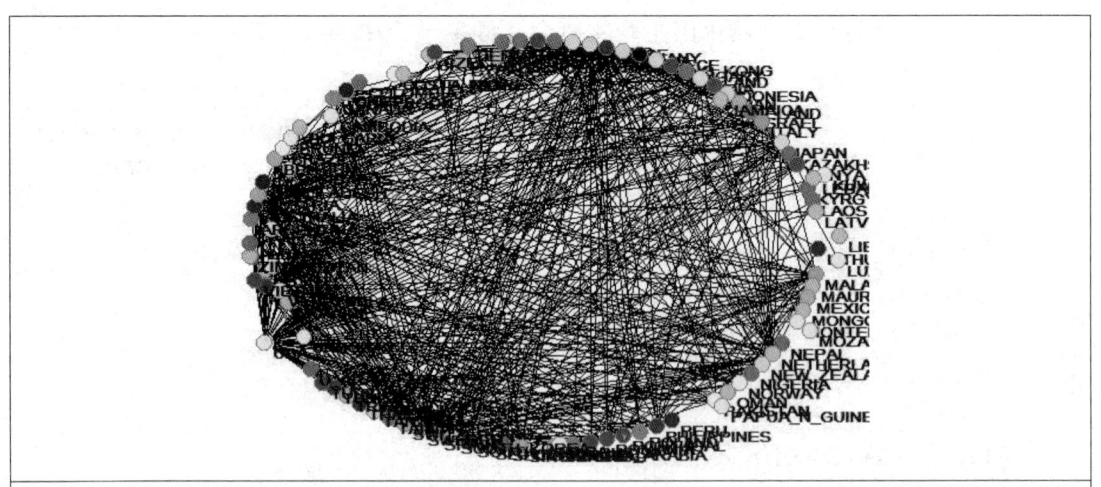

B:12212篇中国主题文献中去除中国节点的合作国家网络关系图(节点点度无向量化)。网络基本属性和特征:Vertices = 102, Edges = 515, Density = 0.09998059, Average Degree = 10.09803922, Network All Degree Centralization = 0.56455446, Diameter = 4

图6.21:12212篇中国主题文献合作国家网络分别去除美国和中国后生成的
两个子网络的基本属性和特征对比

在12212篇文章中,由两个或两个以上国家合作完成的文章占全部论文的30.75%,与前文所述的合作国家的比列接近。在合作论文中,仍然是以两国之间合作占全部合作形式的最大比例,达到83.59%。图6.22是合作文献中的合作国家数量所占比例。由6个或6个以上国家合作完成的论文占全部合作论文比例0.239%,合作国家数量越多,产出越低。

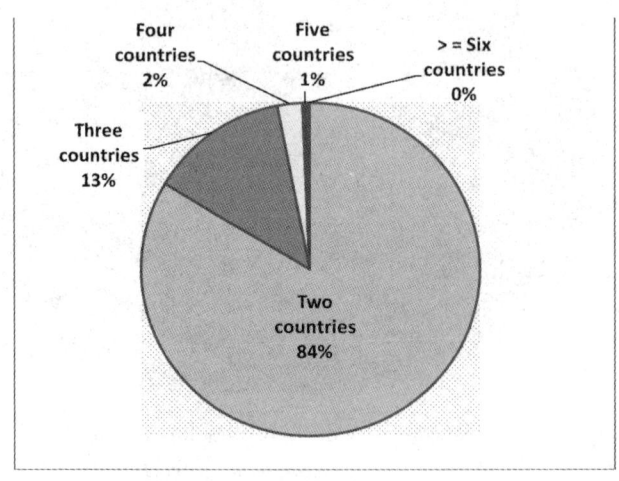

图6.22:12212篇中国主题文献中全部合作文献中的合作国家数量所占比例

如图6.22所示,两个国家之间的合作是主要的合作形式,表6.44是产出最多的两个国家和三个国家之间的合作。在两个国家的合作当中,中美是最活跃、产出最高的两个合作国家,论文产出占全部两国合作产出的34.661%。中国和英国、澳大利亚和中国、加拿大和中国、日本与中国、荷兰与中国、新加波与中国分别是合作产出大于全部两国合作产出2%的合作国家。从表中可以看到，中国是两国合作中最重要的合作国家。在三个国家的合作中，中国、美国和加拿大的合作效率最高，它们的合作论文产出占全部三国合作论文产出的7.4%。澳大利亚–中国–美国、比利时–中国–美国、英国–中国–美国、中国–德国–美国也是三国合作论文产出较高的合作国家，分别大于全部三国合作产出的3%。

表6.44：12212篇中国主题文献产出最多的两个国家和三个国家之间的合作

Rank	Country 1/Region 1	Country 2/Region 2		% of bilateral collaborations
1	PEOPLES_R_CHINA	USA		34.661
2	PEOPLES_R_CHINA	UK		6.308
3	AUSTRALIA	PEOPLES_R_CHINA		5.511
4	CANADA	PEOPLES_R_CHINA		3.727
5	JAPAN	PEOPLES_R_CHINA		2.963
6	NETHERLANDS	PEOPLES_R_CHINA		2.835
7	PEOPLES_R_CHINA	TAIWAN		2.166
8	PEOPLES_R_CHINA	SINGAPORE		2.007
9	GERMANY	PEOPLES_R_CHINA		1.816
10	UK	USA		1.752
11	FRANCE	PEOPLES_R_CHINA		1.465
12	CANADA	USA		1.370
13	GERMANY	USA		1.306
14	TAIWAN	USA		1.242
15	PEOPLES_R_CHINA	SWEDEN		1.019
16	AUSTRALIA	USA		0.924
17	AUSTRALIA	UK		0.828
18	JAPAN	USA		0.828
19	NEW_ZEALAND	PEOPLES_R_CHINA		0.765
20	SOUTH_KOREA	USA		0.765
Rank	Country 1/Region 1	Country 2/Region 2	Country 3	% of trilateral collaborations
1	CANADA	PEOPLES_R_CHINA	USA	7.40
2	AUSTRALIA	PEOPLES_R_CHINA	USA	4.00
3	BELGIUM	PEOPLES_R_CHINA	USA	3.60
4	PEOPLES_R_CHINA	UK	USA	3.60
5	GERMANY	PEOPLES_R_CHINA	USA	3.20
6	PEOPLES_R_CHINA	SINGAPORE	USA	2.80
7	PEOPLES_R_CHINA	TAIWAN	USA	2.80
8	FRANCE	PEOPLES_R_CHINA	UK	1.80
9	NEW_ZEALAND	PEOPLES_R_CHINA	USA	1.80
10	JAPAN	PEOPLES_R_CHINA	USA	1.60

参考文献

Aberson, C. L., Healy, M., & Romero, V. (2000). Ingroup bias and self-esteem: A meta-analysis. Personality and Social Psychology Review, 4, 157-173.

Adshead, S.A.M. (1992). Salt and civilization. New York: PALGRAVE.

Aletras, N., & Stevenson, M. (2013). Representing topics using images. In Proceedings of the 2013 Conference of the North American Chapter of the Association for Computational Linguistics: Human Language Technologies (pp. 158-167).

Allan, J., Carbonell, J. G., Doddington, G., Yamron, J., & Yang, Y. (1998). Topic detection and tracking pilot study final report. In Proceedings of DARPA Broadcast News Transcription and Understanding Workshop. (pp.194–218). Lansdowne, VA. Available at http://maroo.cs.umass.edu/pdf/IR-137.pdf

Allan, James., Papka, Ron., & Lavrenko, Victor.(1998). Online new event detection and tracking. In Proceedings of SIGIR '98 Proceedings of the 21st annual international ACM SIGIR conference on Research and development in information retrieval (pp.37-45). August 24-28, 1998. Melbourne, Australia.

American Textbook Council. (2004). Widely Adopted History Textbooks. American Textbook Council. Available at https://www.historytextbooks.net/adopted.htm

ANR key figures. (2019). ANR. Available at https://uk.ambafrance.org/French-National-Research-Agency-ANR

Archambault, é., Campbell, D., Gingras, Y., & Larivière, V. (2009). Comparing bibliometric statistics obtained from the Web of Science and Scopus. Journal of the Association for Information Science and Technology, 60(7), 1320–1326.

Arrow, K. J., Bernheim, B. D., Feldstein, M. S., McFadden, D. L., Poterba, J. M., & Solow, R. M. (2011). 100 years of the American Economic Review: The top 20 articles. American Economic Review, 101(1), 1-8.

Arun, R., Suresh, V., Madhavan, C. V., & Murthy, M. N. (2010). On finding the natural number of topics with latent dirichlet allocation: Some observations. In Pacific-Asia conference on knowledge discovery and data mining (pp. 391-402). Springer, Berlin, Heidelberg.

Asuncion, A., Welling, M., Smyth, P., & Teh, Y. W. (2009). On smoothing and inference for topic models. In Proceedings of the twenty-fifth conference on uncertainty in artificial intelligence (pp. 27-34). AUAI Press.

Audit Bureau of Circulations report. (2018). The Economist – 2018 Worldwide Brand Report. Available at https://www.abc.org.uk/Certificates/49370140.pdf

Available at http://mallet.cs.umass.edu.

Balage Filho, P., & Pardo, T. (2013). NILC_USP: A hybrid system for sentiment analysis in twitter messages. In Second Joint Conference on Lexical and Computational Semantics (*SEM), Volume 2: Proceedings of the Seventh International Workshop on Semantic Evaluation (SemEval 2013) (Vol. 2, pp. 568–572).

Beck, R. B., Black, L., Krieger, L. S., Naylor, P. C., & Shabaka, D. I. (2009). Holt McDougal World History: Patterns of Interaction. United States of America: McDougal Littell

Bell, A. (1991). The language of news media. Oxford, UK: Blackwell.

Bengio, Y., Ducharme, R., Vincent, P., & Jauvin, C. (2003). A neural probabilistic language model. Journal of machine learning research, 3(Feb), 1137–1155.

Bespalov, D., Bai, B., Qi, Y., & Shokoufandeh, A. (2011). Sentiment classification based on supervised latent n-gram analysis. In Proceedings of the 20th ACM international conference on Information and knowledge management (pp. 375–382). ACM.

Bird, S., Klein, E., & Loper, E. (2009). Natural language processing with Python: analyzing text with the natural language toolkit. O'Reilly Media, Inc.

Blei, D. (2012). Probabilistic topic models. Communications of the ACM, 55(4), 77–84.

Blei, D. M., & La?erty, J. D. (2009). Topic models. In A. Srivastava and M. Sahami (eds), Text Mining Classification, Clustering, and ApplicationsText. (pp.70–93). Chapman and Hall/CRC.

Blei, D. M., Ng, A. Y., & Jordan, M. I. (2003). Latent dirichlet allocation. Journal of machine Learning research, 3(Jan), 993–1022.

Bolelli, L., Ertekin, ?., & Giles, C. L. (2009). Topic and trend detection in text collections using latent dirichlet allocation. In European Conference on Information Retrieval (pp. 776–780). Springer, Berlin, Heidelberg.

Bolland, J. M. (1988). Sorting out centrality: An analysis of the perfor-mance of four centrality models in real and simulated networks. Social Networks, 10(3), 233–253.

Bonacich, P. (2007). Some unique properties of eigenvector centrality. Social Networks, 29(4), 555–564.

Bondarenko, P. (2019). Brookings Institution. Available at https://www.britannica.com/topic/Brookings-Institution

Bonilla, T., & Grimmer, J. (2013). Elevated threat levels and decreased expectations: How democracy handles terrorist threats. Poetics, 41, 650–669.

Borgatti, S. P. (2005). Centrality and network flow. Social Networks, 27(1), 55–71.

BP Statistical Review of World Energy.(2014). Availble at https://www.bp.com/en/global/corporate/energy-economics/statistical-review-of-world-energy/downloads.html

BP Statistical Review of World Energy.(2017). Availble at https://www.bp.com/en/global/corporate/energy-economics/statistical-review-of-world-energy/downloads.html

BP Statistical Review of World Energy.(2019). Availble at https://www.bp.com/en/global/corporate/energy-economics/statistical-review-of-world-energy/downloads.html

Bradford, S. C. (1934). Sources of information on specific subjects. Engineering, 137, 85-86.

Brandt, L., & Rawski, T. G. (2008). China's great economic transformation. Cambridge, UK: Cambridge University Press..

Brewer, M. B. (1979). In-group bias in the minimal intergroup situation: A cognitive-motivational analysis. Psychological Bulletin, 86, 307-324.

Brewer, M.B. (1999). The psychology of prejudice: Ingroup love or outgroup hate? Journal of Social Issues, 55, 429-444.

Brin, S., & Page, L. (1998). The anatomy of a large-scale hypertextual web search engine. Computer networks and ISDN systems, 30(1-7), 107-117.

Brinkman, R. (1995). Economic growth versus economic development: Toward a conceptual clarification. Journal of Economic Issues, 29(4), 1171-1188.

Broad, C. D. (1954). Emotion and sentiment. The Journal of Aesthetics and Art Criticism, 13(2), 203-214.

Brown, G., & Yule, G. (1983). Discourse analysis. Cambridge, UK: Cambridge University Press.

Cantallops, A. S., & Salvi, F. (2014). New consumer behavior: A review of research on eWOM and hotels. International Journal of Hospitality Management, 36, 41-51.

Cattell, R. B. (2006). Sentiment or attitude? The core of a terminology problem in personality research. Journal of Personality, 9(1), 6-17.

Center for Machine Learning and Intelligent Systems at the University of California. (2015). Dataset for sentiment analysis. Available at https://archive.ics.uci.edu/ml/datasets/Sentiment+Labelled+Sentences

Charlton, G. (2012). Ecommerce consumer reviews: why you need them and how to use them. Econsultancy. com. Retrieved from https://econsultancy.com/blog/9366-ecommerce-consumer-reviews-why-you-need-them-and-how-to-use-them

Chow, G. C. (2004). Economic reform and growth in China. Annals of Economics and Finance., 5, 93-118.

Cieri, C., Graff, D., Liberman, M., Martey, N., & Strassel, S. M. (2000). Large, Multilingual, Broadcast News Corpora for Cooperative Research in Topic Detection and Tracking: The TDT-2 and TDT-3 Corpus Efforts. (pp. 925-930). In Proceedings of The Second International Conference on Language Resources and Evaluation, 31 May - 2 June, 2000.

CIFAR. (2019). CANADIAN INSTITUTE FOR ADVANCED RESEARCH. Available at https://www.cifar.ca/

Cimiano, P., Hotho, A., & Staab, S. (2005). Learning concept hierarchies from text corpora using formal concept analysis.Journal of artificial intelligence research, 24, 305–339.

Cimiano, P., Hotho, A., Stumme, G., & Tane, J. (2004).Conceptual knowledge processing with formal concept analysis and ontologies.In International Conference on Formal Concept Analysis (pp. 189–207).Springer, Berlin, Heidelberg.

CNA. (2019). Available at https://www.cna.org/

Coase, R., & Wang, N. (2016). How China became capitalist. Springer.

comScore and the Kelsey group (2007). Online consumer–generated reviews have significant impact on offline purchase behavior. Retrieved from https://www.comscore.com/Insights/Press–Releases/2007/11/Online–Consumer–Reviews–Impact–Offline–Purchasing–Behavior

Cornell sentence polarity dataset v1.0 . (2005). Available at http://www.cs.cornell.edu/people/pabo/movie-review-data/

Das, S., & Chen, M. (2001). Yahoo! for Amazon: Extracting market sentiment from stock message boards. In Proceedings of the Asia Pacific finance association annual conference (APFA) (Vol. 35, p. 43).

Dave, K., Lawrence, S., & Pennock, D. M. (2003). Mining the peanut gallery: Opinion extraction and semantic classification of product reviews. In Proceedings of the 12th international conference on World Wide Web (pp. 519–528). ACM.

De Battisti, F., Ferrara, A., & Salini, S. (2015). A decade of research in statistics: a topic model approach. Scientometrics, 103(2), 413–433.

De Marneffe, M. C., Dozat, T., Silveira, N., Haverinen, K., Ginter, F., Nivre, J., & Manning, C. D. (2014). Universal Stanford dependencies: A cross–linguistic typology. In Proceedings of LREC (pp. 4585–4592). European Language Resources Association (ELRA).

de Solla Price, D.J. (1963). Little Science, Big Science. New York: Columbia University Press.

de Solla Price, D.J. (1976). A general theory of bibliometric and other cumulative advantage processes. Journal of the American Society for Information Science , 27, 292 – 306.

Der–Karabetian, A., & Balian, N. (1992). Ingroup, outgroup, and global–human identities of Turkish-Armenians. The Journal of Social Psychology, 132(4), 497–504.

Dick, S. (2004). The Importance of exploration. NASA. Available at https://www.nasa.gov/exploration/whyweexplore/Why_We_01pt1.html

DiMaggio, P., Nag, M., & Blei, D. M. (2013). Exploiting affinities between topic modeling and the sociological perspective on culture: Application to newspaper coverage of U. S. government arts funding. Poetics, 41, 570 – 606.

Ding, X., Liu, B., & Yu, P. S. (2008, February). A holistic lexicon-based approach to opinion mining. In Proceedings of the 2008 international conference on web search and data mining (pp. 231-240). ACM.

Dolan, R. J. (2002). Emotion, cognition, and behavior. science, 298(5596), 1191-1194.

Doyle, A. C. (2019). A Scandal in Bohemia. Amazon Kindle Edition. Oregon: MJ Arts Digital Publishing.

Ebenstein, A., Fan, M., Greenstone, M., He, G., Yin, P., & Zhou, M. (2015). Growth, pollution, and life expectancy: China from 1991-2012. American Economic Review, 105(5), 226-31.

Edelstein, A. S. (1993). Thinking about the criterion variable in agenda-setting research. Journal of Communication, 43(2), 85-99.

Editor's note. (2013). The Economist explains itself – Why are The Economist's writers anonymous? Available at https://www.economist.com/the-economist-explains/2013/09/04/why-are-the-economists-writers-anonymous

Editors of World History Connected. (2008). What's out there: commonly used textbooks in middle school and non-ap high school courses? World History Association. Available at https://worldhistoryconnected.press.uillinois.edu/3.2/middle_school.html

Eizenstat, S. E. (1992). Economists and White House Decisions. Journal of Economic Perspectives, 6(3), 65-71.

Ekman, P., Friesen, W. V., & Ellsworth, P. (1982). What emotion categories or dimensions can observers judge from facial behavior? In P. Ekman (Ed.), Emotion in the human face (pp. 39-55). New York: Cambridge University Press.

Elgesem, D., Steskal, L., & Diakopoulos, N. (2015). Structure and content of the discourse on climate change in the blogosphere: The big picture. Environmental Communication,9(2), 169-188.

Emarketer, (2010) Mons place trust in other consumers. Retrieved from http://www.emarketer.com/Article/Moms-Place-Trust-Other-Consumers/1007509

ERC facts and figures.(2019). ERC facts. Available at https://erc.europa.eu/projects-figures/facts-and-figures

ESRC Research Grants. (2019). Grants. Available at https://esrc.ukri.org/funding/funding-opportunities/research-grants/

ESRC. (2019). ESRC fund. Available at https://www.gov.uk/government/organisations/economic-and-social-research-council

Esuli, A., & Sebastiani, F.(2006). SentiWordNet: A publicly available lexical resource for opinion mining. In Proceedings of LREC-06, the 5th Conference on Language Resources and Evaluation, Genova, IT, 2006

Etymonline.(2020)superpower. Available at https://www.etymonline.com/word/superpower

Evans, M. S. (2014). A computational approach to qualitative analysis in large textual datasets. PLoS One, 9(2), 1–10

Fairclough, N. (1992). Discourse ad social change. Cambridge: Polity Press

Fairclough, N. (1995). Media discourse. London: Arnold.

Falagas, M. E., Pitsouni, E. I., Malietzis, G. A., & Pappas, G. (2007). Comparison of PubMed, Scopus, Web of Science, and Google Scholar: strengths and weaknesses. The FASEB Journal, 22(2), 338–342.

Faust, K. (1997). Centrality in affiliation networks. Social Networks, 19(2),157–191.

Feldman, R. (2013). Techniques and applications for sentiment analysis. Communications of the ACM, 56(4), 82–89.

Fiscus, J. G., & Doddington, G. R. (2002). Topic detection and tracking evaluation overview. In Topic detection and tracking (pp. 17–31). Springer, Boston, MA. Available at https://pdfs.semanticscholar.org/f753/eaae780e5731d29ef4fbce02e58584c39792.pdf

Flammang, R. A. (1979). Economic growth and economic development: counterparts or competitors?. Economic Development and Cultural Change, 28(1), 47–61.

Folch, D. (2020). China's greatest naval explorer sailed his treasure fleets as far as East Africa. National Geographic History Magazine. Available at https://www.nationalgeographic.com/history/history-magazine/article/china-zheng-he-naval-explorer-sailed-treasure-fleet-east-africa

Fowler, R. (1991).Language in the news: discourse and ideology in the press. London: Routledge.

Fowler, R. (2013). Language in the News: Discourse and Ideology in the Press. Routledge.

Fratzscher, M., & Mehl, A. (2014). China´s dominance hypothesis and the emergence of a tri-polar global currency system. The Economic Journal, 124(581), 1343–1370.

Freeman, L. C. (1977). A set of measures of centrality based on betweenness. Sociometry, 40, 35–41.

Freeman, L. C. (1979). Centrality in social networks conceptual clarification. Social Networks, 1, 215–239.

Friedenberg, J., & Silverman, G. (2011). Cognitive science: An introduction to the study of mind. California, USA: SAGE Publications.

Gallagher. R. (2017). Eugene Garfield – 1925-2017 – a life of impact. Available at https://annualreviewsnews.org/2017/02/27/eugene-garfield-1925-2017/

Gamon, M. (2004). Sentiment classification on customer feedback data: noisy data, large feature vectors, and the role of linguistic analysis. In Proceedings of the 20th international conference on Computational Linguistics (p. 841). Association for Computational Linguistics.

Gamon, M., Aue, A., Corston-Oliver, S., & Ringger, E. (2005). Pulse: Mining customer opinions from free text. In international symposium on intelligent data analysis (pp. 121-132). Springer, Berlin, Heidelberg.

Ganter, B., & Wille, R. (1999). Formal concept analysis: mathematical foundations. Heidelberg: Springer.

Garfield, E. (1955). Citation indexes for science. Science, 122(3159), 108-111.

Garfield, E. (1972). Citation analysis as a tool in journal evaluation. Science, 178(4060), 471-479.

George, S.(2015). How much data is generated every minute on social media? Retrieved from https://www.socialmediatoday.com/news/how-much-data-is-generated-every-minute-infographic-1/525692/

Gerald, G & Chris, M. (1989). Natural language processing in Prolog. New York: Addison-Wesley Publishing Company

Ghiassi, M., Skinner, J., & Zimbra, D. (2013). Twitter brand sentiment analysis: A hybrid system using n-gram analysis and dynamic artificial neural network. Expert Systems with applications, 40(16), 6266-6282.

Ghosh, D. D., & Guha, R. (2013). What are we 'tweeting' about obesity? Mapping tweets with topic modeling and Geographic Information System. Cartography and Geographic Information Science, 40(2), 90-102.

Ghosh, R., Ravi, K., & Ravi, V. (2016). A novel deep learning architecture for sentiment classification. In Recent Advances in Information Technology (RAIT), 2016 3rd International Conference on (pp. 511-516). IEEE.

Gibson. R. (2019). Hearing exploring the growing U.S. reliance on China´s biotech and pharmaceutical products. United States-China Economic and Security Review Commission. Available at https://www.uscc.gov/sites/default/files/transcripts/July%2031%2C%202019%20Hearing%20Transcript.pdf

Github. (2018). Available at https://github.com/

Go, A., Bhayani, R., & Huang, L. (2009). Twitter sentiment classification using distant supervision. CS224N Project Report, Stanford, 1(12).

Godin, B. (2006). On the origins of bibliometrics. Scientometrics 68(1): 109-133.

Goldwater, S. & Griffiths, T. L. (2007). A fully Bayesian approach to unsupervised part-of-speech tagging. In ACL-07, Prague, Czech Republic.

Google cloud platform.(2017). Google cloud platform - Natural Language Processing. Available at https://cloud.google.com/natural-language/

Gordon, S. L. (1981). The sociology of sentiments and emotion. Social psychology: Sociological perspectives, 562-592.

Griffiths, T. L., & Steyvers, M. (2004). Finding scientific topics. Proceedings of the National Academy of Sciences, 101(suppl 1), 5228-5235.

Grimmer, J., & Stewart, B. M. (2013). Text as data: The promise and pitfalls of automatic content analysis methods for political texts. Political analysis, 21(3), 267–297.

Günther, E., & Domahidi, E. (2017). What communication scholars write about: An analysis of 80 years of research in high–impact journals. International Journal of Communication,11, 21.

Guo, L., Vargo, C. J., Pan, Z., Ding, W., & Ishwar, P. (2016). Big social data analytics in journalism and mass communication: Comparing dictionary–based text analysis and unsupervised topic modeling. Journalism & Mass Communication Quarterly, 1–28. doi: 10.1177/1077699016639231

Guo, S., & Zhang, G. (2019). Social network analysis of international collaboration in the economic research from 1900 through 2012. The Social Science Journal. DOI: https://doi.org/10.1016/j.soscij.2019.02.006

Guo, S., Zhang, G., Ju, Q., Chen, Y., Chen, Q., & Li, L. (2015). The evolution of conceptual diversity in economics titles from 1890 to 2012. Scientometrics, 102 (3), 2073–2088.

Halton, C. (2019). NATIONAL BUREAU OF ECONOMIC RESEARCH (NBER). Available at https://www.investopedia.com/terms/n/nber.asp

Harris. Z. S. (1962). String analysis of sentence structure. The Hague: Mouton.

Hart–Davis, Adam. (2012).History: The Definitive Visual Guide – from the Dawn of Civilization to the Present Day. New York: DK Publishing.

Hatzivassiloglou, V., & McKeown, K. R. (1997). Predicting the semantic orientation of adjectives. In Proceedings of the 35th annual meeting of the association for computational linguistics and eighth conference of the european chapter of the association for computational linguistics (pp. 174–181). Association for Computational Linguistics.

Hearst, M. A. (1992). Direction–based text interpretation as an information access refinement. Text–based intelligent systems: current research and practice in information extraction and retrieval, 257–274.

Heckman, J. J., & Moktan, S. (2020). Publishing and promotion in economics: the tyranny of the top five. Journal of Economic Literature, 58(2), 419–70.

Herdan, G. (1960), Type-token mathematics, The Hague: Mouton.

Hess, D. J. (1997). Science studies: An advanced introduction. New York：NYU press.

Hilsenrath, J., Ng, S., & Paletta, D. (2008). Worst crisis since '30s, with no end yet in sight. The Wall Street Journal, Available at https://www.wsj.com/articles/SB122169431617549947

Hinton, G. E., McClelland, J., & Rumelhart, D. (1986). Distributed representations. In D. Rumelhart & J. McClelland (Eds.), Parallel Distributed Processing (Vol. 1, pp. 77–109). Cambridge, MA: MIT Press.

Hitlin, Paul. (2016). Research in the Crowdsourcing Age, a Case Study. Pew Research Center Internet & Technology. Available at http://www.pewinternet.org/2016/07/11/the-size-of-the-mechanical-turk-marketplace/

Holmes, T. J., McGrattan, E. R., & Prescott, E. C. (2015). Quid pro quo: Technology capital transfers for market access in China. The Review of Economic Studies, 82 (3), 1154–1193.

Hood, W., & Wilson, C. (2001). The literature of bibliometrics, scientometrics, and informetrics. Scientometrics, 52(2), 291–314.

Hu, M., & Liu, B. (2004). Mining and summarizing customer reviews. In Proceedings of the tenth ACM SIGKDD international conference on Knowledge discovery and data mining (pp. 168–177).ACM.

IBM Cloud. (2017). IBM Cloud – Natural Language Processing. Available at https://cloud.ibm.com/login

ICTCLAS (Institute of Computing Technology, Chinese Lexical Analysis System)(2012). Available at http://ictclas.nlpir.org/

IEEE Library.(2019).Available at https://ieeexplore.ieee.org/Xplore/home.jsp

INOMICS Team. (2017). Top economics think tanks and research institutes in the US. Available at https://inomics.com/insight/top-economics-think-tanks-and-research-institutes-in-the-us-1025248

Jack, R. E., Garrod, O. G., & Schyns, P. G. (2014). Dynamic facial expressions of emotion transmit an evolving hierarchy of signals over time. Current biology, 24(2), 187–192.

Jacobi, C., Van Atteveldt, W., & Welbers, K. (2016). Quantitative analysis of large amounts of journalistic texts using topic modelling. Digital Journalism, 4(1), 89–106.

JEL Code. (2018). JEL Classification System. Available at https://www.aeaweb.org/jel/guide/jel.php

Journal Insights. (2019). Metrics for Journal of Financial Economics . Available at https://journalinsights.elsevier.com/journals/0304-405X/oapt

Jurafsky D.& Martin, JH. (2008) Speech and language processing, Upper Saddle River, NJ: Prentice Hall.

Jurafsky, D. (2015). Sentiment analysis. Stanford Natural Language Processing Coursera. https://web.stanford.edu/class/cs124/lec/sentiment.pptx

Kapadia, S.(2019).Shashank KapadiaEvaluate Topic Models: Latent Dirichlet Allocation (LDA) Available at https://towardsdatascience.com/evaluate-topic-model-in-python-latent-dirichlet-allocation-lda-7d57484bb5d0

Kennedy, A., & Inkpen, D. (2006). Sentiment classification of movie reviews using contextual valence shifters. Computational intelligence, 22(2), 110–125.

Khairnar, J., & Kinikar, M. (2013). Machine learning algorithms for opinion mining and sentiment classification. International Journal of Scientific and Research Publications, 3(6), 1-6.

Khan, A. R., Griffin, K., & Riskin, C. (1999). Income distribution in urban China during the period of economic reform and globalization. American Economic Review, 89 (2), 296-300.

Kleene, S. C. (1951). Representation of events in nerve nets and finite automata (No. RAND-RM-704). RAND PROJECT AIR FORCE SANTA MONICA CA.

Koltsova, O., & Koltcov, S. (2013). Mapping the public agenda with topic modeling: The case of the Russian

Koltsova, O., & Shcherbak, A. (2015). 'LiveJournal Libra!': The political blogosphere and voting preferences in Russia in 2011‐2012. New Media & Society, 17 (10), 1715-1732.

Kuhn, P., & Shen, K. (2013). Gender discrimination in job ads: Evidence from china. The Quarterly Journal of Economics, 128(1), 287-336.

Kumar, K.(2018). Evaluation of Topic Modeling: Topic Coherence. Available at https://datascienceplus.com/evaluation-of-topic-modeling-topic-coherence/

Kummer, O. and Savoy, J. (2012). Feature selection in sentiment analysis. In Proceeding of the Conference en Recherche d'Infomations et Applications (CORIA), pp. 273‐284, Bordeaux, France.

Kurlansky, M.(2003) Salt: A World History. New York, USA: Penguin Books.

Langfitt.F. (2006). ´Economist´ Magazine Wins American Readers. NPR. Available at http://www.npr.org/templates/story/story.php?storyId=5250996

Lewis, M. E. (2009). China's Cosmopolitan Empire: The Tang Dynasty. Cambridge, Massachusetts: Harvard University

Li, C., Xu, B., Wu, G., He, S., Tian, G., & Hao, H. (2014). Recursive deep learning for sentiment analysis over social data. In Proceedings of the 2014 IEEE/WIC/ACM International Joint Conferences on Web Intelligence (WI) and Intelligent Agent Technologies (IAT)-Volume 02 (pp. 180-185). IEEE Computer Society.

Liu, B. (2007). Web data mining: exploring hyperlinks, contents, and usage data. New York: Springer Science & Business Media.

Liu, B. (2012). Sentiment analysis and opinion mining. Synthesis lectures on human language technologies. 5(1), 1-167.

Liu, B. (2015). Sentiment analysis: Mining opinions, sentiments, and emotions. Cambridge : Cambridge University Press.

Liu, B., Hu, M., & Cheng, J. (2005). Opinion observer: analyzing and comparing opinions on the web. In Proceedings of the 14th international conference on World Wide Web (pp. 342-351).ACM.

LiveJournal. Policy & Internet, 5(2), 207-227

Lockard, Craig. (1999). Societies -- Tang China and the Chinese Millennium. World History Essay Series, Encarta Encyclopedia. New York: Microsoft Press.

Lotka, A. J. (1926). The frequency distribution of scientific productivity. Journal of the Washington academy of sciences, 16(12), 317–323.

Ludovino, E. M.(2016). The Seven Irrefutable Laws of Emotional Intelligence (Emotional Intelligence Series Book 1) Kindle Edition. EMLudovino. Available at https://www.amazon.com/dp/B01FO3AORG

Maier, D., Waldherr, A., Miltner, P., J?hnichen, P., & Pfetsch, B. (2018). Exploring issues in a networked public sphere: Combining hyperlink network analysis and topic modeling. Social Science Computer Review, 36(1), 3–20.

Marr, Bernard. (2018). How much data do we create every day? The mind-blowing stats everyone should read. Retrieved from https://www.forbes.com/sites/bernardmarr/2018/05/21/how-much-data-do-we-create-every-day-the-mind-blowing-stats-everyone-should-read/#5567e1e60ba9

Marshall, I. (1983). Choice of grammatical word-class without GLobal syntactic analysis: Tagging words in the LOB corpus. Computers and the Humanities, 17, 139-150.

Mate, C. (2016). Product aspect ranking using sentiment analysis: A survey. International Research Journal of Engineering and Technology, 3(01), 126–127.

McCallum, Andrew Kachites. (2002). MALLET: A Machine Learning for Language Toolkit. Available at http://mallet.cs.umass.edu

Medhat, W., Hassan, A., & Korashy, H. (2014). Sentiment analysis algorithms and applications: A survey. Ain Shams Engineering Journal, 5(4), 1093–1113.

Meeks, E., & Weingart, S. B. (2012). The digital humanities contribution to topic modeling. Journal of Digital Humanities, 2(1), 1–6.

Merriam-Webser's Online Dictionary. (2018). Available at https://www.merriam-webster.com/dictionary/sentiment

Merton, R. K. (1942). The Normative Structure of Science. In N. Storer (Ed.). The sociology of science:Theoretical and empirical investigations (pp. 267-278). Chicago: The University of Chicago Press.

Merton, R. K. (1961). Singletons and multiples in scientific discovery: A chapter in the sociology of science. Proceedings of the American Philosophical Society, 105(5), 470–486.

Merton, R.K. (1968). The Matthew effect in science. Science ,159(3810), 56-63.

Merton, R.K. (1988). The Matthew effect in science, II: cumulative advantage and the symbolism of intellectual property. ISIS, 79, 606-623.

Microsoft Azure.(2017). Text Analytics API | Microsoft Azure. Available at https://azure.microsoft.com/en-us/services/cognitive-services/text-analytics/

Mihalcea, R., & Tarau, P. (2004). Textrank: Bringing order into text. In Proceedings of the 2004 conference on empirical methods in natural language processing (pp. 404–411). Association for Computational Linguistics

Mikolov, T., Chen, K., Corrado, G., & Dean, J. (2013). Efficient estimation of word representations in vector space. arXiv preprint arXiv:1301.3781.

Mikolov, T., Sutskever, I., Chen, K., Corrado, G. S., & Dean, J. (2013). Distributed representations of words and phrases and their compositionality. In Advances in neural information processing systems (pp. 3111–3119). Neural Information Processing Systems Foundation.

Mohr, J. W., & Bogdanov, P. (2013). Introduction—Topic models: What they are and why they matter. Poetics, 41(6), 545–569.

Morinaga, S., Yamanishi, K., Tateishi, K., & Fukushima, T. (2002). Mining product reputations on the web. In Proceedings of the eighth ACM SIGKDD international conference on Knowledge discovery and data mining (pp. 341–349). ACM.

Murray, H. A., & Morgan, C. D. (1945). A clinical study of sentiments (I & II). Genetic Psychology Monographs. 32. 153–311.

Nallapati, R., & Allan, J. (2002). Capturing term dependencies using a language model based on sentence trees. In Proceedings of the Eleventh International Conference on Information and Knowledge Management (pp. 383–390). ACM.

Nasukawa, T., & Yi, J. (2003). Sentiment analysis: Capturing favorability using natural language processing. In Proceedings of the 2nd international conference on Knowledge capture (pp. 70–77). ACM.

NBER.(2019). About NBER. Available at https://www.nber.org/info.html

Newman, D., Chemudugunta, C., Smyth, P., & Steyvers, M. (2006). Analyzing entities and topics in news articles using statistical topic models. In S. Mehrotra, D. D. Zeng, H. Chen, B. Thuraisingham, & F.-Y. Wang (Eds.), Intelligence and Security Informatics (Vol. 3975, pp. 93–104). Berlin, Germany: Springer.

Newman, M. E. (2001). The structure of scientific collaboration networks. Proceedings of the National Academy of Sciences, 98(2), 404–409.

Ng, V., Dasgupta, S., & Arifin, S. M. (2006). Examining the role of linguistic knowledge sources in the automatic identification and classification of reviews. In Proceedings of the COLING/ACL on Main conference poster sessions (pp. 611–618). Association for Computational Linguistics.

NIH Grants. (2019). NIH Grant. Available at https://grants.nih.gov/grants/about_grants.htm

Nikita,Murzintcev.(2019).R Package of Tuning of the Latent Dirichlet Allocation Models Parameters. Available at https://cran.r-project.org/web/packages/ldatuning/index.html

Nikolenko, S. I., Koltcov, S., & Koltsova, O. (2017). Topic modelling for qualitative studies. Journal of Information Science, 43(1), 88–102.

Norris, M., & Oppenheim, C. (2007). Comparing alternatives to the Web of Science for coverage of the social sciences' literature. Journal of Informetrics, 1(2), 161–169.

NSF. (2019). About the National Science Foundation. Available at https://www.nsf.gov/about/

O'Reilly, T. (2005). O'reilly network: What is web 2.0? Retrieved from https://www.oreilly.com/pub/a/web2/archive/what-is-web-20.html

Obar, J.A., & Wildman, S. (2015). Social media definition and the governance challenge: An introduction to the special issue. Telecommunications policy, 39(9), 745–750.

Ortony, A., & Turner, T. J. (1990). What's basic about basic emotions?. Psychological review, 97(3), 315–331.

Pak, A., & Paroubek, P. (2010). Twitter as a corpus for sentiment analysis and opinion mining. In LREc, Vol. 10, No. 2010, pp. 1320–1326.

Pang, B., & Lee, L. (2008). Opinion mining and sentiment analysis. Foundations and Trends? in Information Retrieval, 2(1–2), 1–135.

Pang, B., Lee, L., & Vaithyanathan, S. (2002). Thumbs up?: sentiment classification using machine learning techniques. In Proceedings of the ACL-02 conference on Empirical methods in natural language processing –Volume 10 (pp. 79–86). Association for Computational Linguistics.

Pearson, K. (2004). The grammar of science. New York: Dover Publications.

Pennington, J., Socher, R., & Manning, C. D. (2014). Glove: Global vectors for word representation. In Proceedings of the 2014 conference on empirical methods in natural language processing (EMNLP) (pp. 1532–1543).

Perkins, D. H., & Rawski, T. G. (2008). Forecasting China's economic growth to 2025. In L. Brandt and T. G. Rawski (Eds)., China's great economic transformation (pp. 829–86). Cambridge, UK: Cambridge University Press..

Petrov, S., Das, D., & McDonald, R. (2012). A universal part-of-speech tagset. In Proceedings of LREC (pp. 2089–2096). European Language Resources Association (ELRA)

Picard, R. W. (1997). Affective computing. Cambridge (MA): The MIT Press.

Piepenbrink, A., & Nurmammadov, E. (2015). Topics in the literature of transition economies and emerging markets. Scientometrics, 102(3), 2107–2130.

Plutchik, R. (1980). A general psychoevolutionary theory of emotion. In R. Plutchik & H. Kellerman (Eds.), Emotion: Theory, research, and experience: Vol. 1. Theories of emotion (pp. 3–33). New York: Academic.

Poelmans, J., Elzinga, P., Viaene, S., & Dedene, G. (2009). A case of using formal concept analysis in combination with emergent self organizing maps for detecting domestic violence.In Industrial Conference on Data Mining (pp. 247–260).Springer, Berlin, Heidelberg.

Ponsford, D.(2014). Seriously popular: The Economist now claims to reach 5.3m readers a week in print and online. PressGazette. Available at https://www.pressgazette.co.uk/seriously-popular-economist-now-claims-reach-53m-readers-week-print-and-online/

Popescu, I. I. (2009). Word frequency studies (Vol. 64). New York：Walter de Gruyter.

ProgrammableWeb. (2018). Available at https://www.programmableweb.com/

Proquest Business Premium Collection (PBPC). (2018). Available at https://www.proquest.com/products-services/Business-Premium-Collection.html

Pruteanu-Malinici, I., Ren, L., Paisley, J., Wang, E., & Carin, L. (2010). Hierarchical Bayesian modeling of topics in time-stamped documents. IEEE transactions on pattern analysis and machine intelligence, 32(6), 996–1011.

Puschmann, C., & Scheffler, T. (2016) Topic modeling for media and communication research: A short primer. HIIG Discussion Paper Series (No. 2016-05): Alexander von Humboldt Institut für Internet und Gesellschaft.

Qi, Y., Zhu, N., Zhai, Y., & Ding, Y. (2018). The mutually beneficial relationship of patents and scientific literature: topic evolution in nanoscience. Scientometrics, 115 (2), 893–911.

Ramage, D., Hall, D., Nallapati, R., & Manning, C. D. (2009t). Labeled LDA: A supervised topic model for credit attribution in multi-labeled corpora. In Proceedings of the 2009 Conference on Empirical Methods in Natural Language Processing: Volume 1-Volume 1 (pp. 248–256). Association for Computational Linguistics.

Rao, C. R. (1997). Statistics and truth: putting chance to work. London: World Scientific Publishing.

Rauchfleisch, A. (2017). The public sphere as an essentially contested concept: A co-citation analysis of the last 20 years of public sphere research. Communication and the Public, 2(1), 3–18.

Rehurek, R., & Sojka, P. (2010). Software framework for topic modelling with large corpora. In In Proceedings of the LREC 2010 Workshop on New Challenges for NLP Frameworks.

Restuccia, A., Palmer, D., & Behsudi, A. (2018). Trump says he will withdraw from NAFTA, pressuring Congress to approve new trade deal. Politico. Available at https://www.politico.com/story/2018/12/02/trump-trade-canada-mexico-1006164

Riloff, E., Patwardhan, S., & Wiebe, J. (2006). Feature subsumption for opinion analysis. In Proceedings of the 2006 conference on empirical methods in natural language processing (pp. 440–448). Association for Computational Linguistics.

R?der, M., Both, A., & Hinneburg, A. (2015, February). Exploring the space of topic coherence measures. In Proceedings of the eighth ACM international conference on Web search and data mining (pp. 399-408). ACM.

Rose, S., Engel, D., Cramer, N., & Cowley, W. (2010). Automatic keyword extraction from individual documents. In Michael W. Berry and Jacob Kogan (Eds). Text mining: applications and theory (pp. 1-20). John Wiley & Sons.

Rothenberg, R. B., Potterat, J. J., Woodhouse, D. E., Darrow, W. W., Muth, S.Q., & Klovdahl, A. S. (1995). Choosing a centrality measure: Epidemio-logic correlates in the Colorado Springs study of social networks. Social Networks, 17(3-4), 273-297.

Salton, G. (1971). The SMART Retrieval System: Experiments in Automatic Document Processing. Prentice Hall.

Salton, G. (1989). Automatic text processing: The transformation, analysis and retrieval of information by computer. Reading, MA: Addison

Savoy, J. (2013). Authorship attribution based on a probabilistic topic model. Information Processing & Management, 49(1), 341-354.

Scherer, K. R. (2000). Psychological models of emotion. The neuropsychology of emotion, 137(3), 137-162.

Schinas, M., Papadopoulos, S., Kompatsiaris, Y., & Mitkas, P. A. (2015). Visual event summarization on social media using topic modelling and graph-based ranking algorithms. In Proceedings of the 5th ACM on International Conference on Multimedia Retrieval (pp. 203-210). ACM.

Scikit-learn.(2007). Available at https://scikit-learn.org/stable/index.html

Sewall, G. T. (2004). World history textbooks: A review. Center for Education Studies. New York: American Textbook Council.

Shaver, P., Schwartz, J., Kirson, D., & O'Connor, C. (2001). Emotional knowledge: Further exploration of a prototype approach. In G. Parrott (Eds.), Emotions in Social Psychology: Essential Readings (pp. 26-56). Philadelphia, PA: Psychology Press.

Shrestha, K. (2016). 50 stats you need to know about online reviews. Retrieved from https://www.visualistan.com/2017/11/50-stats-you-need-to-know-about-online-reviews.html

Smiler, A. P. (2006). Living the image: A quantitative approach to delineating masculinities. Sex Roles, 55(9-10), 621-632.

Smith, Norton. (2009). Ten ways to judge a president. Wharton School of the University of Pennsylvania. Available at http://knowledge.wharton.upenn.edu/article/ten-ways-to-judge-a-president/

Smith, T. W. (2015). The Book of Human Emotions: An Encyclopedia of Feeling from Anger to Wanderlust. London:Profile Books Ltd.

Socher, R., Perelygin, A., Wu, J., Chuang, J., Manning, C. D., Ng, A., & Potts, C. (2013). Recursive deep models for semantic compositionality over a sentiment treebank. In Proceedings of the 2013 conference on empirical methods in natural language processing (pp.

1631–1642).

SpaCy(2015).Available at https://explosion.ai/software

Sparck Jones, K. (2007). Automatic summarising: The state of the art. Information Processing and Management, 43(6),1449–1481.

Stadelmann, M. (2011). US Presidents for Dummies. New York, NY: Hungry Minds, Inc.

Standage, T. (2016). Do the "global elite" really read 'The Economist'? The Economist. https://www.quora.com/Do-the-global-elitereally-read-%E2%80%98The-Economist%E2%80%99

Stanford sentiment dataset. (2017). Available at http://ai.stanford.edu/~amaas/data/sentiment/

Steinberger, J., Brychcín, T., & Konkol, M. (2014). Aspect-level sentiment analysis in czech. In Proceedings of the 5th workshop on computational approaches to subjectivity, sentiment and social media analysis (pp. 24–30). ACL

Stets, J. E. (2006). Emotions and sentiments. In J. DeLamater & A. Ward. (Eds). Handbook of social psychology (pp. 309–335). Springer, Boston, MA.

Stevens, K., Kegelmeyer, P., Andrzejewski, D., & Buttler, D. (2012). Exploring topic coherence over many models and many topics. In Proceedings of the 2012 Joint Conference on Empirical Methods in Natural Language Processing and Computational Natural Language Learning (pp. 952–961). Association for Computational Linguistics.

Steyvers, M., & Griffiths, T. (2007). Probabilistic topic models. Handbook of latent semantic analysis, 427(7), 424–440.

Stiftelsernas ?ndam?l. (2019). Available at https://www.handelsbanken.se/shb/inet/IStartSv.nsf/FrameSet?OpenView&id=Forskningsstiftelserna

Stigler, G. J., Stigler, S. M., & Friedland, C. (1995). The journals of economics. Journal of Political Economy, 103(2), 331–359.

Stone, P. J., Dunphy, D. C., & Smith, M. S. (1966). The general inquirer: A computer approach to content analysis. Cambridge, MA: MIT Press.

Stone, Z.(2015). A surprisingly large amount of amazon reviews are fake. Retrieved from http://thehustle.co/a-surprisingly-large-number-of-amazon-reviewsare-scams-the-hustle-investigates

Stopword list 2. (1993). Stopword. Available at http://www.lextek.com/manuals/onix/stopwords2.html

Stumme, G. (2002). Efficient data mining based on formal concept analysis. In International Conference on Database and Expert Systems Applications (pp. 534–546). Springer, Berlin, Heidelberg.

Sugimoto, C. R., Li, D., Russell, T. G., Finlay, S. C., & Ding, Y. (2011). The shifting sands of disciplinary development: Analyzing North American Library and Information

Science dissertations using latent Dirichlet allocation. Journal of the American Society for Information Science and Technology,62(1), 185–204.

Tesitelova, M.(1992). Quantitative linguistics. Philadelphia: John Benjamins Publishing Company:

The Stanford NLP Group – Sentiment Analysis. (2013). Available at https://nlp.stanford.edu/sentiment/index.html

Thoits, P. A. (1989). The sociology of emotions. Annual review of sociology, 15(1), 317–342.

Thompson,K.(1968).Regular expression search algorithm. Communications of the ACM, 11(6), 419–422.

Tong, R. M. (2001). An operational system for detecting and tracking opinions in on-line discussion. In Working Notes of the ACM SIGIR 2001 Workshop on Operational Text Classification (Vol. 1, No. 6).

Trew, T. (1979). 'What the papers say': Linguistic variation and ideological difference. In R. Fowler, B. Hodge, G. Kress and T. Trew (Eds.) Language and control (pp. 117–156). London: Routledge.

TripAdvisor dataset.(2018).Twin Persona. Available at https://twin-persona.org/datasets/2016/TripAdvisor_dataset_2015.rar

Turney, P. D. (2002). Thumbs up or thumbs down?: semantic orientation applied to unsupervised classification of reviews. In Proceedings of the 40th annual meeting on association for computational linguistics (pp. 417–424). Association for Computational Linguistics.

UK Research and Innovation. (2019). Available at https://www.ukri.org/

UKRI Councils. (2019). Councils. Available at https://www.ukri.org/about–us/our–councils/

Valente, T. W., Coronges, K., Lakon, C., & Costenbader, E. (2008). How cor-related are network centrality measures? Connect (Tor), 28(1), 16–26.

Van Dijk, T. A. (1988). News as discourse. Hillsdale, NJ: Erlbaum.

Van Dijk, T. A. (1995). Discourse semantics and ideology. Discourse & society, 6(2), 243–289.

Van Dijk, T. A. (2000). Ideology: A multidisciplinary approach. London: Sage.

Van Dijk, T. A. (2005). Politics, ideology, and discourse.In R. Wodak (Ed.), Encyclopedia of Language and Politics (pp. 728–740).Universitat Pompeu Fabra: Barcelona.

Van Dijk, T. A. (2006). Ideology and discourse analysis. Journal of political ideologies, 11(2), 115–140.

Van Dijk, T. A. (2008). Discourse and power. New York, NY: Palgrave Macmillan.

Van Dijk, T. A. (2009). Society and discourse: How social contexts influence text and talk. Cambridge, UK: Cambridge University Press.

Van Dijk, T. A. (2013).Ideology and discourse. In: Michael Freeden, Lyman Tower Sargent & Marc Stears (Eds.),The Oxford Handbook of Political Ideologies. (pp. 175-196). Oxford: Oxford University Press.

Van Dijk, T. A. (2015). Racism and the Press. Routledge.

Van Raan, A. (1997). Scientometrics: State-of-the-art. Scientometrics, 38(1), 205-218.

Vateekul, P., & Koomsubha, T. (2016). A study of sentiment analysis using deep learning techniques on Thai Twitter data. In Computer Science and Software Engineering (JCSSE), 2016 13th International Joint Conference on (pp. 1-6). IEEE.

Waila, P., Singh, V. K., & Singh, M. K. (2012). Evaluating machine learning and unsupervised semantic orientation approaches for sentiment analysis of textual reviews. In Computational Intelligence & Computing Research (ICCIC), 2012 IEEE International Conference on (pp. 1-6). IEEE.

Wallach, H. M., Mimno, D. M., & McCallum, A. (2009). Rethinking LDA: Why priors matter. In Proceedings of Neural Information Processing Systems (pp. 1973-1981).

Wang, H., Ding, Y., Tang, J., Dong, X., He, B., Qiu, J., & Wild, D. J. (2011). Finding complex biological relationships in recent PubMed articles using Bio-LDA. PloS one, 6(3), e17243.

Wang, H., Lu, Y., & Zhai, C. (2011). Latent aspect rating analysis without aspect keyword supervision. In Proceedings of the 17th ACM SIGKDD international conference on Knowledge discovery and data mining (pp. 618-626). ACM.

Watts, D. J., & Strogatz, S. H. (1998). Collective dynamics of 'small-world' networks. Nature, 393(6684), 440–442.

Wayne, C. L. (2000). Topic detection and tracking in English and Chinese. In Proceedings of the Fifth International Workshop on Information Retrieval With Asian Languages (pp. 165-172). ACM.

Web of Science (Wos).(2019).Available at www.isiknowledge.com/

Wehrheim, L. (2019). Economic history goes digital: topic modeling the Journal of Economic History. Cliometrica, 13(1), 83-125.

Wei, X., & Croft, W. B. (2006). LDA-based document models for ad-hoc retrieval. In Proceedings of the 29th annual international ACM SIGIR conference on Research and development in information retrieval (pp. 178-185). ACM.

Wiebe, J. (2000). Learning Subjective Adjectives from Corpora. In Proceedings of the Seventeenth National Conference on Artificial Intelligence and Twelfth Conference on Innovative Applications of Artificial Intelligence (pp. 735-740). AAAI Press.

Wiebe, J. M. (1990). Identifying subjective characters in narrative. In Proceedings of the 13th conference on Computational linguistics-Volume 2 (pp. 401-406). Association for

Computational Linguistics.

Wiebe, J. M., Bruce, R. F., & O'Hara, T. P. (1999). Development and use of a gold-standard data set for subjectivity classifications. In Proceedings of the 37th annual meeting of the Association for Computational Linguistics on Computational Linguistics (pp. 246–253). Association for Computational Linguistics.

Wiebe, J., Wilson, T., Bruce, R., Bell, M., & Martin, M. (2004). Learning subjective language. Computational linguistics, 30(3), 277–308.

Wikipedia contributors. (2018). List of countries by largest historical GDP. In Wikipedia, The Free Encyclopedia. Retrieved on September 31, 2018, from https://en.wikipedia.org/w/index.php?title=List_of_countries_by_largest_historical_GDP&oldid=875715508

Wilson, C. S. (2001), Informetrics. In: M. E. Williams, (Ed.), Annual Review of Information Science and Technology, Vol.34, pp. 3–143. Medford, NJ: Information Today, Inc. for the American Society for Information Science.

Woodward, B. (2019). Fear: Trump in the White House. Simon & Schuster.

World Bank – China GDP. (2018). China GDP Dataset. Available at https://data.worldbank.org/indicator/NY.GDP.MKTP.CD

World Bank GDP – countries.(2019).Available at https://data.worldbank.org/indicator/NY.GDP.MKTP.CD

World Bank national accounts data. (2017). China – GDP per capita (current US$). Available at https://data.worldbank.org/indicator/NY.GDP.PCAP.CD?end=2017&locations=CN&start=1960&view=chart

World Bank Report. (2019). The World Bank In China – Overview, World Bank Group. Available at https://www.worldbank.org/en/country/china/overview#1

World Bank, CO2 Emissions.(2019). Available at https://data.worldbank.org/indicator/EN.ATM.CO2E.KT?contextual=max&end=2014&locations=CN-JP-IN-US&name_desc=false&start=1960&type=shaded&view=chart

World Bank. (2018). The World Bank in China – Overview. Available at https://www.worldbank.org/en/country/china/overview

World Bank. (2020). China GDP. Available at https://data.worldbank.org/indicator/NY.GDP.MKTP.CD?locations=CN

Wu, Q., Zhang, C., & An, X. (2013). Topic segmentation model based on ATNLDA and co-occurrence theory and its application in stem cell field. Journal of Information Science,39(3), 319–332.

Yang, K., Yu, N., Valerio, A., & Zhang, H. (2006). WIDIT in TREC 2006 Blog Track. In Proceedings of TREC.

Ye, Q., Law, R., Gu, B., & Chen, W. (2011). The influence of user-generated content on traveler behavior: An empirical investigation on the effects of e-word-of-mouth to hotel online bookings. Computers in Human behavior, 27(2), 634–639.

Zeman, D. (2008). Reusable Tagset Conversion Using Tagset Drivers. In Proceedings of LREC (pp. 213‑218). European Language Resources Association (ELRA).

Zhang, L., & Liu, B. (2011). Identifying noun product features that imply opinions. In Proceedings of the 49th Annual Meeting of the Association for Computational Linguistics: Human Language Technologies: short papers‑Volume 2 (pp. 575–580). Association for Computational Linguistics.

Zhang, L., Wang, S., & Liu, B. (2018). Deep learning for sentiment analysis: A survey. Wiley Interdisciplinary Reviews: Data Mining and Knowledge Discovery, e1253.

Zhao, W. X., Jiang, J., Weng, J., He, J., Lim, E. P., Yan, H., & Li, X. (2011). Comparing twitter and traditional media using topic models. In European conference on information retrieval (pp. 338–349). Springer, Berlin, Heidelberg.

Zhou, G., Zeng, Z., Huang, J. X., & He, T. (2016). Transfer learning for cross-lingual sentiment classification with weakly shared deep neural networks. In Proceedings of the 39th International ACM SIGIR conference on Research and Development in Information Retrieval (pp. 245–254). ACM.

Zipf, G.K. (1949). Human Behavior and the Principle of Least Effort. Cambridge, MA: Addison-Wesley.

晁福林. (1994). 中国古代史. 北京:北京师范大学出版社.

范晔.(2012). 后汉书. 北京:中华书局. 电子版 http://www.shuzhai.org/gushi/houhanshu/ ;http://www.shuzhai.org/gushi/houhanshu/9760_5.html

黄昉苨.(2012). 七十年来第一次为一个国家开设专版-《经济学家》为什么要给中国开专版. 青年参考. 2012年02月08日24版. Available at http://qnck.cyol.com/html/2012-02/08/nw.D110000qnck_20120208_1-24.htm

井上亘, 王美平. (2007). 日本古代官僚制的本质(上). 日本研究论集(1), 223-238.

厉以宁.(2018).改革开放以来的中国经济:1978—2018.北京:中国大百科全书出版社.

林毅夫.(2012).解读中国经济.北京大学出版社.

林毅夫,蔡昉 & 李周(2014). 中国的奇迹:发展战略与经济改革(增订版). 上海:格致出版社.

刘海涛.(2012). 计量语言学：语言研究的科学化途径. 光明日报 .2012年02月1日16版.

刘昫.(1975). 旧唐书. 北京：中华书局. 电子文档 Available at https://www.dashuzhai.com/shishu/jiutangshu/ or https://www.dashuzhai.com/shishu/jiutangshu/350912.html

马远之.(2015).世界六百年与中国六十年.广东人民出版社.

麦迪森,安格斯.(2009).世界经济千年统计.北京大学出版社.

毛泽东.(1977).《毛泽东选集(第五卷)》.人民出版社.

欧路词典.(2020). 版本12.5. Available at https://www.eudic.net/v4/en/app/eudic. 上海:

上海欧路信息科技有限公司

欧阳修，宋祁.(1975).新唐书.北京：中华书局.电子文档 Available at https://www.gushiwen.com/dianji/93.html

钱颖一.(2017).大学的改革.北京:中信出版社.

钱颖一.(2018).现代经济学与中国经济改革.北京:中信出版集团.

清华大学公共管理学院.(2019).清华-布鲁金斯公共政策研究中心.Available at http://www.sppm.tsinghua.edu.cn/yjjg/xjyjjg/26efe4893fcb6f9b013fcc973ce80002.html

任仲平.(2012).转变,中国道路的历史性跨越——从十六大到十八大(上).人民日报.2012年11月6日．要闻第一版．Available at http://theory.people.com.cn/n/2012/1106/c40531-19509374-1.html

上京区役所.(2010).上京の歴史 – 上京区の成立.Available at https://www.city.kyoto.lg.jp/kamigyo/page/0000012280.html

世界武装冲突数据.(2008).Available at https://www.prio.org/Global/upload/CSCW/Data/UCDP/2008/MainConflictTable.xls

司马光.(2011). 资治通鉴.北京：中华书局. 电子文档 Available at http://www.kulemi.com/zt/68/ or https://so.gushiwen.org/guwen/book_46653FD803893E4F541B441F62EF7589.aspx or https://so.gushiwen.org/guwen/bookv_650.aspx

苏星.(2007).新中国经济史.中共中央党校出版社.

王健.(2018).划重点！改革开放历经的六大重要阶段.理论中国.http://www.china.com.cn/opinion/theory/2018-12/04/content_74237670.htm

王溥.(1955).唐会要.北京：中华书局.电子文档 Available at http://guoxue.httpcn.com/html/book/CQAZUYRN/UYPWILXVTB.shtml

王维坤，张小丽.(2004).论隋唐洛阳城的设计思想与影响.西北大学学报, 34(4), 127–13.

王文光，陈燕. (2014).《新唐书》的"四夷传"与唐代的民族史志研究.学术探索，Jan (1), 107–110.

吴敬琏.(2018).当代中国经济改革.上海远东出版社.

吴晓波.(2014).历代经济变革得失.浙江人民出版社.

伍琳,陈永法. (2017). 我国创新药物研发能力的国际比较及成因分析.中国卫生政策研究,8,23–28.

新华网．(2018)．改革开放四十年大事记．http://www.xinhuanet.com/2018-12/17/c_1123861055.htm

杨共乐.(1993).谁是第一批来华经商的西方人.世界历史.1993(04), 117–119.

杨玉良.(2008).也谈李约瑟之谜.广东外语外贸大学学报,23(5),1–6.

张国, 刘世昕.(2017). 习近平:两个阶段建设富强民主文明和谐美丽的社会主义现代化强国. Available at http://news.cyol.com/content/2017-10/18/content_16597392.htm?ad=1

张平.(2009).中国改革开放:1978–2008.北京:人民出版社.

张五常.(Steven N.S. Cheung)(2009).中国的经济制度.北京:中信出版社.
朱剑红.(2013).中国经济,世界奇迹(改革开放35年·经济发展成果述评).人民日报.2013年11月21日.第四版.